天 工 义 经

李照国 著

苏 州 大 学 出 版 社

图书在版编目(CIP)数据

天工义经/李照国著. —苏州：苏州大学出版社，2017.11

ISBN 978-7-5672-2278-6

Ⅰ.①天… Ⅱ.①李… Ⅲ.①中华文化-研究 Ⅳ.①K203

中国版本图书馆 CIP 数据核字(2017)第 267833 号

书　　名：天工义经

著　　者：李照国
责任编辑：汤定军
策划编辑：汤定军
装帧设计：刘　俊

出版发行：苏州大学出版社(Soochow University Press)
社　　址：苏州市十梓街 1 号　**邮编**：215006
印　　装：宜兴市盛世文化印刷有限公司
网　　址：www.sudapress.com
E - mail：tangdingjun@suda.edu.cn
邮购热线：0512-67480030
销售热线：0512-65225020

开　　本：700mm×1000mm　1/16　**印张**：24.5　**字数**：386 千
版　　次：2017 年 11 月第 1 版
印　　次：2017 年 11 月第 1 次印刷
书　　号：ISBN 978-7-5672-2278-6
定　　价：75.00 元

凡购本社图书发现印装错误,请与本社联系调换。服务热线:0512-65225020

黄帝：民族梦想要实现！
岐伯：民族文明要发展！
雷公：民族文化要传承！
应龙：民族精神要发扬！
力牧：民族传统要继承！
天女：民族融合要完善！
仓颉：民族圣贤要尊敬！
风后：民族意志要坚持！
伶伦：民族基因要培育！
常先：民族意识要加强！
大鸿：民族视野要开阔！
陆吾：民族胸怀要博大！
英招：民族思维要拓展！
风伯：民族交流要自然！
雨师：民族教育要求真！
鬼臾区：民族发展要务实！

目　录

Contents

Contents

Contents

卷 一

警报第一:十万八千个投诉

黄帝坐在九霄宫,岐伯、雷公各侍左右。黄帝仰望星空,俯察神州,不禁慨然。正欲询问岐伯、雷公天异、地异、人异的因由和现状,宫门突然洞开,一人急冲而入。岐伯、雷公疾步向前,问其何以直闯宫门。

直接闯入宫门的,是黄帝的大臣鬼臾区,其职责是协助黄帝与天地交融、与人神交汇。就像人间的政府办公厅主任一样,鬼臾区与众臣一起,落实和贯彻黄帝的指示,继承和发扬黄帝的思想,体会和感悟黄帝的旨意。

鬼臾区急促跪拜,气喘吁吁,张口结舌,一句话也说不出来。

黄帝伸手扶案,请鬼臾区入座。岐伯端来凳子,请鬼臾区坐下;雷公端来茶水,请鬼臾区润喉。黄帝侧目窗外,默默点头,轻轻拍案。岐伯、雷公见黄帝神情怡然,知其已明其因。

岐伯问鬼臾区:"定静安虑是你的常态,为何今天如此紧张,如此窘迫?"

鬼臾区放下茶杯,侧身致意:"为臣不孝,叨扰了黄帝,干扰了天师,实在惭愧啊!"

岐伯说:"说说原因,不必紧张。"

鬼臾区回答说:"天师啊! 千万年来我一直宁静不易的心情今天却被突然打破了,我一早就收到了来自人间的十万八千份投诉啊!"

雷公立刻回应道:"时下的神州有十三亿多人,整个人间有七十多亿人,十万八千份投诉也太自然而然了。七十五年前,我一夜之间就收到了一亿两千万份控告,控告日本侵略亚洲诸国,控告德国侵略欧洲诸国。黄帝看了我的紧急报告后,坦然地对我说:**天不变,道亦不变;世不变,人亦不变**。虽然当时我自己一直在心惊肉跳,但听了黄帝的指示后,心情很快便坦然了,惊恐很快便消散了。几年之后的事实充分证明了黄帝'**天不变,道亦不变;世不变,人亦不变**'的正确思想。"

鬼臾区忽地站了起来,激动地说:"雷公啊!七十五年前你虽然一夜之间收到了一亿两千万份控告,但所控告的不是一个人,而是一个国家、一个主义。而我今天早上收到的十万八千份投诉,所投诉的却不是一个国家,也不是一个单位,更不是一个主义,而是一个人啊!"

雷公吃惊地问道:"怎么十万八千人同时投诉了一个人呢?投诉的是什么呢?此人是什么人呢?怎么会出现这样的情况呢?人间真的发生变异了吗?"

岐伯说:"鬼臾区激动,这很自然。雷公,你怎么也激动了呢?"

雷公回答说:"天师啊!一个人遭遇了这么多人的一并投诉,实在不可思议啊!臣坚信黄帝的思想,遵循黄帝的指示,明晰天人相应、天人合一的思想。但面对人间的现状,还是有些忧虑不安啊。尤其是今天出现的这一奇异的现象,实在令人不可思议啊!"

鬼臾区拱手道:"天师啊!雷公激动,我更激动!这样的情况可真没有遇到过啊!难道人间真的出现恶鬼了吗?在上古的时候,鬼并不可恶,不仅不可恶,而且还是对先祖精神的颂扬。但自秦汉以来,鬼可真变成恶魔了!我真担心人间会出现伤天害理的恶鬼啊!"

岐伯说:"牢记黄帝的指示:**天不变,道亦不变;世不变,人亦不变**。尘世之人虽然都喜欢春温秋凉,但夏热冬寒却是自然而然的。没有夏热就不可能有秋凉,没有冬寒就不可能有春温。只有懂得了这个道理，才能理解尘世的六淫和尘人的七情。”

鬼臾区叩首而拜道：“黄帝伟大啊！天师英明啊！每天有幸聆听黄帝的指示和天师的指导，我的人生就一次一次又一次地更上一层楼了！”

雷公也叩首而拜道：“鬼臾区说的也正是我所铭刻在心的！请黄帝指示，请天师指教，为何尘世间会出现这样的奇异现象呢？”

鬼臾区说：“是啊！我也非常想聆听黄帝的指示，想得到天师的指导。”

雷公说：“鬼臾区，你应该先将有关情况向黄帝汇报，再请求天师指导啊！”

岐伯说：“雷公、鬼臾区，根据黄帝的指示，为了让众臣更好地理解尘世间的变迁，请各位一同过来，听听鬼臾区的汇报，讨论讨论相关问题，分析分析相关事宜。任何问题，只有经过认真的讨论和分析，才能明确因由，才能制定策略，才能完整解决。根据黄帝的指示，此次讨论由我主持，由雷公辅佐，由鬼臾区介绍。如有特别问题，可多听各方意见，不必强制。”

雷公、鬼臾区一并叩首再拜道：“遵旨！”

警报第二：众臣会聚九雷宫

十二位重臣奉旨及时赶到九霄宫，磕拜黄帝后，一一入座。

岐伯说："黄帝今天召集各位入宫，讨论尘世间常事一件。请鬼臾区先谈谈吧。"

鬼臾区说："各位臣兄，今天遇到了尘世间颇为怪异的一事，令我十分震惊，所以及时赶来向黄帝汇报。上午我接到了来自尘世间的十万八千份投诉。十万八千人投诉其实并不多，但奇怪的是，十万八千人一同投诉的居然是一个人，而不是一个国家、一个单位或一个主义！"

应龙惊讶地问道："为什么十万八千人同时投诉一人呢？这个人是谁啊？投诉的是什么问题啊？"

鬼臾区说："这个人其实各位都知道的，十年前遭到了榭兰金的斥责和诅咒。但尘世间的学界和政界还是认同他的学术和学业，并赋予了他重要的历史使命。各位臣兄看看他的材料，就明白了他在尘世间的寒热虚实。"

应龙急迫地问道："既然学界和政界依然认同他的学业，但为什么今天这么多人同时投诉他呢？难道尘世间发生了山呼海啸的大事变了吗？赶快说清楚啊！千万别把我给急死了哇！"

鬼臾区微微一笑道："今天是个特别的日子啊！应龙，你是条金龙，能飞天潜地；你也是个应星，能应神应人，总该知道今天是个什么日子吧！"

应龙轻轻地挠挠耳朵说："今天是冬月二十七呀，离腊月还有四天呢，离正月还有三十一天呢，是什么特别的日子呢？冬至已经过去了四天啦，难道是什么特别之人的特别日子吗？"

鬼臾区哈哈大笑道："应龙啊，你真的'奥特'啦！你所说的都是所谓的旧历或农历，而现在的尘世间所流行的并不是旧历或农历，而是西历或时历。"

应龙惊讶地问道："什么是西历或时历啊？为什么将华历或夏历称作旧历或农历呢？"

鬼臾区拱手请示岐伯道："天师啊，请您给应龙解释解释吧，我不一定说得清楚啊！"

岐伯双手托颊，默然片刻道："应龙啊，你应该有尘世间'国际主义'的意识、'国际交流'的意愿和'国际接轨'的意向啊！自清末民初，神州大地即发生了天翻地覆的变化。以前称作泰西的，现在称作西方的，清末以军事力量攻入神州，民国以文化力量潜入神州，现在以思想力量化入神州。自明清以来，不仅西方的宗教和文化传入神州，西方的历法和政体也纳入了神州。从此西历就取代了华历，并且被称作公历。如今的神州，西历是通用的，华历则是附庸的。"

应龙听了呆若木鸡："这，这，这，这，这……"

鬼臾区伸手拉了应龙一把："应龙啊，别紧张，事实胜于雄辩啊！这已经是事实了，你不用雄辩了。听我说吧。今天是西历的十二月二十五日，是西方最为重要的宗教日。西方通行的宗教是基督教，基督就是该教的创始人，十二月二十五日就是基督的生日，西方语言中的 Christmas，即基督的生日，Christ 就是基督的名字。在西方，每年的这一天就像华夏民族的元旦一样，至为重要，至为温馨。如今在全世界，甚至在赤县神州，基督的这个生日也是大家最为关注，最为重视，最乐于庆贺的日子啊！"

应龙磕磕巴巴地问道："这，这，这，这到底怎么啦？华夏民族使用西历的问题，就像借用邻居的车马一样，似乎是需要的。对此，我就不问了，也不想问了。但赤县神州为何如此重视基督的生日呢？他们还纪念黄帝的生日吗？他们还记得华夏民族开天辟地的创世纪者盘古的生日吗？他们还记得中华文明的创始人伏羲的生日吗？他们还记得中华文化的创建者黄帝的生日吗？他们还记得三代以来的圣人老子和孔子的生日吗？他们还记得庄子、孟子、荀子等圣贤的生日吗？”

鬼臾区尴尬地说：“非常遗憾，黄帝的生日早就被华夏民族遗忘了。盘古、伏羲早就被其视为迷信了，庄子、孟子和荀子更被视为‘封建主义者’了。如今的神州大地，年年所纪念和庆祝的‘圣诞’，只是西方基督的生日，而不是其民族圣祖和圣贤的诞辰了。”

应龙啪地摔碎了茶杯：“可耻！可耻！作为华夏子民，怎么能忘记了黄帝的生日呢？怎么能鄙视盘古和伏羲呢？怎么能诅咒老子和孔子呢？怎么能谩骂庄子、孟子和荀子呢？怎么能将基督的生日叫‘圣诞’？将民族的‘圣诞’叫作什么呢？难道叫作‘邪诞’吗？将西方基督的生日叫‘圣诞’，就等于将邻居的老人叫爷爷，将自家的老人叫混蛋了！西方有人将赤县神州历朝历代的圣祖和圣贤的生日叫‘圣诞’吗？现在在西方有了那么多的‘孔子学院’，有哪个西方人将孔子的生日叫‘圣诞’呢？国人呢？国人呢？”

岐伯轻轻地拍拍案头说：“应龙勿躁！无论华人还是西人，都是人，而非物。是人都有自己的长，也都有自己的短。按照黄帝的思想，要想真正地从‘生长壮老已’发展到‘生长化收藏’，就必须要有‘长其长而短其短’的意识。”

雷公连连点头：“天师说的对啊！要想了解华夏民族为何有如此天翻地覆的变化，就必须要有‘长其长而短其短’的意识啊！各位，稍稍静静心再讨论吧。”

鬼臾区说：“好啊！特别是应龙啊，先静静心吧，不然大家该怎么讨论呢？”

应龙答道：“好吧，我想想。”

警报第三：激愤中的困惑

鬼臾区抬头看看大家，悠然问道：“各位，心静了吗？应龙，神安了吗?”

应龙回答说:“静不静,关键要看问题正不正;安不安,关键要看事情成不成。”

岐伯说:“静与不静,在于心情;安与不安,在于神情。刚才鬼臾区提到了西方的宗教信仰日,引起了应龙的激愤。这虽然是自然的,但也确实是值得深思的。其他的臣子们虽然没有激烈地发言,但从其神情气息可以看出,人人都有自己的见解,个个都有自己的想法。而这些见解和想法,可能大致上都是比较相近的。还是请鬼臾区从头开始吧,说说十万八千人的投诉吧。”

鬼臾区说:“十万八千人所投诉的那位学人,大家都知道了。当年雷公奉命去下界寻觅译人时,也接触过该位学人,并且与其有过多次的交谈,应该比较了解其为人处世的观念以及其所作所为的表现吧。”

雷公说:“当年奉黄帝之命在下界寻觅译人时,在佛道界贤士的帮助下,我接触了一些华夏学人,其中有官方的,也有民间的,有文化的,也有科学的,有实践的,也有研究的。在一位贤士的推荐下,我以道士的名义遇到了这位重民族文化、重民族意识、重民族精神的译人。在和他多次的交谈中,我不仅颇有了解,而且也颇有认同,尤其是他的人生观:‘不得不失,不失不得,得而不得,失而不失’。”

鬼臾区说:“可见你对他的印象是比较正道的,所以今天我们讨论的时候,请您多多指教。”

雷公说:“指教谈不上,但必要的信息还是有的。比如三十年前,他曾在秦都写过一首白文诗,虽然是白文,却感动了一些人,尤其是一位魅力无限的天仙。他的一生,从此发生了天不翻、地不覆、人不变的自然而然的发展。”

应龙问:“说说他的白文诗吧。这也许有助于大家更好地了解他的人生事业,特别有助于大家解读十万八千人对他的投诉。”

雷公说:“他的白文诗名为《晨曲》,很简单,只有三十五个字。

天亮了
太阳升起来了
我和小溪都醒了
她缓缓地向东流
我匆匆地往前走
谁也不回头

当时他正遭遇着疾病的折磨，在医院已经治疗了七八个月，不但没有治好，反而越来越严重。这首诗的出现，引起了一位魅力无限的天仙的关怀，使他从此摆脱了病邪的折磨，走上了人生的康庄大道。”

应龙说：“明白了。看来他确实并非榭兰金所诅咒的那样。而且他也得到了学术界、文化界和教育界一些人士的关注。既然如此，这次怎么又有十万八千人投诉他呢？他到底又犯了什么错误呢？”

鬼臾区回答说：“这次投诉他的十万八千人，大致提出了十几个问题。这些问题归结起来，总是和民族的文化、思想和传统有关的，并非他个人的问题。”

应龙问道：“既然不是他个人的问题，但为什么这么多人一起投诉他呢？难道他是某个领域或某个专业的代言人吗？”

鬼臾区说：“他并不是任何领域或任何专业的代言人。但有可能是民族文化的代言人。当然这样的代言人可不是任何国家、任何单位或任何教派所钦定的，而是他个人的所作所为所体现的。”

应龙问道：“到底是怎么回事呢？既然是十几个问题，你就一个一个地说吧，大家一起听听、想想、议议。”

鬼臾区说："好吧。大家集中投诉的第一个问题就是基督的生日。"

应龙立即插话说："基督的生日？他大概反对将基督的生日称作'圣诞'吧？如果我生活在人间，当然也反对。"

鬼臾区说："正如你所提出的那样。他的民族意识特别强，一直认为基督的生日是应该庆祝的，因为基督也是人类的一个圣贤，但反对中国人将基督的生日称作'圣诞'，因为华夏民族自古以来都有'圣经'和'圣诞'的概念。'圣经'指的是华夏民族的圣贤所传承下来的经典著作，'圣诞'则指的是华夏民族圣祖和圣贤的生日。但自清末民初以来，尤其在现代，举国上下均将基督教的经典称为'圣经'，将基督的生日称作'圣诞'，而将民族自己的圣祖和圣贤皆一一忘却。即便没有忘却，也仅仅停留在批判的层面上。如现在的学界国人提到《道德经》、《论语》、《庄子》等民族圣经时，总是要强调什么是糟粕、什么是迷信、什么是封建。就像'八卦'和'阴阳'学说一样，学界的国人总是要努力地从中剔除糟粕、迷信和封建。但人家韩国却将'八卦'和'阴阳'作为自己的国旗予以传承和发扬。当然，这样的传承和发扬，其目的是向全世界宣布，'八卦'和'阴阳'学说都是韩国自己创建的，之后才逐步传入神州大地的。"

应龙哇哇地大吼一声："闭嘴！闭嘴！"

岐伯连忙站起来说："勿怒！勿怒！正如《大学》所言：'物有本末，事有终始，知其先后，则近道矣。'先听听事情的本末吧，再了解了解问题的终始吧，不然我们又怎能知道曾经的天蓝蓝如今怎么成了雾萧萧了呢？鬼臾区，继续谈。"

鬼臾区看看应龙涨红的脸说："再静静心吧！心若不静，如何才能议而论之呢？"

岐伯说："飞龙在天，利见大人。这个道理，各位应该明白。登高才能望远，举目才能见天。这个事实，各位更应清楚。"

应龙回答说:“天师说得对。道理我好像是明白的,但事实我很难接受啊!”

雷公说:“那你就好好学习吧,不然怎么可能天天向上呢?”

岐伯说:“雷公说得好啊!应龙啊,要想好好学习,就必须得定静安虑;要想天天向上,就必须得恬淡虚无!”

应龙说:“好吧,我再想想看。”

岐伯说:“想想才能看穿,看穿才能明智。”

鬼臾区高兴地说:“天师说得真好啊!”

警报第四:谁的诞辰是圣诞

望望众臣的神情,鬼臾区有些忐忑。但一想到黄帝的指示,心便悄然而静。

鬼臾区说:“各位心静了吧。我继续谈谈十万八千人对这位学人的投诉吧。这位学人属牛,性情更像牛。我就叫他牛公吧。”

雷公说:“好吧。虽然你还没有说完,但各位已经大致明白了你想说的问题了。这些问题其实早就是各位所关心的问题了,却始终没有认真讨论。各位总以为‘天不变,道亦不变’,可没想到天虽然的确没变,但人间的道似乎真的在变了。”

鬼臾区说:“这大概是你当年下界寻找译人的感受吧。”

雷公说:“也许是吧。我虽然早已离开了下界,却一直与佛道界的贤士们保持联系。当然,他们并不知道我在九霄云天,以为我是某个单位的研究员。闲话不说了,你继续谈谈大家所关心的问题吧。”

鬼臾区说:“你说的虽然是闲话,却意义非凡啊!以后有机会我们再听你的闲言吧。我就继续跟各位谈谈主题吧。正如我刚才所说的那样,牛公坚决反对国人将基督的生日称作‘圣诞’。每年的西历十二月二十五日及其之前的七八天,都令他十分伤感,因为国人自上而下地开始纪念、庆祝基督的生日,几乎人人都将其颂扬为‘圣诞’,丝毫没有意识到这是对民族的侮辱。每年的正月初八是伏羲的生日、三月初三是黄帝的生日、四月二十六日是神农的生日,神州大地早已没人能记得了。每年的二月十五日是老子的生日、八月二十七日是孔子的生日,神州大地更没有人能记得了。”

应龙哀叹道:“遗憾啊,遗憾!可惜啊,可惜!悲惨啊,悲惨!”

鬼臾区说:“确实遗憾,确实可惜,确实悲惨。所以牛公一直对此伤感之至。每年的这个时期,他都像陷入地狱一样,时时刻刻都在拼命地自我挣扎,却没有任何的效果。”

应龙问道:“他是怎么挣扎的呢?”

鬼臾区说:“他的自我挣扎大致有三种方式。第一种方式是教学。在教学中,他总是一遍又一遍地向学生讲解民族的文明、民族的文化、民族的精神。通过讲课,他反复地向学生分析说明什么是民族的‘圣经’,什么是民族的‘圣诞’。作为国人,为什么必须将Bible叫‘耶经’而不能叫‘圣经’,为什么必须将Christmas叫‘耶诞’而不能叫‘圣诞’。第二种方式是著书立说。在他所发表的各种文章、所出版的各种著作中,他总是孜孜不倦地传承和发扬民族的文明和文化,希望能潜移默化地传扬民族精神。第三种方式是通过与同学、朋友和同行的交流和群聊,向大家传递民族文化、民族思想和民族精神的意识。”

应龙急切地问道：“结果如何呢？希望实现了吗？”

鬼臾区深深地叹了口气说：“遗憾啊！可惜啊！尽管他拼命地在教学中传扬民族文化和文明，但结果微乎其微，学生一遇到十二月二十五日，就一定会互相祝贺‘圣诞快乐’。这当然与时代的精神密切相关。他发表的文章、撰写的著作也并没有引起大家的关注。不但没有关注，而且还有人躲在黑暗中向他射箭。在同行的群聊中，除极个别的点赞外，绝大部分不但没有认可，而且还大加斥责。”

雷公说：“能举例说说吗？”

鬼臾区说：“前不久，举国上下似乎进入了火红的年代，拼命地树立起各种庆祝耶诞的标牌和设施，在各种群聊中彼此热烈地祝贺和庆贺。忍无可忍的牛公在群聊中发布了这样一段话：耶诞非圣诞！台湾人民告诉我：‘对于中国人来说，只有孔子的生日才是圣诞！把耶诞叫圣诞，是对民族最为恶毒的侮辱。’”

雷公问道：“群聊者们对于他的这段话有何反应呢？”

鬼臾区说：“除了极个别的人表示赞同外，绝大部分的人都愤怒地斥责他，骂他是反动分子，批判他没有包容性。”

应龙问道：“他是怎么回应的呢？”

鬼臾区说：“他的回应是‘耶诞可庆，但非圣诞。圣诞乃国诞，将耶诞称作圣诞，等于将邻居的老人叫老爷爷，将自家的老人叫老东西。中国的现状，就是如此。中国自古以来就有圣经和圣诞的概念，圣经指中国圣贤为民族传承的经典，圣诞指中国圣贤的诞辰，后来指孔子的生日。现在将西方的 Bible 叫圣经、将西方的 Christams 叫圣诞，不仅没有民族意识，而且是对民族无耻的侮辱。佛教自汉代传入中国，唐代和宋代几乎成为国教，但释迦牟尼的生日则始终叫佛诞，佛教的经典始终叫佛经。就是信基督教的中国人，也不该称耶诞为圣诞，否则显然是侮辱自己民族的圣祖，至少是侮辱自己家族的祖宗’。”

雷公感慨地说：“牛公说得很对啊！不过可以想象，很少有人能理解，更少有人能接受。”

鬼臾区说：“雷公说得也很对啊！为了帮助大家梳理思路，明确问题的实质，牛公也特意向大家予以祝贺。”

应龙连忙问道：“他是怎么祝贺的呢？是祝贺大家‘圣诞快乐’吗？”

鬼臾区说：“如果这样祝贺，牛公还是牛公吗？完全就成了牛粪了。他给大家的致辞是这样的：‘祝大家耶诞快乐！耶诞是应该庆祝的！就像邻居老人过生日，我们当然应该祝贺！而且西方为人类的贡献也是不言而喻的。我们都是人类的一员，互相都应尊重，这是自然而然的。互相尊重很重要，自我尊重更重要，国家领导人已经意识到了这一问题。1949 年以来，国家一直不给中医立法，原因大家都很清楚。本月初国务院颁布了有关中医的白皮书，不仅为中医立法了，而且为中医客观地定位了。之所以建国 67 年才为中医立法、为中医定位，就是因为国家领导人重视民族文化，发扬民族文化。’”

应龙感叹道:“天哪! 真辛苦牛公了啊!”

岐伯说:“辛入肺,苦入心。不承受辛苦的,不懂得辛苦的,只能以物物物了,甚至以命命命了,怎能以明明明呢?”

雷公拱手而拜道:“天师说得好啊! 只有真正地辛苦了,才能滋肺养心啊,才能肺畅心明啊!”

鬼臾区也拱手而拜道:“非常感谢天师的指教! 为众臣接下来的讨论指明了方向!”

警报第五:风欲停而树不止

一直沉默不语的风伯,慢慢地抬起头来,举目四望,不禁长叹。

雷公悄然问道:“风伯啊,你一直长风破浪,而且总会有时,从来不蓦然回首,更不会闭目不语。今天怎么有如此这样的变化呢?”

风伯摇摇头说:“天不变,道却在变。道一变,风云怎能不变呢? 不仅要变,而且要幻。我在想,作为风伯的我,该怎样才能做到不再美其食、不再乐其俗、不再任其服了呢?”

岐伯说:“当年我根据黄帝的思想,总结了民族的精神和风采,提出了要‘美其食、乐其俗、任其服’的观念。这不是我个人的意见和建议,而是民族自远古以来对黄帝思想的发扬光大。不过,可以想象,如今的尘人不可能再继续发扬光大黄帝的思想了,因为时代变了,观念变了,思想也变了。至于道是否也在变,那首先要看天是否会变。如果天确实也在变,道变也是自然而然的了。”

鬼臾区说:“天师说的对! 如今的尘人确实又变又化了,在现实的生活中不仅无法遵循‘美其食、乐其俗、任其服’的观念,而且也可能根本不懂其基本含义是什么。”

雷公说:“确实如此。我当年在下界探寻译人的时候,和不少学界、政界和民界人士接触过,与他们交谈的时候,我有意提起黄帝的思想和民生的观念。有一次我特意提到了‘美其食、乐其俗、任其服’的观念，学界的几位大师问我是什么意思。我告诉他们，‘美其食’的意思是自己吃的食物就是最甜美的，‘乐其俗’的意思是自己民族的风俗就是最热爱的，‘任其服’的意思是自己穿的衣服就是最漂亮的。他们听了，你看看我，我看看你，然后哈哈大笑。”

应龙问道：“他们为什么哈哈大笑呢？”

雷公回答说：“原因可能有二。一是他们觉得不可思议，十分可笑。这当然是旁人的看法了，不一定是几位学界大师的想法。二是理论联系实际，发现了人间的怪异变迁，尤其是他们自己。”

应龙问道：“他们能意识到人间的怪异变迁吗？他们自己能意识到问题的根本吗？”

雷公回答说：“当然能意识到了，因为‘美其食、乐其俗、任其服’就像三幅镜子一样，一下就将他们人生的变异给揭穿了。正如他们所提出的那样，按理说，自己在家做的饭，自己在饭店点的饭，应该是最好的，应该是自己最喜欢的。但到别人家看到人家做的饭时，在饭店看到旁边人点的饭时，总是觉得人家的饭更好，遗憾自己没有做好饭，没有点好饭。”

鬼臾区说：“‘美其食’的理念也可以随着时代的变迁而有所调整。比如看到别人的饭菜比自己做的饭菜更好，可以借鉴别人的长处改变自己的不足，使自己的‘食’更美。比如南方人喜欢吃米饭，北方人喜欢吃面食，彼此之间完全可以借鉴，米也可以做成面食，面也可以做成米食。而且面食和米食也完全可以结合在一起的。”

雷公说：“看来你也在与时俱进，而且进得还十分畅快呢。”

鬼臾区拱手一笑：“抱歉，骚扰雷公了。请你继续介绍几位学界大师的感受吧。”

雷公说：“刚才说了‘美其食’，鬼臾区的分析也有一定的道理，毕竟时代变了嘛。但‘变’的同时也应该有‘不变’的观念。不说别的了，再说说‘乐其俗’吧。‘乐其俗’所强调的就是对民族风俗习惯的继承和发扬。尘人生活劳作在自己家乡的地域时，总是习惯于遵循家乡的习俗和风貌，从来不会觉得如此这样不妥、如此那样不当。但有些人一到别的地方，看到当地的风俗习惯时，则常常感到自己家乡的习俗和传统不够科学，应该改变。尤其是去了西方的一些尘人，很快便忘记了自己民族千万年来的习俗和风貌，总是快马加鞭地向西靠拢。现在所谓的'与国际接轨'，大概强调的就是这个意思吧。"

鬼臾区说："'与国际接轨'确实是时代风采。不与国际接轨的民族和国家在别人眼里就往往显得比较窘迫。就像现在还深埋在地下的美玉一样，虽然很美，虽然很雅，却见不着太阳，得不到人间的欣赏和雕琢。"

风伯侧目而言："美玉是大地的'含章'，就应该深藏大地。如果被世人发现了，虽然得到了世人的欣赏和雕琢，但从'自然而然'、'道法自然'的角度看，其实是颠覆了大地的'含章'，消散了美玉的神韵。这就像世间挖煤一样，虽然提高了人间的生存条件，却破坏了大地的结构，摧毁了大地的元气。如今山西地域的窘迫现状就充分说明了这一点。"

岐伯说："各位说的都有道理，都从不同角度对同样一个问题做了比较客观的分析，值得肯定，值得深思。以后讨论相关问题时，再各抒己见吧。现在还是请雷公继续谈谈他刚才提到的几位学界大师对'任其服'的感受吧。"

雷公说："感谢天师的指导！听了各位的意见，我也很有感触，也很想与各位就这些问题再好好分析分析。正如天师所言，以后讨论相关问题时，再各抒己见吧。刚才谈了‘美其食’和‘乐其俗’，再谈谈‘任其服’吧。喜欢自己穿的衣服，应该都是比较自然的。但在现实生活中，很多人做衣服的时候或买衣服的时候，往往将自己的心愿寄托在所做的衣服上或所买的衣服上。一般人刚穿上自己做的衣服或买的衣服时，都很欢心，都很愉悦。但看到别人做的衣服或买的衣服时，却往往对自己所做的或所买的衣服不太满意了，甚至颇感遗憾了。这种状况在尘世间应该是比较普遍的，大概也是时代变迁的表现吧。比如，历朝历代的国人都始终穿国衣、爱国装，但自民国以来，尤其是现在，曾经传承了千秋万代的国衣和国装却如曾经绕长安的八水一样，早已烟消云散了，只有在影视中才能够看到。”

风伯摇摇头、颤颤手：“惜哉！惜哉！”

雨师点点头说：“虽然有所偏离各位希望讨论的主题，但相互关联起来，还是比较一致的。‘美其食、乐其俗、任其服’形式上说的是食、俗、服，实际上说的是传承、传播和传扬民族的文明和传统、文化和思想、精神和观念。只要有由表及里的意识，就一定会从中感悟到民族的天真和做人的天命。”

岐伯说：“雨师很有见地！”

警报第六：快乐不如慢乐

众臣议论片刻，颇有触感。因长期漂行在九霄之上，众臣很少注意尘世的变迁，尤其是民族意识、民族文化和民族思想的变幻。

天女说：“食、俗、服，我喜欢。当然我喜欢的是我自己吃的饭菜、我自己穿的衣服、我自己家园的风俗。见了别人的饭菜、衣服和风俗就改变自己的心情，我不喜欢。”

岐伯说："天女啊，想想雨师刚才对食、俗、服的分析总结吧。比如风，不仅仅是吹来吹去的云气，更是生物、润物、化物的神气。正如我当年根据黄帝的思想而总结的那样，'东方生风，风生木，木生酸，酸生肝，肝生筋，筋生心，肝主目'。如果仅仅将风视为飘来飘去的云气，怎么可能理解其对自然世界、人类世界和思想境界的影响呢？"

鬼臾区说："天师说的对啊！如果不能由表入里，怎么可能明白'道'的真谛呢？只能将'道'庸俗地理解为道路或简单地理解为原则，因为'道'和'德'还是密切相关的。"

雷公说："鬼臾区也说的对啊！刚才谈到食、俗、服，引起了各位的注意。经过讨论，其实际含义已经很明确了，天女也很清楚了，还是继续谈谈牛公的问题吧。"

鬼臾区说："好的。牛公的问题其实与食、俗、服的实际内涵也是紧紧相连的。只要懂得了'美其食'、'乐其俗'、'任其服'的实际含义，就比较容易理解牛公的意识了，更比较容易理解众人对牛公的反对了。"

应龙问道："众人对牛公的反对依然是基督的生日问题吧？"

鬼臾区说："是的。刚才我侧目看了看他在群聊中的一个致辞，没有引起任何人的注意，甚至还引起了很多人的蔑视，除了基督生日前后大家对他的愤怒外，还有民族文化思想淡化的原因。"

应龙问道："牛公致的是什么辞呢？为什么要致辞呢？"

鬼臾区回答说："今天是西历的十二月三十一日，也就是西历的二〇一六年的最后一天，大家都在群聊中相互祝愿'新年快乐'或'元旦快乐'。为了与大家进行沟通交流，也为了向大家表达他的坦诚关怀，牛公也向大家祝愿。他的祝愿辞是：'敬祝各位亲友新年慢乐，沁馨如意！'"

应龙说："好像尘世间现代一直使用的祝词都是'新年快乐'，牛公为何说新年'慢乐'呢？"

鬼臾区说："'慢乐'其实比'快乐'更重要、更温馨。只是大家都没有听说过‘慢乐’,自然就不懂得‘慢乐’是什么意思了。甚至还以为牛公在诅咒他们呢。”

应龙说:“请说说‘慢乐’的含义,以便大家能更好地了解‘慢乐’的意义。”

鬼臾区说:“好啊! 对于‘慢乐’,我自己虽然有所感受,但没有仔细思考过。我曾看到一种解释挺有意义。该解释说‘慢乐’和‘快乐’是相对的概念。‘快乐’,顾名思义,是瞬间的快意,稍纵即逝,完全不能把握,所以不能指望‘快乐’能给人们带来实质性的改变。但在尘世间,一般人只知道有快乐,却不知道还有‘慢乐’。‘慢乐’是放慢生活节奏的姿态,是享受幸福生活的过程,使得人生的幸福不但尽情,而且持久。可见,‘慢乐’比‘快乐’更有意义。”

雷公说:“这样的解释很客观,‘慢乐’的意义的确就是如此。如果尘世之人明白了这个道理,就不会将牛公的祝词视为对自己的诅咒了。”

鬼臾区说:“确实如此。所以,有人又对‘快乐’和‘慢乐’做了比喻式的解释。认为‘快乐’如酒,浓烈激动,是一种当下的乐趣。虽然酒逢知己千杯少,一醉能解千日忧,但酒后有空虚无聊之感。‘慢乐’则如茶,清芬而宁静,持续而长久。饮茶需要品味。只有品味了几巡才能感受到茶的真味和茶的意境。畅饮了浓烈的酒后,心情很快就会淡漠。而品味了淡泊的茶后,意味却会愈来愈浓。”

雷公说:“这样的解释更有意义。可惜,世人并不知‘慢乐’的意义。明知世人不懂‘慢乐’的意义,却突然地将其作为致辞发布给大家，肯定会引起大家的误解，甚至仇恨。可见，牛公虽然为人坦诚，但其智向还比较偏颇。用现在的尘世俗语来说，牛公的情商还是太欠缺了一些。”

鬼臾区说：“雷公说的对。牛公的情商确实太过欠缺了，所以他经常拼命地想帮助世人了解民族的语言、民族的文化和民族的文明，却常常引起大家的愤恨。这次十万八千人投诉他，就是这样的缘故。在基督生日即将到来的时候，神州大地上下左右，处处都在全力以赴地组织力量准备庆贺他们心目中的‘圣诞’。海外的华人个个也在拼命地督促、提醒国人，赶快准备庆祝自己心灵深处的‘圣诞’吧。看到这种现状，牛公当然激情愤然，一如既往地提醒大家，‘耶诞’非‘圣诞’，‘圣诞’乃‘国诞’。但还是引起了大家的愤慨，甚至认为牛公连学术骗子都比不上呢。”

应龙说：“如此责怪牛公，也许颇有道理。但更要有道理的是，应以理服人地告知天下，为何国人完全忘记了自己民族的圣祖和圣贤呢？为何国人完全将自己民族圣祖和圣贤的名誉和地位完全赠予异族的先祖和先贤了呢？难道说如今的神州完全是夷洲了吗？难道说如今的国人完全如同今日的印度人和埃及人了吗？众所周知，今日的印度人虽然依然定居在印度，但早已不是孔雀王朝时代的印度人了；今日的埃及人虽然依然安居在埃及，但也早已不是法老时代的埃及人了。所以孔雀王朝时的文字在印度已经完全消失了，法老时代的文字在埃及也早已完全消失了，但三皇五帝时代的文字今日依然传承在赤县神州。这说明了什么呢？这又证明了什么呢？”

雷公说："这说明华夏民族的文明和文化确确实实传承千秋万代而不绝啊！这证明了今日的神州大地依然是华夏民族的国土和家园啊！"

雨师说："对啊！所以对于国人如今对基督的无限崇拜，我们也要换个角度来观察，牛公也要换个角度来思考。古人说：'三十年河东，三十年河西。'今人虽然不说，但实际上已经是'三年河东，三年河西'了。如今的神州大地虽然正处在'两岸猿声啼不住'的非常时期，但经过春耕夏种的努力，一定会实现'轻舟已过万重山'的远大理想。"

岐伯说："雨师说得好啊！牛公如果也能有雨师的思想境界，一定会润物无声地实现自己秋收冬藏的理想。"

鬼臾区说："非常感谢雨师的指导！非常感谢天师的教导！我一定想方设法将雨师和天师的指教传达给牛公。他的人生虽然已经日落西山了，但还依然在坚定不移地上下求索。他经常告诫自己的弟子，'梦可以有，但绝不可以做'。我也要告诫他，'理可以想，但绝不可以说'。"

应龙哈哈大笑道："这真是'天若有情天亦老，人间正道是沧桑'啊！"

警报第七：哈哈与微微

天女低头思考片刻，抬头望望众臣，微微一笑。

应龙说："天女笑而微微，我则笑而哈哈。性也？命也？不得而知。"

鬼臾区说："笑而微微，确实是性也。笑而哈哈，却不一定是命也。刚才各位谈到了牛公的情商，可真与'哈哈'相关啊！"

应龙问道："'哈哈'怎么会和情商有关呢？难道微微与情商没有关系吗？"

鬼臾区说："'哈哈'和'微微'都与情商有关系。情商比较高的国人遇到问题时基本上都是情绪微微，略有体现，但绝不激动，以免引起众人的激愤，而情商不高的国人遇到同样的问题时则会‘哈哈’作声。当然这里的‘哈哈’实际上是‘啊啊’，并不是欢笑的意思，而是话音激烈的意思。就像前几天国人庆祝基督的生日一样，举国上下不仅仅是牛公坚决反对。据我所掌握的资料来看，大约有百分之零点零零一的人持有异议。十三亿国人中，至少一百万个人中有一位持有异议。但真正持有异议的人，面对众人对基督生日欢天喜地地庆祝，顶多也只是皱皱眉而已，不会情绪激动地直接抗击。而牛公呢，却立刻大喊大叫起来，因而引起了众人的愤恨。”

雷公说：“有道理。‘微微’为情商，‘哈哈’为呆商。”

应龙拍案而起：“哈哈！我是呆商的天工啊！好！很好！尘世间如果没有人‘哈哈’，就像一年之间只有春夏而没有秋冬一样，虽然可以春耕，可以夏种，但如何能秋收呢？如何能冬藏呢？如果没有秋收的机会，如果没有冬藏的机会，性何以保？命何以成？运何以就？”

雷公哈哈一笑：“应龙啊，你看，我不是也‘哈哈’了吗？该‘哈哈’的时候当然要‘哈哈’了。但‘哈哈’的时机还是要慎加考虑的。所谓的‘战略’和‘策略’，讲的就是这个意思。”

鬼臾区说：“二位说的都有理。但理只有在适当的时候说，才真是理，才能为众人所理解、所接受。如果在不适当的时候说，就无法为众人所理解，更难为众人所接受，理也因此而背离了。”

岐伯说：“‘哈哈’和‘微微’皆系人性之常态。正如‘滚滚逝水’和‘潺潺流水’一样，虽然都是水在运行，但却有‘滚滚’和‘潺潺’之别。如果只有‘潺潺’而没有‘滚滚’，海怎么能融汇百川呢？如果只有‘滚滚’而没有‘潺潺’，水如何能润物无声呢？所以，对于尘世间的任何现象，都应该换个角度去感受。只有换了角度，才能真正地理解问题的实质。”

雷公说："天师说的对啊！刚刚看了鬼臾区交给我的一些有关牛公的投诉材料，其中有一个事例谈的就是换个角度看问题，特有意味。他在给学生讲课的时候，提到了换个角度看问题的重要性。他指着讲台上的电脑对同学说，站在他的角度来看，电脑是黑边白心的，其中有五颜六色的文字和图片。但站在同学们的角度来看，电脑只是黑乎乎的一个版面，没有任何的色彩和文字。只有将前后两方的信息集中起来，才能比较完整地表达和理解有关电脑的实际情况。我觉得牛公的分析和举例还是颇有道理的，但投诉者居然认为其分析和举例是荒唐的、可笑的、难以接受的。实在不可思议啊！"

岐伯说："虽然如此，依然可思可议。因为尘世间对任何问题的提出，有大公无私的，也有小公小私的，更有无公大私的。"

雷公说："天师说的对啊！尘世间谈问题、提问题、辩问题，确实有如此等第的层次啊！对牛公的投诉，大致上有三分之一是小公小私的，有三分之二的是无公大私的。至于大公无私，应该是根本没有的。这也是当今尘世间的现状，并不奇怪。"

鬼臾区说："事实确实如此。牛公的声音虽然是'哈哈'，但其心音却是'微微'。对于真正大公无私的人来说，听到他的'哈哈'声音，一定会体会到他的'微微'心音；看到他对国人将'耶诞'称为'圣诞'、将'耶经'称为'圣经'的不满和愤恨，一定能明白问题的严重性，一定会助其一臂之力。"

应龙问道："这样的大公无私者，如今还有吗？如果有，为何无人助牛公一臂之力呢？"

鬼臾区回答说："虽然大公无私只是尘世间的一种高端、高原、高峰的理想，但在'朴民'之中还是可以找得到的。比如寒冬中有人跳入河中挽救溺水之人，不就是大公无私的体现吗？这样的人虽然并非一生都大公无私，但起码在特殊情况下有大公无私的意识和表现。牛公人生的感受就有这样的。在被投诉的时候，就有不少人挺起胸来为他声援、为他申冤。更有不少人举起手来拉他一把，助他一臂之力。还有一些人默默地抬起头来，仰望苍天，为他定向，为他定位。正因为有这样一些认识和不认识的各界人士的关怀和帮助，才使得牛公在'雄关漫道真如铁'的挑战下，始终能够实现'而今迈步从头越'的心愿。"

应龙说："太好啦！太令我感动了！尘世间虽然时寒时冷，但时温时暖还是有的啊！如果没有时温时暖的沁馨，只有时寒时冷的凄惨，这尘世间啊，怎么可能永垂不朽的呢！"

雨师说："牛公的人生确实是一个时寒时冷但又时温时暖的典型实例。看了一些投诉材料，我对尘世间的风风雨雨就有了更为深入的感悟。虽然如今的国人如此激情满怀地庆祝'耶诞'，如此口耳相传地将其称为'圣诞'，这恐怕只是华夏民族千秋万代发展过程中偶尔遭遇的时寒时冷吧。当然，这样的时寒时冷不是生活上的，不是心灵上的，而是文化上的，更是民族意识上的。人生遭遇了时寒时冷是无法回避的，民族遭遇了时寒时冷也是无法回避的，只有迎头而上才能化寒为暖，更能化干戈为玉帛啊！"

应龙说："还是求真务实吧。"

雨师问道："求真务实？什么意思？"

应龙说："就是实话实说嘛。"

鬼臾区微微一笑说："应龙真的能应天、应地、应人啊！'求真务实'是神州大地时下比较流行的一种说法，正如应龙所解释的那样，就是实话实说、实事实干。我就代雨师求求真、务务实吧。应龙想知道的,就是将‘耶经’称为‘圣经’,将‘耶诞’称为‘圣诞’的现状该如何改变。”

应龙连忙说:“是的,是的。这确实是我一直想知道的。如果这个问题不能解决,我可真的是无法应天、应地、应人了。”

鬼臾区长叹一声:“这确实是个棘手的问题。能否解决,如何解决,更是棘手的问题。我现在还没有想好。看看各位的神情,听听各位的意见,闻闻各位的声息,我似乎已经看到了解决这一急迫而又棘手的问题的希望。要让国人改变自己的观念,首先必须要培养好其民族的意识和觉悟。而要做到这一点,就必须要有‘东风压倒西风’的潮流。怎么才能实现这样的目标呢?请各位好好思考思考。”

雷公说:“是的。应该好好思考思考。”

警报第八:他尊与自尊

应龙搓搓手,擦擦眼,左右环顾,急迫地等待着,等待着。

雨师问道:“应龙啊,你怎么一直在搓手擦眼呢?是手皴了吗?是眼涩了吗?”

应龙回答说:“手没皴,但心在皴;眼没涩,但神在涩。之所以心在皴,是因为我一直在用心与三才相应。在相应中,我深深地感到,天易于相应,地易于相应,但人却实在不易相应啊!之所以眼在涩,也是因为我一直在用目与三才交应,结果依然是天易于交应,地易于交应,而人呢,却不易交应啊!这大概是因为我只会‘哈哈’,不会‘微微’的原因吧。”

雨师说:“很可能啊!但这也不是你的错,因为这是上天赋予你的天性和天责。”

雷公说:“雨师说得很对啊!应龙可千万别自惭形秽啊!你没有任何过错,你说的一切都是对自己天性的发挥,对自己天责的履行。牛公也是如此。所以我们在讨论牛公的言行举止时,需要关注的是他的目的及他所面临的问题的实质，而不要仅仅从众人的反应中去断决。到底‘东风压倒西风’还是‘风西压倒东风’，不同时代虽然有不同的潮流，但民族的意识却是潮流的主宰。所以，要真正地推进社会的发展、文化的传承和人类的交往，艳阳天是要有的，暴风雨也是要有的。这就像黎明和黄昏一样，没有黄昏哪有黎明？没有黎明哪有黄昏？但十万八千个投诉者基本上都将自己视为黎明，而将牛公视为黄昏，甚至视为难明的长夜。”

鬼臾区说：“言之有理，为人不易。这就像书法一样，越是简单的字越不易写好。‘人’字就简单，但写好真不易。每次讲课时，牛公在黑板上都会写到‘人’字，但却常令学生感到奇异。因为他常常将‘人’的那一捺写成军人迈步的那一叉。如此写法，其实蛮有意义。言归正传吧，各位继续谈谈应龙刚才提出的紧迫问题吧，看看我们如何能潜移默化地改变国人的时代观念，帮助他们逐步地孵化民族的文化意识和思想觉悟。”

岐伯说：“要讨论这个问题，一定要注意尘世间什么是统帅、什么是灵魂。没有统帅，再庞大的军队也无法前进；没有灵魂，再强大的人也无法思维。毕竟时代变了，而且时代的变化并非仅仅出现在时下的尘世间，历朝历代的时代都在变化。如果没有变化，怎么可能改朝换代呢？三皇五帝时期的时代其实也是如此。所以看今一定也要看古，看左一定也要看右。”

雷公拱手仰拜道："天师说得对啊！时代的变化确实是自然的。但不能完全改变的，则是民族的意识。这就像一年四季一样，从春天到夏天，从秋天到冬天，一切都在变化之中。但不变的是一年四季的顺序，即春天之后必须是夏天，夏天之后必须是秋天，秋天之后必须是冬天，冬天之后必须是春天，而不能反其道者而行之，变成春天之后是秋天，夏天之后是冬天了。这才是各位必须努力帮助世人所掌握的。如今就是因为世人对此缺乏了解，所以才在不该变的时候则变了，该变的时候却不变。这也就是牛公人生中所遭遇的最大的挑战。面对这样的挑战，仅仅苦口婆心的一而再再而三地宣告'圣经'是民族圣祖和圣贤的经典、'圣诞'是民族圣祖和圣贤的诞辰，怎么可能'以理服人'呢？"

应龙说："牛公说得当然有'理'了，之所以不能服人，并不是因为他自己无理取闹，而是因为他人自取其辱，将自己的民族视为异族的附庸。"

鬼臾区说："应龙说得虽然有理，但基本上还在'哈哈'。能否'微微'一点呢？"

应龙两眼一瞪："我现在'哈哈'的气息都没了，怎么'微微'呢？只能气息微微了！实在不可思议啊！"

雷公说："应龙啊，你实际上一直在'哈哈'呀！这是你的天性和天责啊！如果你现在不再'哈哈'了，那可真是气息奄奄了，而不是微微了。民族意识的培育、民族思想的回复就像隆冬转化为春温一样，哪能是一夜之间的突变呢？必须是白日左右的渐渐演变啊。"

鬼臾区说："雷公说得也有道理啊！对于时下民族意识的变迁，要回复却是需要一个漫长历程的，哪能是举手之劳呢？刚才我与几位臣兄进行了交流，就如何调整国人对基督生日的认识进行了讨论，基本上形成了一个比较统一的构想。由于时代的变迁和观念的改变，现在的国人与百年前的国人已经完全不同了，就像现在二十岁左右的青年人和五十岁左右的中年人用筷子一样，差异可谓巨大。五十岁左右的国人用筷子非常自然，与历朝历代的国人完全一致，但二十岁左右的青年国人使用筷子有些十分僵硬。

这是民族意识淡化最为直接的体现。要想提高青年国人使用筷子的传统水平，就必须从幼儿开始培养。筷子和勺子及夹子完全不同，筷子与智力和思维是相关的，而勺子和夹子则仅仅与拿捏有关，并无实质内涵。所以，要想改变国人西化了的民族意识和观念，就必须像提高青年国人筷子的使用水平一样。而要做到这一点，就必须从下一代的幼年开始。”

应龙问道：“能说得更具体一点吗？到底该如何改变国人对基督生日的重视、对民族圣祖和圣贤诞辰的轻视呢？”

鬼臾区说：“其实我已经说得比较具体了，当然这个具体还是比较宏观的，毕竟我是与各位臣兄在交谈。如果与尘世间的学人或政人在交谈，我说的就更具体了。正如前面所谈到的筷子案例一样，要真的改变国人的夷化意识，要回复国人的民族意识，完全可以从对基督生日的认识和称谓谈起。任何一个民族和国家的圣祖和先祖都是伟大的，都是应该永远颂扬和纪念的，因为他们都为全人类的发展做出了绝世无双的贡献。应该颂扬和纪念的，首先是相关的民族和国家自身，其次才是其他的民族和国家。这就像一个家庭成员一样，首先应该孝敬的是自己的父母，其次才是邻居和朋友。所以，华夏民族圣祖和圣贤的生日可按传统礼仪称为‘圣诞’，其他民族和国家圣祖和圣贤的生日可按其民族和国家的名称予以尊称，如基督的生日可称为‘西洋圣诞’。这就像一个儿子将自己的父亲称作‘爸爸’，也可将邻居儿子的爸爸按其儿子的名字称为‘张三爸爸’或‘李四爸爸’一样。如果不用邻居儿子的名字，直接将其爸爸称作‘爸爸’，一定会令人莫名其妙，甚至还会令人将其视为对方的私生子。国人如今将基督的生日信誓旦旦地称作‘圣诞’，而且还没有人感到莫名其妙，原因就是私生子的背景已经彻底的公开化了。”

应龙一声惊吼：“天哪！地哪！人哪！哪，哪，哪，哪啊！”

岐伯挥手示坐：“明日复明日，明日何其多？希望在明日，万事不蹉跎。”

雷公感慨地说：“天师说的对啊！”

警报第九：正人与正己

经过片刻的沉默，应龙的心情似乎有所缓解。他抬起头来，左望望，右看看，口有所张，但却无声无息。

天女奇怪地问道：“应龙啊，你怎么又沉闷了呢？鬼臾区不是将问题已经说清楚了吗？虽然我也有些不解，但听了天师‘希望在明日，万事不蹉跎’的号召，我的心扉立刻清明了。”

雷公说：“天女真是天女啊，心胸一定在九霄之上！应龙毕竟是应龙啊，要时时刻刻应对各种各样的自然变化和怪异变迁，挑战当然是无穷无尽的啊！”

应龙说：“应对并不怕，可怕的是应付！此前各位所提到的佛教在汉代就已经传入神州了，唐朝和宋朝时期不仅传遍了神州大地，而且也自上而下地赢得了政界、学界和民界的崇尚和敬拜，按照如今的尘世观念，也可以说已经成为所谓的‘国教’了，但其名誉和地位却始终没有取代民族的圣祖和圣贤。比如佛教创始人释迦牟尼的生日始终被称为‘佛诞’，佛教的典籍始终被称为‘佛经’，没有任何人——包括佛教界——将释迦牟尼的生日称为‘圣诞’，将佛经的典籍称为‘圣经’。这说明了什么事实呢？这反映了什么意识呢？伊斯兰教在唐代的时候传入神州，如今已经成为全球的三大宗教之一了，但其创建的经典在神州始终被称作‘古兰经’，从来没有人将其称为

‘圣经’,包括伊斯兰教的教士和教民。其创始人穆罕默德的生日始终被称为‘穆罕默德诞辰日’。当然,现在也有人将‘穆罕默德诞辰日’称作‘圣纪节’,大约也是受到国人时下对基督生日无限崇尚的影响吧。这样的称谓还是比较客观实际的,因为穆罕默德就是阿拉伯世界的圣人。我之所以说这一称谓是比较客观实际的,是因为没有直接盗用国人自古以来对自己民族圣祖和圣贤诞辰的敬畏。”

雷公说:“应龙啊应龙,稍稍应应时代的变迁吧!”

应龙说:“我当然在应应,如果不应应,我怎么能如此这样说说呢?如果不这样说说,怎么能让国人意识到自己对民族意识的淡漠呢?刚才我也翻阅了一些十万八千人对牛公的投诉,其中有一份令我默默又默默,‘哈哈’又‘哈哈’啊!”

雨师问道:“那一份投诉的是什么呢?你为什么默默又默默,‘哈哈’又‘哈哈’呢?我只看到你在默默又默默,并没有看到你在‘哈哈’又‘哈哈’呀。”

应龙回答说:“默默在神情,‘哈哈’在内心。那位投诉人所愤恨的是牛公对‘正装’的谴责。”

天女吃惊地问道:“牛公为何谴责‘正装’呢?这位投诉的人很可能投诉的合情合理吧。任何时代都有‘正装’之说啊!作为国人,在正式的场合如果不穿‘正装’而穿着破衣烂衫或兽衣狐衫,那不是对国人的蔑视,对祭奠或纪念活动的破坏吗?”

应龙说:“天女真纯朴啊!历朝历代确实有‘正装’之说,确实有‘正装’的风采和要求。如汉朝的正装叫汉装,唐朝的正装叫唐装,民国的正装叫中山装。不管名称如何,不管形式怎样,其基本的反应就是民族的风采。奇怪的是,今日的国人却把西方的服装称作‘正装’。”

天女惊讶地问道:“今日的国人为何将西装称为‘正装’呢?难道民族的服装成了‘邪装’了吗?我虽然很少去过下界,但只要遥望尘世,我基本都能了解其他国家和民族对自己传统的重视啊!”

应龙说:“天女说的对啊!将西装称作‘正装’,确实相当于将自己的民族服装称作‘邪装’啊!虽然牛公自己也经常穿着西装,但将其称为‘正装’却是他无论如何也无法接受的。所以看到有关部门会议通知上要求穿‘正装’，牛公就感到非常的窘迫。接到这样的通知时，他都给对方打电话，问其所说的‘正装’是什么装。对方很自然地告诉他‘正装’指的是西装，他也很自然地提醒对方民族的服装才是‘正装’，西方的服装只能称为‘西装’而不能称为‘正装’。对方听了往往不可思议，基本不予理睬，更不会接受。”

天女说：“我环绕了全球，看到西装确实在全世界都很普及了，一般的活动中基本上个个男士都穿的是西装。这大概是国人将西装称作‘正装’的主要原因吧。”

应龙说：“西装确实在全球早已普及了，虽然全球个个民族——除了非洲人和阿拉伯民族外——都风行穿西装，但其民族意识却没有因此而消失，始终将自己的民族服装视为‘正装’。这正是国人需要认真思考和关注的。自己的民族文化传承了上下何止五千年？五万年都不止啊！可现在呢？自己还在传承吗？到底是谁还在传承啊？好好想想吧，好好看看吧。前两天面试一位从日本留学回来的博士，牛公问他在日本最大的收获是什么。该博士说，日语学得地道，研究做得深入，这是他最大的收获。牛公问他，在国内很难收获的，但在日本却非常容易收获的是什么呢？该博士抓耳挠腮了半天，不知牛公想说的是什么。牛公最后告诉他，在日本起码应该有两大收获，而这样的收获在国内确实是不易获得的。一是日本人的民族意识，二是日本对中华文化的传承和发扬。”

雨师说：“牛公这样说，确实是有道理的。华夏文化和文字自唐代传入日本以来，的确一直在发扬光大。今日的日本虽然对华夏民族颇为不仁，七十多年前对华夏的侵略更为残暴，但其对华夏民族的文化和文字却始终不渝地传承和发扬着。仅此一点确实应该引起国人的反思。当然,唐代引入的中华文化和文字与当地的传统和习俗结合起来,已经发展成了日本民族自己的历史、文化和传统了。虽然明治维新以来日本从政体和学术方面已经彻底地西化了,但其民族的意识和精神却一点也没有因此而变迁。”

应龙说:“雨师说得对啊!日本确实该让国人仇恨的,但也确实值得国人学习的。值得仇恨的就是其对国人的入侵、残害和欺辱,值得学习的就是其浓郁的民族意识和民族文化。就说西装吧,在日本也是非常普及的,但日本民族的所谓‘和服’却始终传承不断,处处可见。去年国际奥林匹克运动会在巴西里约热内卢举行,下一届将在日本举行。在闭幕式上,日本派人与巴西对接。这是一场非常隆重的仪式,按照国人现代的传统,所派的代表一定穿的是西装,不可能穿的是民族服装。而日本所派遣的代表穿的则是自己民族的和服,而不是国人视为‘正装’的西装。这一点,不仅令牛公感慨,也令我感慨,更令诸位臣兄们感慨吧。”

雨师说:“是啊!是啊!如果不感慨,还是国人吗?还是天工吗?”

应龙说:“对啊!对啊!正因为如此,我不仅要‘哈哈’了,更要‘呜呜’了!”

雷公说:“‘呜呜’吧!‘呜呜’片刻一定会‘默默’的,‘默默’片刻一定会‘安安’的。这就是天工之道啊!”

岐伯说:“天工之道,可道,也非常道。尘世之道,更可道,也更非常道。应龙的激愤之情,天女的惊讶之问,雨师的客观分析,可谓道尽尘世的风云和国人的变移。过去非如此,现在确如此,未来如此否,尚需深深思。”

雷公说:“天师说得对啊!过去已经过去,现在已经如此,未来究竟如何,确乎值得臣兄们深思,更值得国人们反思啊!”

卷 二

警报第十:从"汉城"到"首尔"

众臣之间,彼此点头,彼此示意。唯独应龙,神情漠然。

风后说:"各位所言,颇值深思。所谓自然而然,与之不无关系。其实任何事情一开始颇不自然,数日之后便渐渐畅行了,畅行数日,便由不自然而自然了。这种状况各位应该感受深同吧,"

应龙两眼一睁:"风后啊,感受深同确实自然,此前的讨论就是典型之例。但不自然而自然又该如何理解呢?"

风后说:"不自然是首次感受,自然是常常感受。这就像一年四季的变化一样,一夜之间突然冷了或热了,人们的感受当然是不太自然的,但几天之后就自然而然了。这就是典型之例。"

应龙说:"有道理。四季气候的变化虽然令人有变异之感,但依然是自然之感,因为人人都知道春天是暖的、夏天是热的、秋天是凉的、冬天是寒的。四季的气候是怎样的,谁不懂得呢?怎么能是由不自然而自然呢?所以,自然的变迁与思想的变迁完全不同!将思想的变迁视为自然,这应该是某些人的思维,而不应该是所有人的思维。"

风后说:"应龙之言也有道理。但'道'和'理'毕竟有'先'和'后'之别啊。所以谈到道理的时候,还是要注意先后的关系和彼此的关联。"

雷公说:"风后想说的,各位都清楚。应龙想说的,各位都明白。再如此深入地讨论下去,就是所谓的哲学问题了,而不是人间的常理常规了。前面就基督生日一事,大家谈了很多,所言所论也逐渐由不自然而自然了。”

鬼臾区说：“雷公说得对。臣兄们的讨论的确已经由不自然而自然了。可惜的是，牛公的讨论、分析和宣讲却始终处在由不自然而更不自然的现状里了。荀子的思想，如今已经很少有人懂得了，但其当年所说的‘约定俗成’，却一直非常流行，如今已经成为很多人反击牛公的铁证了。从历史和现实来看，一旦‘约定’，的确就‘俗成’了。这已经成为另外一个天道了。依据这样的天道来反击牛公的意见，某种意义上确实是有根有据啊。这大概就是对牛公的反击会得到众多世人赞同的原因吧。”

应龙说：“‘理’是有的，但‘道’却不一定有啊！我刚翻看了投诉牛公的另外一份材料。这份投诉反击牛公对韩国首都名称的看法，反击的依据当然也是‘约定俗成’了，但却实在太过‘哈哈’了。”

雷公问道：“这是怎么回事？牛公为什么对韩国首都的名称有看法呢？”

应龙说：“韩国的首都，各位臣兄都知道其自古以来的名称吧。‘汉城’就是韩国自古以来的名称。但是，几年前，‘汉城’这个名称消失了。将首都称作‘汉城’，这是自古以来一直使用的名称，不仅约定俗成，而且自然而然。但为什么突然消失了呢？谁明白其中的道理吗？”

风后诧异地问道：“韩国不是依然存在着吗？但其首都的名称为什么消失了呢？是因为汉人反对其使用‘汉城’这个名称吗？”

应龙说：“非也。汉人不会反对的。日本自唐代以来就使用国字，八十年前疯狂侵略神州，残杀大汉民族，从此成为大汉的死敌。但汉人至今也没有反对过日本人使用国字，又怎么能反对韩国使用‘汉城’这个名称呢？是韩国人自己不愿意使用‘汉城’这个名称了。很值得深思啊！！”

风后问道：“韩国人为什么不愿意使用‘汉城’这个传统的名称呢？这不是背离约定俗成这个规律了吗？”

应龙说："韩国人不愿意使用'汉城'这个名称，也是很有道理的，因为他们的民族意识很强，想在国际上不仅独立自己的国土，还要独立自己的文化和传统。如果一直将自己的首都称为'汉城'，这不显得自己与汉人有密切的关系吗？为此，他们将自己首都传统的名称'汉城'改为'首尔'。这样的改变，其实不是为全世界的，只是为中国的，因为除了日本外，其他任何国家都不会使用国字的。"

风后奇怪地问："'首尔'是什么意思？'汉城'可以改为'韩城'，为什么改为'首尔'了呢？"

应龙回答说："'首尔'是其韩国首都英文名称 Seoul 的音译。这可是韩人的音译，不是汉人的音译。'汉城'当然可以改为'韩城'，理论上说，如此之改最为合理。但如果真地这样改了，韩国人可要疯了，因为神州自古就有'韩城'，现在依然有。陕西省的一个县就叫'韩城'。正如'汉城'一样，神州自古也有，西安市的一条马路就叫'汉城路'。为了独立自主，韩国人将自己首都的传统名称改换了，完全可以理解。牛公认为国人应该关注韩国首都名称的改换，应该将其视为一个榜样，也是合情合理的。"

雨师说："很有意思。从韩国的角度来看，这样的改变确实是应该的，毕竟自己要独立，要自主嘛。中国有十三亿人，一直都将韩国的首都称为'汉城'，可谓约定俗成。虽然韩国将其改为'首尔'，如果中国只是政府使用，社会上并不经常使用，如此改变又有何意义呢？只是个形式主义吧。"

应龙哈哈大笑："雨师啊，你也奥特了！'汉城'改成'首尔'，国人先是一惊，但马上就欢乐了，很快就人人使用'首尔'，个个抛弃‘汉城’。其国际意识实在太过强大了！对此，韩国人真的应该好好地谢谢今日的华夏民族啊！”

雨师说：“韩国人的所作所为确实值得国人学习，国人的所作所为也确实值得国际关注。从某种意义上说，这也是国人对外国人的尊重，确实值得国际关注。牛公所强调的恐怕也是这个意思吧。”

应龙说：“对的，牛公确实也是这个意思。但他更强调的是，国人应该向韩国学习。虽然‘汉城’自古以来已经约定俗成了，但韩国还是将‘约定’了的‘俗成’给改变了，而国人也完全欣慰地接受了，没有任何人反对。但国人的某些因西化而已经‘约定’了的‘俗成’，其实对于民族的独立和文化的自主是有不良影响的，为什么不能像韩国那样将其予以改变呢？牛公并不是反对韩国将‘汉城’改为‘首尔’，而是将其作为改变不正常的‘约定’和不正常的‘俗成’的依据。投诉他的人或许并不明白这个道理，或许非常明白这个道理。各位臣兄觉得牛公的这个建议如何呢？”

鬼臾区说：“牛公的这个建议当然是很有道理的，也非常符合实际。如果国人能有韩人的民族意识，不正常的‘约定’和不正常的‘俗成’早就应该改变了。但换个角度来看，国人不愿意改变看似不正常的‘约定’和不正常的‘俗成’，恐怕也有一定的道理。因为经过百年的努力奋斗和上下求索，国人现在的胸怀已经非常豁达了，眼界已经非常宽阔了，思想已经非常深邃了，理想已经非常远大了。所以对于久远的历史和眼前的现状，国人皆视为随风而去的落花流水，不会为之而‘长太息’，更不会为之而‘掩涕兮’。这个道理，还是可以理解的。牛公可能对此缺乏足够的认识，所以总是回首过去，总是环顾现实，没能深刻地展望未来，其人生可能因此而窘迫了，因此而惨淡了。”

应龙勃然而起：“鬼臾区啊，你可要注意自己的名字啊！你的名字中之所以有‘鬼’字，就是因为远古时期的‘鬼’是神灵的意思。而如今的‘鬼’，与神灵没有任何关系，只是恶魔的意思。如果国人完全忘记了历史，完全忘记了传统，你自己就不是人了，只是恶鬼了。作为恶鬼的你，怎能被挽留，只能被祛除了！明白这个道理吗？”

鬼臾区说：“明白！明白！所以，我也很在乎牛公提出的问题啊！我也很关注各位臣兄对牛公所提问题的继续讨论啊！”

岐伯说：“此次讨论的是黄帝的圣旨，各位臣士应继续努力，争取对十万八千人的投诉都有一个比较客观的分析和总结，以利于尘世之人的生长壮老已，更利于华夏民族的生长化收藏。”

众臣拱手道：“遵旨！”

警报第十一：申遗与自遗

天女说：“刚才大家谈到了‘汉城’和‘首尔’，确实值得深思啊！韩国人的民族意识确实值得国人思考啊！”

应龙说：“韩国人自古以来就是华夏的附庸国，对于继承和发扬华夏的文明和文化确实是有所贡献的。如今则完全独立了，虽然还是以华夏文明和文化为基础，但实际上却一直在拼命地、公开地霸占华夏的文明和文化。”

天女奇怪地问：“韩国人为什么要霸占中华文明和文化呢？能霸占吗？”

应龙说：“前面提到的韩国国旗，一开始确实是在传承和发扬华夏的文明和文化，但第二次世界大战之后，就将其视为自己民族文明和文化的标志，一直在拼命地淡化华夏的概念，自我标榜为华夏文明和文化的创始者，也就是说神州实际上是韩国的附庸国。”

天女惊讶地问：“韩国人为什么要这样做呢？是想取代日本侵

略神州、残害国人吗？”

鬼臾区说：“天女啊，你的问题问得有道理，但还不太符合实际。韩国确实有些霸占华夏文化和文明的举止，据说经常公开宣传华夏远古和近古的圣贤都是韩国人。近年来韩国将华夏民族传统的端午节向联合国教科文组织申请为韩国的文化遗产，引起了一些国人的关注。但也有一些国人表示韩国的端午节与中国的端午节没有关系。我曾经看到一些国人对韩国申遗的支持。其中有这样一种说法，‘中国的端午节英文名叫 Dragon Boat Festival，主要的习俗是吃粽子，喝雄黄酒，挂菖蒲、蒿草、艾叶，薰苍术、白芷，赛龙舟。韩国申遗的端午祭英文名叫 The Gangneung Danoje Festival，主要习俗是酿神酒，祭祀神灵。’所以认为韩国的端午节与中国的端午节没有关系。”

天女有些坐不住了：“说这话的真是国人吗？”

鬼臾区说：“当然是的。比如，中国民俗学会理事长说：‘韩国申遗成功对我们的端午文化不会有什么冲击，无形文化遗产是全人类共享的财富，我们的文化传统被别国认同，我个人认为不是一件坏事。’中国民俗学会秘书长说：‘江陵端午祭其实与我们的端午节不是一回事……唯一的相同点是时间框架，都是在中国的端午节期间举行。’”

天女问道：“牛公是怎么看这一问题的呢？”

鬼臾区说：“牛公曾经写过一篇杂文，题目是‘无语的端午’，谈的就是这个问题。”

应龙问道：“你有牛公的文章吗？他是怎么写的呢？”

鬼臾区说：“投诉材料中正好有牛公的文章，我读给各位听听。全文是这样的：

2008 年，由韩国申报的江陵端午祭被联合国教科文组织正式确定为‘人类口头和非物质遗产’。

对此，中国有位‘专家’称这不是坏事。为什么呢？‘专家'说:'韩国申遗成功对我们的端午文化不会有什么冲击,无形文化遗产是全人类共享的财富,我们的文化传统被别国认同,我个人认为不是一件坏事。'这位'专家'是谁呢?据说是中国民俗学会理事长、中国社会科学院的研究员。

中韩端午节申遗之争,此前早已开始上演,受到各方的广泛关注。人们所期盼的当然是中国的端午节能被联合国教科文组织批准为'人类口头和非物质遗产',目的是加大我国的传统文化保护力度。而如今韩国获胜,这无论怎么说,也不能称为'好事'吧?如果从端午节起源来看,我国的端午节最应该被批准,因为端午节起源于中国。但结果呢?

端午节起源于我国是不争的事实,如今韩国的江陵端午节被批准为'人类口头和非物质遗产'。据说,这'多少有点出乎意料'。但据我们的'专家'说,韩国的申请成功有其客观原因,因为韩国对端午节的"保护与重视程度"比我们高,因此'从这点来看,我们是不能比的'。这就是全部的理由吗?这理由对人家来说,可谓够理直气壮。但对于我们呢?'理'从何而"直"?'气'由何而'壮'?这就像自家被贼偷了,不是去抓贼追赃,而是关起门来赞叹贼的偷盗技术高明,叹息自己缺乏预防意识。

也有中国的'专家'说,韩国申请成功'不是坏事',因为'江陵端午祭其实与我们的端午节不是一回事'。韩国的端午祭是由舞蹈、萨满祭祀、民间艺术展示等内容构成,与中国人吃粽子、划龙舟、纪念屈原是两回事,'唯一的相同点是时间框架,都是在中国的端午节期间举行。'

这简直就是捂住鼻子哄嘴。对此复旦大学文博系民俗学研究者胡志祥副教授就有不同看法。他认为'端午节'和'端午祭'并没有本质区别。文化包括核心部分和影响部分,在传播过程中总会发生一定的变化,在这期间往往是核心部分保留了下来。端午节在中国本来就是祭祀活动,韩国江陵端午祭的核心部分就是从中国流传过去的。虽然在韩语中,'祭'和'节'的意义有所差别,但是在'申遗'时,无论端午节还是端午祭，都应该用英文的 FESTIVAL（节日）表示。

无论说法如何，无论如何说法，祖宗留下的遗产在我们的手里落败了，我们还有何颜面笑谈‘这不是坏事’？前不久在讨论中医药知识产权和文化产权的时候，中国中医药科学院一位负责人愤怒地说，在对待中医药问题上，要坚决打击各种汉奸行径。在端午节的问题上，我们一些‘专家’的言行是什么行径呢？还需要‘专家’来鉴定吗？”

应龙与天女异口同声地说：“牛公说得对啊！如此投诉牛公，实在不可理喻啊！”

鬼臾区说：“牛公的这一观念听起来似乎有些激烈，但还是比较客观的。牛公谈到韩国人时情绪之所以比较激烈，原因也是比较客观的。”

应龙问道：“比较客观的原因是什么呢？”

鬼臾区说：“大约七八年前，尘世中的两个国际组织——世界卫生组织和世界标准化组织——开始制定中医的国际标准。中医大约在四百年前开始传入西方，近半个世纪以来在西方得到了广泛的传播和发展。‘中医’这个名称在西方——特别是英语国家——一般翻译为 Traditional Chinese Medicine（简称为 TCM）或 Chinese Medicine（简称为 CM）。在这两个国际组织中，韩国与日本联合起来，坚决反对将‘中医’英译为 TCM 或 CM，坚决要求将‘中医’英译为 TM。这样的主张实际上是去中国化，将‘中医’与中国脱离开来，以便为自己掠夺中国的文化主权创造条件。牛公受国家的委派参加了这两个国际组织制定中医国际标准的活动，就此问题与韩国和日本发生了多次争斗。正因为如此，牛公将自己视为现代抗战的敢死队队长。”

应龙紧张地问道：“结果如何呢？‘中’字丢了吗？”

鬼臾区回答说：“经过五年的斗争，中国成功地在世界标准化组织中保持了 TCM 这一名称，即保留了‘中’字，即向全世界宣告了中医与中国的关系。在世界卫生组织中，斗争还在继续。牛公在多次会议上都激愤地谈到了这一问题，希望国内学界和译界关注这一问题的重要性，理解这一问题的严重性。”

雷公说：“看来，韩国人确实值得国人学习，但更值得国人警惕。这就像三十年前和三十年后的中日关系一样。三十年前‘中日友好’这个词非常流行，在北京就有一个‘中日友好医院’。三十年来牛公就一直说，每次看到‘中日友好’这个词时，他都不禁想到了抗日战争时期国内某些地区所流行的‘中日亲善’那个词。”

天女问道：“为什么抗日战争时期国内某些地区流行‘中日亲善’这个词呢？是战略还是战术啊？”

雷公说：“那些地区是沦陷地区，即被日本鬼子占领了的地区，如上海、南京、北京等。所以‘中日亲善’这个词显然是与日本鬼子的入侵有关的，甚至可以说是日本鬼子刻意编造的。日本根本不是亲善中国，而是侵略中国，甚至可以说是消灭中国。就像清末日本攻占中国台湾一样，不是为了亲善台湾，而是为了霸占台湾。从这个角度来看，‘中日亲善’确实是日本入侵和占领中国的战略和战术。”

天女说：“由此看来，牛公三十年来的这一见解还是颇有道理的。今天的国人大概也都意识到了这一问题吧，今日的中日关系也充分说明了这一问题。牛公的言辞虽然有些激烈,但事实还是胜于雄辩的。”

雷公说:“天女说得对!按照黄帝的指示,说话不仅要听其音,更要明其意;读书不仅要看其文,更要识其志!荀子所说的‘登高望远’强调的就是这个意思。”

天女说:“雷公说得对啊!”

警报第十二:听音与听声

风伯说:“听其音而明其意,读其文而识其志。黄帝的指示不仅是上古的天真,更是今时的天责!在黄帝的指导下,国人自古以来就有这样的意识和能力。不知如今的国人是否还有这样的意识和能力?”

雷公说:“国人始终有这样的意识和能力。这是毫无疑问的。不过这样的意识和能力现在基本体现在国人之间的交流和交往中,与夷人的交流和交往还需慎加努力。如前面谈到的韩国人坚决要将中医的英文名称 TCM (Traditional Chinese Medicine)改为 TM(Traditional Medicine),就是颇值国人强化‘听其音而明其意,读其文而识其志’的意识和能力。否则,民族的‘本’就会被夷人潜移默化地予以消除,民族的‘末’也就自然而然地随之消失。”

鬼臾区说:“雷公说得对。这话让现在的国人听起一定会感到莫名其妙,不会意识到问题的严峻性。自远古以来,炎黄子孙就已经成为国人的自我称谓了,没有任何人对此提出异议,更没有任何人对此表示反对。近百年来,随着时代的发展和国际化的进展,国人对自己的民族又有了一个比较现代的但依然是传统的称谓,即‘中华民族’。大概十几年前吧,国内忽然流传起来一种说法,即‘炎黄子孙’不能再提了,‘中华民族’不能再说了，原因就是民族的信心缺乏了，民族的意识淡化了。”

雨师吃惊地问道：“国人为什么会有这样的说法呢？这实在不像是国人的说法啊，与韩国人将中医的英文名称 TCM 要求改为 TM 的目的是一样的啊！”

鬼臾区说：“将其说成是国人的说法，其实是很不准确的。国人是不会有这种自摧自残的做法的，只有恶劣的外国人才会有，只有可耻的汉奸才会有。这种卑劣的做法，即便是国人自己的强盗都不会有。可见所谓的学问与为民、学术与为国不一定就有直接的关系啊！”

雨师说：“对的。学问重要，学术重要，但为民服务的意识更重要，为国奉献的精神最重要！如果没有为民服务的意识，如果没有为国奉献的精神，即便将远古到如今的学问全都背诵下来了，即便将国人与夷人的学术全都掌握下来了，也没有任何的意义。”

风后说：“雨师说得也对啊！记得当年孔子的弟子子夏说过这样一段话：‘事父母，能竭其力；事君，能致其身；与朋友交，言而有信。虽曰未学，吾必谓之学矣。’能孝敬父母、能献身国家、能诚信朋友的人，虽然没有什么学问，但在子夏看来这才是真正的学者。这话听起来好像有点悖论，但仔细想想还是很有道理的啊！子夏当年之所以说出这样的话，很可能也遇到了今日国人所遇到的同样问题吧。”

鬼臾区说：“很有可能。春秋战国是神州大地非常民主的时期，任何人都可以提出任何的说法，都可以从任何角度来分析和探讨任何问题。这就是为什么有的人认为华夏民族真正的创新时代是在春秋战国时期。著名的历史学家陈寅恪曾经说过，‘中国真正的原籍经典只不过一百多部，其余的书都是在这些书的基础上互为引述参照而已’。这一百多部原创的典籍出自于什么时期呢？当然是春秋战国时期。所谓的诸子百家，都是在这个时期建立的。秦汉之后哪个朝代能容许‘百家争鸣，百家齐兴’呢？瞧瞧汉武帝时期吧，其影响了华夏民族两千多年的政策就是‘罢黜百家，独尊儒术’。这个政策就是对‘百家争鸣，百家齐兴’精神的遏制。我最近一直在注意牛公的学习，发现他除了看诸子百家之外，似乎什么书都不读。唯一能读的大概只有《史记》和《文心雕龙》这些为数不多的秦汉之后问世的书籍。”

应龙说：“鬼臾区说得对，但也不对。现在的神州学界中，个别人完全有创新的意识和能力，创新的成果可谓多之又多。比如十万八千人对牛公的投诉，就有很多是创新的表现。你刚才提到的十几年前发生的那件事，虽然是奇之又奇、怪之又怪，但却完全是创新的啊！‘炎黄子孙’这一概念传扬了千秋万代了，不能再提了；‘中华民族’使用了一百多年了，也不能再说了。这不是创新又是什么呢？”

风后说：“从学术研究的角度来看，这确实是创新。但为什么有这样的创新呢？为什么国人能允许这样的创新呢？这样的创新又是什么人做出的呢？为什么没有任何人对此有批判和驳斥的呢？”

雷公说：“有两个问题，我想简单地说明一下。一是‘民主’的问题。‘民主’这个词自古以来就有，但其含义与现在却迥然不同。古代的‘民主’指的是民族的主人，即帝王。百年之前西方文化传入中国时，有人将西方的 democracy 一词翻译成中文的‘民主’，即以民做主。据说这是日本人当年误用了国语的词语‘民主’。不管怎么说，‘民主’这个词的现代意义更为流行。所以各位提到‘民主’的时候，注意此词的古代含义和现代含义，不然大家可能产生误解。我想说的第二个问题，就是建议不再使用‘炎黄子孙’和‘中华民族’这两个概念的人。各位臣士，请翻阅翻阅十万八千投诉者提供的材料，大致就可以看出这种'创新者'究竟是谁了吧。"

风伯说："明白了！原来是这样的学者啊！真难以理解啊！如今的神州大地还能包容这样的学人，不仅是虚怀若谷，而且也是创新啊！"

风后说："何止是创新？完全是革命！没有了'炎黄子孙'和'中华民族'的概念，华夏民族还以什么样的身份和地位存在于世间呢？真是难以想象！春秋战国时期有诸子百家的思想，但却没有批祖废祖的观念。宋代时期与华夏民族对抗的西夏王朝，后来消失了。其消失并非因为宋王朝将其灭绝了，而是因为其国亡之后民族的意识消失了。在尘世间，民族意识最强的是犹太民族。该民族大约在一千五百年前就亡国了。亡国之后，犹太民族的家家户户虽然各自逃难于世界各地，但其民族的意识却一直深刻地保持着，其突出表现就是始终不渝地传承和发扬着民族的文化、传统、教义和思想，并努力追求民族的理想，为恢复民族的国家而不断努力。大约在三百年前，犹太人就制订好了光复国土的计划，并组建了复国机构。第二次世界大战一结束，犹太人复国机构很快就将消亡了一千五百多年的国家重新建立起来了，如今已经成为全球最具凝聚力、最具创新力的国家了。"

应龙说："好伟大的犹太民族啊！"

岐伯说："华夏民族更伟大！华夏民族的文明和文化传承了千秋万代而不绝，尘世间的哪个民族能够与之相比呢？这一点，不仅特别值得全球各个国家和民族认真思考，更特别值得华夏民族自豪和欣慰！所以，不仅尘世中的国人需要有这样的意识，各位天工也应该有这样的意识。只要有这样的意识，自己的眼界自然是开阔的，自己的心胸自然是豁达的，自己的境界自然是开拓的。"

众臣纷纷拱手而拜："天师伟大！天师光荣！天师正确！"

警报第十三：反对祭奠黄帝陵

雷公说："各位臣兄的眼界如何？开阔了吧！虽然各位均在九霄云天，但九霄之上还有九霄，云天之外还有云天。我们不得不时时努力拓展自己的视野啊！"

鬼臾区说："雷公说得好啊！我们虽然抬眼一望，远远超过了十万八千里，但在宇宙的长河里，十万八千里连九牛一毛都不及啊！刚才我翻看投诉牛公的一份材料，其中提到的一个问题令我痛心不已、难以平静。刚才听了天师的指导后，我心情渐渐地宁静下来了，俯瞰下界的风风雨雨，环顾尘世的山山水水，我的心胸忽然洞开了。"

天女问道："非常感谢天师的指导！非常感谢雷公的指教！鬼臾区所说的也很有道理。说说你刚才翻看的投诉材料吧，牛公又惹起了何人的何怒呢？"

鬼臾区说："牛公民族意识非常强，热爱民族，热爱圣祖，热爱国家，热爱人民。所以对任何有害于国家和民族、圣祖和人民的所作所为，他都难以容忍，也难以无视。他经常在讲课的时候、讲座的时候、闲谈的时候都会提到一件有害民族和圣祖的事。我说之前，各位先好好揉揉眼睛、敞敞心胸吧，不然又要令大家激愤不已了。"

应龙说："这倒不必。无论是什么人，无论眼睛多爽，无论心胸多敞，看到了恶魔，听到了恶暴，眼睛还是有些闪动的，心胸还是有些跳动的，非常自然。"

鬼臾区说："好吧，那就让臣兄们的眼睛闪闪吧、心胸跳跳吧。我先问各位一个简单而又复杂的问题，如何看待黄帝呢？"

应龙大吼一声："这是问题吗？为什么要问这个问题？这个问题又是谁提的问题？提出这个问题又是为了谁呢？"

鬼臾区说："先听听我说吧。自黄帝带领诸位臣兄升天以来，神州大地就在如今的陕西黄陵县为黄帝建立了陵园，每年的清明节历朝历代的政府都会派人前往陕西，与陕西的地方官员一起组织各地派来的国人代表来到黄帝陵，举行隆重的祭奠仪式，感谢黄帝对民族文化的创建和民族精神的指引，向黄帝汇报民族一年来的发展和贡献，向全球宣告民族的未来和希望。这是自远古以来华夏民族每年最为重要、最有意义的一次活动，即便在战乱的年代，这样的重要活动也不会终止。比如八十年前，日本侵略神州，全国很多地方处在沦陷的危机时期，国人个个都处在愤怒、激昂或紧张、不安的状态。但在清明节的那一天，彼此之间一直处在斗争状态的国民党和共产党联合起来举行了祭奠黄帝陵的隆重仪式，号召全国人民奋起抗战，将日本鬼子赶出神州去。"

应龙说："这样的祭奠活动太重要了！通过这样的祭奠，民族的团结精神和奋斗精神一定会凝聚起来，侵略神州的日本鬼子一定会被打出去！"

鬼臾区说："应龙说得对啊！当时延安的《新中华报》发表了题为《苏维埃代表林伯渠参加民族扫墓典礼》的报道，其中写道：'苏维埃政府代表苏区内全体公民，为对中华民族之始祖致敬，并表示誓死为抗日救亡之前驱，努力实现民族团结计，特于五日派遣代表前往参加。'其对黄帝陵的祭祀既是尊敬黄帝、热爱中华，更是团结民族、誓死抗日。"

应龙说："太好了！当时的苏维埃政府是怎样祭祀黄帝陵的？有祭文吗？"

鬼臾区说："有的。祭文是其领袖毛泽东撰写的，不仅语言优美雅致，思想更伟人、更英明、更正确！"

应龙说："其祭文有吗？让臣兄们看看。"

鬼臾区说："其祭文是这样的：

赫赫始祖，吾华肇造。胄衍祀绵，岳峨河浩。
聪明睿智，光被遐荒。建此伟业，雄立东方。
世变沧桑，中更蹉跌。越数千年，强邻蔑德。
琉台不守，三韩为墟。辽海燕冀，汉奸何多！
以地事敌，敌欲岂足？人执笞绳，我为奴辱。
懿维我祖，命世之英。涿鹿奋战，区宇以宁。
岂其苗裔，不武如斯；泱泱大国，让其沦胥。
东等不才，剑屦俱奋。万里崎岖，为国效命。
频年苦斗，备历险夷。匈奴未灭，何以家为？
各党各界，团结坚固。不论军民，不分贫富。
民族阵线，救国良方；四万万众，坚决抵抗。
民主共和，改革内政。亿兆一心，战则必胜。
还我河山，卫我国权。此物此志，永矢勿谖。
经武整军，昭告列祖。实鉴临之，皇天后土。
尚飨！

领袖的这个祭文可以分为六个部分。第一部分八句，歌颂了黄帝建立华夏民族的丰功伟绩。第二部分十二句，描绘了华夏民族历史发展中的艰辛与磨难。第三部分八句，追忆黄帝勇战蚩尤，号召国人发扬黄帝精神，与日本侵略者战斗到底。第四部分二十二句，宣誓要为抗日救亡而英勇奋斗。第五部分六句，立誓明志，救国救民。第六部分是结束语，表达对黄帝的敬仰和供奉。

这个祭文充分体现了领袖的伟大、光荣、正确！”

应龙说：“确如鬼臾区所总结的那样，领袖确实伟大、光荣、正确，而祭文则更伟大、更光荣、更正确！不过，今日的神州诸民大概很少有人能记得领袖的祭文了，更少有人能懂得领袖的祭文了，尤其是领袖对黄帝的纪念和致敬。”

鬼臾区说：“是的。今日的神州诸民确实很少有人能记得领袖当年的祭文了，也很少有人能懂得领袖当年的祭文了。所以有民族意识和理想的学者总是在努力向诸民介绍领袖的祭文。”

应龙说：“他们是怎样向诸民介绍领袖的祭文呢？”

鬼臾区说：“主要是将领袖的祭文翻译成白话文。”

应龙说："很有道理。他们是怎样翻译的呢？"

鬼臾区说："我看到了几个译文，其中的一个是这样翻译的：

我盛名赫赫的人文初祖，中华民族的创始之人。其子孙生生不息，其香火绵绵永存；有山岳巍峨高耸，有江河奔腾浩瀚。您聪明智慧的光芒覆照到边远荒僻之疆。所建树中华民族伟业崛然雄立于世界东方。

奈何沧桑世变之中也有失足跌创之痛。而今跨越数千年岁月长河，又遭逢邻国霸强蔑视公德。琉球和台湾失守于外敌，朝鲜半岛也被踏为废墟。辽海一带及华北大部地区竟有那么多汉奸为虎作伥！以割让土地来与侵略者谋和，贪婪的敌寇焉有罢手之想？正所谓人家执掌着绳索鞭杖，我竟沦为任人欺辱的奴隶之邦。

我先祖德范垂永，是顺应天道而立于世间的英雄。他与蚩尤奋战于涿鹿之野，终使天下得以安宁太平。岂有他今天的子孙后代竟如此没有英雄气概！我本泱泱一个大国，就这样任其衰败沦丧？我毛泽东等人不才，挥剑征伐奋勇驰骋；不畏惧万里崎岖坎坷，敢以生死报效祖国；连年艰苦奋战，可谓历尽万千险难。不把入侵之敌消灭，我们以什么保障建设家园？

号召中国各党各界，务要牢固地保持团结；无论是军人还是平民，也无须贫富之分。只有建立民族统一阵线，才是救国良策之本。我四万万同胞奋起，一定要坚决抵抗到底。建立民主共和制度，改革中国当前内政。亿万民众同心协力，我们就会战则必胜！收复我沦陷的大好河山，勇于捍卫祖国的权利与尊严！如此救国之信念与志向，誓将永远铭记不忘！我们励精治武整肃军心，特此告明中华列祖于今：恭请临视，监察于皇天后土之间！

请享供奉！

对于现代化了的神州诸民来说，这样的白话文当然是能看懂的。"

应龙说："对的，现代化了的诸民一定能看懂。"

鬼臾区说:“在领袖祭文的引领下,经过八年的团结和努力,全国人民终于将日本鬼子打出去了。这与黄帝在天之灵的指导密不可分。所以抗战胜利之后,黄帝陵的祭奠更加隆重、更加温馨、更加自然。但大约十多年前居然有人公开叫嚣,说祭奠黄帝陵是违法的、是搞鬼文化的、是侮辱其他民族的。”

应龙愤怒地问道:“这是谁提出的?他是什么人?是国人吗?显然不是!一定是潜伏在神州大地的日本鬼子!一定是为了摧毁民族的文化,一定是为了颠覆民族的历史。其目的一定是为了破坏和消灭民族之国,以实现其八十年前侵略神州大地的目的和希望。”

鬼臾区说:“也许是吧。臣兄们可看看他所发表的指责国家祭祀黄帝陵的文章,大致就能了解其目的和用意了。”

应龙怒吼道:“理由呢?为什么允许这样的文章发表?为什么不撤销这样的杂志?为什么不处罚如此恶劣的学界华奸呢?”

雷公说:“应龙啊,别太愤恨,先听听再说吧。”

鬼臾区说:“牛公当年在陕西看到这篇文章,其愤怒的心情与应龙一样。他以为那位学者大概不懂得历史吧,但上网一查,居然发现该位学者竟然是著名的历史学家!从此后他便经常谈到这个问题,提醒国人注意这个问题和这种学人。他的这一建议的确感染了很多人,但还是激愤了个别人。这次投诉他的,就是这些个别人中的个别者。”

应龙说:“个别人中的个别者,更个别了。这就像蝎子一样,是伤害人类的毒蛇中个别的个别。虽然是个别中的个别,还是最为人类所关注的、所担心的、所害怕的。对于国人中这样个别中的个别人，可要密切关注啊，千万不可放松。不然他就像恶毒的蝎子一样，在人们不留意的时候悄悄地冲向人体，将自己体内的毒素蜇入人体，将人毒死。”

雨师说：“应龙虽然情绪激烈，但说得还是有道理的，国人应该有这样的意识。这位蝎子式的学者说祭奠黄帝陵是违法的。为什么会违法呢？”

鬼臾区说：“应龙说得确实是有道理的。这位蝎子式的学者在文章中所说的一切‘理由’当然不是天理的缘由，而是私利的滑油。所谓违法，并不是国家对黄帝陵的祭奠，而是他自己对华夏民族的侮辱。”

雨师说：“鬼臾区说得对啊！以这位蝎子式学人的意识和思维来看，他所做的一切确实不是依据天理的缘由，而是依据其谋利的滑油。按照现代的说法，他的这些观点显然是反动的、不可接受的。但为什么国人没有反对呢？为什么他没有得到任何的处罚呢？”

鬼臾区说：“除极少数学者外，一般的国人确实没有明确反对。牛公就是这极少数人中的一位。尽管反对祭奠黄帝陵的这位学者观点如此之恶劣和恶毒，但却并没有得到任何的惩处。不但没有得到任何的惩处，而且还得到了更大、更快的发展。”

雨师问道：“这是为什么呢？为什么没人意识到问题的严重性呢？”

鬼臾区说:“问题的严重性的确很少有人意识到。大概是时代变迁的缘故吧。谈到这个问题时,牛公经常说,拼命想将台湾与大陆分裂开来的民进党真是愚蠢。如果民进党真的聪明,一定会将这位蝎子式学者的观点作为依据,向全世界证明其分裂国家是合理合法的。不仅是合理合法的,而且还是必要的、必需的。”

天女说:“天哪!我的胸已经完全堵塞了,我的心已经完全破碎了,我的眼已经完全干枯了!我,我,我,我的气啊,也已经完全停滞了!”

岐伯说:“各位臣士,静静心,宁宁神。春天尚有倒春寒,人间更有雾霾天。自然。自然。”

雷公说:“天师说得对啊!这样一些蝎子式的学者确实可以视为神州大地的倒春寒,更可以视为神州大地的雾霾天。确实自然。确实自然。好好思考思考天师所说的倒春寒和雾霾天吧。只有明白了这个道理,才能真正懂得世间一切事物中究竟什么才是第一个可宝贵的。”

雨师说:“是的,是的,确实需要好好思考,好好思考,好好思考……”

警报第十四:偏见与偏引

雨师说:“各位臣兄,我刚查看了一些尘世文献资料,了解了一些情况,值得我们关注。”

天女问道:“什么文献?什么资料?”

雨师说:“对黄帝偏见的文献,对民族偏引的资料。对于黄帝的偏见,远古、中古和近古始终都没有,即便是侵犯、掠夺和抢占华夏民族国土和财富的异族,也从来不会侮辱和否认黄帝。不但不会侮辱和否认,而且还想方设法地向黄帝靠拢,寻找一切今人所谓的‘文献’和‘资料’说明自己也是炎黄子孙,也是黄帝的后裔。但侮辱和否认黄帝的,近代却是有的。近代所有的,并非国人,也非神州四边的异族，而是明清时期来自西方的传教士。这些传教士与当时的国人发生了所谓的‘礼仪之争’，认为华夏民族传统的祭祖是搞迷信活动。”

天女嗤之以鼻道：“这些所谓的传教士真是可耻！居然说我们民族祭祖是迷信！他们自己呢？天天祭祀什么基督啊，耶和华啊，什么玩意！这才是真正的迷信！甚至连迷信都不是，而是恶心！”

雷公说：“天女啊，别太偏激了，基督和耶和华是西方宗教的象征者，也有一定的特殊意义。任何民族都有自己的圣祖和先祖，为了纪念和怀念自己的圣祖和先祖，将他们逐渐地推崇为神仙，将他们创建的文化逐渐升格为教义，也是非常自然的。值得注意的是，颂扬自己民族圣祖和先祖的时候，不要侮辱和否认其他民族的圣祖和先祖，华夏民族一直就有这样的意识和观念。所以当佛教传入华夏的时候，几乎没有什么异议，不但没有异议，而且还非常崇尚，将其也视为自己民族的教义。虽然如此，并没有因此而背离了自己的民族思想和文化，更没有背叛了自己民族的圣祖和先祖。所以，自古以来佛教的典籍一直称为佛典，佛祖的诞辰一直称为‘佛诞’。大唐时期，基督教、伊斯兰教等已经传入了神州，国人的态度也是如此，没有发生任何的变化。”

雨师说：“雷公说得对，这确实是华夏民族自古以来的意识和观念。虽然佛教传入神州之后，某些时期别人也有一些异议，甚至还引起了一定的波动，但终究还是统一走向正轨了。在祭祀和崇尚佛教的同时，当时的国人对自己民族的圣祖和圣贤还是一如既往地牢记、热爱和纪念。”

雷公说：“对于自己民族圣祖和圣贤的纪念自古以来始终是国人的基本意识。对于祭祀圣祖和圣贤的意义，民族的经典多有记述和论述。如《礼记·郊特牲》中说：‘万物本于天，人本乎祖’，所以祭祀圣祖就是‘报本反始也’。意思是说，宇宙中的万事万物都来自于天，而人则来自于自己的祖先，所以祭祀祖先就是对自己生命来源的回顾和怀念。《礼记·祭义》中说：‘教民反古复始，不忘其所由生也’。意思是说，教导国人回顾远古，是为了了解自己民族的渊源，是为了牢记自己民族形成的基础。这就是国人崇拜祖先的依据。正如当代一位学人所指出的那样，‘自然界给了我们衣食，祖先给了我们生命，所以要报本答恩，报答的方式便是敬天祭祖’。中国人很少相信人的生命是某种神灵创造的，只是实实在在地相信自己的身体发肤受之父母，父母又受之父母，以至先祖，这是根本，绝不能忘记的。祭祖是报本反始之意，不忘我们所自来，报答祖先之恩德，颂扬祖先之功德。这种礼敬是贯彻始终的，即‘生之以礼，葬之以礼，祭之以礼’。”

应龙说：“当时的传教士如此斜视我们民族对自己圣祖的祭祀活动，显然是为了改变我们民族的意识和观念，目的是以自己民族的宗教和信仰取代我们民族的文化和思想。当时要这样做，显然是搬起石头砸自己的脚，国人当然是不能接受的。不但不能接受，而且还会以更坦诚的祭祀圣祖的方式体现自己的民族思想和文化。可惜的是，如今的国人居然完全被现代的传教士所偏导了！虽然并非所有的国人都信仰所谓的基督教，但至少民族的意识被淡化了。如果民族意识没有淡化，怎么可能个个都将基督教的典籍叫‘圣经’、将基督的生日叫‘圣诞’呢？如今的国人如此重视所谓的学术研究，为什么没有人认真地研究这一问题，解决这一问题呢？”

雨师说：“应龙的思维是清晰的，认识是清楚的，观念是明确的。表述方面虽然有些激烈，但也是自然而然的，毕竟自古以来就有应对万事万物的天责啊！面对如今的天下，仅仅按照自然的规律去应对，其实已经无法筹理了。这对于应龙的压力，实在是‘大可大，非常大’了！”

鬼臾区说：“雨师之见颇为自然。如今的天下，尤其是国人的天下，实在是‘异可异，非常异’了。所以，一定要想方设法告知国人，既要尊重西方人的宗教和信仰，更要传扬自己民族的文化和传统。正如长安的一位有民族文化意识和观念的学者所说的那样；‘我们纪念先祖、拜谒黄帝陵的活动和宗教信仰完全是两回事。我们把黄帝作为一位伟大的历史人物，而不是作为神来崇敬的。’我国史学的创始人司马迁在撰写《史记》的时候，就是从黄帝写起的。这是写史的，不是写教义的。所以，司马迁并没有把黄帝当作神仙来写，并没有将黄帝创建中华民族文化的历史当作宗教来传扬，而是将黄帝作为创建民族文化、建立民族思想和制定民族体制的圣祖和古帝来写的。”

风伯说：“可见司马迁对黄帝的了解和认识还是非常清楚的。这说明在司马迁时代，华夏民族对黄帝思想和文化的传承还是最为充分、最为完整和最为普遍的，确实值得今日的国人回望。秦汉之后虽然华夏民族的体制发生了很大的变化，对诸子的学说和思想有了一定的改变，但对黄帝的思想和文化却没有任何的改变。如汉武帝刘彻‘罢黜百家，独尊儒术’，但并没有对黄帝的思想有任何的偏见。再如明太祖朱元璋，虽然对孟子‘民贵君轻’的观念极度愤慨，企图彻底销毁四书五经中的《孟子》，但对于黄帝的思想和文化，却没有任何的偏见和篡改。仅此一点完全可以证明，这两位思想意识有所偏颇的君王，还是具有深厚的民族意识和文化功底。”

风后说：“是的。即便是历朝历代被政府抓捕或处死的所谓罪犯虽然对当时的社会、民众或政府造成了一定的破坏，但却并没有对民族的历史、文化和思想造成任何的损害。就像南宋的秦桧一样，虽然应天子之命做了很多不该做的事情，伤害了很多不该伤害的重臣，但并没有借用异族的思想和文化来破坏自己民族的历史和文化，至少没有像现代的某些国人那样拼命地破坏国字和国文。今日所谓的宋体字其实就是秦桧留给国人的最为自然、最为便利、

最为有效的写法。这对于国字和国文的传承和发展发挥了至为重要的作用。”

应龙说：“风后说得也很对。华夏民族的历史就是这样。之所以传承千秋万代而不绝，原因也在于此。可惜啊可惜，今日的国人却与传统的国人完全不同了，不但不有意地传承民族的思想和文化，还要拼命地破坏民族的思想和文化，甚至还胆敢否定黄帝、斥责黄帝、谩骂黄帝！这真是牛公所说的‘大可耳止’、‘丁口耳止’啊！”

天女问道：“牛公所说的‘大可耳止’、‘丁口耳止’是什么意思呢？”

应龙哈哈大笑道：“天女啊，你真的不懂得‘大可耳止’、‘丁口耳止’吗？如果真的不懂，那可真是‘大可耳止’、‘丁口耳止’了！”

雷公说：“应龙啊，别太激动。天女当然知道牛公所说的‘大可耳止’、‘丁口耳止’是什么意思了。之所以向你提问，无非是想让你为尘世之人解释解释而已。作为天工的各位臣兄，那个不懂得牛公的这个说法呢？但如今的天下国人却不一定真的懂得‘大可耳止’、‘丁口耳止’的意思了。因为时下的国人都基本西化了，他们所重视的就是对西方语言和文化的学习和掌握、传播和传扬，对国字和国文的学习和掌握则比较轻浮了。所以各位在谈论相关问题时应随时注意作些适当的解释，以便能比较自然地将一些重要的思想和观念传递给神州大地的国人。”

雨师说：“谢谢雷公的指教！”

警报第十五：电闪与雷鸣

应龙说：“各位臣兄，不要总觉得我的情绪偏激，更不要觉得我的思维失常。其实我的思维一直都很正常，我的情绪一直也都很自然。正常情况下看到不正常的变化，任何人都会有质疑的，都会有思考的。现在的尘世之人之所以对于不正常的变化没有理所当然的质疑，恐怕都与其情绪的偏颇和思维的偏狭有一定的关系吧。”

雨师说：“应龙的思维确实是正常的，情绪也确实是自然的。这就像正常的下界一样，一旦有风吹，自然有草动；一旦有电闪，自然有雷鸣。现在的下界确实有不正常的尘世，社会上虽然有诡异的风吹，但草却丝毫不动，之所以不动，就是因为这种草可不是大地上通过生根发芽而长起来的草，而是某些所谓的艺术家或科学家用石头、砖块或钢铁铸造而成的所谓艺术品。虽然看起来色彩和风貌与树木花草完全一样，但却没有任何的精气神韵，所以不会受到任何风潮的影响。”

风伯说：“这真是对尘世间各种怪异现象的一个非常形象的比喻啊！这个比喻也揭开了我一直无法理解的秘密。我平时关注的就是天上人间的风潮，风吹草动也一直是我视为天则的常理。但也常常注意到无论风吹得多么急迫，有些树木和花草却一点也不闪动。我一直以为是自然界创新的植物，原来是艺术家和科学家的创造啊！”

风后说：“这样的创造当然是非常有意义的，本身没有任何问题。不但没有任何问题，而且对于人类的发展和文化的传播可谓意义非凡。但人如果被异类的思想文化所僵化，其思维和观念很有可能就变成了这种艺术式的僵硬结构了，所以任何有辱于自己民族的风潮都不会触动他。”

应龙说：“侮辱黄帝就是最为典型的侮辱民族思想和文化的异类风潮，所以几乎没有触动学界、政界和民界。我注意到，学界有些人只要提到《易经》《论语》《道德经》等民族的圣经，他们的反应就是‘那些是糟粕’、‘那些该剔除’、‘那些该摈弃’。如去年去世的一位外语界的人物，名气至为高大，其追悼会几乎是国家级，影响多大啊！去世的前一年，此位学界人物曾经发表过一篇文章，教青年人如何学好英语，其中的一个要求就是‘摈弃母语’。瞧瞧，瞧瞧，瞧瞧！”

鬼臾区说：“为了学好外语而摈弃母语，显然是极其错误的说法。这种错误不仅仅是对民族母语的破坏，也不仅仅是对民族文化的颠覆，而是对外语学习的误导，对跨文化交际的偏见。懂得母语和外语的人都知道，不同国家和民族的语言中，相同和相似之处是最为巨大的，而相差和相异则是少量的。虽然英国人将编辑成册的资料叫作 book，国人将其叫作‘书’，但其所指则是完全相同的，只是文字的形式不同而已。这就像国人将赋予自己生命的人叫‘父’和‘母’，英国人则叫 father 和 mother，字形不同，意义则完全一致。英国人说的 I love you，国人说的‘我爱你’；美国人说的 Go to bed early and get up early，《黄帝内经》说的‘早卧早起’；英语中的 Love me love my dog，国人说的‘爱屋及乌’。如此等等的表达方式，可谓一一相应。由此可见，英语与国人的母语相同和相近之处还是比较常见的。不太常见的虽然少，但却是一个民族的文化区别于另外一个民族文化的象征。例如，‘仁义礼智信忠孝悌’就是华夏民族文化所独有，也正是华夏民族文化区别于西洋文化的象征。所以，只有学好了母语才能真正地掌握好外语，才能真正实现合璧东西的理想。”

雷公说：“鬼臾区说得对。比如钱钟书、季羡林、傅雷等，他们是国人当代最为优秀的外语人才，他们之所以能成为最为优秀的外语人才，就是因为他们有非常深厚的民族文化基础和民族语言底蕴。用今天的话来说，他们首先是国学大师，其次才是精通和掌握了西洋语言和文化的杰出人才。钱钟书曾经撰写出版了两部重要的学术著作，即《谈艺录》和《管锥编》，这两部内容丰富的学术著作涉及中西方的语言和文化，但却是用古文撰写的，甚至可以说是用前秦文字写的。虽然他在这两部书中引用了大量的欧洲英语、德育、法语、希腊语和拉丁语的文献资料，但都是用古文对其加以翻译和分析，可谓意义非凡。”

应龙说：“是啊！是啊！如今的赤县神州，虽然一直在拼命地培养优秀的外语人才，但在国内的外语界，还有人真正地懂得自己民族的语言和文化吗？还有人能用古文表达自己的思想和观念吗？还有人能读懂诸子百家的学说吗？显然是没有的。不懂得自己民族的语言和文化的外语人才，说到底，只能算是西方语言和文化的买办人，怎么可能成为国人的优秀外语人才呢？这不仅仅是我的想法，也是牛公的想法。虽然有人拼命地投诉牛公，拼命地批判牛公的这些想法和看法，认为自己就是国内外语界最为优秀的外语人才。但那位投诉者能将自己与钱钟书和季羡林相比吗？更不要说严复和辜鸿铭了！如果有位投诉者是用古文写的投诉文稿，即便投诉的无理无据，我还是非常敬慕他的。可惜哉！十万八千分投诉材料中没有一个人敢用古文写。不仅没有用古文写，甚至连白文都写不好。一句简单的话都啰里啰唆地说了一大堆，就是因为没有掌握好民族语言表达的基本要求。”

雷公说：“目前国人的外语界的确值得反思，值得关注。牛公对这方面的关注和意见也是比较客观的，虽然引起了一些人的投诉，但也应该引起了很多人的思考。毕竟大家都是国人嘛，毕竟民族文化的复兴已经成为国家发展的一个重要的政策了。”

雨师说：“应该是这样的。虽然有人因此而投诉了牛公，但国家发展的政策却与牛公的思考是颇为一致的。比如牛公一直说中医是当代唯一真正传承和发扬民族文化和思想的学科，这曾经使学界的很多人嗤之以鼻，但不久前国家发布的白皮书和公布的中医立法已经充分证明了牛公的观点。几年前国家启动‘中华思想文化术语传播工程’时，准备将中医纳入其中，但却遭到了一些人的反对。牛公为此而到处奔波，到处声援，令很多人疑惑不解。这次国家颁布的白皮书对中医从民族文化角度的定位就基本与牛公的意见保持一致。”

应龙问道：“国家的白皮书从民族文化的角度对中医是如何定位的呢？”

雨师说：“其基本定位是这样的：

人类在漫长发展进程中创造了丰富多彩的世界文明，中华文明是世界文明多样性、多元化的重要组成部分。中医药

> 作为中华文明的杰出代表，是中国各族人民在几千年生产生活实践和与疾病做斗争中逐步形成并不断丰富发展的医学科学，不仅为中华民族繁衍昌盛做出了卓越贡献，也对世界文明进步产生了积极影响。
>
> 中医药在历史发展进程中兼容并蓄、创新开放，形成了独特的生命观、健康观、疾病观、防治观，实现了自然科学与人文科学的融合和统一，蕴含了中华民族深邃的哲学思想。随着人们健康观念变化和医学模式转变，中医药越来越显示出独特价值。

白皮书认为，中医是'中华文明的杰出代表'、'对世界文明进步产生了积极影响'、'蕴含了中华民族深邃的哲学思想'，可谓对中医最为客观的定位。"

应龙说："如此定位，确实是客观的，对光复民族文化更有重要的意义。这个定位与牛公一直以来的意见和建议确实完全一致！希望国家也能逐步为黄老思想和孔孟之道有一个明确的定位，从此可对恶意攻击民族文化思想的人给予合理合法的惩处，使其民族的意识能逐步得以恢复。"

雷公说："应龙的见解也是客观的。国家在发展，民族在进步，国人在努力，这样的理想一定能实现。看看三十年前的国人，生活确实比较贫困。再看看三十年后的国人，生活已经非常富裕了。即便是乞丐，都成了财富的聚集群体了，而不再是求生谋存的可怜人了。所以，大家在讨论国人存在的问题时，更应注意国家发展的过去、现在和未来。在发展的过程中遭遇的各种问题其实也都是前进中的绊脚石，需要逐步踢开，而不可能一点都不存在。如果真的没有任何的绊脚石，只能说明国家没有任何的发展、民族没有任何的进步、国人没有任何的努力。”

雨师说:“雷公说得好啊!”

警报第十六:绊脚石与推动力

天女说:“雷公把绊脚石视为国民自我发展、国家不断向前的动力,似乎有些矛盾。但仔细想想,可真有些道理啊! 这就像‘登高望远’一样,如果没有一级一级的山峰,怎么能登高呢? 怎么能望远呢? 这更像一年四季的寒热温良一样,如果没有这样的气候变化,怎么可能有春耕、夏种、秋收、冬藏呢?”

应龙说:“照此说来,反对民族圣祖、摈弃民族文化的也是民族发展的绊脚石吧。也许在各位臣兄看来,这种所谓的绊脚石不仅是民族发展的动力,更是民族兴旺的前奏! 但在我看来,如此这般诋毁民族文化、民族思想的言行举止,恐怕不是推动民族发展过程中的绊脚石,而是摧毁民族存在于尘世的核弹头了! 对此,必须要有正确的认识啊!”

鬼臾区说:“雷公说的绊脚石确实是自然存在的。但不能将其放置在偏颇的角度去看待、去分析。这就像奔赴向前的人一样,在漫长的奔波过程中,一定会遇到风雨寒热。这当然是自然而然的。如果仅仅将其视为前进中不可克服的阻力,一遇到寒热就停步,一遇到风雨就躲藏,怎么可能按期达到自己选定的目标呢? 怎么可能与他人的竞争中能获取胜利呢?”

雷公说:“各位臣兄,不要再就此没完没了地争论了。其实人生中遭遇的任何问题换个角度就可能成为动力了。牛公曾经讲过自己经历过的一件事,颇有意义啊。高考结束之后,他与两位同学骑着自行车去看望老师,路上遇到两位农民开着一台陈旧的拖拉机。那时乡间的路不仅狭窄,而且还高低不平。拖拉机与牛公的自行车相遇的时候,由于颠簸而将牛公的自行车撞到了,牛公也被摔倒在路边了。两位同学吓坏了,上前与拖拉机的驾驶员扭打。

牛公从地上爬起来，冲上前去将两位同学与驾驶员拉开。两位同学仍然激愤地冲着驾驶员吼叫，牛公则冲着驾驶员举手致谢。驾驶员吓坏了，以为牛公被撞傻了。牛公仍然连连不断地感谢驾驶员，并请他赶快驾车离开。"

应龙问道："这确实很奇怪呀！牛公为什么要感谢撞翻他的驾驶员呢？难道说他真的被撞晕了吗？甚至被撞傻了吗？"

雷公回答说："牛公确实没有被撞晕了，更没有被撞傻了。在他一再的感谢和请求下，驾驶员战战兢兢地驾着拖拉机走了。两位同学气愤地摸着牛公的额头，问他是否真的被撞晕了、撞傻了。牛公说，他一点也不晕，更不会傻，完全正常。同学问他为什么不仅不斥责撞倒他的人，反而还感谢人家呢？牛公回答说，按常规，被拖拉机撞到了，一定会遭受伤害，要么撞断了四肢，要么撞破了内脏，要么撞烂了皮肉。但这次，这位驾驶员所驾驶的拖拉机只是将他的自行车的前轮撞歪了，对他的身体没有造成任何的伤害，这就是对他最大的帮助啊！如果这次身体撞坏了，不但不能上大学了，而且还会给父母带来极大的痛苦，所以他必须得感谢人家。两位同学听了，也很有感慨，觉得牛公感谢驾驶员确实是有道理的。"

应龙说："这位牛公可真的牛啊！能有这样的看法和想法，真不容易啊！由此看来，绊脚石确实是要从不同的角度去观察、去分析的。我此前的说法确实太过偏颇了。就像牛公的两位同学一样，如果没有听到牛公不同寻常的解释，怎么可能理解牛公的如此之举呢？如果牛公没有向两位同学解释，这两位同学也会像如今的十万八千个投诉者一样，将牛公视为思维混乱、思想落后的伪君子。"

鬼臾区说："所以对于韩人欲将中医去中国化、欲将中华文化据为己有的做法，换个角度来看，国人还真应该感谢人家的。"

应龙说："说说感谢韩国人的因由吧。"

鬼臾区说："因由很简单。这说明中医正如德国慕尼黑大学的学者满晰博（Manfred Porkert）所说的那样，是世界上最为成熟、最为完美的生命科学，是最有益于人类健康发展的医学。所以国人应该重视中医，不应该蔑视中医，甚至想方设法地消灭中医。韩国人欲将中华文化据为己有，就更能说明中华文化的伟大、光荣和正确了，就更能提示国人要认真地学习、继承和发扬自己的民族文化了。”

天女问道：“为什么会有国人蔑视中医，甚至要消灭中医呢？这实在太奇怪了，无法理解。”

鬼臾区说：“蔑视中医、消灭中医的国人，民国时期就有了，因为西医和西方文化的传入很快改变了国内学界和政界一些人的思想观念。清末时期，西方的入侵使得国家显得非常贫穷落后。事实也确实如此。明代的时候华夏民族的国家还是世界上最为富强的国家，西方等国还显得颇为贫穷落后。但自从西方文艺复兴开启以来，西方不仅仅文化快速发展，科学技术更是飞速发展，现代化的轮船、武器和交通工具不断问世。但华夏民族依然保持着春秋战国时期和秦汉之后所创建的各种农耕工具和军事兵器，与西方现代化的工具和兵器比较起来，确实存在着巨大的差距，尤其是在清末的时候。西方的先进和神州的落后使得很多国人——尤其是学界和政界的人士——开始蔑视自己民族的传统文化，以为正是自己民族的传统文化才导致了国家的落后和民族的贫穷，所以就拼命地要摈弃民族文化、要迎接西方文化。反对中医，消灭中医，就是最为突出的表现。”

应龙问道：“他们是怎样反对中医的呢？他们是如何消灭中医的呢？”

鬼臾区说：“各位臣兄可看看民国时期的一些文献资料，基本就能了解相关情况了。民国时期反对和消灭中医的代表人物是余云岫。一九二九年，国民政府的‘中央卫生委员会’召开首届全国卫生大会，余云岫提交了一个提案，题目是‘废止旧医以扫除医事卫生障碍案’。提案指出：‘旧医一日不除，民众思想一日不变，新医事业一日不上，卫生行政事业一日不能进展。为民族进化计，为民生改善计，不可不采取断然措施。’这样的提案居然获得了全票通过。后来在很多国人的反抗下，在政界一些重要人物的关照下，消灭中医的提案在落实中还是有了一定的宽松。一九四九年中华人民共和国建立了,但反对和消灭中医的学界和政界人士依然存在。但国家政府和人民领袖还是大力扶持中医的。”

应龙问道:“国家政府和人民领袖如此重视中医,实在难得啊!现在的国内政界和学界应该没有反对中医的人士了吧?否则还会受到国家的严厉处罚。”

鬼臾区回答说:“虽然国家政府和人民领袖重视中医,而且还严厉地处罚了反对中医的官员,但政界和学界如今还是有反对中医、消灭中医的人士。”

应龙问道:“政府处罚他们了吗?”

鬼臾区回答说:“没有。”

应龙愤然再问:“政府为什么不处罚他们?为什么现在反而允许学界人士反对中医的呢?”

鬼臾区回答说:“政府为何没有处罚学界反对中医的人士,我确实不太清楚。很可能是政府的包容性增强了吧,从而允许学界正反两方面的人士都存在吧。”

应龙愤愤地说:“不可思议!政界还有人反对中医吗?”

鬼臾区说:“有部书可以为你提供答案。这部书名叫《挽救中医》,作者是前卫生部负责中医工作的吕炳奎的儿子吕嘉戈,大约十年前由广西师范大学出版社出版的吧。吕炳奎去世之后,吕嘉戈整理其父留下来的很多文件和资料时,发现了许多令他非常震惊的信息。他筛选了部分文件和资料,略加整理后出版,非常有益于今人了解政界相关人士对中医的态度和作为。”

应龙说:“明白了!明白了!明白了!”

雷公说:“更应明白的是,政府近期颁布的肯定中医、发展中医、传播中医的白皮书和立法案。这最能说明问题了。”

应龙说:“奥,是吗?这太重要了。虽然我还没有看到这份白皮书，但你将其定义为‘肯定中医、发展中医、传播中医’，就已经说明了其主旨精神了啊！”

雷公说：“所以，对于民族发展过程中遭遇的各种问题，既要深入分析，也要全面考虑。很多问题并非马上就能得到解决，实际上都要有一个基本的发展过程。”

雨师说：“雷公说得对啊！分析、研究和思考任何问题的时候，都应该有这样的观念啊！”

警报第十七：弃恶从善，随其自然

风伯说：“今日已经是下界的冬至了，寒风来了，大雪降了，民间肯定是‘大河上下，顿失滔滔’了。这样的寒风、大雪和冰冻虽然令人瑟瑟发抖，但却不一定是绊脚石吧。”

风后说：“这显然是春夏秋冬的运化，自然而然。即便令人瑟瑟发抖，也无人将其视为诡异的变迁。自古以来形成的‘天人相应’和‘天人合一’就是对人适应自然环境变迁的要求。当然，这样的变迁是自然的，而不是人为的。所以，在尘世间，真正有‘天人相应’和‘天人合一’这一意识的人必然是人间的‘数风流人物’，而没有这一意识的人则必然是‘落花流水’。投诉牛公的十万八千人显然没有这样的意识，当然都是‘落花流水’者了。”

雷公说：“风后说得真好啊！尘世间的实际确实就是如此，所以各位臣兄在讨论对牛公的投诉者时也应注意这一现实。投诉者中虽然有恶意污蔑和打击牛公的目的，但其本人也是值得我们同情的，因为他们都是风后所形容的‘落花流水’啊！而牛公虽然需要我们的关怀和帮助，但更需要的是‘天人相应’和‘天人合一’。不过这个需要，牛公是非常清楚的，也一直在努力地从严从实。”

应龙问道：“恶意污蔑牛公的人该如何处理呢？随其自然吗？”

雷公说：“随其自然吧。牛公在一篇文章中说：

未来的岁月里，夕阳虽然还会西下，但旭日照样冉冉升

起；黑夜虽然还会降临，但黎明依然如期而至。

这说明了牛公本人也有‘随其自然’的意识，所以对于恶意污蔑他一点反击都没有，确实在‘随其自然’。在另外一篇文章中，牛公说：

别了，大猫。

阳春三月虽然没有你幽灵般的嘶叫，但春天却照样来到。所以，大猫，记住了，春天不是你叫来的。别以为自己是东风，喘口气就绿了江南岸。

……

别了，大猫。

黎明时分虽然没有你鬼魂似的影子，但太阳却照样升起。所以，大猫，记住了，太阳不是你叫起的。别以为自己是鲲鹏，展个翅就上了凌霄殿。

这显然是对污蔑者的忠告。如果污蔑者真正明白了牛公的用意，能真正地自我反思，就会弃恶从善，摆脱邪恶的锁链，跨入天然的景区。”

天女问道：“污蔑者会弃恶从善吗？会摆脱邪恶的锁链吗？”

鬼臾区说：“从目前看来，从邪恶到仁慈，还需要有一个比较漫长的进化过程。‘放下屠刀立地成佛’当然是最好的理想了，但这样的理想毕竟是理想，不是现实。正如牛公前些天在一个庆典上所说的那样，如果尘世之人在鸡年里没有‘雄鸡一唱天下白’的意识、没有‘与鸡俱兴’的意志，理想永远都是理想，梦想永远都是梦想。污蔑者如果没有弃恶从善的意识，如果没有‘放下屠刀立地成佛’的意志，恐怕到死都不可能自我反思、自我惩处。”

应龙说：“自燃！自燃！非常自燃！各位臣兄，别听错了，我说的‘自燃’的‘燃’是‘燃烧’的‘燃’，不是‘天然’的‘然’。明白我的意思吧？”

风后说：“明白，明白。应龙不愧是龙啊！一会飞龙在天，一会潜龙勿用，一会终日乾乾，一会或跃在渊，真畅快呀！”

雷公说:“二位臣士怎么也成了尘世之人了呢?别忘了,我们早已是天工了,天工与尘人是不同的。一个站在天上,一个蹲在地上,眼界和胸襟怎么能处在同一个层面上呢?所以,对下界尘人的所作所为,我们恐怕也应有理解的意识。”

岐伯说:“老子说‘上善若水’,是说尘世的‘善’。对于天工而言,更上的善则‘若云’,云既在不断地变幻,又在不断地会聚,更在不断地播散。作为天工,各位臣士也应该有‘上善若云’的意识,该变幻的要变幻,该会聚的要会聚,该播散的要播散。十万八千人的投诉,如果能采用这样的策略和方技,不仅能帮助绝大多数投诉者拓展视野,也能帮助个别投诉者弃恶从善,更能帮助所有的尘世之人自尊自强。”

雨师说:“谢谢天师的指导!我翻看了不少投诉者的材料,对尘世之人当今的心态和意识有了一定的了解。即便理解错误,即便意识混乱,该投诉的还是可以投诉的,不然作为天工的我们怎么能了解尘世之人思想观念和民族意识的变化呢?某种意义上说,这样的投诉也帮助我们打开了尘世之人的眼界和心胸,明白了尘世间的风云如何变化。”

天女问道:“雨师说得似乎也很有道理。该投诉的的确应该投诉。但为何无人投诉反对中医者呢?反而投诉牛公抗议对中医的反对呢?”

应龙说:“问得好!这也确实是我所困惑的。如果我收到了投诉反对中医的人,我一定先‘潜龙勿用’,隐秘下界,辨析清楚反对中医者何人是也。然后‘或跃在渊’,指挥虾兵虾将将其一一擒获，让其自我反思。最后‘飞龙在天’，将其悬挂在九霄云端，以开阔其文化视野，以孵化其民族意识。”

天女说：“这真是理想中的理想啊！不过这样的理想似乎还是可以实现的。”

鬼臾区说：“虽然没有收到投诉反对中医的人。但在尘世间，反抗消灭中医的却大有人在。记得有一次某个电视台邀请某人来谈论为何要消灭中医，中医界派了一些专家前去驳斥他，声讨他。不仅是这些被派来的专家，整个中医界的绝大多数人士都是坚决反对侮辱中医、消灭中医的。他们之所以并没有投诉反对中医的人，是因为他们觉得这样的人实在‘不齿于人’，不值得当一件事去谈、去论。”

天女说：“中医界人士的眼界还是要再豁达一些的，但该投诉的还是要投诉的。这就像古代‘酒香不怕巷子深’一样，这样的观念历朝历代都是自然而然的，没有任何问题。但在现代，由于媒体宣传作用的风起，更由于网络信息的风行，无论多好多香的酒，如果真的深深藏在巷子里，不做任何的宣传和展现，一定不会引起大家的注意，一定不会有存在的可能。建议中医界要注意现代化的民族意识和社会风气，不可仅仅保持‘酒香不怕巷子深’的理念。”

鬼臾区说：“在现代社会里，‘酒香不怕巷子深’的理念其实也是可以保持的，但前提是首先要将自己美酒的风采和声誉广泛地传播开来，大家都知道了、都明白了，就可以坚持‘酒香不怕巷子深’的理念了。这就像神州的茅台酒一样，在酒界的名气最大、声望最高、影响最远，完全可以继续坚持‘酒香不怕巷子深’的理念。中医虽然自古以来都是神州大地的独有的医家，完全可以有‘酒香不怕巷子深’的理念。但自清末以来，西方医学的传入对中医造成了极大的挑战。再加上民族急速的西化，导致了民族文化的淡漠，使得中医自古以来发展的基础愈来愈薄弱了。在这样紧迫的情况下,如果还坚持‘酒香不怕巷子深’的理念,显然是不太客观的。”

雨师说:“雷公说得好!不仅中医应该如此,民族文化的各个领域更应该如此。只有如此,才能使民族文化的精气神韵逐步得以光复。”

众臣齐声而言:“非常期待!”

警报第十八:卧龙在地,不见大人

鬼臾区说:“应龙啊,你确实是条龙啊!你知道‘龙’在华夏民族中的意义是什么吗?”

应龙说:“我虽然名为龙,其实并非真是龙啊。但从我内心而言,我可真把自己当条龙,可真想能够‘飞龙在天,利见大人’啊!哪位臣兄能帮我说说‘龙’在华夏民族中的意义?”

雨师说:“我先说说吧。因为我与雨是密切相关的,与水也是时时相应的。所以龙不仅能‘飞龙在天’,而且还‘或跃在渊’。‘渊’就是深水的意思,特别令我关注,所以‘或跃在渊’的龙,我还是比较了解的。据民族的文献记载,‘龙’是华夏古代神话传说中的神异动物,为百鳞之长,象征祥瑞,是华夏民族最具代表性的传统文化。龙的形象最基本的特点是‘九似’。宋人罗愿对《尔雅》作了补充,其补充的内容名为《尔雅翼》,其中对‘龙’的‘九似’进行了解释,说‘龙’的‘九似’是‘角似鹿、头似驼、眼似兔、项似蛇、腹似蜃、鳞似鱼、爪似鹰、掌似虎、耳似牛’。明代对‘龙’的认真更加清晰。《本草纲目·翼》中说‘龙’的‘九似’的解释与《尔雅翼》的解释完全一致。”

鬼臾区说:“雨师说得对。‘龙’是华夏民族的图腾,也就是华夏民族的象征。‘龙’的出现可谓悠久。四十五年前,国人在内蒙古赤峰市翁牛特旗三星他拉村出土了一件‘C’形的青玉龙,由墨绿色的岫岩玉雕琢而成,周身光洁,优美雅致,有‘中华第一龙’的美誉。后经考古勘查,确认该玉龙为居今约七千多年的红山文化遗物。牛公

在与西方人交流的时候非常自豪地说，'龙'是自然界随处可见的动物，任何地方都可以找到。西方人感到奇怪，以为牛公在信口胡说。"

雷公说："各位臣兄，请注意牛公给西方人所谈的'龙'。各位理解牛公的说法吗？"

风后说："理解是当然的。'龙'确实如牛公所说的那样，是自然界随处可见的动物，任何地方都可以找到。西方人当然无法理解，今日的国人恐怕也无法理解，中西的尘人都会以为牛公在胡说八道。"

雷公说："风后很有卓见！请说说你对'龙'的理解。特别为下界尘人解释为什么说'龙'是自然界随处可见的动物。"

风后说："遵命！雨师前面已经说过，'龙'有'九似'，即'角似鹿、头似驼、眼似兔、项似蛇、腹似蜃、鳞似鱼、爪似鹰、掌似虎、耳似牛'。这其实已经说明了'龙'是自然界中随处可见的动物。为什么'龙'是由九种动物组合而成的呢？这种组合至为重要，展示了华夏民族自古以来不断大融合的历史事实。远古时期的神州大地，不仅仅只有一个民族，实际上拥有无数个民族或部族。这些不同的民族或部族在自我发展过程中一定会与周边的民族或部族发生冲突，甚至发生争斗。经过多年的冲突和争斗，彼此之间慢慢地相互了解了，甚至相互交往了。经过多年的相互了解和交往，甚至相互帮助和支持，从而使几个不同的民族或部族最终结合在了一起，构成了一个统一的民族。此前各个民族或部族都有自己的图腾，如有的以鹿为图腾，有的以驼为图腾，有的以兔为图腾，有的以蛇为图腾，有的以蜃为图腾，有的以鱼为图腾，有的以鹰为图腾，有的以虎为图腾，有的以牛为图腾。"

应龙问道："统一之后各自的图腾怎么办呢？全部放弃了吗？如果不放弃，又该如何统一使用图腾呢？"

风后说："既然统一了，当然需要有统一的图腾。但如果将各个民族或部族的传统图腾都放弃了，这无疑会伤害彼此之间的民族感情。只有仍然保留各自的图腾，才能将大家温馨地凝聚在一起，最终形成一个具有统一文化基础和思想观念的民族。"

应龙问道:“如果保留了所有民族或部族的图腾,彼此之间又该如何统一呢?就像现在的国家一样,如果每个省市都独立使用自己的语言,国语如何才能形成呢?”

风后回答说:“保留是自然的,但形式是特别的。就像如今的市场一样,竞争是不可避免的。比如一个名叫‘张三公司’和一个名叫‘李四公司’,经过多年的竞争和挑战,谁也压不倒谁,不但彼此无法压倒,还相互消耗了很多的资源和财富。为了充分利用各自的优势,努力发展好彼此的实力,两个公司经过多次沟通交流,最终决定联合起来成立一个大公司。那么新成立的这个大公司该如何命名呢?如果叫‘张三公司’,‘李四公司’难以接受。如果叫‘李四公司’,‘张三公司’难以接受。如果叫作‘张李公司’或‘三四公司’,彼此之间基本都能接受,因为这个名称将两家公司的称谓都融入其中。华夏民族最终的图腾‘龙’就是这样形成的。比如以鹿、驼、兔、蛇、蜃、鱼、鹰、虎和牛为图腾的九个民族或部族最终融合在一起,必然将这九个动物中的标志性体貌融合在一起,从而构建了‘龙’这个体现了多种动物形体的图腾。”

雷公说:“风后解释得很好,与牛公给西方人的解释完全一致。牛公之所以说‘龙’是自然界中随处可见的动物,就是因为‘龙’是由多个动物的形体结构而构建的,所以不是一个虚无的图画,而是一个客观实际的动物形象。在下界的各个地域,何处看不到鹿、驼、兔、蛇、蜃、鱼、鹰、虎、牛呢?只要能看到其中一个,实际上就已经看到‘龙’了。所以,‘龙’就是华夏民族大融合的形象体现。其意义可谓非凡!”

应龙问道:“为什么有人因此而投诉牛公呢?是因为他们不理

解牛公的说法吗?"

鬼臾区说:"投诉牛公的材料包括两个部分。第一个部分就是牛公对'龙'的阐释,认为牛公是胡说八道,侮辱西方人,这样的投诉当然是非常可笑的。第二部分就是对'龙'的翻译。自清末以来,国人都将'龙'译作英文的 dragon。各位应该知道,dragon 在西方是什么意思。'龙'是华夏民族的象征,而 dragon 在西方则是想象中最为邪恶的野兽,也就是英文中的 monster。将华夏民族的象征'龙'译作 dragon 显然是不妥的。不但不妥,而且完全是对华夏民族的侮辱。奇怪的是,很少有国人意识到这一问题。"

应龙说:"国人不一定都懂得英语。不懂得英语的人意识不到,很正常。懂得英语的人应该都能意识到吧。"

天女说:"外语界的人士虽然懂得英语,但却不一定懂得将'龙'译作 dragon 是对民族的侮辱。不然,怎么会不同意牛公要求取消将'龙'译作 dragon 的做法呢? 怎么会因此而投诉牛公呢?"

鬼臾区说:"天女说得对。外语界确实有这样的现象,翻译界更有。在多次学术会议以及国家启动的'中华思想文化术语传播工程'会议上,牛公一再呼吁外语界和翻译界关注如何翻译'龙'的问题,强调将'龙'译作 dragon 是对民族的侮辱。可惜的是,至今依然很少有人能认同,举国上下至今依然一直将'龙'叫作 dragon。如上海'东方卫视'的英文名称,居然也是 Dragon Television! 曾经有一位新华社记者跟牛公有过交流,表示理解牛公的意见,但很难改变,因为已经约定俗成了。其实这不仅仅是记者的意见,也是一些官场的意见。"

应龙说:"按此说来,我不就变成了 Corresponding Dragon 了吗? 既然是一个 dragon,除了与妖魔鬼怪 correspond 外,我又能与什么人 correspond 呢?"

卷 三

警报第十九:龙战于野,其血玄黄

雨师说:“刚才各位臣兄讨论的话题很多,也很重要。牛公关于如何翻译‘龙’的意见,还有与时俱退的观念,确实值得尘人深思。尽管有人因此而投诉了他,但这也确实提醒了各位臣兄对尘世风云的关注。仅此一点,就该好好地感谢这十万八千投诉者了。”

天女说:“确实如此。令我困惑的是,为什么国人非得要将‘龙’翻译成 dragon 呢?难道学习和研究外语的人不知道 dragon 是什么意思吗?不知道 dragon 与 monster 的关系吗?尤其是翻译界,天天都在研究什么翻译理论、翻译方法、翻译技巧、翻译策略,但怎么连‘龙’是何意、dragon 是何意都不去深思呢?为什么一直坚持要将‘龙’译作 dragon 呢?难道就想将自己的父亲称作盗贼、将自己的爷爷称作恶魔吗?”

应龙说:“天女都激动了,可见问题多么严重啊!我刚才翻看了一些明清时期的文献资料,发现当年来华的一些西方传教士向西方介绍华夏民族文化的时候,有的人就将‘龙’音译为 Long 或 Loong,这显然体现了其对‘龙’的理解。因为‘龙’是华夏民族独有的图腾,西方的语言中当然没有相应的词语,只能音译,无法意译。当然,后来也有西方传教士将‘龙’译作 dragon,说不定这就是对华夏文明的歧视而已。就像当年由于被侵略的原因,国人将日本兵叫作‘日本鬼子’,将美国兵叫作‘美国鬼子’,难道日本人和美国人也能自然而然地接受国人的称谓,而将自己军队的名称翻译成中文时也称作‘日本鬼子’和‘美国鬼子’吗?显然是不可能的啊!”

天女说:“可见人家日本人和美国人对自己的民族是多么的尊重。各位可以看看美国人——无论是官员还是百姓——在唱国歌的时候,其神态和姿态是怎样的。起码把右手放置在自己的心口上,将目光凝聚在自己的国旗上。”

应龙说:“是的!是的!日本人虽然西化的时间早、程度高,但其民族意识却一点也没有改变。他们的神态和姿态可以说明一切。韩国人最初自己将自家的首都称作‘汉城’,国人也非常习惯使用。但为了保持民族的独立,人家特意将其改为‘首尔’。你干吗就欣然接受了呢?如何将异国的名称翻译成国文,那应该是国人的权利吧。你干吗不保持呢?别人将‘龙’译作 dragon,显然是对华夏民族的侮辱,你作为华夏民族的传人,为什么不反对呢?为什么也欣然接受了呢?”

鬼臾区说:“应龙问得对!国人确实应该认真反思,尤其是外语界和翻译界的国人。我注意到现在的国人经常驾驶一种名叫‘金龙客车’的客运车,其英文名称为 King Long。这显然是对‘龙’的音译,自然是可取的。我查看了相关资料,了解到这是二十八年前在福建省创建的一个汽车公司,说明该公司的主要成员还是有深厚的民族文化意识的。但再仔细看看其英文名称 King Long,却令我有些疑惑。这难道真的是国人自己翻译的吗?作为国人,为什么将‘金’译作 King 呢?似乎有些不太自然,因为国人一般都将‘金’译作 gold 或 golden。如《金匮要略》中的‘金匮’一般译作 Golden Chamber 或 Golden Cabinet,从来没有任何一人将其译作 King Chamber 或 King Cabinet。在当今的尘世间,究竟哪个民族或哪个国家才将‘金’译作 King 呢?显然不是中国,可能是韩国和朝鲜吧。不过,韩国人和朝鲜人将‘金’译作 Kim,有些像 King。如朝鲜前领导人金日成姓‘金’,其英文翻译即为 King II-Sung,韩国也是如此。”

天女问道:“这是否说明‘金龙客车’的英文名称 King Long 是韩国人为‘金龙客车公司’翻译的吧。作为国人的公司成员,怎么可能不遵循所谓'约定俗成'的理念呢?"

鬼臾区说:"天女之问很有道理。我也觉得作为国人,将'龙'音译走 Long 或 Loong 当然是可贵的,更是应该的。但为何又将'金'译作 King 呢?这么简单的词语怎么可能邀请韩国人为其翻译呢?难道这么大一个公司连个懂英语的专家都没有吗?不可能啊!"

天女问道:"既然该公司不可能没有不懂英语的专家,既然该公司不可能邀请韩国人帮他们翻译这么简单的词语,如此之译究竟是如何出现的呢?到底是什么人翻译的呢?"

鬼臾区回答说:"牛公曾经说,按常规的思路去考虑,答案可能是这样的:该公司虽然成立于国内,但很可能是从韩国引进的。所以将'金龙'译作 King Long,很可能是韩国公司自己的英文名称。也就是说将'金龙'译作 King Long 是韩国人自己的做法。"

应龙说:"假如这个译法是韩国人采用的,那可特别值得国人敬仰啊!人家韩国人都懂得'龙'不可译作 dragon,而应音译作 Long,国人为什么连这么简单的问题都意识不到呢?外语界如此重视所谓的语言学,翻译界如此重视所谓的翻译学,其'学'何在?在自己的心中还是在异人的脑中?看看现在的外语界和翻译界时时刻刻所宣扬的理论、方法和策略,哪个反映的是国人自己的思想和观念呢?哪个反映的不是西人的思想和观念呢?"

雷公说:"应龙啊,别太激动!其实,将'金'译作 King,可能是中国香港人的译法,不一定是朝鲜人或韩国人。此外,西方人的思想和观念的确值得国人学习和借鉴。当年鲁迅提出的'拿来主义'就是这个意思。"

应龙说:“该拿进来的,当然应该尽快拿进来。不该拿进来的,当然应该避免拿进来。就像现在的国家政策一样,非常警惕有人将外国的动物和植物偷偷地带回国内,以免给国家造成很大的危害。前些年上海的河流中疯狂地暴长着一种枝繁叶茂的植物,将当地自古以来畅行的许多种植物都排挤掉了,给当地的河流造成了很大的危害。这种植物就是某些人偷偷从异国带回来的。国内有些地区的河流和湖泊中,很多鱼类和龟类都被某种鱼类和龟类给吃掉了,或毒死了,或刺死了。这种鱼类和龟类也是某些人偷偷从海外带入国内的。自然界的这种现象引起了国内的极大重视,采取了很多措施予以剔除。可惜的是,文化和语言方面的同样问题却没有引起国人的警惕,实在遗憾。”

雷公说:“文化和语言方面确实存在着同样的问题,也一定会引起国家的重视。只要国家重视了,国人当然就有了警惕性。”

应龙说:“可惜的是,国人的警惕性还是非常虚弱的。将西方的 Bible 称作‘圣经’,将西方的 Christmas 称作‘圣诞’,将西方的服装称作‘正装’,将自家民族的象征‘龙’译作 dragon。如此可耻的问题,谁能意识到?不但意识不到,还要对有此意识的人进行投诉。这说明了什么呢?说明了他是国人吗?说明他是爱国主义者吗?非也!非也!非也!绝对的非也!”

雷公说:“应龙虽然说得激烈,但还是颇有道理的。现在国家正在启动民族文化复兴的重大工程。只要这个重大工程启动了,并且坚持不懈地推进开来,就一定会培养好国人的民族意识,就一定能使国人成为真正的爱国主义者。”

应龙说:“真的希望如此啊!”

众臣齐声道:“真的希望如此啊!”

警报第二十：五脏六腑，尘人榜样

应龙说："龙啊龙！你已经从民族的象征变成了民族的魔鬼，我该如何应你呢？不应了！不应了！我不能再叫应龙了，必须改名了。"

风后说："应龙啊，你怎么能说'龙'变成了民族的魔鬼了呢？你为什么要改名呢？你想如何改名呢？"

应龙说："惭愧啊惭愧！'龙'其实依然是民族的象征，依然是民族的图腾。但国际化了的'龙'却变成了 dragon，不是魔鬼又是什么呢？既然举国上下都在国际化，我自己也不得不国际化，但国际化了的我就变成 Corresponding Dragon 了，当然不是'应龙'了，而是'应魔'了、'应鬼'了。我怎么能接受这样的恶名呢？我怎么能自贱自劣呢？不可能啊！"

风后说："这个问题各位已经讨论很多了，而且国内也有将'龙'音译为 Long 的实例。这样的实例虽然不多，但毕竟已经出现了。这就像初春一样，虽然寒风凛凛，虽然依旧飞雪飘飘，但终究是'寒风迎春来'、'飞雪迎春到'啊！想想当年西方的'肯德基'、'麦当劳'刚刚传入国内的时候，国人将其几乎视为天堂来的美食，尤其是三十八年前开始改革开放的时候。那个时期，国人能够带着孩子去享受一次'肯德基'和'麦当劳'，犹如逢年过节一样兴奋和激动。现在呢？看看吧，每个国人都知道，'肯德基'和'麦当劳'是垃圾食品，即西方人说的 junk food。当然，现在还有人——尤其是年轻人——去吃'肯德基'和'麦当劳'的，但早已不是什么享受了，纯粹是为了快速用食而已，因为到一般饭店都还要花一定的时间点餐、用餐。我相信，若干年后，国人一定会认清目前还在仰望的西方各种思想文化的实际意义，一定会明白 dragon 是何用意，一定会向自己的五脏六腑学习。”

应龙说：“风后有见解！有意思！我也希望如此。但‘向自己的五脏六腑学习’，是什么意思呢？”

风后说：“这个意思很简单，也很重要。懂得了这个意思，就很容易改变自己异化了的观念。我很喜欢看黄帝创建的国医，尤其是黄帝留传给国人的《黄帝内经》，从中感悟了许多天地人的真谛。‘向自己的五脏六腑学习’就是我的感悟。是人都喜欢吃喝，认为吃喝是人生长壮老已的基本。人吃食物，喝饮料，首先用嘴。嘴将食物咀嚼好后，通过喉咙咽入胃中。经过消化，胃将咀嚼后的食物转化成食糜，并将食糜传入十二指肠。十二指肠分泌粘液，是进一步消化食物的重要器官。经过充分消化和分泌后，十二指肠将完全消化了的食物传入小肠。小肠将食物中最有营养质地的元素吸收入人体，充实和完善人体的精气神三宝。吸收好食物中的有营养质地的元素后，小肠将剩余的残渣传入大肠。大肠尽管也继续努力为人体吸收所需要的重要元素，但由于所剩余的只是食物的残渣，几乎没有什么营养物质了，所以大肠所能继续吸收的只是点点滴滴的水分。吸收了点点滴滴的水分之后，大肠将最终的残渣传递到直肠和膀胱。传递到直肠的就是粪便，传入到膀胱的就是尿液。人们所喝的水在人体的消化、吸收和排泄过程也是这样的。”

应龙问道：“风后啊！你讲得很有意思啊！我终于明白了五脏六腑的作用了！但这对我们讨论的问题有何意义呢？”

风后说：“意义当然是有的。如果没有，我说的不就是废话了吗？我是风后，我所掌控的风虽然谁也看不见，但谁也能感受得到的。起码能看到草动吧，能感到清凉吧。我所说的五脏六腑的意义难道你还感受不到吗？”

应龙说：“哎呀呀，我好动不好静。要思考还是要静静心、宁宁神的。赶快告诉我吧，不要让我费心费神地去思考了！”

风后说：“好吧，好吧！我所说的五脏六腑的功能，国人都很清楚。我之所以要求国人以五脏六腑为榜样，努力向其学习，就是将其作为吸收和借鉴西方思想文化的战略和策略。作为人类的一员，西方人的发明创造对于人类的进步和发展意义可谓非凡，但毕竟是在自己民族的历史、文化和传统的基础上发展起来的，与异族有相同和相近之处，也有不同和差异之处。所以在吸收和借鉴西方思想文化的时候，要注意哪些像食物中的营养元素一样，哪些像食物中的糟粕一样。需要密切关注的是如何将具有营养的元素予以吸收和借鉴，如何将具有糟粕性质的毒素予以排除和回避。”

应龙说：“哎呀！风后真是伟大啊！这个比喻实在既明确又深刻啊！人们每天吃的食品都感到色香味俱全，但最终还是有很大一部分变成了粪便和尿液。尽管粪便和尿液也有很重要的价值，但其价值仅仅体现在养育植物和农作物的粪土上，而无法体现在人体的生长和健康方面。对其性质，可要有明确的认识啊！如果有人仅仅从养育植物和农作物的角度考虑，认为粪便和尿液很有营养价值，应该在人体予以吸收，不应该排便和排尿，结果会怎么样呢？肯定是害人害己啊！所以国人在学习和吸收西方文化思想的时候也确实应该有五脏六腑的功能和意识，该吸收的吸收，该排除的排除，该避免的避免，千万别将国体的直肠和膀胱都封闭了啊！千万别让国人连西方思想文化中的糟粕和毒素都不能避免，都不能排除啊！”

雷公说：“应龙说得虽然有点粗俗，但基本的道理还是有的。”

应龙说：“这个道理与牛公所强调的也是一致的。牛公在给学生讲课的时候也经常会以五脏六腑为例，说明哪些该吸收，哪些该排除。虽然个别人对牛公的这种表述嗤之以鼻，但他自己的鼻已经不是‘自田亓’了，而是‘白口二’了。”

天女问道：“什么是‘自田亓’呢？什么是‘白口二’呢？”

应龙说：“‘自田亓’是‘鼻’字的结构，其含义是为自己的田地奠定基础。鼻子的重要性就是如此。‘白口二’当然不是正常的‘鼻’的结构了，但却是异化了的‘鼻’的结构，‘自’异化成了‘白’，‘田’异化成了‘口’，‘亓’异化成了‘二’。这个异化了的结构的含义就是‘红口白牙二百五’。长安人习惯上说的‘二球’、

‘二杆子’、‘二蛋’、‘二货’，就是对有‘二’相之人的嘲笑和斥责。”

天女说：“很有意思呀！国字的结构太有意义了！”

鬼臾区说：“国字及其结构确实有非凡的意义！这是牛公所特别重视的。但这也是投诉牛公最重要的内容。”

天女问道：“牛公重视国字，这是自然而然的。为何还有人就此投诉牛公呢？投诉者恐怕不是国人吧？应该是日本、越南或韩国的人士吧。这三个国家自古以来就始终使用国字，但二次世界大战之后，除了日本还保留了部分国字外，越南和韩国完全放弃了国字，越南人用西方的字母为自己重新创造了文字，韩国人用国字的偏旁和结构为自己创造了文字。牛公在一些讲话中也谈到了这个问题。他之所以谈到这个问题，并不是反对越南和韩国放弃国字，而是从文化和思想方面进行梳理和剖析。难道国人中还有反对牛公的梳理和剖析吗？”

鬼臾区说：“非也！这个问题实在太复杂。不但复杂，而且重大。以后另外安排一些时间详细了解了解、分析分析、思考思考。”

雷公说：“这个问题确实复杂，确实重大，也确实值得各位臣兄，尤其是下界的国人，认真回顾，认真分析，认真反思。就像刚才各位因‘龙’的翻译而谈到五脏六腑一样，一个看似困惑的问题一下就清明了，一个看似困难的问题一下就简单了。”

风后说：“是的，是的。思路要清晰，就要靠分析。问题要解决，就要靠深思。我虽然关注的是风云变幻，但更关注的还是民族的思想文化。以风云变幻来梳理民族的思想文化的传承和变迁，也有一定的参考意义。”

风伯说：“风后说得好啊！如何看待风云的变幻和变异，对于接下来的分析和讨论，一定很有参考意义的。”

警报第二十一：与时俱进，与时俱退

应龙说：“风后很有思想，很有见解。刚才听了你的论述，我仔细想想，还真有感触。我平时不是‘飞龙在天’就是‘潜龙勿用’，不是‘现龙在田’就是‘或跃在渊’，很少‘终日乾乾’，不会从不同的角度和侧面去观察任何现象，更不会去思考任何事情、分析任何问题。现在，我真的有收获了，真的懂得了什么叫思想，什么叫立场，什么叫辩证。”

风后说：“应龙终于进步了，真不容易。牛公就是这样，按照时代的精神来说，他始终在退步，而不是在进步。所以投诉他，斥责他，甚至诅咒他、谩骂他，都是有时代的风采。正如你刚才所说的那样，换个角度，调个侧面，就能看出问题的实质来了。所以牛公当年被有人诅咒谩骂的时候，佛道界的友人们曾经送给他两句话，‘树欲静而风不止，人若静而神必宁’。如果风不止但树却静了，这个树虽然还挺立于天下地上，但其根显然已经灭绝了，其叶显然已经枯落了。这就是为什么风吹而树不动的原因。这样的树在深山野林中随处可见，有的已经枯萎若干年了，甚至是千万年了，都木化作为石了，风吹的时候怎么能动呢？如果一个人的心不静，他的神怎么能宁呢？只有心静了，神才能宁啊；只有神宁了，人才能成啊！”

应龙说：“天哪！这道理可真不一般啊！难怪牛公当年并没有争斗，更没有按照时代的风采对其进行投诉和控告啊！我查看了一些朋友给他的来信，强烈抗议他拒绝向法院起诉。时间过去了，回顾十年的春夏秋冬，他的这些朋友基本明白了他当年不投诉的原因。”

鬼臾区说："一开始的时候牛公还是比较激动的，曾经写了一些杂文耻笑对他的咒骂。后来得到佛道界朋友的指点后，他明白了被人咒骂的美好效果，从此不再对其有任何的怨恨了。记得有一年在北京一所大学做讲座的时候，谈到这一问题时他感慨地说，骂他是学术骗子确实是有道理的，所以他特别感谢对他的谩骂。当时有些听众觉得他说的是不是心里话。其实牛公当然说的是心里话，他对此的感受不是一般人所能感受得到的。十年后的现在与十年后的过去相比，可谓不辩自明。"

应龙说："不过，我总觉得牛公一直在进步，而不是在退步。如果他一直在退步，怎么可能'十年河东，十年河西'呢？"

鬼臾区说："牛公完全承认自己在退步，而不是在进步。牛公这样说，是很有道理的。在现今的尘世里，进步当然是时代风采。但在这个时代里，要真正能做到退步，可真不容易啊！从某种意义上说，真正的退步才是所谓的创新呀！"

风伯说："奇怪呀！怎么真正的退步还是创新呢？如果退步就是创新，那也太简单了吧。当年被批判的落后分子，难道都是那个时代的创新者吗？他们的创新成就是什么呢？给世人留下来了吗？"

鬼臾区说："这其实一点也不奇怪。一般的观念是，进步才是创新。但所谓的退步就不是创新吗？牛公的一些做法和说法就基本能说明问题。至于要彻底说明问题，那还要退回到几十年前，甚至于上百年前。看看那个时代进步者的所作所为和退步者的一举一动，就特别能说明所谓的进步究竟进到了哪一步，所谓的落后究竟落到了哪一步。我一直都想和各位臣士好好地谈谈这方面的问题，让各位对尘世间曾经的风云变幻和曾经的山崩地裂能有一个比较深入的了解。"

风伯说："还是先了解了解牛公的做法和说法吧。毕竟这样的做法和说法基本能说明问题呀。至于几十年前甚至上百年前的风云变幻和山崩地裂，那还得慢慢地看、慢慢地谈，毕竟非一时一人之所为啊！”

鬼臾区说：“风伯说得对，先从牛公说起吧，毕竟这次讨论的主题是对牛公的投诉啊！牛公的退步，用他自己的话来说，就是‘与时俱退’。”

天女说：“什么叫‘与时俱退’呀？好像从来没有听说过呀。我有时看看下界的一些报纸杂志，发现很多文章中都提到‘与时俱进’这个词语，这似乎已经称为时代的风采了。牛公为什么不‘与时俱进’呢？为何要‘与时俱退’呢？目的何在？如何能退呢？记得他在多次讲演中提到人生的‘生长壮老已’和物生的‘生长化收藏’。人的一生要遵循‘生长壮老已’这样的程序，就必须得‘与时俱进’，怎么可能‘与时俱退’呢？”

鬼臾区说：“牛公说的‘与时俱退’颇有意义。他最初提出这一说法，是为了翻译《黄帝内经》。现在人一般认为，《黄帝内经》成书于春秋战国到秦汉时期。这一说法准确与否还值得研究。《黄帝内经》究竟成书于什么时期，现在的国人已很难明确了。牛公在攻读中医博士时，一位教授讲授《黄帝内经》时说：‘有人说《黄帝内经》成书于春秋战国到秦汉时期，实在荒唐。一部书怎么能写几百年呢？按照现在的常态，这样一部书顶多花个三五年的时间就写好了，怎么可能花几百年呢？据我考证，《黄帝内经》成书于公元 97 年。’听了那位教授的这番讲课之后，牛公就退出了这门课，不再听其创新性地讲课了。”

天女说：“就因为《黄帝内经》教研室的那位教授的如此演讲，才令牛公‘与时俱退’了吗？”

鬼臾区说:“是,但也不是。我刚才讲的这个故事就是想说明现代人对民族历史了解的欠缺。要真正地了解民族文化的历史和发展进程,就必须回望到近古、中古和上古,甚至远古。怎么才能回望到近古、中古和上古呢?怎么才能回望到远古呢?只能从现在的思维、思路和思想上退回到近古、中古、上古和远古的思维、思路和思想上,这样才能比较客观地了解古人的思维和思想,否则就只能以今喻古、以今说古。如此做法怎么可能准确地解读古人流传下来的典籍呢?”

天女说:“什么叫‘以今喻古’、‘以今说古’呢?”

鬼臾区说:“举个例子吧。《论语》开卷的第一句话是‘学而时习之’。什么叫‘学而时习之’呢?时下的国人一般都将其理解为‘一边学习,一边复习’。这一解读当然是与时俱进的,但却未必是客观实际的。在古籍中,‘习’的基本意思是‘实习’或‘演习’。没有简化的‘习’字为‘習’。‘習’字由两部分构成,其上为‘羽’,显然与鸟儿有关。实际上,所谓的‘習’就是小鸟每天练习飞行的意思。由此可见,‘学而时习’之‘习’,确乎应是‘实习’或‘演习’的意思。再如孔子的弟子子夏说,‘仕而优则学,学而优则仕。’现在的国人一般都将‘学而优则仕’理解成了书读好了就可以当官,而将‘仕而优则学’则忽略不计。实际上‘仕而优则学’的意思是当官的有空闲的话可以去读些书,丰富自己的知识;‘学而优则仕’的意思是读书人有空的话可以做点行政工作,以便了解社会。其中的‘优’不是‘优秀’的意思,而是‘空闲’的意思。苏洵《心术》中说,‘丰犒而优游之,所以养其力’,其中的‘优’也是‘空闲’的意思。”

风伯说:“对这两个例子的如此理解确实是‘与时俱进’的体现。牛公所说的‘与时俱退’可能就是出于这样的考虑吧。但为什么有人因此而投诉他呢?”

鬼臾区说:“对于现在的人来说,要想真正理解古人的思想,就必须从思维上回归到古代,而不能完全按照今人的观念去分析、去理解。牛公提出的‘与时俱退’就是出于这样的考虑。比如今天的人看到了‘民主’,就一定会将其理解为‘人民有参与国事或对国事有自由发表意见的权利’,即西方 democracy 的意思。但古籍中的‘民主’可不是这个意思,而是‘民众主人’的意思,即帝王的意思。用今天的话来说,就是人民领袖的意思。看到今天的书籍和报刊中的‘民主’,将其理解为民众的自由权利当然是正确的。但如果看到古籍中的‘民主’也将其如此理解,虽然是与时俱进的,但显然是错误的。所以只有从思维上‘与时俱退’到古代的时候,才能比较客观地理解古人的思想,才能比较正确地理解古籍的文字。”

风后说:“牛公提出的这一意见显然是客观的,很有实际意义。投诉他的人要么是出于邪恶的目的,要么是淡化了民族的意思,完全成为时代的先锋。”

鬼臾区说:“风后总结得对啊！牛公当时提出这一意见的背景就是客观准确地学习、研究和翻译《黄帝内经》。如果没有‘与时俱退’的意识,只有‘与时俱进’的观念,怎么可能完整准确地解读和翻译《黄帝内经》呢？最起码连‘黄帝’的‘黄’都无法客观地理解。投诉牛公的人说,‘与时俱进’是革命派,‘与时俱退’是反革命派。这显然是偏激分子,缺乏基本的文化意识。”

风后说:“确实如此。认真思考‘与时俱退’的观念,对于今人传承和发扬民族的历史和文化,其意可谓非凡!”

警报第二十二:退则进,进则退

应龙说:“刚才听了各位关于‘与时俱进’及‘与时俱退’的阐述,很有道理!这似乎与孙子兵法也很有关联。聪明的人该退的时候一定会退,该进的时候一定会进。愚蠢的人不该进的时候总是拼命地进,不该退的时候则立马就退。宋朝灭亡的时候,明朝灭亡的时候,国人中的一些知名人士就是如此。洪承畴、吴三桂当时就是这样,一遇到危机就立马与时俱进了。民国时期的汪精卫等更是如此。”

风后说:“应龙的见解可谓泾渭分明。该进即进,该退即退,自然是正确的。与所谓的聪明智慧似乎并无多大的关系,但与‘仁义礼智信’则有着直接的关系。当然,从‘与时俱进’的角度来看,这确实与所谓的‘聪明’和‘智慧’有一定的关系。应龙终于进步了,终于与时俱进了。”

应龙说:“可别斥责我呀!我正在学习如何分析、如何研究啊!此前我根本就没有分析和研究的意识,只是顺其自然而已,不会考虑怎么思考呀、思维呀、思辨呀。这次十万八千人虽然投诉了牛公,但却教育了我,我真的要感谢他们。以后没有这样的意识,我怎么能与尘世之人相应呢?毕竟时代变了呀,毕竟换了人间了呀。”

鬼臾区说:“应龙有了这样的意识,还是可贵的。不管你用的是什么意,这毕竟是客观现实呀。好啦,闲话少说,真话继续。刚才跟各位臣兄谈到了牛公提出的‘与时俱退’,虽然有不少人投诉他,但还是很值得思考的。牛公之所以提出来这样一个观点,一方面是他自己民族意识的体现,另一方面则是他翻译《黄帝内经》时所采用的基本原则。这个原则,我想,各位应该能理解了。如果不从思维的角度回归到《黄帝内经》的基本思想、理论和体系形成的那个远古时期,怎么可能比较完整准确地理解其基本的理法方药呢？”

风后说：“是啊，不仅有道理，而且有事实。刚才你提到了‘黄帝’的‘黄’，今人对此怎么会不了解吗？”

鬼臾区说：“今人对此确实不太了解，因为民族文化比较淡漠了，很多人基本上将其视为黄帝的名称而已。如果仅仅是一个人的名字，怎么可以直译或意译呢？这就像现在的国人名字一样‘王和平’和‘王克平’一样，如果英文将其译作 King Harmony Peace 和 King Restricting Peace，有什么意义呢？不仅没有意义，而且可能是对相关人士不必的颂扬或不该的侮辱。当然在一定的历史时期，出于特别的目的，有人还是故意将国人的名字意译或直译。比如，国内现代最高层次的翻译奖叫‘韩素音青年翻译奖’。韩素音是一位热爱国人的英国作家，神州为期十年的一场大运动，令很多国外人士感到奇异，最后也被国人自己完全否定了。但这场大运动期间，韩素音却非常点赞，在世界各地热情洋溢地宣传和歌颂国人的这场‘前无古人，后无来者’的运动。这场大运动被国人彻底否定后，韩素音非常伤感。伤感之余，她撰写了一部特别的小说，名字叫 Till Morning Comes，即《等到早晨来临》。这部小说描写的是神州的现代历史和现实，其中一些国人的名字基本上都采用的是直译或意译，如‘建国’译作 built country，‘建城’译作 built city。她这样翻译某些国人的名字，自然出于一定的目的，值得思考，也有一定的意义。”

风后说：“照此说来，国人的名字还是可以直译或意译的。”

鬼臾区说：“如果出于一定的目的，似乎还是可以考虑的。但这却不是国人名字外译的基本原则和要求。大约六十年前，国人的名字基本上都采用的是威妥玛拼法，如‘蒋介石’的名字一直译作 Chiang Kai - shek，就属于威妥玛拼法。威妥玛（Thomas Francis Wade，1818 - 1895）是清代驻华英国使节，他以罗马字母为国字注音，创立威氏拼音法。六十年后，国人制定了自己的拼音体系，国

人的人名和地名从此完全按照自己的拼音体系进行音译，从来不进行直译或意译，除非是出于某种文化或风采的考虑，作解释性地说明。如向外国人谈到‘周恩来’的时候，特别是谈到他为世人服务的时候，可以将其名字解释为‘五湖四海恩情来’，也可以译作all over the world kindness comes。这只是对‘周恩来’名字的解释性翻译，主要是为了歌颂他的美德，不是为了翻译他的名字。”

风后说：“有道理，也很有意义。黄帝的名称该如何翻译呢？如果不翻译成 Yellow Emperor，那又该如何翻译呢？音译为 Huangdi 吗？似乎没有反应出‘黄帝’的文化内涵呀！”

鬼臾区说：“西方人翻译‘黄帝’时，自然将其译作 Yellow Emperor，国人觉得很奇怪，我们的‘黄帝’怎么就成了 Yellow Emperor 了呢？”

风后说：“为何国人感到奇怪呢？他们坚持要音译吗？”

鬼臾区说：“国人之所以感到奇怪，是因为觉得将‘帝’以英语单词 Yellow 修饰，是不太雅致的，因为 Yellow 在英文中并没有特别的意义。但‘黄’在中文中的意义却非同一般。如在清朝的时候，‘黄袍马褂’就相当于现在国际级的大奖，译为‘黄’总是和皇家有关的，只有皇帝才能穿黄色的服装。但‘黄帝’的‘黄’却有特殊的意义，与‘黄袍马褂’的‘黄’并不完全相同。”

风后问道：“国人了解‘黄帝’的‘黄’与‘黄袍马褂’的‘黄’之间的差异吗？”

鬼臾区说：“以前的国人是了解的，现在的国人却不一定了解了。要了解这一点，首先必须了解民族的传统文化，尤其是阴阳五行学说。在民族的古典哲学思想中，五行学说至为重要，与人世间的万事万物相关联。万事万物都大致分为五类，以便与'五行'相配。'五行'配'五方'和'五色'时，'五方'中的'中'与'五色'中的'黄'相互匹配。轩辕帝居于中原，中原即'五方'中的'中'。中原之土为黄色，轩辕有土瑞之德，故称其为'黄帝'。在中文里，'黄帝'之'黄'也首先是表示色彩的，只是这个色彩之中蕴含着丰富而又深刻的中国古典哲学和文化之原质。而这个原质在英语翻译中也应该以相应的方式或途径再现出来，使西方人对 Yellow 在中国文化中所赋予的独特内涵有所认识。从理论上讲，内容和形式应该是统一的。但这个统一并不是没有条件的，只有在一定的条件下，内容和形式才能实现统一。脱离了特定的条件，内容和形式原有的统一就不复存在了。"

风后问道："对此，牛公的观点是什么呢？"

鬼臾区说："牛公对此有过很多的研究和分析。他认为，在中华文化的背景下，'黄帝'之'黄'的形式与它所承载的文化内涵达到了完满的统一，这个统一是经过了若干年文化的孕育和交融后才得以实现的，并非一蹴而就。而在西方文化的背景下，Yellow 这个词的形式与它所在中医翻译上应该承载的中华文化的内涵还未实现统一。从表面上看，Yellow 在英语中仅仅反映的是一个色彩概念，与 Emperor 搭配在一起尚缺乏文化因素的交融。基于这样的认识，似乎将'黄帝'译为 Yellow Emperor 是不妥的。事实上，这样的认识是片面的。人们之所以觉得 Yellow Emperor 这种译法滑稽，实在是形式与内容的脱节所造成的。如果中华文化比较系统深入地介绍到了西方，如果西方人对中华文化有了比较深刻的了解和认识，那么英译的中华文化的概念形式与其所承载的文化内涵就会在西方文化的背景下逐步实现统一。”

风后问道:“西方对民族文化的了解和认识深刻了吗?这样的统一现在实现了吗?”

鬼臾区说:“虽然中华文化一直在努力地对外传播,尤其在向西方传播,但传播的力度还是比较有限的,所以对中华文化有所了解和认识的西方人还是非常有限的。所以,牛公认为,英译中华文化概念的形式与其所承载的文化内涵,在西方文化的背景下要实现统一,还有漫长的路要走。所以如今对外翻译介绍中华文化或中医文化还有很多实际的工作要做,还有很长的路要走,不能简单地否定某种译法。更何况,现在国内很多人对 Yellow Emperor 译法的非议都是从自身的理解出发考虑的,其实并不完全符合西方人看待中国文化或中医文化的思路和心态。”

风后问道:“牛公之论似乎只是所谓的学术概念。从民俗的角度来看,将‘黄帝’译作 Yellow Emperor 到底有无意义,该不该加以延续?”

鬼臾区说:“意义当然是有的,毕竟‘黄帝’是对轩辕帝的颂扬,而不仅仅是个名称而已。正如《史记·黄帝本纪》所指出的那样,‘黄帝有土瑞之德,兴于黄土之塬,土色黄,故曰黄帝。’解释得非常明确,有民族文化意识的人一看就明白了为何将轩辕帝称作‘黄帝’,如果仅仅将‘黄帝’音译作 Huangdi,其实际内涵就无法表达出来,显然需要提供很多的信息加以释义。如果意译做 Yellow Emperor,且通过华夏文明和文化的西传,一定会逐渐使西方人了解这里的 Yellow 是什么含义。从另外一个角度来看,将‘黄帝’译作 Yellow Emperor 在西方早已传播开来,确实已经约定俗成了。就像如今的中国在西方广泛译作 China 一样,虽然含义颇有偏差,但已经约定俗成了,只好如此了。”

雷公说:“鬼臾区总结得很有道理,牛公分析得比较客观。”

警报第二十三：唯有辛苦，可以养生

天女说："所谓的'与时俱退'看来还的确很有道理啊！在这个现代化了的时代里，想传承民族文化，想学习历朝历代的典籍，如果不'与时俱退'，显然是无法了解民族文化的基本精神和相关典籍的基本概念的。"

鬼臾区说："是的。但这并不是说'与时俱进'是错误的观念。生活在任何朝代的人，在'与时俱退'的同时，更需要'与时俱进'，尤其是在当下这个现代化和国际化飞速发展的时代里，如果一个人仅仅坚持'与时俱退'而不坚持'与时俱进'，显然是要被时代淘汰的，甚至连自己基本的生活都无法着落。"

雷公说："确实是这样的。在传承民族文化的时候，'与时俱退'是必要的，不然就无法了解历史的发展和文化的进程。但任何一个时代都必然有独具特色的风范，都必然在历史的基础上不断进步。历朝历代在文化和科技发展方面的成就，就充分说明了这一点。比如旧石器时代所使用的器具与新石器时代所使用的器具，可谓有本质的不同。旧石器时代仅仅是将自然界原有的石块按照希望敲敲打打，很粗糙地加以使用。而在新石器时代，人们将自然界原有的石块进行细致打磨，制造成非常完美的劳动工具和非常典雅的艺术作品。这显然是与时俱进的。文化方面也是这样。从三代时期的民歌到唐代的诗、宋代的词，显然就是文化与时俱进的发展。与时俱进的重要性由此可见一斑。"

雨师说："雷公说得更有道理。在人的一生中，在社会的发展中，在国家的建设中，光强调'与时俱退'，或者光有'与时俱退'的意识，显然无益于个人的发展、社会的发展和国家的发展。"

应龙问道："难道说牛公当年所提出的'与时俱退'完全是错误的吗？完全危害了个人、社会和国家的发展了吗？如果是这样，十万八千人的投诉也太少了吧？最起码应该有十八亿人的投诉吧。不仅仅是投诉，完全应该严处，甚至应该处死。如果是这样，各位臣兄更没有意义来讨论这个问题了！对吧？"

鬼臾区说："哎呀！应龙啊，你怎么又如此激动呢？我们所表达的意思你大概没有完全理解吧。其实任何事情都有正反两个方面，都可以从不同的层面予以评述。比如说，自古以来国人都期待着'甜蜜的生活'，'甜蜜'就成了国人一生的期望和梦想。但在时下这个物质丰富的时代里，国人的生活真正的'甜蜜'了，早中晚吃的食品、喝的饮料基本上都是甜蜜的，都很吸引大家的胃口。然而，这样的甜蜜食品和饮料虽然实现了国人的梦想，但却严重影响了国人的正常生活，很多人因此而得了心脑血管疾病、糖尿病、肥胖症、老年性白内障、龋齿、近视、佝偻病等多种疾病，生命也因此而被缩短了。所以时下谈到养生保健的时候，各个领域的专家和学者都提醒大家尽量少吃甚至不吃甜蜜的食物。"

风后说："这确实是一个值得反思的问题。甜蜜的生活曾经是历朝历代国人的梦想。现在这个梦想实现了，但却给国人带来了如此严重的影响。可见，任何事情的确都有正反两个方面，不可否认。牛公谈到养生时指出，只有'辛苦'才能养生。在国人的心里，'辛苦'就是千辛万苦的意思，任何人都将其视为人生的艰难困苦，谁也不愿意承受。所以在这次的投诉材料中，有一份就是这样投诉牛公的，认为牛公作为一个所谓的学者，总是在胡说八道。其实牛公一点也没有说错，有些国人之所以不能理解，就是因为这个时代的国人没有能够通百家，尤其不懂国医的基本思想。"

应龙说："如果要求你给国人作个解释，说明牛公的说法是正确的。你该怎么解释呢？如何才能让国人信服呢？"

风后说："很简单。只要有民族文化意识的人，只要懂得国医基本思想的人，根本就不用解释。但对于没有民族文化意识和基础的人来说,确实需要作一定的解释。根据国医的基本思想,不仅五行配五脏,五味也配五脏。按照五味配五脏的原理,辛入肺,苦入心,酸入肝,甜入脾,咸入肾。所谓的'辛苦',从养生的角度来说,就是通过辛味和苦味来保养肺和心。辛味一般人还是可以吃的,甚至是喜欢吃的。但苦味却很少有人愿意吃。在世人的蔬菜中,真正的苦味大约只有苦瓜之类,为数不多,但对养生保健却特别有意义,不仅能养心,还能明目。如此重要的蔬菜,却很少有人喜欢吃。即便想吃,也要加入不少的调料,淡化其苦涩的味道。其实这样的调料不仅淡化了苦味,而且还消解了其养生的元素。牛公之所以说'辛苦'是养生的大法,原因就在于此。可见,'辛苦'既有负面的影响,更有正面的作用。这也充分证明了任何事物都有正反两个方面的道理。"

应龙说:"明白了!虽然人的眼睛表面上只长在头部的正面,其实也长在头部的背面。长在头部正面的是生物性的目光,而长在头部背面的则是精神性的目光。生物性的目光所能看到的只能是有形的东西,而精神性的目光所能看到的则是无形的东西。能看到有形的东西,是低层次的。能看到无形的东西,则是高层次的。我能看到的只是有形的东西,所以我是低层次的天工。各位臣兄所能看到的则是无形的东西,所以都是高层次的天工。惭愧!惭愧!"

雷公说:"应龙厉害呀!能将人的目光分为生物性的和精神性的,能将看到的东西分为有形的和无形的,本身就是高层次的眼界啊!按照神州大地学界目前对学科高原、高峰、高端的定位来说,应龙的眼界也是高原、高峰、高端的眼界了,值得点赞!"

鬼臾区:"雷公说得好啊!应龙真的跨入了高原、高峰、高端的境界了!这说明各位臣兄的讨论是很有意义的,不仅为牛公以正视听,而且也为各位臣兄了解和掌握下界尘世的变迁和发展提供了帮助。同时,我们也可以为牛公提供一些可值得借鉴的方略,使他在国际化的时代里能有观察有形之物和无形之物的意识和能力,使他能懂得什么是生物性的目光、什么是精神性的目光。从目前的投诉及所搜集到的材料来看,牛公虽然有这样的意识和能力,但还没有将其完全纳入自己的思维和思辨之中，所以常常像应龙一样，言谈举止显得有些偏激和偏颇，从而引起了许多人的反对。”

应龙说：“老鬼啊！我很同意您的许多说法，也很点赞你对很多问题的分析和总结。但你这样评说牛公，是不是有些不通人情了。在这样的时代里，像牛公这样的学人实在难以发现。他本来一直信奉的是黄老思想，不会与任何人发生冲突的。但由于民族文化的淡漠，由于西化现象的疯狂，他的心情越来越郁闷，他的情绪越来越激动。这也是自然而然的。在这样一个背景下，如果他依然是默默无语、闷闷无声，怎么可能引起大家对相关问题的关注呢？尽管那么多人投诉他，但一定会有不少人在某种程度上理解他的观点和意见，不然的话他怎么可能还大踏步地向前进呢？榭兰金对他的恶毒的攻击、疯狂的谩骂、四处的污蔑怎么会没有一点影响呢？”

风后说：“应龙啊，你怎么将鬼臾区叫成‘老鬼’了呢？当然啦，‘老鬼’也不一定是骂人的话了。神州的一位大作家原名叫马波，他是《青春之歌》的作者杨沫的儿子，成名之后就自我取名为‘老鬼’。取名‘老鬼’之后就更有名了。应龙知道这位大作家吧，是不是对鬼臾区的点赞呢？”

应龙摸摸嘴说：“实话实说，我并不知道这位大作家，当时还是心情有点激动。听你这么一说，我倒安慰了许多。我只是激动而已，并不是咒骂鬼臾区，真的。马波的自我取名‘老鬼’，也从另外一个角度证明了任何事物的确都有正反两个方面。此次讨论，获益可谓非浅。虽然牛公没能听到我们的讨论，但天工的精神还是能够潜移默化地专递给他的。”

雷公说：“应龙终于有宽阔的视野了，可敬！”

岐伯说：“通过‘风生木，木生酸，酸生肝’的这一天人相应的程序，牛公一定会感受到众臣的意见和建议，一定会将自己的观念和理念提升到更高的层面，一定会将问题和挑战转变成沟通和交流。”

众臣一起拱手致礼：“天师说得好啊！这也是各位臣兄的理想和期待啊！”

警报第二十四：国字与国家

风伯说：“刚才看到一份投诉材料，其中涉及国字的问题。牛公在多次讲座中强调国学的重要性和紧迫性，引起了很多听众的关注。”

应龙问道：“既然引起了大家的关注，为什么还有人投诉呢？”

风后说：“我查看了这些投诉材料。一个例子就很有意思。牛公常常受邀请到某些大学做所谓的学术讲座。无论讲医学还是讲译学，无论讲语言还是讲文化，牛公始终都以国学为基础、为核心。讲医学的时候，他的题目一定是‘国学·人学·医学’；讲译学的时候，他的题目一定是‘国学·人学·译学’；讲文学的时候，他的题目一定是‘国学·人学·文学’。这充分体现了他对国学的重视。很多次讲座中，有些听众当场询问牛公，自己非常热爱国学，很想学习国学，应该先学习什么呢。牛公说，首先应该学习的不是什么书，而是国字。很多听众听了都不禁哈哈大笑起来，认为自己已经是博士了，甚至都是教授了，怎么可能不懂国字呢？怎么可能不认识国字呢？”

应龙说：“这些学者的‘哈哈’可能是有道理的。都是博士和教授了，怎么可能不懂得国字的？哪位学者撰写的文章和著作不是用国字写的？难道都是用外文写的吗？此前各位臣兄提到了外语界曾经的优秀人物钱钟书，虽然其外文比外国人还要精通，但其国文也不亚于当时的任何国学大师，甚至还非常精通先秦文字呢！”

鬼臾区说：“牛公之所以强调学习国字的重要性，之所以认为学习国字是学习国学的基础，其理由大致有三。一是由于国字的简化使得很多神州的学人们不太清楚其实际含义了。比如各位臣兄此前讨论的有关基督诞辰的问题，也涉及国字的内涵问题。国人将基督的诞辰称作‘圣诞’，不仅引起了牛公对民族意识、民族文化和民族尊严的重视，而且也引起了牛公对国字的结构和含义的重视。在讲座中提到这一问题时，他总是反复地向大家说明‘圣’字在中华民族文化中的特别意义，不仅仅是对民族先祖和圣贤的纪念，而且还是对中华文化之所以传承千秋万代而不绝的因由的揭示。就简化了的‘圣’字来看，只是由‘又’和‘土’结合而成。如果向当今的国人咨询‘圣’的含义是什么，大概会有人认为是‘又土嘛，就是土之又土嘛，似乎不够雅致啊！’说到这一点时，大家一定感到奇怪，‘圣’字原来土气十足，没有一点洋气，为什么要用此字来称颂孔子这样的圣贤呢？”

应龙说：“这个质疑的确很有意思啊！‘圣’的结构确实影响了其实际含义。”

鬼臾区说：“在民族文化中，土曾经是非常温馨和仁慈的意思。如《史记》颂扬黄帝的时候所使用的‘土瑞之德’一词，再如孔子等人注解《易经》中的坤卦时使用的‘厚德载物’一词，都是对‘土’的赞美。没有土哪有物，没有物哪有人？”

应龙说：“是啊！中华文明是农耕文明，农耕文明实际上就是与土相关的文明。所以自古以来国人非常敬重天，但也非常敬重地。人一生的奋斗其实就是为了自己的耕耘。而要耕耘，就必须以土为基础，以地为核心。可惜哉！西洋文化传入神州之后，国人对‘洋’的敬重越来越严重，‘洋气’就成了所谓‘正能量’的标志了，而‘土气’则成了庸俗和无知的表现了。真是可恶至极啊！”

风后说：“应龙的感触也是自然的，甚至可以说是应该的。但更应该的是将民族文化和文字的实际含义解释给国人，以增强其民族的意识。”

鬼臾区说：“是的。所以牛公在向大家谈到学习国字的重要性时总是从国字的结构说明其实际含义，从其实际含义说明其对民族文化形成、发展和传播的展现。比如刚才提到的‘圣’字，其未简化的字形是‘聖’。‘聖’显然是由三个字构成，即耳、口和王。这个结构非常有意义。其实际含义是，一个人用自己的耳朵从上一辈那里了解和掌握家族、部族和民族的历史、文化和发展，然后用自己的嘴巴将其传递给下一代，从而使得家族、部族和民族的历史、文化和发展得到了永世不绝的传承和传播。中华文明和文化之所以传承千秋万代而不绝，其根本原因就在于此。能用自己的耳从上一辈那里了解民族的历史和文化，并以自己的口将其传授给下一代，这显然是对民族历史和文化的最大贡献。‘王’所体现的就是这样杰出的贡献。在当今的时代里，甚至可以说自三代或秦汉之后，‘王’就成了民族统治者的称谓了，所谓的‘国王’、‘君王’就是如此。但在远古时期，在炎黄时代的前后，‘王’的意思是对他人、对部族、对民族的杰出贡献。只要懂得了‘乾卦’和‘三才’的道理，当然就明白了‘王’的最初含义了。”

天女说：“这个释义太有意义了、太重要了！在现在的神州大地，还有很多学界的学人在研究，为什么中华文化千秋万代而不绝。其实只要认真地了解了未简化的‘聖’字的结构及耳、口、王的含义，当然就明白了中华文化千秋万代而不绝的缘由了。”

鬼臾区说：“天女说得对啊！这正是牛公强调学习国字重要性的

原因啊!”

天女问道:“这是牛公强调学习国字重要性的第一个原因吧。第二个原因呢?”

鬼臾区说:“牛公所说的第二个原因是,中华文化之所传承千秋万代而不绝,中华民族之所以融合而不分裂,就是因为国字的发明和传承。”

天女说:“好像很有道理,请讲解讲解。”

鬼臾区说:“美国学者 Martin Jacques 在讲解中国与西方的关系和差异时,强调了中华文明和中华文化的独特性。他感到困惑的是,为什么中华民族千秋万代而不分裂,而且还不断地与其他民族相融合。而西方的民族却从来没有不分裂,也从来没有大融合。曾经的罗马帝国如今早已分裂为几十个小国家了。而华夏民族从炎黄时期到三代时期,从春秋战国时期到秦汉时期,从唐宋时期到明清时期,始终都在飞速发展,国土也在飞速拓展。这是为什么呢?原因当然很多,但国字的传承就是其中一个重要原因。就是在今天,北方的国人听到南方的国人用自己的方言讲话时,觉得比外国还外国。但其文字表达却没有任何障碍,无论方言怎么发音,字面所表达的都是国字。在古代更是如此。如果没有国字的传播和传承,不同地域的人怎么可能自由自然地交流呢?民族的文化和文明怎么可能自然而然地传播到全国各地呢?不但传播到了全国各地,而且还传播到了异族和异地,今日的日本、韩国和越南就是最为典型的实例。”

天女说:“是的,是的。今天的国人到了日本,没学过日语的虽然一句也听不懂日本人说的话,但看看其大街小巷所张贴的单位名称和宣传材料,完全可以看懂,因为基本上都是用国字撰写的。”

鬼臾区说:“确实是这样的。尤其是民国之前,国字完全成为华夏民族不同地域的同胞相互之间保持同样语言、文化和思想的基础,同时也成为其他民族与华夏民族融汇和交融的渠道。这一点,显然是无可非议的,显然是今日的国人应该了解的。这正是牛公特别强调这一要求的原因。”

天女问道:“牛公强调学习国字重要性的第三个原因是什么呢?”

鬼臾区说:“牛公所强调的第三个原因对于如今的现实而言更为重要。原因是自清末民初以来始终有一批一批又一批的优秀国人坚决要求废除国字,甚至认为国字一日不废除,国家一日不振兴,民族必然要灭亡。就像民国以来有那么多的学界名家和政界权贵坚决要求废除国医一样。”

天女惊讶地说:“天哪！怎么会有那么多的优秀国人反对国字呢？太不可思议了!”

应龙愤怒地说:“说天有什么用？谁还把天当回事呢？如果将天当回事,怎么可能自以为‘比天高’呢?”

天女说:“是啊,说地似乎也没有什么用了。谁还会把地当回事呢？如果将地当回事,怎么可能自以为‘比地厚’呢？从此我不再把‘天哪’、‘地哪’作为惊叹用语了。”

鬼臾区说:“各位臣见,不要太激愤了。事情已经过去了,现在只是回首而已。尽管当时有那么多的优秀学者和政客拼命地要消灭国字,但最终国字还是一如既往地传承下来了。最近我看到一个信息,在国际上文字输入电脑中速度最快的就是国字,文字表达最为简洁、最为深入的也是国字。这从国语和外语中同一个内容的版本厚度就可以看出来了。牛公将其视为了解和传播国学的一个重要途径,意义即在于此。”

岐伯说:“鬼臾区说得对。回顾和思考百年以来国字在传播过程中遭遇的一些挑战和破坏,对于了解和体会民族文化发展过程中的春夏秋冬非常必要,对于民族意识的加强和民族文化的发扬更为重要。”

众臣拱手而拜:“非常感谢天师的指导!”

警报第二十五:左偏右偏,一线向前

风伯说:“仓颉啊,你怎么一直默默无言呢?国字是你发明的,百年来这么多优秀的国人反对你的发明,否定你的存在,抛弃你的创新,剔除你的影响,蔑视你的贡献,消灭你的传承,你为什么一点意见都没有呢?你为什么一点反映都没有呢?你为什么一点举措都没有呢?肯定是气糊涂了吧!”

应龙说:“风伯问得对啊!仓颉啊!你到底是什么态度呢?你既然也和我们一起讨论尘世间的风风雨雨,怎么会没有任何反应呢?尤其是你自己的发明和创新。虽然说是你自己的发明和创新,其实更是华夏民族自己的发明和创新。说说吧,说说吧,不说就完全不负责任了。”

仓颉微微一笑说:“风伯问的问题确实令我有所感受。应龙的警报更令我有所反思。但我的感受和反思还是比较浅显的,不像各位臣兄的感受和反思那么深刻、那么超凡。某种意义上说,我可能对尘世间的种种现象和变化关心还不够吧。”

风伯说:“别谦虚,别务虚,还是务实一点吧。既然我们一起在讨论和关注神州大地的风云变幻,还是从实际出发考虑吧。自从离开尘世之后,你大概也没有机会奔赴下界考察了吧,可能也很少关注下界的春耕、夏种、秋收、冬藏了吧。按照下界的说法,你大概也成了空空道人了吧。”

仓颉说:“是的,是的,风伯说得很对啊,我可能确实成了空空道人了,天天只做梦,不做事,只观天,不看地,没有为尘世之人再做任何应该做的事情。抱歉,抱歉,实在抱歉。”

应龙说:“仓颉啊,风伯是期待你和我们一起讨论,而不是真的批评你,你怎么有这样虚而又虚的反应呢?所谓的空空道人,可真不是务虚的啊,更不是做梦的啊。看看清朝时期曹雪芹写的那部著名的小说《红楼梦》吧,里面的空空道人该多厉害呀!仓颉啊,你就做《红楼梦》中的空空道人吧,厉害厉害吧,不然你可真没有求真务实呀。”

鬼臾区说:“好啦,好啦。风伯,应龙,你们不要太激动了,还是认认真真地听听仓颉的意见吧。仓颉刚才说的虽然显得有些谦虚、有些务虚,其实他一直都在考虑,都在深思,都在努力寻找合适的路径向大家表明自己对尘世间种种现象的看法和想法。平时大家和仓颉团聚在一起,谈到任何问题时他一开始都显得默默无语,但到最后还是给大家提供了一些颇值深思的意见和建议呀。这一点,大家应该都有体会吧。”

风伯、应龙齐声道:“是的,是的,鬼臾区说得对呀,事实确实如此。我们就不再说了,就等着听仓颉的意见和建议吧。有了仓颉的意见和建议,我们的思维一定就更清晰了,就不会一直显得那么激烈,就不会一直只懂其一不懂其二了。”

仓颉说:“各位臣兄太谦虚了。我平时和大家谈论某些问题时,之所以显得默默无语,就是因为我自己的思维就像蛞蝓运动一样,慢的令人难以理解。蛞蝓的运动虽然极其缓慢,比蚂蚁甚至要慢成千上万倍,但最终还是走到了自己想要去的地方。我自己的思维就是这样,一开始表现得很慢很慢,无法能与各位臣兄一同并进,大家都论述完了,都分析完了,我还在慢慢思考。甚至一直到了第二天,我才终于对大家讨论的问题有所理解了,有点认识了,所以才慢慢地给大家提出自己的一些看法和想法。”

应龙说:“哎呀呀,仓颉确实有些谦虚了。在我和臣兄们的意识中,仓颉一直是最具创新性思维的杰出天工。我们虽然快言快语,但却缺少完整的思维和深入的思考,所以谈论人事和问题的时候,都有一些比较偏颇的认识,都有一些不合实际的看法。但最终还是温馨地接受了仓颉的意见和建议,因为仓颉的意见和建议最客观、最符合实际。”

风伯说:“我完全同意应龙的说法。但仓颉这么一说,倒令我又有了一些别样的想法。今天就不说这些别样的想法了，还是赶快听听仓颉的看法和想法吧。”

应龙说：“风伯有什么想法？是不是又要要创新了？为什么不说呢？还是先说说吧，不然又让我抓耳挠腮了。”

风伯说：“好，好，好。那我就说说吧。仓颉这么一说，倒令我想起了牛公的一些说法。在朋友的眼里，牛公是很有思想、很有学问、很有创新的人，所以大家经常表扬他、夸奖他。但牛公却始终予以否认，他一直告诉自己的弟子，他从小连基本的记忆力都没有，更没有思维、思辨的意识和能力。朋友们天天看到他在认真撰写文章或在翻译国学典籍，都认为他肯定一定是学界最为杰出的学者。但他却从不认可。我在查阅相关资料的时候，看到他的一位学生在群聊中提到的一件事，令我非常感动，觉得牛公所说的并不是谦虚，更不是虚谦，而是教育弟子怎样才能从无到有地认真学习。”

应龙说：“慢点，慢点，我的思维有些混乱了。在我的印象中，牛公确实是一位杰出的学者，他不仅撰写了那么多的所谓学术著作和论文，而且还完成了对春秋战国到秦汉时期问世的中医四大典籍的翻译。在尘世间，能做到这一点的确实不易啊。但他怎么可能从小都没有记忆力呢？怎么可能没有思维和思辨的意识和能力呢？如果没有记忆力和思维、思辨的意识和能力，他怎么可能撰写出那么多的论文、论著和杂文呢？怎么可能在自己的中年时期就完成了对中医四大经典的翻译呢？另外，你刚才既说了谦虚，又说了虚谦，有些怪异。谦虚是尘世间人人都懂得的词语，怎么又有‘虚谦’这一离谱的说法呢？这是谁发明的呢？是牛公的发明吗？如果真是他的发明，那一定应该有时代背景的吧。”

风伯说：“应龙啊，你的思维也太紧急了吧。一下子就问了这么多的问题，我该怎么回答你呢？把我的思维也扰乱了。虽然如此，我也感谢你，终于给我提供了一个介绍牛公的机会。虽然有那么多的尘人在投诉牛公，但看了他们的投诉，查了尘世间保留的一些文献资料，还是让我对牛公有了比较完整的认识。虽然我和各位臣兄都在九霄云天,还是无限地关怀尘世间的风风雨雨,尤其是涉及牛公的疾风暴雨。”

应龙说:“好,好,好!别像诗人一样浪漫了,还是实话实说吧。”

风伯说:“好,我先回答你提出的第一个问题:牛公怎么可能从小就没有记忆力、没有思维和思辨的意识和能力?牛公在与弟子授课的时候,为了提醒弟子们要认真学习,向他们讲述了他自己的学习体会和感受。他说他确实从小就缺乏基本的记忆力。在他的那个时代,小学的语文课本很简单,第一课是一句话五个字,第二课是一句话七个字,第三课是一句话九个字。如此简单的内容,他居然都背不下来,令老师和家人非常失望,以为他不认真学习。”

应龙问道:“真是奇怪呀,这么简单的语文课,牛公怎么就背不下来呢?可能真不太认真学习吧。不然怎么能学不好呢?以他现在的学习能力和水平,怎么能证明他当年的学习就这么虚弱呢?是不是真的在骗人啊!”

风伯说:“牛公肯定不是在骗人。你怎么能这样说呢?我首先得严厉地批评你。”

应龙说:“抱歉,抱歉。我有点着急,所以说了不该说的话。向各位臣兄道歉,也向尘世间的牛公道歉。”

风伯说:“别紧张,别紧张,我也有些偏激了。我就认真地给你说说,牛公幼年时确实缺乏记忆力。他的舅父听说后,特意带着他一边玩一边聊,一边走一边说。通过与他的聊大,舅父终于发现他确实缺少记忆力,并非学习不认真。他的舅父在民国时期是国文教员,有丰富的教学经验,对各种不同性情和能力的同学都有比较深刻的认识,都有特别教育的经验。考虑到他的这种现状,他的舅父觉得还是要通过认真写字来提高他的记忆力。这是他舅父当年教育智力较差的学生的体会。于是他的舅父给他讲了一个故事，深深地感动了他，从此就成为他终生认真学习的康庄大道了。"

应龙问道："什么故事呢？是孔子所说的'学而时习之'吗？"

风伯说："与孔子所说的'学而时习之'有点关系，但也没有直接的关系。稍稍休息一会，我再继续向大家仔细地说说吧。"

警报第二十六：学而时习之与习而时学之

应龙说："风伯啊，休息好了吧。继续给大家讲讲牛公是怎样提高自己的记忆力和学习能力的呢？他舅父给他讲的是个什么故事呢？涉及什么人和什么方法呢？"

风伯说："他舅父说的故事是这样的。他自己在清末民初读书的时候，学校里最优秀的一位老师来自一个贫苦人家。他的这位老师少年的时候就非常想读书，但家里太贫穷了，根本没有条件供他读书。为了生活，他在少年的时候就不得不去一个地主家干活，主要是到山上去给人家放羊。由于该山区离古都长安比较近，历朝历代很多帝王、命官和富裕人家的陵墓都安置在该山上。按照民族的传统习俗，这些陵墓的周围都设置了很多的石碑，石碑上都刻着很多的文字，纪念和歌颂墓中之人。这位在此山上放羊的少年虽然一个字都不认识，但还是非常想学习、想读书。所以看到石碑上的文字时，这位放羊娃找来一根树枝，认真地看着石碑上的文字，然后照石碑的字形在地上认真地描写。等到将一句话描写得和原文一模一样了，他就走下山去，将这句话写在路边。"

应龙问道："他为什么要将字写在路旁呢？是向路上的人展示自己写字的能力和水平吗？如果是这样，那不就是作秀的吗？奇怪呀！"

风伯说："他怎么可能在作秀呢？他虽然将一句话写得整整齐

齐，与石碑上的字体一模一样，但他并不认识这些字呀？没有任何人教过他这些字呀。”

应龙说：“是啊。他完全是照猫画虎地描写的，根本不认识那些字，但为什么要写在路旁呢？不是作秀又是做什么呢？”

风伯说：“这就是我想告诉大家的学习方式和方法啊！这位放羊娃将自己描写好的字写在路边，就是为了向过路的人请教。有人从此路上经过，他就主动地向人家请教这是什么字、怎么念。当时认识字的人毕竟比较少，所以每次都要等待很长时间才能遇到认识字的人。遇到了一位认识字的人，他就向人家请教，并且告诉人家他为什么这样学习写字。他的这一学习方式每一次都很感动识字的人。所以人家都会很认真地教他怎么读这些字、怎么写这些字、怎么用这些字。”

应龙说：“原来是这样的学习啊！确实感人啊！”

风伯说：“是的。经过几年的努力，他基本上将山上各个坟墓周围石碑上的文字都学会了，都背下来了，都懂得了怎么使用这些文字。在这些石碑的文字中，他也学到了不少的诗词歌赋，慢慢地也就懂得了诗词歌赋的音韵和结构，渐渐地也就学会了诗词歌赋的基本写法。所以在放羊的时候，他也在认真地学习写诗填词，几乎天天都有新作问世。”

应龙说：“天哪，太厉害了！太伟大了！尘世间的学生们，谁若有他的这一学习的意识和学习的志向，怎么可能不会成为优秀的人才呢？我的天哪！牛公大概就是按照这位放羊娃的学习方法提高了自己的记忆力和学习能力吧。”

风伯说：“是的呀！经过半年多的认真努力，这位放羊娃已经发展成了诗人了。他自己也感到写的诗有一定的精气神韵，毕竟他是在大自然界学习和实践的，其感悟和体会更加自然和雅致。有一天他到山下将自己当天写好的一首诗写在路旁，等待路过的学者指导。很快就听到了咣咣的铜锣声，慢慢地就听到了要求路人靠边走的警告声。这位放羊娃知道有大官过来了,连忙就跪在路中央。在民族的历朝历代,任何一个大官,按今天的要求来看,基本上都是大学者。所以这位放羊娃非常激动,终于要遇到大学者了。”

应龙问道:“这位大官愿意指教他吗?警卫人员不是已经在警告路人要离开了吗?”

风伯说:“这位放羊娃之所以立即跪在路中央,就是向对方表明自己的渴求呀。看到一批警卫人员护卫着一台高大的轿子向前走来,他跪在路中央连连磕头,请求指导。走在前面的警卫人员远远就高声提醒他让开,但他却坚决不动,一直磕头请求帮助。坐在轿子上的是一位大学者,也是一位大官员。听到放羊娃的高声请求之后,他从轿子上下来走到他的面前,问他有什么事需要帮助。放羊娃指着自己写在路旁的一首诗,请这位大学者指导。这位大学者转眼看了看他写的这首诗,吟诵片刻忽然一下子愤怒起来了。严厉质问他为何作秀,愤怒地指责他虚伪奸诈。”

应龙问:“为什么质问人家作秀呢?为什么指责人家虚伪奸诈呢?真不明白呀。”

风伯说:“这位大学者看了这首诗,吟诵片刻,感到写的是一首绝佳的好诗,觉得他一定是一位杰出的青年学者。但看看他衣衫褴褛的样子、颤颤巍巍跪着的神态,忽然觉得他根本不是个放羊娃,完全是以这个样子和神态在作秀,所以他就严厉地指责了放羊娃。听了他的指责,放羊娃抬起头来将自己的人生坦诚地告诉了他,说明自己确实是放羊娃,不是在刻意作秀。看看年轻人瘦弱疲惫的面容和饥肠辘辘的神态，这位大学者突然明白了自己刚才的指责是不对的，年轻人的确就是个放羊娃。”

应龙说：“黄帝当年说过，望而知之谓之神。不认真地望望放羊娃的面容和神态，怎么可能明白人家到底是不是放羊娃呢？这位大学者做官之后，可能就忘记了黄帝当年的指示，干什么都只凭自己的想象而已。”

风伯说：“应龙的感觉是对的。学者当了官自然就会受官场的影响，务实就比较困难了。不过，这位大学者虽然在官场，但还是比较务实的，一看放羊娃的眼神和面容，就马上明白了一切。了解了放羊娃的实际情况后，这位官场的大学者极为感动，觉得放羊娃是尘世间一位难得的好学之人，将来一定会成为朝廷的一位杰出学者。于是立刻安排人将他所放的羊送回到那个地主家，并且还送给那个地主家一笔钱，希望地主允许他将放羊娃带走。拿到这笔钱，地主当然同意了。这位大学者将放羊娃作为自己的弟子带到京城，让其住在自己的家里，为他提供衣食住行，同时也指导他继续学习民族的文化和学术，为这位青年人未来的发展铺平了道路。”

应龙说：“太感人了！太感人了！”

风伯说：“是啊，确实感人啊！这位放羊娃后来成为牛公舅父读书的学校里最为优秀的教师，也是当时国内学术界最为杰出的学者。各位臣兄听了这个故事，一定深受感动。更受感动的应是牛公。他的舅父当年为他讲的这个故事，就是为了指导他认真学习，努力提高自己的记忆力和学习能力。从此之后，这位放羊娃就成为牛公的学习榜样了。为了提高他的记忆力和学习能力，舅父建议他将自己学过的课一遍又一遍地抄写，这样就能慢慢地提高自己的记忆力和学习能力。当时牛公的家里也非常贫穷，根本买不起笔和纸。牛公就像那位放羊娃一样，一边放羊，一边用树枝在地上反复抄写自己学过的一句话、两句话。通过反复的抄写，他终于能背下来自己所学的语文课了，学习的能力和水平也因此而逐步提高了。通过这样的学习，不仅提高了牛公的记忆力和学习力，更提高了他的人生意志和事业追求。牛公今天所取得的一切成绩，都是与其舅父所讲的这个故事有着密切的关系。”

应龙感慨地说：“风伯啊，你说得好啊！这个故事和影响太感动我了，也一定感动了各位臣兄了，更会感动尘世间真正想学习的青年人啊！我相信，这个故事不但深深地感动了牛公，影响了牛公，也一定会深深地感动牛公的弟子、影响牛公的弟子。”

众臣一并举手道：“确实感动啊！”

应龙又问道：“风伯将第一个问题讲清楚了，还有一个问题请解释。‘虚谦’是什么意思呢？与谦虚有什么差异呢？”

风伯说：“‘虚谦’是牛公创造的一个词语，从字面上看，显然是将‘谦虚’颠倒了。但这一颠倒，意义完全不同了。‘谦虚’是坦诚的，而‘虚谦’则是虚假的。十多年前，一部杂志为牛公设置了专栏，请牛公发表文章。牛公在第一篇文章中谈到自己的学术时说，如果说自己一点水平都没有，那一定是‘虚谦’，即虚伪的谦虚，不是坦诚的谦虚。文章发表后他发现，编辑将‘虚谦’改为‘谦虚’，显然是没有理解牛公的意思而随意地改动了。”

应龙说：“明白了，‘虚谦’确实是虚伪的谦虚，而不是坦诚的谦虚。牛公所创造的这个词语很有意义啊！”

鬼臾区说：“二位臣兄说得对。今天的讨论虽然有些偏离实际了，但还是有实际意义的。我们的讨论和尘世间是不同的，不会就事论事的，而是一事拓万事。”

雷公说：“鬼臾区说得对，真正的道路总是左拐右拐的，不会一线向前的。”

警报第二十七：核心与中心

天女问道：“风伯呀，你刚才说的这个故事实在感动臣兄们了。我相信，尘世间的风云真正变幻到了求真务实、淳朴自然的境界时，这个故事一定也会感动很多学界的人士，尤其是求学的人。”

应龙说:“肯定是这样的。这也是我的希望。风伯刚才讲的这个故事其实是为了向大家介绍牛公的学习发展历程吧。牛公的发展历程似乎与仓颉有一点关联。我们一开始本来是想请仓颉谈谈自己对尘世间思想和文化变异的看法,特别是想听听他对国字历史与现状的分析。没想到居然又与牛公结合在一起了。”

风伯说:“这很自然呀,毕竟我们讨论的一切都是与对牛公的投诉有关的。就是对国字历史和现状的分析,也是与牛公有关系的。牛公热爱国文、热爱国语、热爱国字,而尘世间反对国文、国语、国字的,消灭国文、国语、国字的,百年来始终大有其人。要想让仓颉谈谈自己的看法和想法,也很难就事论事啊!”

天女说:“对的。刚才仓颉说自己思维浅显,对问题的认识总归需要经过很长时间的了解和思考。一开始我也觉得他太谦虚了,但听了风伯对牛公学习发展的介绍,觉得仓颉所说的很可能是真的。也很可能是他对任何问题的分析都非常认真和深入,而不是像我们这样太过随意、太过随便。在尘世间的时候,我们也都有一定的感受。当时的尘世间到处都有这样的国人,遇到任何问题的时候,我们虽然显得默默无闻,却一直在认真地调查研究,最终帮助大家解决问题的都是这样的务实者。”

雷公说:“确实是这样的。当年在尘世间,有意创造国字的人很多呀,根本不是仓颉一人。但大部分人都想一夜之间就将国字全部创造完毕。虽然他们热情高涨,全力以赴地努力造字,但遗憾的是,他们所造出的字却很难为大家所接受。他们所造的字基本上都是随意而为的,甚至是完全靠自己的想象而设立的,很少与现实结合起来,更没有与民众的习惯和爱好结合起来。这就像喜欢喝醋的人一样,一旦用餐就给人人一碗醋,除了他自己喜欢喝醋外,哪个用餐的人可能欣然地将一碗醋都喝了呢?”

鬼臾区说:“是啊,当时确实是这样的。我自己也想创造一些国字,自己偷偷地设计了几个字,有意将其写在路边给大家看看,结果都被大家给否定了。一开始令我非常失望,渐渐地我明白了自己根本没有创造国字的能力和意识。但仓颉所创造的国字基本上都为大家所欣然地接受了。为什么呢?就是因为他将自己的创新与历史结合起来,与现实结合起来,更与民众的习俗和意识结合起来。所以他创造的某个字一写出来,大家马上都懂得了这是什么字,和什么结合起来,表达的是什么意思。比如他创造的'日'、'月'、'山'、'水'等字,形式和结构上完全和日、月、山、水结合在一起,就是从来没有学习过的人,看到这四个字就懂得了怎么念、怎么用。这可真是太伟大了啊!"

风后说:"确实伟大!当时由于民众非常淳朴,人与人之间的交流非常坦诚,社会结构非常简朴,所以国字也不会像现在那么多、那么复杂、那么难写难认。某种意义上说,仓颉已经至善至美地完成了那个时代国字的创建和普及,为伏羲所创建的华夏文明和黄帝所创建的华夏文化的传承、传播和传扬开辟了康庄大道。如果当时仓颉没有创建能为大家所普遍接受的国字,华夏的文明和文化怎么可能传承千秋万代而不绝呢?言语不同的各地民众怎么可能最终走向民族大融合的理想境界呢?虽然我们都是天工,但真正的天工只有仓颉啊!"

仓颉听了,默默一笑,轻轻摇头。

天女说:"仓颉啊,别摇头。我们这些天工都是务实的。大家对你的评价更是务实的。时下的神州大地虽然彻底西洋化了,但有一点西化了的国人还是很自豪的,那就是中华文化传承千秋万代而不绝,这在全球可是绝无仅有的啊。牛公很赞美你,也是出于这样的考虑。当然,你的这一永世无双的创新和奉献从根本上说是受黄帝的指导而完成的。如果没有黄帝的指导和引领,你怎么可能至善至美地完成国字的创立呢？你怎么可能成为尘世间永世无双的英才呢？你怎么可能成为九霄云天最伟大的天工呢?”

雨师说:“天女说得好啊！大家在颂扬和赞美仓颉的时候,可千万别忘记了黄帝啊！如果没有黄帝的指导和引领,国字怎么可能被至善至美地创建了呢？民族的文明怎么可能不仅传承而且不断发展呢？民族的文化怎么可能不仅发展而且不断传播呢?”

风伯说:“天女和雨师说得不仅好,而且更重要。这提醒我们在讨论任何问题的时候,不仅要有民族文明和文化的意识,更要有对民族始祖和圣祖敬慕的心愿。仓颉当年的创新,我们当年的贡献,都是黄帝指导的结果,这是毫无疑问的。”

雷公说:“大家强调的这一点太重要了。我们现在讨论的一切也都是黄帝安排的,更是黄帝指导的。所以我们要敬爱黄帝,就要完成好黄帝给我们安排的任务。当年仓颉造字的时候,每遇到一个问题,都虔诚地向黄帝请示。黄帝了解之后,就会给他提出具体的解决办法。他创造好一些国字后,就送给黄帝,黄帝认真地帮助他修改、调整。最终为尘民们所普遍接受就是黄帝指导的结果啊！所以牛公在学习国学和国医的时候,始终将黄帝作为自己的伟大领袖和导师。这可能就是他最终实现了自己的理想和抱负的因由吧。今日之国人,如果不尊重黄帝,怎么可能有民族文化的意识和基础呢?”

风伯说:“雷公说得对啊! 今日的神州大地,真正能实现自己的理想和抱负的人,如果没有敬慕黄帝的意识,如果没有敬仰伏羲的理念,怎么可能成功! 即便成功了,也都成了夷人,而不是国人。今日神州的学界,这样的现实太明显了。虽然如此明显,却没有引起国人的关注,倒是引起了夷族的关注。”

应龙问道:“夷族是怎么关注的呢?”

风伯说:“牛公在给弟子们讲课的时候特别强调韩国《中央日报》发表的一篇文章,就是为了说明夷族的关注。大约在十二年前的毛泽东诞辰日,即所谓的 2005 年 12 月 26 日,韩国《中央日报》刊载了《中国人汉语功底令人心寒》一文。文中写道:

> 近期在上海举行的翻译资格考试中,出现了许多让人哭笑不得的答案。参加该项考试的人的英语水平都很高,但是汉语水平实在不敢恭维。在汉译英题目里。有一道题是将‘富贵不能淫’译成英文,有人将这句话译成‘Be rich, but not sexy’。试题中还有一个题目要求将‘人之初,性本善’翻译成英文。‘人之初,性本善’是孟子‘性善说’中的观点,在中国应是妇孺皆知。在考生的答案中,有人在试卷上赫然写着‘Since the beginning of human beings, sex is always good’,类似的不可理解的幼稚错误还有很多,这表明中国年轻人的汉语水平令人担忧。

臣兄们对此有何感受?”

应龙说:“韩国发表的这篇文章说得对啊! 所谓的汉语,其实就是国语。中国年轻人的国语水平确实令人担忧啊! 居然将‘富贵不能淫’的‘淫’理解成‘淫荡’,将‘性本善’的‘性’理解成 sex,也太滑稽了吧。不但滑稽,而且可恶。韩国发表的这篇文章虽然在一定意义上是对国人的批评和嘲笑,但更重要的是对国人的提醒和建议。国人应该感谢韩国人。类似这样的情况在其他国家中也应该不少,特别是在欧美这些国家。虽然这些国家几乎每天都会发表一些文章抨击中国,攻击中国,甚至侮辱中国,但如果从关注的角度去考虑,就会发现这是对中国的关注,是帮助我们从自己的发展中发现问题、提出问题。国人都懂得这样一句话,提出问题比解决问题更重要。由此观之,西方各国每天为国人提出的问题和意见,看似荒唐,却很可能有一定的帮助意义呢。”

雨师说:“哎呀！应龙说得太有意义啦！如果如今的国人能有这样的意识,能将夷人的批评和诅咒视为对自己的指导和帮助,那将会有多么辉煌的发展啊！那将会有多么杰出的创新啊！当年牛公面对个别人的斥责时,基本上也具有这样的意识,从而完善了自己的发展、成就了自己的事业。这太能说明问题了。”

雷公说:“是的,是的。尽管各位臣兄的讨论还是有所偏离主题,但收获却是巨大的,感受却是深刻的,视野却是拓展的。值得肯定啊！”

卷 四

警报第二十八：真而真之，至而至之

雷公说："经过一次又一次的讨论，各位臣兄们的理念越来越完善了。虽然所讨论的主题总是左偏右偏、前偏后偏、上偏下偏，但偏来偏去还是偏到了主题上。很有意义啊！如今的尘人非常重视所谓的科研，各位臣兄的这一体验可真值得研究研究。当然我说的科研是对尘人说的，不是对各位臣兄们的要求，千万别因此而偏之又偏了呀。"

雨师说："雷公说得好啊！虽然科研是尘人的时代理念，但我们毕竟也是来自尘世间的天工，向尘世间靠拢也是自然而然的。更何况偏之又偏的结果其实就是顺而畅之。正如雷公所说的那样，无论左偏右偏，无论前偏后偏，无论上偏下偏，但偏来偏去最终还是偏到了主题上。虽然我们前面从仓颉偏到了牛公，从牛公偏到了放羊娃，但这样的偏向对于我们真正了解仓颉的思想、掌握国字的发展、明确国人的理念还是很有启发意义的。我想，今天我们一定会从偏而又偏的角度偏到我们将要讨论的主题上。"

风伯说："是的，毫无疑问。看看，大家都目光炯炯地盯着仓颉，说明大家已经从偏而又偏的角度回到了正轨上了，回到了仓颉的主题上了。仓颉啊，说话吧。"

仓颉说："好的，我说。此前听了臣兄们对放羊娃和牛公的讨论，我自己也很有感触、很有启发。我觉得臣兄们对于任何问题的讨论和分析一点偏颇都没有。这就像尘人谈东一样，总是涉及西，毕竟金克木啊。"

风伯说:“哎呀,沉默寡言的仓颉说什么都很有意义啊。一个简单的例子,意义更是非凡啊！厉害,真的厉害！还是请仓颉谈谈对国字的发展和现状的看法吧,指导指导我们吧。虽然此前我们的讨论有所偏颇了,但还是一直在期待仓颉的说法呀。”

仓颉说:“按照尘人现在的说法,风伯太客气了。当然,这是对客气与时俱进的理解。如果按照牛公所说的与时俱退的理解,风伯真的太不客气了。只有不客气才有正气,只有客气才是邪气。所以我说按牛公的释义,风伯当然是太不客气了。好,闲话少说。我就跟臣兄们谈谈我自己的一些看法吧。任何发明与此前各位所谈到的任何事物和事情都一样,都有正反两个方面的性质或体现。正面的当然是应该肯定的,负面的当然是应该反对的。国字也是这样,其正面的作用就是传播和传承了民族文化,并且实现了民族的大融合;其负面的影响就是加大了国人学习文字的难度。从负面出发对其提出反对意见,甚至拼命地想将其予以消灭,我想,这也很正常的,我完全理解。”

风伯说:“仓颉啊,你的理解实在难以理解。我的不解倒是可以理解的。谁都知道,国字是传承和发扬华夏民族文明和文化基础的基础。没有国字,华夏民族的文明和文化怎么可能传承千秋万代而不绝呢？没有国字,东西南北不同的民族怎么可能最终实现民资的大融合呢？所以我认为,要想消灭国字的国人,要想摈弃国字的国人,显然是想消灭自己的民族,想摈弃自己民族的文明和文化。这是毫无疑问的。”

应龙说:“是啊！这样的国人其实根本就不是国人,甚至连夷人都不是,因为不少的夷人还是尊重华夏民族的文明、文化和文字的。按照尘世间当今的说法,这样的国人不是汉奸就是卖国贼,连贪官污吏和土匪强盗都不如。看看历朝历代被抓捕的土匪和强盗,看看岁岁年年被打倒的贪官污吏,哪个想消灭国字？哪个想摈弃国字？从这个角度来看,那些土匪和强盗、贪官和污吏,都应该无罪释放。毕竟消灭自己民族的人才是真正的罪犯啊！作为国字的创始人,仓颉呀,你怎么能认为如此恶劣的做法是正常的呢？你怎么还能对侮辱民族、消灭民族的做法表示理解呢？这也太不正常了吧。”

雷公说：“风伯、应龙，静静心吧，别太激动，臣兄们都在从不同的角度关注同样一个问题，意见和建议有所不同也很正常。作为国字的创始人，作为民族文化的开拓者，仓颉的见解其实也是可以理解的。当然，作为民族思想的继承和发扬者，作为民族文化的传承和光大者，风伯和应龙的不解更是可以理解的。”

鬼臾区说：“是的。该理解的，就应理解。不理解，说明大家还没有完全听到仓颉的解释和说明。先不要着急，慢慢地听着吧。”

应龙说：“我慢不下来，我静不下来。作为真正的国人，遇到这样严重的问题，不能慢，不能静，也很自然啊！我实在不明白仓颉要说什么？我也不明白鬼臾区想说什么？难道还真的有不该理解的问题吗？究竟什么东西不该理解呢？究竟是谁阻止尘人去理解某些问题和现象呢？究竟是为什么呢？说呀！”

鬼臾区说：“应龙啊，不要太着急啦，大家慢慢来论吧，毕竟我们是黄帝的臣子，是天工的团队，而不是像现在尘世间的朝鲜和美国一样，一张嘴就相互攻击，互相谩骂。其实我们的民族自远古以来没有任何东西是不允许理解的。更没有什么人能阻止国人去解读和理解任何问题和现象。自古以来，吐曜都可仰观，含章都可俯察，更何况风言风语和吃喝拉撒呢？虽然尘世间自秦汉以来有了这样那样的变化，但我们毕竟不在尘世，而在九霄云天，一切都自然而然，千万不要别人一开口自己就着急呀。”

雷公说：“其实鬼臾区自己也有点着急了。听听你说的话吧，按照现在的国人理念来说，就有点不太符合所谓的逻辑了。风伯和应龙的激烈之言也有一定的道理。当然啦，在当今的尘世间，在一定的情况下，在一定的背景下，确实有人想通过各种各样的方式阻止尘人去分析和理解某些问题和现象,但这毕竟是暂时的,不可能是永远的。就像明朝的太祖朱元璋一样,自己当皇帝的时候就对孟子'民重君轻'的思想极为反感,拼命地想将孟子的思想彻底消除,将四书五经中的《孟子》一书予以消灭。但他的寿命必然是有限的,他活着的时候没有人敢公开地反对他,但他一去世一切都恢复正常了,所有的国人在内心还是敬仰孟子的,还是认可孟子的思想的。尘世间整个所谓的文明史其实就是这样发展起来的。"

鬼臾区说:"确如雷公所说的这样历史就是这样发展的。虽然历朝历代的任何时候,国人都会因为种种的原因无法公开地谈论某个问题,但时代一变迁,这个问题就不再隐秘了,完全公开了。就像五十年前的某个时期,孔子在神州大地遭受了严厉的驳斥和批评,甚至将孔子视为民族历史上最为恶劣、最为反动的封建分子。但十年之后,一切就又回归历史,孔子依然是圣人,儒家依然是国学,没有任何人在辱骂孔子和儒家了。国字的情况也是类似的典型一例。"

风后说:"也许是吧。鬼臾区说的例子的确是存在的,确实值得反思。但我们毕竟远离了尘世间,我们现在面临的问题以及所讨论的话题与尘世间可有天然的不同啊!所以,我还是请各位求真务实一些吧,千万别受尘世间风云变幻的影响啊!请大家继续谈谈国字的发展及其所遭遇的一些不可思议的挑战和问题吧,这才是最重要的。"

鬼臾区说:"好的。当年各位臣兄也是尘人的时候,都在一定程度上为国字的创造做出了一定的贡献。当然,国字主要的创造者是仓颉。尘世间的黄帝时期,仓颉是造字的左史官。他的生日是华历的三月二十八日，历朝历代的国人都以‘圣诞’予以纪念。按照尘世间现在的说法，仓颉应该是非常有思想、有文化、有创新能力的古代真人和至人。”

应龙说：“鬼臾区说得对啊！仓颉确实是华夏民族的真人和至人。当年黄帝在谈到民族的历史和文化的时候，提到了真人和至人，将真人和至人视为人类中最为优秀、最为杰出的淳朴之人。虽然黄帝始终没有明确地将真人和至人与仓颉联系在一起，也从来没有将仓颉赞美为真人和至人，但一直对仓颉温馨的关怀和充分的肯定，其实就充分地说明了一切。黄帝是非常务实的，不会像现在的尘世间的大官大员一样，为了鼓励某个人为自己做好某件事而刻意地去表彰。”

雷公说：“应龙虽然偏激，但这一点还说得很有道理，很符合历史的事实。我也始终认为，仓颉才是黄帝当年所提出的真人和至人。黄帝当年之所以提出真人和至人，就是为了鼓励臣兄们求真务实，自然坦诚，真正地实现与天地相交融、与天地相合一的理想和抱负。臣兄们后来之所以能为民族的发展做出巨大的贡献，并且最终实现了与天地并存的志向，就是因为我们一直在按照黄帝的指导而努力，一直在沿着黄帝为我们指引的方向而永远向前！”

众臣举手而拜道：“雷公说得对啊！我们一定会继续按照黄帝的指导而努力讨论好相关的问题，一定继续沿着黄帝指引的方向努力向前！”

警报第二十九：仓颉创新，天人共识

风伯问道：“应龙呀，你刚才提到的真人和至人很令我向往啊！当年黄帝提到真人和至人的时候，我的内心深处一直将其作为我一生的奋斗目标。今天用真人和至人赞美仓颉，可真的符合实际啊！”

应龙说：“是啊！真人和至人不仅仅是我们这些天工们过去和

现在的理想和追求，也曾经是华夏民族历朝历代的理想和追求啊！春秋战国时期编辑《黄帝内经》的时候，在'上古天真论'篇中就特别提到了黄帝所说的真人和至人，将其作为真正能养生和永生的榜样。'上古天真论'篇将其用古文概括为：'上古有真人者，提挈天地，把握阴阳，呼吸精气，独立守神，肌肉若一，故能寿敝天地，无有终时，此其道生。中古之时有至人者，淳德全道，和于阴阳，调于四时，去世离俗，积精全神，游行天地之间，视听八达之外。此盖益其寿命而强者也，亦归于真人。'很符合实际啊！"

风伯说："古文确实很雅致，但今天的国人基本都不懂古文了，无法能理解'上古天真论'篇所说的真人和至人了。还是应龙用所谓的白话文来说说吧，毕竟我们的讨论最终还是要想方设法传递给尘世间的国人的。所以我们所说的话、所用的词、所表达的方式和方法也要与神州大地时下通俗的表达方式和方法保持一致。"

应龙说："风伯说得对呀，确实要与尘世间的通俗说法始终保持一致。用现在的白话文来说，'上古天真论'篇所表达的意思大概是这样的：上古时代有称为真人的人。他们掌握了自然规律，能把握阴阳变化，呼吸精纯的清气，使精神守持于内，使肌肉与身体高度协调。所以其寿命与天地一致，永无终时。这就是修道养生的结果。中古的时候，有称为至人的人，具有淳厚的道德，能调和于阴阳四时的变化，离开世俗的干扰，积蓄精气，集中精神，使其游行于广阔的天地自然之间，视听于八方之外，这是他延长寿命和强健身体的方法。这种人也可以归属于真人的行列。我这样说比较符合尘世间的通俗说法吧？"

风伯问道："符合，非常符合，如今的尘人一定能听懂的。《黄帝内经》对黄帝当年所提到的真人和至人的概括还是比较符合实际的，这也是黄帝当年告诉我们如何自我发展、如何长生不老的依据。真如应龙所说的那样，仓颉确实完全符合黄帝所提出的真人和至人. 在创造国字的时候，仓颉每次看到鸟兽的足迹就很受启发，将其分门别类，加以搜集、整理，在国字创造的过程中发挥了重要作用。所以自古以来，仓颉就被国人尊为‘造字圣人’，很符合实际呀。”

仓颉摆摆手说：“实际上并非如此啊！当年为了创造国字，为了为民族文化的发展奠定基础，很多国人都在努力地寻求渠道，都在探索方法，都在努力创造国字。就是普通的国人，为了纪念某些人物和事件，为了牢记某些事情和现象，为了说明某些事物和现状，都在某些田间地头、墙壁门栏或石块木料上刻画一些图片或条纹，这些图片和条纹也为国字的发明创造提供了重要的依据。与我一同努力创造国字的臣兄和亲朋们，可谓大有人在啊！不知道为什么后来大家只记得我的名字，而将其他创造者的名字都忘记了。实在遗憾啊！我个人觉得，国人后来只用我的名字来表达国字的创造，其实并非独指我一人，而是以此作为名词术语来表达所有的国字创造者。”

应龙说：“仓颉说的可能也有一定的道理。自远古以来，一般的尘人还是务实的，只要记住一个有代表性的人名就可以了，哪能拼命地记住所有参与国字创造的千万个人名呢？这就像春秋战国时期对《易经》的注解一样，肯定有很多的学人为了一定的目的，通过不同的方法对《易经》进行了深入的分析和总结，为尘人了解和传承民族文化奠定了扎实的基础。孔子大概也是解读和注释《易经》的学人之一吧。但由于后来孔子的大名远远胜过了所有其他学人，所以后人就将当时众人对《易经》的分析、总结和注解归纳为‘十翼’，全部归功于孔子。当然，孔子肯定是当时解读和释义《易经》的人群中最有影响、最为认真的一员，所以成为解读和释义《易经》的代表人物。仓颉后来成为华夏民族的‘造字圣人’，原因大概也是这样吧。”

鬼臾区说：“应龙厉害了，说得非常对！在夏商周三代的时候，神州大地已经将仓颉视为国字的唯一创造者了。到了春秋战国的时候，很多圣贤对仓颉的奉献又给予了极大的关注。如《荀子·解蔽》中说：‘好书者众矣，而仓颉独传者壹也’。意思是说，虽然当时有那么多人热衷于创造国字，但只有仓颉所创造的国字更科学、

更实用、更有效，所以就永永远远地传承下来了。这一说法很符合国字的创建和发展的历史事实。”

雨师说：“荀子说得对啊！在春秋战国时期，荀子不仅是著名思想家、文学家、政治家，更是黄帝所说的贤人。他对仓颉的评价非常符合实际。他在《天论》中说‘天有其时，地有其才，人有其治’，说得很客观啊！人的‘治’不仅是所谓的‘政治’，更重要的是‘文治’。仓颉所创造的国字就是最为典型的‘文治’。”

鬼臾区说：“雨师说的‘文治’很有意义啊！仓颉的造字确实是‘文治’。谈到仓颉造字的伟大意义时，《淮南子》也给予了非同一般的评述。在《本经》一文中，《淮南子》说：‘昔者仓颉作书，而天雨粟，鬼夜哭。’意思是说，仓颉所创造的国字不但被国人如‘仰观吐曜，俯察含章’般地热爱，而且还引起了苍天的嘉奖，当天晚上苍天就像下大雨一样为尘人降送了大家所梦想的大量五谷食粮，为尘人的生存给予了极大的帮助。但当天晚上，看到仓颉创造了这么优美的国字时，一大群鬼却嗷嗷痛哭起来，令人不可思议啊！”

雨师说：“‘天雨粟’很正常，就像爸爸妈妈热爱自己的孩子一样。但‘鬼夜哭’有些怪异，所以尘世间对此很有疑虑，不知‘鬼夜哭’到底是出于什么原因。我个人觉得，没有国字之前的鬼很可能一直觉得他们的精气一定高于尘人，但国字创建之后，他们觉得自己很快就将失去高于尘人的任何条件和基础，所以才因而痛哭不已。”

鬼臾区说：“可能是这样吧。东汉时期的许慎在《说文解字》的序言中说：‘仓颉之初作书，盖依类象形，故谓之文；其后形声相益，即谓之字。'这是对仓颉最初造字及国字后来发展的总结，很有道理啊。仓颉最初造字的方式大概就像国医后来所说的'取象比类'那样，即以某些自然现象的风貌为特征造字。如此创造的字就叫作'文'。嗣后随着文化的发展，文字的需求越来越多。为了创造更多的国字以适应国人的需要，仓颉将原创国字的'形'和'声'结合起来，构建了'六书'，完善了国字的创建。按照国人后来的见解，以'形'和'声'所构建的才是'字'啊。"

雨师说："许慎的分析也很客观。特别是他将字与文结合起来，更有意义。刘勰在《文心雕龙·原道篇》中说：'文之为德也，大矣。'其中的'文'与仓颉当年所说的'文'以及许慎所说的'文'完全一致，即指的是天上的日月星之光和地上的山水木之彩。这就是华夏民族自远古以来认为'文'与'天地并生'的原因，很客观啊，一点所谓的迷信都没有。这里的'文'与时下尘世间所说的文章和文学没有任何关系。希望尘人一定理解啊。我最近在一份材料中看到，神州大地某个大学的教授宣扬说，《文心雕龙》中的'文之为德也，大矣'的'文'就是文章，应该翻译成 article，实在可笑。"

鬼臾区说："雨师说得对啊！如今的神州大地失去了传统的意识和民族的文化，对《文心雕龙》开篇的'文'如此荒唐的认识虽然符合与时俱进的精神，但完全背离了民族的文化。要真正的理解此'文'，还真的要与时俱退呢。总而言之，从这三部古籍的分析和总结来看，仓颉确实是华夏民族的'造字圣人'，对民族文化发展的贡献真可谓无与伦比啊！所以，仓颉呀，你千万别太谦虚了，要尊重华夏民族历朝历代的思想和理念呀。如果你一再强调你自己并没有为国字的创建做出多少贡献,这一定会困惑国人的,一定会使他们怀疑国学、国文和国字的历史和发展的。尘世间的国人和九霄云天的天宫们感谢你、赞美你,都是符合客观实际的。"

众臣纷纷拱手道:"感谢仓颉！感谢仓颉！没有仓颉,哪有国文和国字啊!"

警报第三十:仓颉视野,天人并显

雷公说:"鬼臾区以典籍为基础,给臣兄们介绍了华夏民族对仓颉创造国字的评价,体现了历朝历代的国人对仓颉的无限敬仰和崇拜。很好啊!"

风后说:"是啊。我只有看典籍的时候心情宁静,非常温馨。但看时下问世的大作时,我的心情却难以平静,非常迷蒙。所以我觉得刚才雨师结合当今尘世间的变迁将典籍中的一些观念和论述进行了分析和说明,确实很重要啊。毕竟现在的尘世和历朝历代的尘世是不同的,对民族文化的学习和认识也存在着巨大的差距。就像雨师刚才对'文'的解释一样,曾经是人人皆知的道理,如今却成了人人不知的问题了。实在是太遗憾了。"

雨师说:"我之所以对鬼臾区所引用的典籍内容进行了分析,也确实是出于这样的考虑。毕竟我们的分析是为了服务尘世民众的,而不是为了解决我们自己的问题的。历朝历代的典籍,臣兄们都非常清楚,根本无须任何天工另作解释。但对于尘民来说,如果我们对一些基本的概念和词语不作必要的解释,他们基本上是无法理解其实际含义的,只能按照时代的风采随意照猫画虎了。"

风后说:"所以呀,我特别希望仓颉不要太默默无语了。在这一点上,仓颉应该向雨师学习,应该向应龙学习。虽然我们在讨论的时候常常显得有些激动,甚至有些偏激,但毕竟还是出于对尘人的考虑呀,而不是所谓的自私自利呀。如果我们都默默无语,这显然是不关心尘民、不关注神州,太遗憾了。"

风伯说："风后呀，你说得对，但也不对呀。对是对我们的提醒，希望我们都能全心全意地关心尘民、关怀神州。不对的是，误解了仓颉。仓颉虽然显得有些默默无语，但显然不是无视尘民，更不是淡漠神州。他实际上一直在全心全意地关心国人、关注神州。他是创造国字的圣人呀，怎么可能冷漠神州呢？怎么可能不关心国字呢？怎么可能不反对企图消灭国字的国人呢？"

雷公说："风伯说得很对呀，仓颉不仅全心全意地关心国人，也关心人类，不仅一心一意地关注神州，也关注全球。他所创造的国字不仅为传承和弘扬华夏民族的文明和文化奠定了基础，也为周边其他民族文明和文化的发展开辟了路径。今日的韩国、越南和日本就是最为典型的实例。所以，不仅国人敬拜仓颉，夷人也敬慕仓颉！"

仓颉说："哎呀，各位臣兄，千万别把创造国字的功绩归于我个人啊！正像应龙说的那样，国人为了节省精力，只记住了众多国字创造者的一个名字。但这并不能证明国字的创造者就是我一人呀！而且作为民族的'造字圣人'，'仓颉'这个名称其实和我个人已经脱离了关系。这个名称只是对国字创造者的总称而已，或者说是国字创造者的代表而已，并不是国字的唯一创造者。这一点敬请各位臣兄必须清楚，不然这可不是对我的颂扬，而是对我的愧疚啊！"

应龙说："仓颉真是仁慈，真是谦虚啊！如果是我，大概不会有如此豁达的胸怀和宽阔的眼界吧。看看如今的尘世，哪个尘人会有仓颉这样的胸怀和眼界呢？现在的尘世天天都在推选所谓的模范和榜样。为了当选模范和榜样，人人都在努力地向上级申请。为了申请成功，就必须得千言万语地向上级汇报自己的业绩是多么的辉煌、自己的贡献是多么的巨大、自己的理想是多么的远大、自己的思想是多么的坚深、自己的觉悟是多么的高博。想想看，一个如此看待自己的人怎么可能是谦虚的，怎么可能是谨慎的，怎么可能是厚德的，怎么可能是载物的呢？这样的模范和榜样怎么可能引领尘人谦虚谨慎、厚德载物呢？我真难以理解，如今的神州大地怎么重视这样的评优方式呢？”

天女说：“天哪！应龙真的成为思想家了！不过，应龙的分析还是很有道理的。为了真正地实现谦虚谨慎、厚德载物的理想，现在的尘世确实应该改变不仁不慈的做法，确实应该潜移默化地引导尘人拓展自己的视野、开拓自己的胸怀。只有视野拓展了，只有胸怀开拓了，才能有仁慈的意识，才能有道德的观念，才能有奉献的精神！就评优来说吧，国人可真的向西方学习。这一点牛公也是认可的。看看人家西方是怎么评优的呢？别的不说，就说说国人特别重视的所谓‘诺贝尔奖’吧。获奖的人根本不需要提前填写申请书，更不需要向人家展示自己的研究成果和研究水平。只要自己的研究水平高，成果优秀，自然会有相关的机构和学者向评审委员会推荐。如果一个学者自己提名申请，根本就没有入选的资格。这个评奖的方法可真值得国人认真学习，努力借鉴啊！”

雷公说：“天女也成为思想家了！厉害啊！”

风伯说：“天女提到的所谓‘诺贝尔奖’虽然表面上与我们所讨论的国字和仓颉没有什么关系，但仔细想想，还真有关系啊！像仓颉这么认真、这么谦虚、这么淳朴、这么有创新意识和能力的人在如今的神州学界可真难以见到呀。为了展现自己的学术水平，为了申请优秀成科研果奖，如今的国人就不得不拼命地自我宣扬、自我作秀了。这种现状当然不能完全归属于国人了，也不能完全归属于评审委员会了，而应该归属于朝野的政策和策略了。”

雷公说：“风伯说的也很有道理。像仓颉这样淳朴认真的人，如今的神州学界确实比较欠缺了。所以，我们一定要好好地说说仓颉，不仅要说说仓颉的创新、奉献和成就，更要说说仓颉的淳朴、坦诚和仁慈。目的就是让神州大地的今人不仅要理解仓颉，更要以仓颉为榜样，真正做到求真务实，努力为民族的发展开辟道路。”

仓颉说：“哎呀，大家说得太超前了吧！我宁静的心神已经开始波动了。时代的变迁好像不仅体现在尘世间，似乎也体现在九霄云天了啊。作为天工的我们，想肯定一个人的时候，怎么也这么毫无瑕疵地予以表扬呢？毛泽东当年在谈到对杰出人物的评价时，一直强调三七开，即无论多么优秀的人才，最多也只有七分长处，最起码也应该有三分短处。各位臣兄对我的评价也至少得按照毛泽东的理念来进行吧。”

雷公说：“仓颉说得有道理，臣兄们的评说更有道理。毕竟我们是为了尘世的发展而思考的，怎么可能完全脱离尘世的风俗和习惯呢？我们对仓颉的赞美并不是为了评选一位杰出的天工，也不是为了给仓颉颁发九霄云天的大奖，完全是为了客观地评价民族的文明和文化，完全是为了帮助如今的国人努力增强自己的民族意识。更何况天人需要相应的，天人需要合一的。我们虽然还是人，但毕竟早已远离了尘世，毕竟置身于九霄云天，所以在某种意义上我们就代表着天，就应该与尘世间的尘人有所相应、有所合一。”

天女说：“雷公总结得好啊！我们都理解雷公的分析，也希望仓颉能理解。正如仓颉刚才所说的那样，尘世间之所以将仓颉称为民族的‘造字圣人’，很有可能是对国字创造者的总称而已，也可能是国字创造者的代表而已。之所以借用了仓颉这个名字，当然与仓颉当年的突出贡献有着直接的关系。我们今天肯定仓颉，赞美仓颉，某种意义上也是将仓颉作为国字创造者的一个代表而已。希望仓颉能理解，内心千万别有所纠结。”

风伯说：“天女说得对啊，仓颉应该好好考虑，一定要配合好臣兄们的讨论。大家一起将有关问题认真加以分析，努力帮助尘世之人予以解决。这些问题虽然与对牛公的投诉有一定的关系，但更与民族文明和文化的传承和发展有着直接的关系。几个月前神州大地已经正式颁布了全面恢复民族文化的政策和策略。为了使朝野实现这一重要的理想，我们当然应该努力地与其相应，甚至要与其合一。”

仓颉说：“好的，我明白了大家的想法，我一定认真地配合好大家的讨论。”

岐伯说：“各位此前的想法和现在的说法都很有道理。众臣可努力采取措施，将天女的想法传递给尘世之人，润物无声地逐步改变其尚未求真、尚未务实的思想。仓颉关于国字的创造以及个人的认识更为重要。如果时下的尘世中有几位胸怀如此博大、眼界如此开阔的真人和至人，民族的未来一定是辉煌的，民族的明天一定是统一的，民族的梦想一定会实现的！”

众臣拱手而拜道：“非常感谢天师的指导！我们一定认真落实天师的指示，努力改善尘世之人务虚的观念，大力推进民族的发展！”

警报第三十一：国字的起源与风采

伶伦说：“天师的指导拓展了我们的视野，深化了我们的讨论。我们坚信，民族的未来一定是辉煌的，民族的明天一定是统一的，民族的梦想一定会实现的。”

雷公说：“是的，一定是的。现在请大家听听仓颉的话吧。经过这么长时间的深思，仓颉一定会有新的认识、新的想法和新的看法。”

仓颉说：“非常感谢各位臣兄的关怀！大家对国字的关注令我

非常欣慰。国字确实是我一直关心的民族重业,但却并非我个人的创造,而是民族集体努力的成果。八十三年前,鲁迅在《申报·自由谈》发表了《门外文谈》,颇为自然地分析和介绍了民族语言和文字的形成和发展。他说:'在社会里,仓颉也不止一个,有的在刀柄上刻一点图,有的在门户上画一些画,心心相印,口口相传,文字就多起来了。'他说的确实是客观事实。当时的国人大部分都非常关心国字的创造。别的不说,就各位臣兄而言,可谓人人都是国字的创造者和推进者。当时在黄帝的指导下,大家虽然各自负责不同的领域,但都很关心国字的创立,都很认真,都很努力。我在分析和探讨如何创建和完善国字的过程中,天天都得到了臣兄们的热心关怀和积极帮助。没有臣兄们全力以赴的帮助和支持,我怎么可能完成自己的使命呢?"

应龙说:"仓颉太谦虚了,太谨慎了!当时我们天天向你靠拢,实际上是向你学习、向你请教,因为我们也都想加入国字创建的团队中去,实现自己的理想和抱负。按照目前尘世间的想法和说法,当时我们的所作所为还是有一定的私心的。当然了,我们当时的私心还是为了传承和发扬民族的文明和文化,为了完成黄帝赋予我们的使命,而不是像现在的尘人那样,基本都是为了自己的私利。"

仓颉说:"应龙太夸赞我了。说实在的,能谦虚,能谨慎,确实是件大好事。现在的尘世间之所以有那么多人骄躁,就是因为缺乏谦虚的精神、缺少谨慎的意识。应龙谈到臣兄们的私心和尘世间的私心,更有意义。从国医的角度来说,私心可谓人人有之,毕竟每个人的胸中都有一颗心,但每颗心的形神、运动和反应还是有所差异的。这是自然而然的。但如果差异太过、太偏、太久,显然是背离公允的。臣兄们的私心显然也有一定的差异,但都是顺应公允的,都与尘世间的差异是完全不同的。"

应龙说:"仓颉的分析更有意义啊!我原以为私心都是负面的,都是为己而行的。听了仓颉的解释,我对尘人们的私心和臣兄们的私心就有了更清楚的认识。听仓颉的谈话,太重要了!"

仓颉说:“谢谢大家对我个人想法的肯定！在臣兄们的讨论中,我虽然形式上默默无语,其实内心里一直在想来想去、说来说去、问来问去。比如听臣兄们对牛公的评说,我就想了很多,也自我说了很多。大家对牛公很多的评述,我觉得都很有道理。但我个人还是有些想法的。我想借此机会向臣兄们说一说,看看我的看法是否符合实际。我觉得牛公的谦虚精神确实是有的,但谨慎的意识还是比较欠缺的,大家想想,是不是这样的呢?”

应龙说:“仓颉说的显然是对的。我们肯定是想过的,即便不想,也完全能理解仓颉的分析。对于尘世间当今的现状,仓颉显然比我们更了解。就是对于牛公的人生,仓颉也比我们更清楚。牛公虽然像仓颉这样谦虚,但却没有像仓颉这样谨慎。如果凡事都能谨而慎之,怎么会遭受别人如此恶劣的侮辱和谩骂呢?”

仓颉说:“其实我只是想对国字的发明做出比较客观实际的说明而已,并非如此谦虚、如此谨慎。毕竟我和牛公一样,都生于尘世,长于尘世,行于尘世。尘世间的风风雨雨,怎么可能使尘民们完全小心谨慎呢？即便处处小心、时时谨慎,也还常常遭遇风袭雨打的。”

应龙说:“仓颉的想法和看法很有道理啊！鬼臾区说过,事实胜于雄辩。说说国字发明的客观事实吧。如果真有这样的事实,我就不用再论辩了,完全顺乎自然的发展。”

仓颉说:“这样的客观事实实在是太多太多了。由于历史的原因,很多事实都被时光淹没了,所以今日的国人就时时感到困惑,不知国字究竟是什么时间由什么人发明创造的。但通过多年的考古,国人还是有所发现的。比如多年前在进行考古的时候,国人在长安发现了‘半坡遗址’。在这个遗址上,国人不但挖掘出了很多的文物,而且还从中发现了很多有关国字发明创造的原始信息。

这是国人发现的关于创建国字的最早的信息。各位臣兄,请看看这张图片,虽然是七八千年前留下了的,今天看起来依然是如此的优美啊!"

应龙说:"哇呀!好漂亮啊!就像现在的国人所制作的锅碗瓢盆一样,色彩鲜艳,图文并茂。这是什么时代创造的呢?这与国字的创建有什么关系呢?"

仓颉说:"关于这个问题,雷公和鬼臾区比我了解得更多,请他们解释吧。"

鬼臾区说:"正如仓颉所说的那样,半坡遗址确实在一定程度上展示了国字的起源。国人在半坡遗址整理和研究所挖掘的器具时,从中发现了很多符号,这些符号可能与国字的创建有一定的联系。臣兄们看看这张图吧。

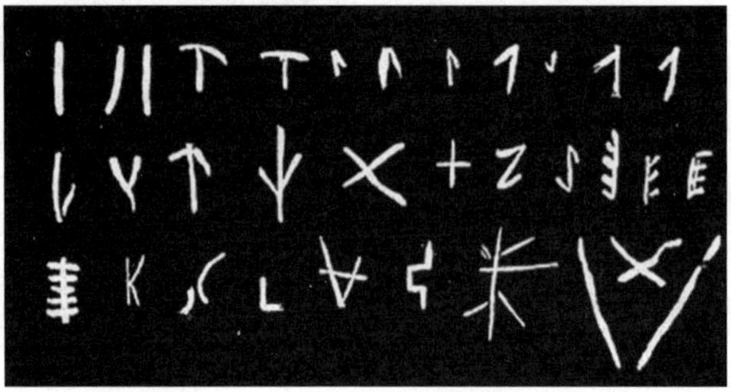

这张图上所罗列的符号就是从半坡遗址挖掘的很多器具上整理出来的。这些符号似乎就是当年华夏民族所发明创造的个别国字,比如现在国字中的'米''丁''个''十'等,似乎就能从中找到。这些器具大约是七八千年前留下的,早于我们在尘世间创造国字的时期。大家想想看,当年我们和仓颉一起奉黄帝的指示创造国字的时候,是否看到过这样的原始国字呢?是否对我们有一定的影响呢?"

应龙说:"哎呀,这太神奇了!不但能从中找到尘世间现在使用的某些国字,还能从中找到西方文字的字母啊,如 X, A, L, K,

V，Z，Y 等。这似乎说明，远古时期的华夏民族不但为自己的民族创造了文字，还为西方民族也创造了文字啊！太伟大了！当年我们一起努力创造国字的时候，我好像看到过民间流行的个别符号，但似乎还没有看到如此众多的类似国字的符号。不知其他臣兄是否看到过。”

雷公笑笑说：“应龙很有民族意识啊，也很有眼界和视野啊！半坡遗址文物上的这些符号确实与国字最初的创造有一定的关联性。不过这些符号是否与西方的文字有关联，还有待于深入研究，不可轻易下结论。毕竟西方与东方的距离非常遥远，远古时期没有任何的交通工具，彼此之间怎么可能有来往呢？另外，由于东西方的尘人都是人类，虽然各有其心，但心的形体和功能毕竟还是相同的，所以对某些问题的认识、对某些事情的做法还是比较相同的。别的不说，就看看东西方尘人对父母的称谓，居然就完全一样。不管文字怎么写，父母称谓的读音都是爸爸妈妈。神奇吧？太神奇了。”

风伯说：“雷公说得很有道理啊！就像牛公一样，经常将英语与汉语结合起来使用，尽管很有意义，但却没有任何关联。比如在群聊中，他如果认为大家不该做什么事，就直接使用 book 予以否认。英语单词 book 和中文词‘不可’读音虽然比较相近，但含义却完全不同。他只是借用了 book 的读音来告知他人‘不可’，不能由此而断定英语单词的 book 就是借用汉语词语‘不可’而形成的。牛公在群聊中也经常用中文词语‘也是’表达英文单词 yes。‘也是’和 yes 与 book 和‘不可’一样，读音比较接近，但含义却不尽相同。我说的这两个例子不知是否可以印证雷公的说法。”

雷公说:“虽然如此,半坡遗址文物上这些符号的意义还是非凡的。虽然尘世间的学界有人对此有这样那样的看法,但事实总归是事实,历史总归是历史,不是任何人想改变就能改变的。事实上,半坡遗址文物上的这些符号不仅体现了国字原始创建的背景,而且还在一定程度上展现了国字原始创作的风采,特别值得国人关注。”

众臣一起热烈鼓掌:“雷公说得对!国人应该关注,我们更应关注!”

警报第三十二:国字的起源与发展

应龙说:“雷公对半坡遗址文物中符号的分析和总结太有道理了,太有启发性了!我自己对国字的起源和发展了解得很少,谈到这个问题时确实有些随意乱说,实在抱歉。请鬼臾区继续介绍介绍半坡遗址的文物及其所体现出的国字原始符号吧。”

鬼臾区说:“好的,我一直在期待给大家介绍。据当时的中国科学院考古研究所实验室用同位素炭十四(C^{14})的测定,半坡遗址距今已有六千年左右的历史了,这大概也正是国字原始创建的历史吧。臣兄们认为半坡遗址距今大约有七八千年了,但科学家的测试大约在六千多年,可能更实际一些吧。”

风后说:“现在的尘人非常重视科学,因为科学对很多问题的分析和认识更准确,这是毫无疑问的。但半坡遗址仅仅是神州大地所发现的第一批涉及国字的原始创建,今后一定会发现第二批、第三批。我想说的是,国字的原始创建可能比半坡遗址还要早,很可能远远超过六千年。当年我们受黄帝的指示创建国字的时候,民间就已经有了一些颇为流行的表达符号。记得有一次黄帝谈到国字的创建时,曾经告诉我们,三皇时期就已经开始创建国字了,伏羲建立《易经》的时候,就已经设置了一些国字符号。”

鬼臾区说:“风后说得对啊!国字的创建确实起源于远古之远

古，最起码在三皇之前、伏羲之后。但半坡遗址毕竟是神州大地第一次发现的与国字的创建有关的原始文物，我们只要先以此为依据谈谈国字的发明创造，就能更好地了解国字的历史、现实和未来。当时的国人也是持有同样的观念。比如郭沫若在《古代文字之辩证的发展》中谈到半坡遗址的文物时指出：‘那些刻画记号，可以肯定地说就是中国文字的起源，或者说是中国原始文字的孑遗。’郭氏说得很有道理啊。半坡遗址文物的符号说明，每个符号都是单个的独立体，都有类似笔画的结构，都具备国字的雏形。这可能就是华夏民族最初创造国字的一种表现，但不一定就是唯一的表现。确如仓颉说的那样，国字的创造者并非他一人，甚至还有很多人先于他而创造国字。半坡遗址文物的国字符号已经证明了仓颉的看法。但仓颉本人肯定是国字创造者中最为杰出人才，不然华夏民族为何最终将国字的创造者归于他一人呢？这一定是有历史依据的，绝不是凭空想象的。”

雷公说：“确如鬼臾区所言，华夏民族国字的创造者确实并非仓颉一人，半坡遗址的历史显然早于我们在尘世间的时期，其中国字符号显然是当时某些国人的创造和发明。这说明，三皇之前，伏羲之后，任何时期都有一些国人在认真地创造国字，在努力地想方设法将民族的文明和文化记录下来，以便能完整地传播给下一代以及周边的其他民族。但就国字的创建和完善而言，仓颉肯定是最为杰出、最具影响、最受欢迎的创造者。”

应龙说：“是的。这就像民族的农业发展一样，肯定从远古的远古就有很多的民族人士在努力地开辟田地、种植谷物。但最终完善了农业发展的则是神农氏。他的真实姓名显然不是神农氏，神农氏完全是对他的赞美和敬慕。神农生活的年代，人们当然知道他的真实姓名，但由于敬慕他的发明和创造，就将其颂扬为神农。很快下一代就忘记了他的真实姓名，只记得他的赞美之名神农了。所以，国字中的仓颉就像农业里的神农一样，既是国字发明者的代表，更是国字发明者的领袖。”

风伯说:“应龙将仓颉和神农结合起来,很有意义啊!经过仓颉的努力,完善了国字独具特色的体系建立,这是为民族和人类的最大贡献呀。所以,仓颉所创建的国字体系至今还完整地传承在神州大地。在西化了的时代,这可真不易啊!”

鬼臾区说:“仓颉所创建的国字体系,确实独具特色。在全人类中,文字可谓多种多样,但基本上可以分为两大体系,即表意和表音文字。”

伶伦问道:“那么国字术语是什么体系呢?是表音体系还是表意体系呢?”

鬼臾区说:“国字属于表意文字,很有内涵。所谓表意文字,即文字与语音没有直接的联系,每一个字只是表示一个音节,而不能明确表示其读音。但一个字本身就表示一个特定的意思,所以就称为表意文字。臣兄们看看这几个国字的结构,这几个国字的结构就是表意文字的典型的实例。上面这一行是仓颉当年创建的非常形象的国字,下面这一行是经过秦汉之后逐步简化和规范化了的国字。”

伶伦说:“人、牛、水、日!太熟悉了。仓颉当初创造的这些字完全是‘取象比类’,每个字与所要表达的物体基本一致。所以当时的民众一看就认出来了,很快就在民间普及起来了。这就是民众热爱仓颉、敬慕仓颉的原因。太有意义了!再问一个问题,什么是表音体系呢?这个体系是哪个民族发明的呢?现在流行在尘世间的哪里呢?”

鬼臾区说:“所谓表音文字,则指的是一个语言在表达其内容时,其记录的形式和符号是以语音来表注的文字系统,与其口语达成一致。这样的记录符号就被称为表音文字。现在西方的各种文字都是表音文字。比如前面给大家看的‘人’、‘牛’、‘水’、‘日’这四个字,仓颉当年的创建完全是与人、牛、水和日的形象结合起来,每个字的音节只有一个,并不复杂,所以民众一看就认出来了。而西方人用表音文字表达这四个概念的时候,则将‘人’称作为man或woman或huan being,将‘牛’称作cow或ox或cattle,将‘水’称作water,将‘日’称作sun,与其实际形象毫无关系,音节也不止一个。再比如国字的‘山’,仓颉当年创建这个字也完全和山峰结合在一起,非常形象,读音也只有一个。而西方则将‘山’称作mountain,不仅与山峰的形象没有任何关系,而且还用了八个字母,有两个读音,比较烦琐。”

天女问道:“国字没有表音的形式吗?好像也是有的。现在的国人看到某些国字时,就明白了如何发音,原因就是其结构与读音有关系。是这样的吗?请解释解释。”

雷公说:“天女说的确实是有道理的。但这个道理却不是自然而然的,而是国字创建的时候逐步形成的。从国字现在的结构上来看,可以将其分为没有表音成分的象形、指事和会意的纯表意字以及有表音成分的形声字。但即便是‘形声字’的‘声符’,本身原来也是一个象形符号,与读音没有实际的关系。如纹、雲、洋、渔都是形声字,它们的声符文、云、羊、鱼都是象形字,与语音没有直接联系。随着国字的广泛使用,文、云、羊、鱼就逐步地与语音关联在一起了,人们一看到文、云、羊、鱼,就想起了其读音。所以说这些字与语音的关联性是逐步形成的,而不是自然存在的。明白这个道理吗?这就像尘世间将太阳升起的方向称为东、将太阳降落的地方称为西一样,纯粹是由起初的主观定位变成如今的自然定位了。如果神州大地的尘民一开始将太阳升起的方向称为西、将太阳降落的方向称为东,就成为尘世间如今的自然定位了。”

天女说:“原来是这样啊!太有意义了!主观与客观,自然与不自然,原来还有这样的背景和变化啊!太重要了!”

雨师说:“确实有意义,确实重要。我看了尘世间学界的一些

文献资料，包括投诉牛公的材料，其中就有人指责牛公谈任何问题、写任何文章都不是客观的，更不是自然的，而是主观的、想象的。之所以存在有这样的问题，就说明这些学界的人士缺乏对尘世间所谓自然与不自然、客观与主观之间的人文关系的了解。”

风伯说：“是啊。现在的尘世间非常讲究所谓的规范化和标准化。阅卷人在查看考生的试卷时只要看到考生所说的与所谓的标准不一致，就完全判定为错误。可事实上却不一定如此啊！现在的读书生之所以缺少创新的意识和能力，大概就与这样僵化了的教育和评判有直接的关系。”

风后说：“这种情况在如今的尘世间早已普及了，但在20世纪初期，这样的情况还不是太过僵化的。据说当年钱钟书考清华大学时，所写的作文完全与考卷的题目不一致，但由于其文章写得很好，阅卷人还是给了他一个满分。这样的情况在当今的尘世间基本上是不可能存在的。无论作文写得多好，如果与考卷的主题不符，就不可能被接受。”

雷公说：“雨师、风伯、风后所谈的话题虽然偏离了我们正在讨论的国字主题，但听听还是很有意义的，很值得当今的国人认真思考。关于国字的问题，我们接下来继续讨论吧。”

众臣一并点头说：“好，我们继续讨论。”

警报第三十三：国字的起源与分类

天女说：“刚才听了鬼臾区和雷公关于国字的介绍，收获很大。虽然我当初也积极参与了国字的创造，但对国字后来的发展和完善了解得还很少。我听说国字有六种形式，这显然是秦汉之后国人对国字的分类，我们当年创造国字的时候可没有这样的分类啊。”

伶伦说：“天女说得对啊，我们当初跟随仓颉造字的时候确实没有分类的意识，原因是我们当初所创造的国字都比较简朴、比较务实，没有很多与思想和精神有关的国字。后来随着尘世间文明和文化的发展，特别是思想和精神境界的形成，就需要用一些特殊的文字予以表达。尘人的思想和精神是看不见的，根本无法采用‘取象比类’的方式创造比较形象的国字。后来的国人学习国字之所以比较困难，原因就是表达思想和精神的国字越来越多，而且还越来越复杂。为了便于国人能掌握好国字，便对其进行了特别的分类。”

天女说：“国字后来的分类应该就是出于这样的原因。如果不对其进行分类，就会显得比较混乱，不便于国人学习和掌握。我现在就很想了解国字的分类，以便于更好地了解民族语言和文化的发展。雷公刚才提到了‘象形’、‘指事’、‘会意’和‘形声’，另外两种是什么呢？请说说吧。”

雷公说：“另外两种类型叫‘转注’和‘假借’，大家可能没有听说过吧。”

天女说：“是啊，确实没有听说过。请雷公解释一下这六种国字的形成和内涵吧，以便于大家能更好地了解其结构和意义。”

雷公说：“掌握好这六种国字的结构和意义，确实非常重要。传统上所说的‘六书’就指的是国字的这六种形式。这六种形式是后人对前人创造国字方式的总结，而不是前人创造国字时所制定的方案。这一点大家都很清楚，但如今的国人还不一定清楚。我之所以愿意给臣兄们讲讲这六种国字的形式，实际上是想通过你们的精气神韵传递给如今的国人。如今国人的一切都很先进了，但对国字的了解、对民族文化的传承还是比较落后的。”

伶伦说："是的。我们了解了国字的分类和意义后，一定通过各种途径将这些重要的信息潜移默化地传递给尘世间的国人，润物无声地培养他们的民族意识，夯实他们的文化基础。"

雷公说："这也时是我的希望。"

天女问道："是谁将国字分为六大类型的呢？是现在的国人吗？好像不应该是的。"

雷公说："将国字予以分类的当然不是现在的国人，而是汉代时期的国人。第一位将国字的结构总结为六大类的是东汉的班固。班固在《汉书·艺文志》中说：'古人八岁入小学，故周官保氏掌教国子，教之六书。谓象形、象事、象意、象声、转注、假借，造字之本也。'东汉时期的郑众也有同样的认识。在注解《周礼·地官·保氏》时，郑众说：'六书，象形、会意、转注、处事、假借、谐声也。'所谓'六书'，并不是说六部书，而是说六种类型的国字。在注解中，郑众也提到了国字的六种类型，说明将国字分为六种类型已经在国人中形成了共识。"

伶伦问道："以后所说的国字的六种类型，就是班固和郑众的说法吗？"

雷公说："是的，但具体的命名和分类又有一些改变。这主要与东汉时期的许慎在《说文解字·叙》中谈到这一问题有关。许慎谈到国字的结构类型时，也将其分为六大类，并按前后顺序予以排列。他说：'一曰指事，二曰象形，三曰形声，四曰会意，五曰转注，六曰假借。'许慎的这一总结最符合国字结构的形成和发展。所以，后来对国字结构分类的名称均以许慎的总结为主。因其对'六书'的名称有具体而详细的解释，他撰写的《说文解字》是华夏民族研究国字的第一部专著。"

风后说："这三位东汉贤士对国字结构的总结，意义可谓非凡！”

雷公说：“确实如此。所以学习国字的人如果了解了‘六书’的结构及其意义，学习起来不仅方便，而且很容易掌握国字的精气神韵。臣兄们在尘世的时候没有对国字进行分类，也不了解此后国字的发展。这次讨论国字的问题时，大家也借机学习学习国字，了解了解国字的分类，这样就能更好地掌握国字，能全心全意地为国人服务好。”

天女说：“请说说‘六书’的第一类吧。’”

雷公说：“‘六书’的第一类是‘象形’，意思是其字的结构像某些实物之形，即描绘出一些客观事物的形体。许慎在《说文解字中》说：‘象形者，画成其物，随体诘诎日月是也。’即日月就是最为典型的象形字。另外，‘山’、‘水’、‘草’、‘木’、鱼和鸟也是非常典型的象形字。臣兄们当初随着仓颉一起创造国字，对于这类象形字应该最有体会的吧。大家看看我手头的这幅图片吧，上面的就是仓颉带领我们创造的国字，下面的是秦汉之后的发展。”

日　月　山　水　草　木　鱼

天女问道：“是啊。上面的这几个字确实是我们当初跟着仓颉造的国字呀，看起来太温馨了。对这些字的分类，也很有意思啊！‘六书’的第二类是什么呢？”

雷公回答说：“‘六书’的第二类是‘指事’。许慎在《说文解字·叙》中说：

指事者，视而可识，察而见意，‘上’‘下’是也。

意思说，‘指事’类的国字初看起来可以认识，再仔细观察就更能了解其含义了。‘上’、‘下’就是最为典型的例子。清代学者王筠在《说文释例》中说：

‘视而可识’则近于象形，‘察而见意’则近于会意。

很有道理啊！需要给大家说明的是，指事字在‘六书’中的所占比例很少，因为绝大部分字都不需要用指事的方式来表示。要说明客观事物,可以用象形来表示。要说明抽象概念,可以用会意来表示。"

伶伦说:"指事类型的字原来还这么少呀?越少就越有意义吧?"

雷公说:"越少越有意义?也许是吧。但从实际应用方面,还是形象类型的字更有意义。指事类型的字虽然比较少,但其实际意义还是有的。比如,牛马之类的字可以用象形的形式表达出来,但'甜'字又该如何以象形的方式来表达呢?这确实是个问题。仓颉创造国字的时候虽然没有创造那么多的与思想和精神相关的字,但还是创造了不少与尘人的感觉有关的字。比如说,远古时期的尘人也都喜欢吃有甜味的果实,但表示甜味的字该怎么创造呢?当时也令仓颉感到有些困惑。后来他们先创造了一个'甘'字,用以表示甜味的意思,再后来就将'甘'字与表示舌头的'舌'字结合起来,构建了'甜'这个字。'甘'虽然也表示甜,但主要是表述果实的味道,而'甜'则表示的是尘人吃了甜味的果实后的感觉,更有意义。由此可见,指事的国字比较少,可真的有特殊的意义呀。"

天女说:"是啊,确实如此。王筠对指事类国字的解释好像更为清楚。雷公举的这几个例子更能说明问题。伶伦说越少越有意义,大概是想象的吧。听了雷公的举例说明,越少越有意义就比较客观了。"

伶伦说:"我说得越少越有意义可不是我纯粹凭自己的想象说出来的,完全是从尘世间文化的发展和传播而感悟出来的。"

天女问道:"怎么感悟的呢?是不是感到尘世间现在真正优秀的学人是少数?还是感到尘世间如今真正坦诚的尘人是少数?"

伶伦说:“非也,非也。我说得越少越有意义是和民族的文化和思想结合在一起。尘世间所谓的‘语言国情学’就涉及越少越有意义的这一理念。”

天女问道:“什么是‘语言国情学’呢? 能解释解释吗?”

伶伦说:“‘语言国情学’是研究语言和民族文化背景之间的关系的一门学科。牛公在一篇文章中谈到这一问题时说:‘语言国情学’的理论核心是:世界上任何一种语言中的绝大多数词语在别国的语言中都能找到相应的词汇,这些词汇是全人类语言的‘共核’,反映了世界各民族共有的事物和现象。这就是我们常说的‘对应词’。如发生在中国人身上的生理现象和病理变化的称呼在其他民族的语言中也应该能找到对应的说法。这是毫无疑问的,因为它属于人类共同经验宝库中的一部分。但是‘语言国情学’还认为,一种语言中总有一些反映该民族特有的事物、思想和观念在别国语言中找不到对应的词语。例如,中国儒家信奉的‘仁、义、礼、智、信’及中医学中的‘阴、阳、气’等都是在其他民族的语言中——尤其是欧美各国的语言中——找不到对应词语。所幸的是这类词汇在一国的语言中所占的比例很少。但是尽管如此,它们的作用却极为重要。因为它们反映着一个国家和民族的文化特色,是一种文化区别于另一种文化的象征。”

天女说:“牛公分析得很有道理啊! 这对于我们这次讨论国字的结构、分类和应用有一定的指导意义啊!”

警报第三十四:国字的分类与传变

雨师说:“国字之所以后来被分作六个类型,原来是字数大量增加了！这说明，到了汉代，国字在仓颉创造的基础上已经达到了至善至美的境界。温馨啊！”

天女说：“是啊！这六大类型甚至可以视为国字的六大流派。按照牛公的说法，在任何一个领域，只要流派形成了，才表明其发展到了理想的高度。在教育界，只有流派的出现才能说明学科的形成。”

风后说：“将国字的六大类型视为国字的六大流派，这大概是将国字拟人化了，很有意义啊！这也符合华夏民族自古以来所形成的一个理念。在远古时期，民族一直大都在将万事万物人文化。比如彼此相爱的一男一女想结婚，由于远离了家园，无法找到家属和友人为自己举行婚礼，于是便一起跪在一个老树前，由老树为自己举行婚礼仪式。这实际上就是将树木拟人化了，很温馨啊！”

天女说：“风后发挥得好啊！这样就真的将国字的六大类型拟人化了。以流派的形式来分析说明国字的结构和含义，更有意义了！”

雷公说：“文字从创建的时候就已经人文化了，现在再将其拟人化，确实很有意义了。某种意义上说这也是创新啊。在牛公的杂文中，这种情况经常刻意看到。”

伶伦说：“是吗？牛公是怎样拟人化万事万物的呢？”

风伯说：“我给你举个例子吧，希望你也能看看牛公的文章。在一篇题为《蜜蜂之吻》的杂文中，牛公这样写道：

> 那么，散布谣言的又是谁呢？是正在阴暗处悄莫声息编织大网的黑蜘蛛么？
>
> 是的，一定是的。前天我不小心碰了它的网，它不是撅起溜圆的屁股，恨恨地瞪了我几眼吗？
>
> 谣言一定是它散布的无疑。

在这段话中，牛公将黑蜘蛛就拟人化了，因为只有牛公每天所面对的某个人才会向他所说的黑蜘蛛那样‘狠狠地瞪了我几眼’。”

天女说：“这确实是将黑蜘蛛拟人化了，其拟人化的目的当然也是显而易见的。好啦，我们继续听听雷公关于国字六大类型的分析说明吧。前面雷公已经为我们介绍了象形字和指事字这两大类型。请再给我们说说‘六书’的第三类型吧。”

雷公回答说：“好啊。你们刚才说将国字的六大类型视为国字的六大流派，很有道理啊！我也很喜欢拟人化的表达方式。在向各位臣兄介绍‘六书’的时候，我也尽量想方设法拟人化吧。”

天女说：“太好了！”

雷公笑笑说：“我还是务实一点吧，不要将国字的分类说乱了。‘六书’的第三类叫‘会意’。许慎在《说文解字·叙》中说：‘比类合谊，以见指撝，武、信是也。’即把两个或两个以上的象形字组合起来，可以表示另外一个意思，‘武’和‘信’就是典型的例子。对于‘武’字的组合和含义，尘世间有这样一种说法，即‘武’字由一个‘止’和一个‘戈’所组成，但绝对不是什么以暴制暴的意思。‘止’在古代与‘趾’相同，就是脚趾的意思；‘戈’是武器的意思。‘武’字的本意是指打斗时的要领，即要把脚站稳，这样才能取胜。这样的解释也有一定的道理。‘信’更有意思，以‘人’和‘言’相结合，说明‘信’是坦诚的意思，更说明远古时期的国人是坦诚的，所以以国人的言语作为‘信’的基础。”

武 信

天女说：“以‘武’和‘信’作为‘会意’字的例子，太有意义了，尤其是‘信’字。”

雷公说：“‘会意’字又分为四类，即‘同体会意’、‘异体会意’、‘变形会意’和‘组合会意’。所谓‘同体会意’，即由两个或两个以上的同样象形字所组成的会意字,如‘森’‘磊’等。

所谓‘异体会意’,即由两个以上不同的象形字所组成的会意字,在整个会意字中占绝对多数,如‘休’、‘莫’等。

所谓‘变形会意’,即一个字可以通过本身增加笔画、减少笔画或改变形体来表示新意,如‘冇’、‘家’等。

‘组合会意’,即用两个或两个以上的非象形字,以象形方式组合会意字,如‘卡’‘尖’等。

所谓‘倒反会意’,即把一个字或反写或倒写而产生的新意,如‘后’‘司’等。”

天女问道:“‘会意’分为四类,既形象又具体,非常便于理解。‘六书’的第四类是什么呢?”

雷公回答说:“‘六书’的第四类是‘形声’。‘形声’又叫‘谐声’。《说文解字》中说:‘形声者,以事为名,取譬相成,江河是也。’清朝段玉裁解释说:

> ‘以事为名’,为半义也;‘取譬相成’,谓半声也。‘江河’二字以‘水’为名,譬其声为‘工’、‘可’,因取‘工’、‘可’之声而成其名。其别于指事、象形独体,形声合体。

段玉裁解释得很清楚啊。只是远古时期的发音和现在的发音不同了。在远古时期，'江'很可能读音为 gong，'河'很可能为 ke。但现在的发音为 jiang 和 he。另外，'工'和'可'在远古时期也很可能读音为 jiang 和 he，但现在的发音为 gong 和 ke。这说明随着时代的变迁，国字的结构虽然不变，但其发音很可能逐步地发生了变化。这也很自然。"

天女说："雷公说得对啊！对语音的如此分析太有意义了！更值得如今研究语音的国人认真研究啊！"

雷公说："形声字大致可以分为五大类型，即左形右声、右行左声、上形下声、内形外声和内形外声。我举例向臣兄们简单地说一说。

所谓'左形右声'，就是左边的结构是形式，右边的结构是读音，如江、河、松、枫等。

所谓'右行左声'，就是右边为形式，左边为读音，如期、朔、鸠、鸽等。

所谓'上形下声'，就是上边为形式，下边为读音，如空、穹、筆、篆等。

所谓'下形上声'，就是下边是形式，上边是读音，如基、壟、愁、悲等。

所谓'内形外声'，就是内部为形式，外部为读音，如閩、悶等。

聞 悶

所谓‘外形内声’，就是外部为形式，内部为读音，如裹、街、序、固等。

裹 街 序 固

所谓‘形声特变’，就是形式和读音发生了特别的变化，如豹、蝙蝠、蛟等。

豹 蝙 蝠 蛟

形声字的形符本来是象形符号，由于国字的不断变化，象形不但难辨，类属也有不少改变。如‘豹’为兽类，但形符却是豸（zhi，没有脚的虫子）。‘蝙蝠’是鼠类，但偏旁却为虫。‘蛟’和龙是同类，也用了虫子旁。”

天女说：“‘形声’分为五类，内容更丰富，表达更清楚。‘六书’的第五类是什么呢？”

雷公说：“‘六书’的第五类是‘转注’。许慎在《说文解字·叙》中说：转注者，剑类一首，同意相受，‘考’‘老’是也。意思是说，建立同一类字有统一的部首，若字义相同则可相互注解。‘考’和‘老’属于同一部首，又都是老年的意思。所以《说文解字》说：‘老，考也’，‘考，老也’。”

考 老

天女说：“‘转注’挺有意思，尤其是以‘考’、‘老’为例，特别能说明问题。‘六书’的第六类是什么呢？”

雷公说：“‘六书’的第六类是‘假借’。许慎在《说文解字》中说：本无其字，依声托事，‘令’‘长’是也。意思是说当一新事物出现时，虽然人们的口语中已经有了这个词，但词语中却没有代表它的字，需要借用和它的名称与声音相同的字来代表，‘令’、‘长’就是典型之例。‘令’本指命令、号令，但因和‘县令’的‘令’读音一样，所以就借以表示县令的令。‘长’表示‘年长’，但因与‘县长’的‘长’同音，故加以借用。”

令長

天女说：“对‘六书’的如此分析和概括非常有益于学习和传承国字。”

鬼臾区说：“前人创新，后人研究，今人使用。国字的发明创造和传承应用，对于华夏民族和东亚各国民族而言，就是天人相应、天人合一以及民族融合、民族交融的历史体现。”

警报第三十五：国字的问题与挑战

应龙说：“雷公对国字六大类型的分析和说明太有意义啦！我以前以为自己对国字颇有认识，甚至还认为自己也是国字的创始人之一，当然只能是平民式的创造者，跟仓颉是无法可比的。但听了雷公对国字分类的解释和举例，我感到自己对国字的认识还是非常欠缺的。从明天开始，我就要认真地继续学习国字，努力提高自己对国字的认识。”

仓颉说：“应龙谦虚了。你确实也是国字的创始人之一，当年我们大家一起努力探索创造国字的方法和程序，你也给我们提供了不少很好的资源和建议。我当时在创造国字的时候，也遇到了不少的困难和问题，这些困难和问题的最终解决，与你的帮助密不可分。这一点，大家都有感触吧。虽然我个人当时受黄帝的指令创造国字，但这一重要的人物并非我个人所独有，而是臣兄们共同的历史使命。大家一起认真努力，从不同的角度对同样的问题进行探索和研究，为我们最终完成了这一重大的历史使命奠定了基础。"

岐伯说："仓颉说得对呀！当时各位都是国字创造团队的成员，只是仓颉受命作为团队的负责人而已。所以虽然仓颉后来被国人称颂为创建国字的圣人，但各位也是创造国字的贤人啊。这一点黄帝曾经多次提到。"

雷公说："天师说得对啊！各位臣兄们确实都是国字创建团队的成员，都是创建国字的贤人。正如仓颉所强调的那样，国字实际上是当时的国人们——特别是如今的各位天工们——共同努力的结果。这一点，臣兄们应该有所感受的。当然，仓颉的奉献更为重要，不然后来的国人们怎么可能如此颂扬仓颉呢？对于这一点，仓颉千万别太谦虚了。"

仓颉说："我其实一点也不谦虚，某种意义上还是比较自豪的。但我更关注的是国字之后的不断发展、不断丰富和不断完善。所以，我们在牢记当年创造国字的过程、结果和现实的同时，也要牢记五帝之后历朝历代努力发展和完善国字的人士。没有这样一些重要的人士，我们当年创建的国字怎么可能达到至善至美的境界呢？怎么可能传承千秋万代而不绝呢？"

伶伦说："仓颉说得对啊！历朝历代发展国字和完善国字的人士确实非常重要啊，确实值得臣兄们和国人们永远纪念啊！没有他们的努力，仓颉带领我们所创建的国字，很可能被历史所淡化了，甚至消亡了。"

雨师说："是啊，是啊！我们讨论国字的时候，不是颂扬仓颉，就是痛斥奸贼，却很少关注历朝历代发展国字的人士。还是仓颉的眼界宽阔呀，志向远大呀！请仓颉给我们介绍介绍历朝历代发展国字的一些重要人士。我们一定要牢牢记住这些重要的人士，同时也要提醒如今的国人要记住这些人士，要纪念这些人士。"

仓颉说："雨师的建议很好啊！历朝历代都有很多努力发展和完善国字的人士，很多历史书上都有记载。各位臣兄平时查看查看尘世间的一些历史资料，大致就能了解了。由于时间的关系，我无法将那么多的重要人士一一介绍给大家了。即便一个朝代讲一个，也要讲几十个呢。在这些众多的人士中，我最关注的是秦始皇。臣兄们理解吗？”

应龙惊讶地问道：“仓颉怎么最关注秦始皇呢？他不就是个自豪、自傲的政客吗？为了秀自己的业绩，将三皇五帝的称谓合并在一起，将自己称为‘皇帝’，说明他自己比三皇五帝还要伟大，还要辉煌。所以后人就将他称作‘始皇’，即华夏民族的第一个‘皇帝’。这也太自傲了吧！也许正因为太过自傲，所以自己建立的秦朝才延续了十几年，成为华夏民族历史上最短暂的一个王朝。”

仓颉说：“我为什么关注秦始皇，为什么将秦始皇视为历朝历代发展国字的最为重要的人物，我就不作说明了。我想请鬼臾区帮我给臣兄们介绍介绍。鬼臾区对秦始皇的了解比我还要深刻，他曾经和我谈起了国字的发展和民族政体的传承，特别讲到了秦始皇，令我非常感动，使我对秦始皇更敬慕了。当年我和大家一起创造国字，这当然是非常有意义的，毫无疑问。但在创造国字的时候，由于眼界不够宽阔，再加上时代比较落后，很多问题都没有注意到，也没有联想到。从而导致了国字在传播和应用的过程中，在不同的地区都出现了各种各样的变化，使得不同地域的国人彼此之间的交流出现了各种各样的困惑。特别是后人对国字的研究和分类更有意义。当年我个人在创造、调整和统一某些国字的问题，令国人十分困惑。”

应龙说：“夏商周三代之后，这样的问题好像真的存在了，在一定程度上影响了民族的交流、文化的传承和国字的传播。当时我们配合仓颉创造国字的时候，国人比较稀少，条件比较简陋，很多后来出现的问题都没有考虑到。这种现状也是自然的，任何事情在不同时期都有不同的变化。我觉得我们需要关注三代之后国字在历朝历代的变化，特别是出现的问题和解决的方法，但也不要太自责了，毕竟我们生活的时代与嗣后的历朝历代是不同的呀。”

风伯说：“应龙说得对啊！后来出现的问题确实不是我们的那个时代所能考虑到的。这就像人生一样，少年时期的想法和做法与青年时期的想法和做法完全不同，中年时期遇到的问题与老年时期遇到的问题也不同。不同是因为在人生中遇到了自己此前没有想到的问题。遇到了自己没有想到的问题就自责，这也太不自尊了。”

风后说：“风伯说得好像也对呀！不过，我觉得仓颉对于国字问题的深思也是有一定的道理，毕竟他是国字的创造者，自然应该时时刻刻都关注国字的发展，特别是国字传播中遇到的问题和挑战。就国文和国字而言，不管任何时期遇到任何问题，我们都必须予以密切的关注。这不是出于自私自利的考虑，而是出于民族文化传承和发展的考虑，所以更有意义。各位臣兄，我说得对不对呀？”

雷公说：“风后说得当然对呀！仓颉虽然经常显得默默无语，但却始终在关注着民族的文化和文字的传播和发展。所以对历朝历代遭遇的问题和挑战，他不仅一心一意地予以关注，而且还想方设法地帮助尘民予以解决。所以他说的很多令我一时无法理解的问题，但都和民族的历史、现状和未来密切地结合起来，非常值得我们关注啊！”

仓颉说：“非常感谢臣兄们的关怀和理解！我之所以谈到了一些令大家无法理解的问题，说到底，还是与我自己当年创造国字时的不足有着直接的关系。当年创造国字的时候,我只是考虑如何将国字描绘得更形象、更明确、更易于掌握,却没有考虑如何从形式和意义上完善其结构,推进其传播,规范其发展。结果为国字在不同地域和不同朝代的传播和发展造成了一定的困难,实在遗憾啊。"

鬼臾区说:"仓颉呀,不要太难过了。这些问题的存在其实是很正常的,没有什么遗憾的,毕竟你和我们当时都处在国字的初创时期,所面临的很多现实问题都需要努力地解决,都需要深入地挖掘,而无法考虑到嗣后可能出现的问题。后人之所以努力研究,是因为创新的机会已经没有了。尽管后人比前人的思想更为深入,认识更为清楚,但没有了创新的机会,只能深入思考、认真研究、努力改革了。而他们的思考、研究和改革从某种意义上说也是另外一种创新,甚至可以说是对国字创新的完善。"

风伯问道:"难道说当年仓颉和我们一起创造国字的时候还存在很多问题吗?所创造的国字并没有达到至善至美的程度吗?这也太让我难以理解了!"

鬼臾区说:"我说的可不是这个意思啊!当年仓颉引导我们创造国字的时候,将天人相应和天人合一的思想应用到了最高的高度,为华夏民族的发展壮大开辟了更为广阔的路径。这个非同一般的成就人人皆知。之所以说后人完善了国字的创造,是因为五帝之后的历朝历代用国字时都曾经出现了不少差异,影响了不同地域的国人之间的沟通和交流。"

风伯问道:"为什么会出现这样的差异呢?难道是当年仓颉造

字时存在的问题吗?”

雷公说:“风伯啊,别太激动了。这些问题的出现显然不是仓颉当年遗留下来的问题,而是国字在传播和发展的过程中随时面临的问题。这就像尘人在生活中天天都可能遇到风吹雨打一样,是自然的变迁,并非是人为的问题。国字发展过程中面临的问题也是如此,并非是任何人的有意所为,更非是仓颉留下的遗憾。”

鬼臾区说:“雷公说得对啊!我一会再好好地向各位臣兄们解释解释。”

警报第三十六:方言与问题

风后说:“雷公说,后人之所以完善了国字的创造,是因为五帝之后的历朝历代用国字时,都曾经出现了不少的差异,影响了不同地域的国人之间的沟通和交流。风伯感到奇怪,我也感到不解。还是请雷公解释解释吧。”

鬼臾区说:“我之所以这样说,原因当然是多方面的,但主要是由于远古时期科技还处在初创时期,交通设施非常简陋,几乎可以说基本没有。这为不同地域之人的沟通和交流造成了很大的困难。虽然当时国字已经传播到了神州各地,但在传播和使用的过程中,由于彼此交流比较困难,不同地域的都会出现一些偏差,从而使国字不够统一、不够完善。”

风伯说:“明白了。原来仓颉等人创造了国字之后,后人在使用时还出现了差异。这确实与当时交通的不畅和交流的困难有着密切的关系。从远古一直到如今,神州大地不同地域的人皆有不同的方言,有些方言简直就像是夷人的语言,彼此很难沟通。之所以会出现这样的方言,大概就是因为自远古以来不同地域的人之间缺乏沟通和交流吧。”

雷公说:“是的,应该是这样的。虽然一个地域的语言与另外一个地域的语言之间的差异是由于远古时期沟通和交流的困难而造成的，但从文化发展的角度来看，这些不同地域的不同方言还是有特别意义的。”

风后问道：“其特别意义体现在哪里呢？不同地域的不同方言给我的感觉则是不利于民族的交流和沟通，不利于民族语言文化发展的规范和统一。”

雷公说：“这感觉有一定的道理，但只是形式上的，而不是内涵上的。正如我刚才所说的那样，不同地域的不同方言是因为远古时期交流和沟通的困难造成的，这也是自然的、无法避免的。不同地域的不同方言产生之后，就为不同地域的不同风貌的形成奠定了基础。所谓不同的风貌，不仅仅体现在语言的表达方面，更体现在文化的传承和发展方面。虽然华夏民族各自生活在不同的地域，有不同的方言和表达形式，但有一点则是统一的、规范的，那就是对伏羲所创建的华夏文明和黄帝所创建的华夏文化的传承、发扬和光大。这一点臣兄们应该都了解吧。”

伶伦说：“了解，了解，确实了解。远古时期民族之间的交流和沟通非常困难，形成了不同的方言。秦汉之后民族的交流和沟通就有所改进了，唐宋明清之后就更提高了，现在就更完善了，几乎没有任何问题。即便彼此之间不见面，也不影响彼此之间的交流和沟通。但各地自远古以来形成的方言还依然存在，不但存在，还在继承，还在努力地避免消失。这就说明了方言的重要性吧。”

雷公说：“是的，方言的重要性确实是不言而喻的。虽然民族是统一的，文化是光大的，但在不同的地域又形成了不同的风采。这就像阳春的鲜花一样，虽然有不同的色彩、结构和大小，但毕竟都是春花呀，都为春耕夏种开辟了道路。这更像秋季的累累硕果一样，虽然也有不同的颜色、形式和味觉，但其作用和意义则完全同一，都为秋收和冬藏奠定了基础。总而言之，无论春花还是秋实，都是一年四季天地运转的进程。方言也是这样，无论彼此之间多么不同，但都是传承和发扬民族文化和文明的扎实桥梁。这一点，臣兄们应该都可以理解吧。”

应龙说:“确实可以理解。但我还有比较疑惑的一点。不同的方言确实会形成民族文化传承和发扬的不同风貌的色彩,但如果民族的团结出了问题,国家的统一出了问题,不同的方言很有可能就变成了夷语了。比如,现在的欧洲各国曾经是罗马帝国的不同地域,其语言应该是罗马帝国时期的不同方言。但由于罗马帝国后来亡国了,各地都纷纷独立起来了,从而导致了民族的大分裂。大分裂的结果就使各地的方言变成了外国语言了。今日欧美各国所谓的德语、法语、西班牙语等就是这样造成的。”

雷公说:“应龙的疑惑是对的。如今世界各地的各国语言大致就是这样发展起来的,但这与华夏民族的方言却完全不同。华夏民族自远古以来,虽然也经常会存在着一些矛盾和争斗,但总体来看,其统一却没有遭受任何挫折。即便不同地域的人在争斗的过程中曾经彼此分裂,但经过几十年甚至几百年后,最终还是统一起来了。南北朝时期就是最为典型的例子。所以《三国演义》在总结华夏民族的发展历史时说‘久合必分,久分必合’,虽然有些偏颇,但还是符合实际的。”

风后说:“是的,是的,这确实是华夏民族的风采。自远古以来,华夏民族一直在发展,其发展不仅体现在民族的生存方面,更体现在民族地域的拓展方面和民族的大融合方面。正如那位美国的学者在演讲中所指出的那样,华夏民族在秦朝的时候,其地域在如今的地图上只有拇指那么大,到了汉唐时期就有巴掌那么大了,到了明清时期就有开窗望月那么大了。而西方则相反,从古代的大国逐步都发展成了如今的小国,原因就是民族的统一和团结比较欠缺。虽然清末民初政界和学界的很多国人对民族的发展嗤之以鼻,但历史的事实和发展的现实还是明明白白的、清清楚楚的、毫无疑问的。"

风伯说:"说得对！虽然各位臣兄的讨论有些偏离了今日的主题,但还是与今日的主题密切相关的。特别值得我们自豪和骄傲的,正如风后刚才说的那样,华夏民族永远都在发展之中,永远都在由小而变大、由古而传今。没有像西方那样,由大而变小,亡古而显今。方言也是这样,华夏民族的方言一直成为各地传承和发扬民族文化的独有渠道,而西方的方言则完全变成了所谓的外国语言。"

应龙说:"华夏民族的方言确实在传承民族的文化和文明方面做出了很大的贡献,但也存在着一定的问题呀。比如秦朝之前各地在使用国字的时候,就出现了不少偏差,使得各地在通过文字进行沟通和交流的时候遇到了困难。当然,这与当时各地之间交流的困难也有一定的关系。但如果各地没有了各自的方言,国字的使用方面怎么会出现那么多问题呢?"

雷公说:"方言是自然的,更是不可避免的。古代各地使用国字时所出现的问题其实也是不可避免的,因为当时彼此的交流比较困难。交流困难自然会导致各地在使用国字时出现这样或那样的差异。从民族的发展、文化的传播等方面来考虑,这样的差异自然需要努力解决,需要尽量避免。如果要避免,就要寻找机会进行统一和规范。当时有这个意识和希望的就是秦始皇。所以他建立了秦朝之后，马上就采取措施统一国字，加强不同地域的交流和沟通。”

伶伦说：“是的。秦始皇虽然在汉代之后遭遇了历朝历代的斥责和否定，但其对民族语言文化的发展和统一还是做出了不可否认的巨大贡献。没有他当年的统一和规范，国字后来的发展就难以想象了。除此之外，秦始皇还为民族体制的构建奠定了基础。事实上，自汉代至今，神州大地一直在传承着秦始皇当年建立的行政体制，即郡县制。虽然汉代之后都在否定秦始皇，但郡县制却没有被任何朝代所抛弃。如今的中华人民共和国实际上还在继承着秦始皇所创建的郡县制。可见，秦始皇对民族发展的贡献该有多大呀！”

雷公说：“是啊！大家一定要理解仓颉对秦始皇的崇敬啊！仓颉是真正有思想的天工，他对秦始皇的评价不仅仅只从自己所创造的国字的角度考虑，也从民族文化的传承和民族自身的发展等方面考虑，当然是符合历史事实的。毫无疑问，我们在讨论国字的传播和发展工程中一定不要忘记秦始皇。”

众臣齐声道：“雷公说得对啊！我们终于明白了秦始皇为民族发展所作出的巨大贡献！”

卷五

警报第三十七：秦始皇的创新和贡献

应龙说："秦始皇确实伟大呀！他对民族的贡献可谓无与伦比啊！现在我们讨论国字的问题，我还是想听听秦始皇是怎样努力推进了国字的发展。请鬼臾区继续谈谈吧。"

鬼臾区说："这也是我一直想告诉各位臣兄的。我之所以对此比较了解，就是因为我和大家一样，很关心国字的传承和发展。在查阅历史文献的时候，我才发现了秦始皇的巨大贡献。秦朝建立之后，秦始皇就制定了'车同轨，书同文'的战略方针，为实现国字的统一和完善奠定了基础。正是通过秦朝对国字的统一和完善，才使得东汉的几位学者有条件和机会研究国字的结构，并将其总结为'六书'。这就是仓颉敬慕秦始皇的主要原因。这也是秦始皇为国子发展做出的贡献和创新。各位臣兄，明白了吧。"

风伯说："作为政客，始皇统一六国后应该最重视的是权力、地位和财富。但却能采取这样的政策和策略统一和规范国字，真是求真务实的好皇帝啊！"

鬼臾区说："风伯说得对。秦始皇确实是位难得的求真务实的好皇帝。尽管汉代以来国人对始皇的看法出现了天翻地覆的变化，但历史事实却是不可篡改的。正如毛泽东当年所指出的那样：'秦始皇是个好皇帝'。从国字的传承、发展和统一方面来看，秦始皇的贡献确实大于历朝历代的任何人。"

风伯说："秦始皇对国字的传承和发展确实做出了更大的贡献，几乎可与仓颉相媲美。作为政客，能做到这一点,实在不易。将他评价为求真务实的好皇帝,非常正确。”

鬼臾区说:“风伯说得对啊！秦始皇是民族千万年来前无古人的英豪、后无来者的英雄啊！他不仅对国字的传承和发展做出了突出的贡献,而且为民族的文明和文化的继承、发扬和传播开辟了更为广阔的路径,搭建了更为坚实的平台。这一点,大家都应该能理解吧。”

风伯说:“应该能有所理解,但还需要认真地了解。秦始皇对于国字发展的贡献,可谓人人皆知,我也很清楚。另外,据说对国字发展做出贡献的有毛泽东,但我还不太了解,估计各位臣兄也不一定清楚吧,毕竟我们没能与他生活在同一时代。请鬼臾区谈谈吧。”

鬼臾区说:“毛泽东对国字的贡献体现在五个方面。一方面是他所创立的‘毛体书法’,就像颜体、柳体一样,独具特色;另一方面是他所创造的‘毛式诗词’,在境界和音韵方面甚至都超过了唐诗宋词;第三方面是他所推进国字的简化和改革;第四个方面是他对企图消灭国字之人的严厉批评和阻止;第五个方面是他大力推进国字的普及,让百姓人人都努力学习和使用国字。”

应龙惊讶地问道:“毛泽东太伟大了！他从五个方面推进国字、国文和国学的发展,其对民族的贡献更为巨大。更重要的是毛泽东阻止了一大批企图消灭国字的。令我不可理解的是毛泽东的时代怎么还有人企图消灭国字呢？企图消灭国字的到底是什么人呢？他们为什么要消灭国字？目的何在？”

鬼臾区说：“这个问题比较简单，但也比较复杂。之所以有人想消灭国字，主要是因为清末民初的时候，西方列强的入侵和国家发展的滞后导致了很多政界和学界人士的困惑和急迫，他们以为国字和国学极端落后，从而严重影响了国家的发展和民族的振兴。他们以为西方文字和文化才能真正地有益于国家发展和民族振兴。所以百年之前就有不少的政界和学界的人士一方面拼命地消灭国字和国学，一方面拼命地推广以西方字母为基础的新型文字和文化。”

应龙说：“天哪！这真是想要翻民族的天，想要覆民族的地啊！太可恶了！”

鬼臾区说：“可恶是当然的，但客观地回顾和反思更是必然的。当时的政界和学界之所以有这样一些想法和做法，与相关人士急于发展国家和民族的想法有着直接的关系，不一定就真的想要亡国灭种。所以，对于民族历史发展中出现的种种怪异的现象，都应与当时的现实结合起来去分析、去思考，才能有比较客观的认识。牛公当年谈到国学典籍的学习和翻译时所提出的‘与时俱退’也是出于这样的考虑。”

应龙说：“也许是这样的吧。赶快说说当年想消灭国字的人和事吧，我实在太紧张了。”

鬼臾区说：“别紧张，我慢慢地说。至少这只是国字发展史上的一个插曲而已，并没有对国字的发展造成多么严重的影响。但对于民族意识和民族基因的孵化、回顾和反思，这一怪异的插曲还是很有意义的。在谈到这一问题时，我首先想提醒各位臣兄注意其时代背景。由于当时与西方列强比较起来，华夏的国家和民族都显得非常懦弱。要想强大国家和民族，就必须得采取一些特殊的策略。当年日本开展明治维新时，以西洋医学取代了中医，也算是比较客观的实例吧。”

应龙说：“对于日本而言，中医也是从中国引进的，并不是他们自己创造的，更不是他们自己民族固有的，以西洋医学予以取代，完全正常。但对于中国人来说，引进西洋医学是正常的，但若以西洋医学完全取代了中医，则是对民族文化的破坏，毫无疑问。文字也是这样，借鉴西洋的文字更好地发展国字，非常必要。但若想以西洋文字取代国字，则卑劣之至。”

风伯问道：“国字是表意文字，西洋文字是表音文字，如何能借鉴？”

应龙说：“现在所使用的所谓汉语拼音不就是对西洋文字的借鉴吗？现在所使用的各种站台、门排和街道的编号不也是对西洋文字的借鉴吗？”

鬼臾区说：“应龙说得很有道理。西洋文字确实是可以借鉴的，但完全取代国字却是不可能的。当年很多政界和学界人士想以西洋文字取代国字的想法和做法最后完全落空，就充分证明了这一点。”

应龙问道：“这些人当年是怎么想的，是怎么做的？其对民族文字的发展是否造成了严重的影响？”

鬼臾区说：“无论怎么想，无论怎么做，与其时代背景结合起来，就比较自然，比较客观，没有什么不可思议的。就像一个人病倒了一样，有人坚决要求吃好药，也有人坚决要求吃好饭，还有人坚决要求睡好觉。这都是从不同的角度对同一问题进行了考虑，都有一定的道理。要真正地使这个病人恢复健康，三个方面都要予以考虑，既要吃好药，也要吃好饭，更要睡好觉。当年之所以有人反对国字、想消灭国字，主要是考虑到国字的结构比较复杂，撰写起来比较麻烦，学习起来比较困难。更主要的是，看到先进者的文字,就与先进者的现实结合起来,从而就在认识上显得比较偏颇、比较怪异。"

仓颉说:"这样的分析比较自然、比较客观。对于清末民初消灭国字的所作所为,我虽然不了解,但还是能理解的。如果能以更好的文字取代国字,如果消灭国字更有益于国家和民族的发展和壮大,我完全赞同,绝不反对。"

应龙说:"嘿嘿!仓颉也太温柔豁达了吧!我对此绝不赞成,坚决反对!就像一对原本恩爱的夫妻,忽然遇到了更美更帅的另一位,就坚决取而代之,值得赞扬吗?值得推广吗?"

鬼臾区说:"应龙坚决反对是可以理解的,但以这个例子为例,确实有点怪异了。"

雷公说:"应龙有想法,很自然,各有各的思路嘛。各位臣兄可略作思考,然后再请鬼臾区介绍清末民初取消国字的形形色色。之所以介绍这些形形色色,不是为了批判当年的这些政客和学人,而是为了启迪今日国人的民族意识和民族精神。这也是牛公教学中所采取的策略和方法,虽然并无明显效果,但现实意义还是明确的。"

鬼臾区说:"雷公说得对。这也是我想介绍相关问题的用意。"

警报第三十八:反对国字的国人

应龙说:"大家都安静了,但我还无法宁静啊!看到反民族文化、文字和思想的人,我实在难以忍受啊!现在大家虽然讨论的是国字,但还是关乎国学的呀!仓颉呀,你不能始终默默无语呀,你得说话呀！作为国字的创始人，你再不说话，我可就要发火了！”

仓颉微微一笑说：“应龙啊，千万别发火呀！各位臣兄一直在讨论国字的起源、发展和挑战，很有意义啊，我非常赞同。在大家继续讨论之前，我想再告知各位天工和各位尘人，历史上确实有一位国字真正的创始人，但却不是我，而是伏羲啊。”

应龙说：“伏羲？伏羲是‘易经’的创始者，也是中华文明的创始者。但怎么还是国字的创始者呢？他创始了哪个国字呢？我一直没有听过说啊！”

仓颉说：“‘易经’是百经之始，是百经之首，怎么能不是国字之始、国字之首呢？看看八卦的结构吧，最笨拙的人都能从中看出国字中的三个既简单又重要的字，‘一’、‘二’、‘三’。”

应龙说：“‘一’、‘二’、‘三’？想想看，想想看。啊，明白了！乾卦就是这样的啊！很有道理，很有道理！仓颉才真正是有民族文化的大师啊！我自己则像如今的国人一样，只知其一，难知其二，更不知其三了。遗憾，遗憾，实在遗憾。”

鬼臾区说：“应龙的自我评价也很有道理呀。仓颉确实很谦虚、很谨慎，很有民族文化的底蕴，所以他一点都不骄、一点都不躁、一点都不虚。正如仓颉所说的那样，‘易经’不仅为华夏文明的建设奠定了基础，也为国字的形成搭建了平台，因为国字毕竟是在‘易经’的基础上发明创造的呀，意义可谓不同凡响啊！所以，了解了国字的形成和发展，就了解了其对中华民族和中华文化发展的影响和贡献。懂得了这一点，就会更加敬慕伏羲和仓颉。明白了这个道理，就会更加热爱国字和国文。有了这样的意识，就会更加为自己的民族和国家感到自豪。”

应龙说：“确实应该如此。但在清末民初的时候，为什么会有那么多的政界和学界人士反对国字，甚至要消灭国字呢？这些人是谁？其对民族和国家发展的影响如何呢？”

鬼臾区说：“前面已经说过，由于时代的原因，尤其是西方列强的入侵而导致国家和民族的衰弱和贫困，使得很多奋发图强地推进国家和民族发展的人士希望能尽快地借用西方的科技、文化和文字，以便能尽快振兴国家和民族。日本明治维新的改革对他们也产生了很大的影响。”

应龙说：“据我所知，日本的明治维新实际上就是对西方科技和制度的引进。很多坚决要求消除国字的国人确实在一定程度上也受到了日本明治维新的影响。但实际上，日本当时虽然全面引进了西方的科技和制度，但却没有完全剔除了自己的民族文化和文字，至今还使用一定数量的国字。这一点确实值得当时的国人认真思考，更值得如今的国人认真反思。当时的国人政治觉悟那么高、文化基础那么深、社会影响那么大，为什么竟然坚决要求消灭自己民族传承了千秋万代的国字呢？其依据呢？其目的呢？”

鬼臾区说：“明清时期，用拉丁字母注音国字是西方人学习国字的方略，自然而然。清末民初，由于国家处在危亡时期，一些国人——尤其是政界和学界——对国家和民族缺乏自信，开始对民族固有文化进行批判和否定，包括国字。即便是一些性情比较温和、思路比较清晰的思想家和学者，也开始对国字产生了疑虑。谭嗣同（1865—1898）就是典型一例，谈到国家的振兴和民族的发展时，他曾说过：‘尽改汉字为拼音文字。’在他看来，固有的国字似乎不利于国家和民族的发展。”

应龙说：“虽然谭嗣同比较温和，话说的不太激烈，但其观点和反对国字的人还是相同的。”

鬼臾区说：“谭嗣同确实比较温和，说话不太激烈，观点却与激烈文字比较接近。钱玄同（1887—1939）是一位激烈分子，他甚至将民族的文化、民族的圣贤和民族的传统视为恶魔。他说：‘废孔学，不可不先废汉字；

欲驱除一般人之幼稚的、野蛮的思想，尤不可不先废汉字’。其激烈情绪，由此可见一斑。”

应龙说：“这不仅仅是情绪激烈，更是内心龌龊！”

鬼臾区说：“激烈太过，就有些龌龊了。谈到国字的结构复杂、学习困难时，他说：‘汉字的罪恶，如难识、难写、妨碍教育的普及、知识的传播。’”

应龙说：“可恨至极！居然将国字的学习困难和结构复杂视为罪恶！真正罪恶至极的只有他自己！”

鬼臾区说：“在这个和平的年代里来看钱玄同当时的言谈举止，确实令人感到不可思议。确实令人对其有罪恶之感。比如谈到振兴国家的时候，他说：‘欲使中国不亡，欲使中国民族为二十世纪文明之民族，必须以废孔学、灭道教为根本之解决，而废记载孔门学说及道教妖言之汉字尤为根本解决之根本解决。’”

应龙说：“作为民族的学人，居然说出这样恶劣的话！他还是国人吗？显然不是，完全是个卖国贼！”

鬼臾区说：“他虽然如此激烈地反对民族的文化和文字，但却不一定是个卖国贼。之所以有如此激烈的情绪，之所以对民族的传统文化和文字有如此偏激的认识，就是因为有急迫发展国家和民族的期望。这种期望当然是美好的，更是应该的。但因为国家和民族遭受了西方列强军事的打击、经济的压制和科技的影响，使很多怀有振兴国家和民族期望的人心理上发生了巨大的变异，将国家面临的危险和挑战完全归咎于民族的传统文化和文字。由于其心理发生了巨大的变异，言谈举止就只能是随风飘荡了，怎么可能自然而然呢？去年浙江举行了一个纪念钱玄同的隆重活动，纪念活动的题目是‘疑古创新：新文化运动先驱钱玄同文物展’。牛公之所以对此次纪念活动颇不以为然，就是出于这样的考虑。”

应龙说：“像钱玄同这样的人，当时为什么没有人反对呢？”

鬼臾区说：“当时学界反对的人虽然少，但著名的反对学者还是有的，吴宓先生就是其中之一。牛公在一篇题为《可敬的杀人犯》的杂文中即颂扬了吴宓先生。他写道：吴宓是中国‘比较文学’的开山鼻祖，同时也是享誉世界的文学评论家、教育家、红学家

和诗人。他虽致力中西文学、诗学的比较研究，但却极为重视国学。在当时‘新文化’派学人对传统文化的一片喊‘杀’声中，他挺身而出，成为当时中国传统文化为数不多的‘保护神’。对‘新文化’运动的主将们践踏国学、数典忘祖的做法，吴宓痛心疾首，曾愤怒地说：‘欲尽杀谋改汉文之人！’

由于这一声颇‘不适时宜’的怒吼，吴宓便成了‘新文化’运动时期一位大师级的‘杀人犯’。吴宓之所以对‘新文化’的干将们必欲除之而后快，是因为这些干将们的很多做法和说法就是在今天看来也实在是‘是可忍，孰不可忍’。”

应龙说：“钱玄同确实犯了大罪！在现代的这个西化了的时代里，牛公能对钱玄同有这样的认识，能对吴宓先生有这样的敬慕，实在不易啊！钱玄同是学界的反民族文化和文字的人，政界有吗？”

鬼臾区说：“政界也有的，而且也比较多。比如陈独秀（1879—1942），他既是学界的，也是政界的。他也是新文化运动的先锋，对于当时国家和民族的发展也做出了一定的努力。为了快速推进国家和民族的发展，他也注意到国字的问题，也与钱玄同持有同样的看法。有一次谈到国字的问题时，他也比较激烈地说：‘强烈地主张废除汉字，中国文字，既难载新事新理，且为腐毒思想之巢窟，废之诚不足惜。’”

应龙说："天哪！天哪！国字居然不能载新事新理？真是岂有此理！国字居然还是腐毒思想的巢窟，理据何在？哪个民族的文字不能记载腐败恶毒的思想呢？大家都热爱的西方文字难道只记载先进思想和优秀文化，从不记载邪恶思想和丑陋文化吗？西方流行的各种邪教、各种恐怖分子、各种殖民主义、各种侵略政策是用什么文字记载的呢？难道都是用国字记载的，而不是用西方文字记载的吗？"

鬼臾区说："应龙啊，对于这个问题的分析和思考，还是按照牛公所提出的'与时俱退'之法去做吧，不然就无法理解当时为什么会出现这样匪夷所思的现象。"

雷公说："鬼臾区说得对，应该按照'与时俱退'的观念去思考当年学界和政界的思想观点。如果仅仅按照'与时俱进'的观念去思考，显然无法洞穿当年的问题与现实。"

岐伯说："对于今天的国人而言，回顾和反思历朝历代，尤其是清末民初学界和政界的各种思潮，主要是为了进一步了解国家和民族发展过程中经历的风风雨雨，以便为培养自己的民族意识和民族文化开辟路径，而不纯粹是为了批判和打击当年思想偏颇、言谈偏激的学人或政客。"

鬼臾区说："天师说得好啊！"

警报第三十九：诅咒国字的国人

仓颉说："各位臣兄，我刚才查看了一些有关钱玄同的文献资料，感到对他的看法还是比较客观一些好。他确实是一个比较激烈的新文化运动者，除了反对民族传统文化和文字外，他也反对西方列强对民族的侵略，尤其是日本对神州的攻击和侵占。他是一位爱国者，并不是一个汉奸。"

风伯说："他既然是一位爱国者，为何如此反对和蔑视民族的文化和文字？侮辱民族的人怎么可能成为爱国者？怎么可能不是汉奸呢？”

仓颉说：“尘世间如今公开的文献资料显示，钱玄同‘自热河沦陷后，有约三个月光景谢绝饮宴。’”

风伯说：“因国土沦陷，三个月不参加饮宴。这是爱国者的第一个指标吗？”

仓颉说：“是他个人的姿态，不是爱国者的指标。文献资料说：1931 年‘九一八’事变发生后，曾经留日的钱玄同当即与日人断绝交往。”

风伯说：“应该的。这是爱国者的第二个指标吧。”

仓颉说：“文献资料说，1933 年，日寇侵入华北。5 月，钱玄同书写了《‘中华民国’华北军第七军团第五十九军抗日战死将士墓碑》。”

风伯说：“更应该。这是爱国者的第三个指标吧。”

仓颉说：“文献资料说，1936 年，钱玄同和北平文化界知名人士联名提出抗日救国七条要求。”

风伯问道：“七条要求是什么？”

仓颉说：“文献资料没有具体说明。”

风伯说：“没有说明？爱国者的这第四个指标就不知道是什么了。”

仓颉说：“文献资料说，1937 年‘七七事变’之后，日本侵华战争全面爆发。日寇占领北平，北师大西迁，钱玄同身体已经十分虚弱，他不能随迁而成为留守者。坚守故园的钱玄同在给远在西北的好友黎锦熙的通信中表示，‘钱玄同绝不‘污伪命’。”

风伯说：“爱国的意识还是有的。这是其爱国的第五个指标吧。”

仓颉说：“文献资料说，次年，他又对北师大秘书汪如川说：‘请转告诸友放心，钱某绝不做汉奸！’同时他复名为‘钱夏’，表示是‘夏’而非‘夷’，决不做敌伪的顺民。原来，在北平（即北京）沦陷以前，他认为凡去伪满和冀东伪组织求职和授课的都叫‘污伪命’。”

应龙说：“不管他多么仇恨民族的文化和文字，国家和民族危难的时候他没有投敌，没有成为汉奸，这才是他作为爱国者至为基本的指标。”

鬼臾区说：“哎呀，应龙伟大了啊！对钱玄同能有这样的最终评价，实在不易啊！”

应龙说：“我刚才看了有关牛公的一些最新信息，发现他的思想和观念发生了很大的改变。以往他总是对侮辱和反对民族文化和文字的人极为愤慨，像我一样地愤恨他们，甚至诅咒他们。但最近他已经下定了决心，从此不再张嘴说任何精忠报国的话了，不再公开批评任何侮国辱民的人了。我想，他一定是换个角度看问题，从此就能看出问题的表和里、正和反、边和面了。我刚才就借鉴了牛公的这个观念，所以就对钱玄同有了比较客观的认识。”

天女说：“哎呀呀！应龙说得真有道理啊！我此前也看了牛公关于榭兰金的评价，不太明白他为何反而感谢侮辱咒骂他的榭兰金。现在，我也终于明白了。”

鬼臾区说：“明白了就太好了！我向各位臣兄继续介绍清末民初反对民族文化和文字的人时心情就不会太忐忑了。”

风伯说：“我虽然还不明白，还难以接受。但依然很想知道清末民初谁在反对民族文化和文字。鬼臾区，请继续向各位臣兄介绍，心情别太忐忑，这不是你的问题，是时代的问题，甚至可以说这一切都是民族的问题，反对者自己可能不是问题。”

鬼臾区说：“风伯虽然还难以接受，但思维已经有所调整了。我继续向各位臣兄介绍有关问题吧。刚才提到了钱玄同和陈独秀。其实当时反对民族文化和文字的，何止两位？多着呢。比如各位臣兄都了解的鲁迅，也是坚决反对国字的。”

风伯说：“鲁迅这么伟大的学者怎么也反对国字呢？奇怪啊！”

鬼臾区说：“鲁迅（1881—1936）有一句名言：‘汉字不灭，中国必亡！’听说过吗？如今的民族文化界和学术界，这句话也常有人重复。有一次牛公参加外语界的一个论坛，一位著名的学者在发言中就重复了鲁迅的这句话，对国字的作用和未来提出了质疑，令牛公极为反感，从此他就很少参加外语界的学术活动了。这次投诉他的就有几位持有这一观念的外语人才。”。

风伯说：“鲁迅怎么会说出这样的话呢？他自己不就是用国字写杂文、写小说、写评论的吗？国人对他的评价是‘在文学创作、文学批评、思想研究、文学史研究、翻译、美术理论引进、基础科学介绍和古籍校勘与研究等多个领域具有重大贡献。’这些所谓重大的贡献，不就是用国字写出的吗？难道说他是用西洋文字写出来的吗？”

鬼臾区说：“虽然他是用国字创作的，但他对国字还是有些偏见的。在《论新文字》他说：‘由只识拉丁化的人们写起创作来，才是中国文学的新生，才是现代中国的新文学，因为他们是没有中一点什么《庄子》和《文选》之类的毒的。’这话听起来确实有点太过偏激了。”

风伯说：“这完全不是偏激，而是无视民族的圣祖和圣贤，更无视民族的文化和传统！”

鬼臾区说：“哎呀！我的话还没说完呢，风伯就激动成这样了！”

风伯说：“说吧，说吧。我毕竟是风啊，想吹就吹，想扬就扬。”

鬼臾区说：“这个比喻也很有意思啊！好吧，我继续说了，你继续吹、继续扬，也很自然。谈到国字的不足之处时，鲁迅曾经说过，‘汉字是愚民政策的利器’。”

风伯问道：“国字为什么居然成了愚民的政策了呢？难道当年创造国字的伏羲和仓颉都是官僚分子吗？都是为了从政治上压迫和控制民众吗？”

鬼臾区说：“伏羲和仓颉当然不是官僚分子，但后来使用和发挥国字作用的官僚们可能就有这样的想法和做法吧。‘國’字就是典型一例。《说文》说：‘國，邦也；从囗从或’。按照古人的理解，一个国家必须具备四个条件：一是人口，以小‘口’代表；二是土地，以‘一’代表；三是军队组织，以‘戈’代表；四是范围，以大‘口’代表。把这四个条件组合起来，便成了一个‘國’字。显然，此乃极富哲理的造字创意。”

风伯说：“是啊，‘國’字就是国字中最为温馨、最有内涵的字啊！”

鬼臾区说：“但到了后汉时期，‘國’就被简化为‘国’，即‘囗’中从‘王’，有‘普天之下莫非王’之意，封建色彩和专制色彩很浓，确实有控制和压制民众的用意。但到了宋元时期，则出现了国人今天通用的简化字‘国’，‘囗’里从‘玉’，而不再从‘王’了。‘玉’一方面体现了民族文化的深厚内涵，另一方面也体现了赤县神州的地大物博。所以六十年中央政府颁布国字简化方案时，就将“國”简化为“国”，说明民族的‘玉’文化有着悠久的历史。‘玉’既是民族的珍宝，又是美好事物的象征，意思是让人们像爱护宝物一样地珍爱自己的国家。”

应龙说：“据此看来，鲁迅所说的激烈之言还是有一定的历史依据的。”

风伯说：“依据？依什么？据什么？凭什么？”

鬼臾区说：“虽然有依据，也确实值得深思。比如鲁迅曾经说过，‘汉字终将废去，盖人存则文必废，文存则人当亡。在此时代，已无幸运之道。’当时他说这样的话，可能会感动很多人，会影响很多人，会激励很多人。但如今呢？国人依然存在，但民族文化并没有被消灭，民族的文字更没有亡遗，证明鲁迅当年的想法确实是偏颇的。”

应龙说：“这很自然。无论多么伟大的人物，都会受时代的限制，都很难看清未来的发展。只有伏羲、黄帝这样的圣祖才有如此的眼界和胸怀。”

鬼臾区说：“应龙说得对。鲁迅虽然是当时学界的杰出学者，但毕竟没有伏羲和黄帝这样的眼界和胸怀，所以毕竟受到时代的限制，毕竟无法真正地看清民族和国家未来的发展。他还曾经说过，‘汉字也是中国劳苦大众身上的一个结核，病菌都潜在里面，倘不首先除去它，结果只能自己死。’今天国字不但没有除去，而且还普及到了家家户户，并没有任何人因此而死亡。国字没有除去不但没有将病菌潜伏在民族的人体中，不但没有导致民族中任何人的死亡，而且还最终实现了历朝历代的民族梦想。”

风伯说：“事实真的胜于雄辩啊！”

岐伯说：“只要能与时俱进，只要能从实际出发，就不难理解鲁迅先生这样伟大的学者当年为何有这样的思想。作为宇宙的三才，人毕竟处在天之下地之上，要洞穿天地，非常不易。”

鬼臾区拱手而拜道：“大师说得好啊！”

警报第四十：消灭国字的国人

仓颉说：“前面提到的几位反对国字的国人，正如天师所说的那样，是受时代风云所致。对于这些国人当时的思想和观念，如今的人一定要‘冷眼向阳’去观察，勿要‘激情满怀’去洞察；一定要‘热风春雨’去回望，勿要‘心想事成’去回顾。如果我与鲁迅、钱玄同等处在同一个时代，如果我了解了他们关于国字的看法和想法，我一定非常感动、非常感激。”

应龙问道：“仓颉圣子啊，作为国字的创始人，你听到了他们反对国字的意见，你看到了他们消灭国字的举措，怎么会非常感动、非常感激呢？如果是我，我一定拔出手枪！”

仓颉说：“我之所以感激反对国字、甚至要消灭国字的人，道理当然是有的。我曾经努力地创造国字、改造国字、统一国字。这也算是我在尘世间一生的重要事业。虽然国字后来得到了全民族的赞成和使用，其中一定还有很多需要进一步完善和提高的问题。谭嗣同之所以提出‘尽改国字为拼音文字’，就是因为有很多的国字结构比较复杂，学习起来不但困难，使用起来还浪费时间。如果我当年听了他的这句话，一定会启发我简化国字的意识。我怎么能不感谢他呢？”

鬼臾区说：“仓颉说得真有道理啊！如果各位臣兄也有这样的意识，就不会激愤了。”

仓颉说：“钱玄同虽然话说得特别激愤，但所提出的问题还是客观存在的。比如，他说‘国字的罪恶，如难识、难写、妨碍教育的普及、知识的传播’，对我也很有启发。如果我现在还在尘世间，我一定会与时俱进地推进国字的改革，一定会认真研究世界各地文字的风貌，能借鉴的尽量借鉴，能吸收的尽量吸收。”

应龙问道：“你吸收和借鉴异族文字的前提是什么呢？是走世界统一拼音文字的方向吗？是放弃国字吗？”

仓颉说：“吸收和借鉴的前提肯定是有的。但究竟是什么，还必须与现实和未来结合起来。毕竟我现在是在幻想，而不是在务实，前提也只能是想象的了。假如我与几位反对国字的人处在同一个时代，我绝不会去声嘶力竭地反驳他们，一定会根据他们的意见和要求认真地思考，努力地改进，尽快地完善国字的结构，大力地推进国字的普及和应用。”

鬼臾区说：“仓颉说得可真是求真务实啊！如果仓颉与几位反

对国字的人处在同一个时期，他一定会将他们的反对意见视为完善国字的‘理法方药’，一定会在他们的激励下完善国字的体系，为民族文化的发展奠定更为坚实的基础。完善了国字的体系后，奠定了民族文化发展的基础后，仓颉一定会真情实意地感谢反对者，一定会将反对者敬为推进民族文化和文字发展的强大动力。”

仓颉说：“这确实是我的想法。”

鬼臾区说：“仓颉的想法充满了我的信心！所以现在看到刘半农（1891—1934）所说的‘汉字不灭则中国新文化无望’，我就不再困惑了。”

风伯问道：“刘半农是何人？”

鬼臾区说：“按照文献资料的说法，刘半农是‘中国新文化运动先驱，文学家、语言学家和教育家。’他曾到英国伦敦大学学习实验语音学，到法国巴黎大学学习语言学。因为熟悉了西方语言，觉得拼音文字写起来简单易行，所以就对国字产生了不同的想法。这与当年西洋文化急速传入神州也有密切的关系。作为当时的国人，他对民族的文化和文字还是非常熟悉的。按照牛公提出的治学理念，他一定具有‘合璧东西’的能力和‘贯通古今’的水平。所以在研究语言学时，他对学界不屑一顾、避而不谈的问题也特别的重视。”

风伯问道：“他重视学界避而不谈的什么问题呢？”

鬼臾区说：“比如骂人的话，这就是学界不屑一顾、避而不谈的话题。但刘半农还是对此特感兴趣。他想编写一本《骂人专辑》，从另外一个层面研究语言。为此，他在北京某报纸上刊登启事，征求各地人向他提供当地‘骂人语言’，引起了很多人的关注。有些著名学者为此而前去向他提供信息，同时也借机咒骂他，大概觉得研究这样的语言不够雅致吧。如语言学家赵元任看到启事后，就立即赶往刘半农的宿舍，用湖南、四川、安徽等地的方言把刘半农痛‘骂’了很长时间，为他提供了不同地域大量的骂人语言。嗣后周作人也赶来，用绍兴话把刘半农大‘骂’一顿，为他提供了江浙骂人的话。在大学里授课时，刘半农也向学生们征集‘骂人的话’，也被来自全国各地的学生用自己的方言‘大骂’了一顿。章太炎听说他在收集‘骂人语言’，便用汉代的骂人话‘骂’他，用唐朝的骂人话‘骂’他，这等于向他提供了不同朝代骂人的话。”

风伯说：“这真是创新啊！他之所以反对国字，大概与他创新的梦想有关吧。”

鬼臾区说：“主要还是与时代有关。无论是学界还是政界的人士，对国字的反对都与当时的时代风气有直接的关系。比如瞿秋白，既是学界人士，也是政界人士，既有民主意识，也有国际意识。谈到文字改革时，他说：‘现代普通话的新中国文，必须罗马化，就是改用罗马字母，要根本废除汉字。’为什么要废除国字呢？他的理由是，‘汉字是十分困难的符号，聪明的人都至少要十年八年的死功夫……要写真正的白话文，就一定要废除汉字，采用罗马字母……’，有一定的道理。仓颉听了他的这番话后一定会大受启发的，一定会感谢他的。但最后评价国字时，他却激动地说：‘汉字真正是世界上最龌龊最恶劣最混蛋的中世纪的茅坑！’这样的说法，确实有些偏激了。”

风伯说：“偏激倒不是，而是偏击了。在那个时期，最龌龊的、最恶劣的、最混蛋的不是国字，而是汉奸！”

鬼臾区说：“风伯说得很有意思！当年对国字持有同样观念的还有吴玉章（1878—1966）。吴玉章认为，‘汉字是古代与封建社会的产物，已经变成统治阶级压迫劳苦群众工具之一，实为广大人民识字的障碍，已不适应现在的时代。’所以他建议，‘为了根本解决文字改革问题，使汉字走上世界共同的拼音方向。’”

风伯问道：“‘使汉字走上世界共同的拼音方向’，这是什么意

思呢?”

鬼臾区说:“就是用西洋表音文字的符号取代国字。”

风伯问道:“为什么要用西洋表音文字的符号取代国字呢?”

鬼臾区说:“可能有两个原因。一是西洋拼音文字比较简单,只有二三十个字母,写起来比较容易。另一方面,由于西洋文化的传入使得一些学界人士西化了,崇尚西洋文化和文字。外语界的知名学者吕叔湘(1904—1998)就是典型一例。他曾公开地说:“现在通行的老宋体实在丑得可以,倒是外国印书的a,b,c,d有时候还倒真有很美的字体呢”。他认为宋体字很丑陋,反而觉得西方的拼音文字很优美。”

风伯惊讶地说:“在那样一个特殊的时代里,无论怎么西化都是自然而然的。但若将自己的民族文化视为虚邪贼风,而将西洋文化视为上古天真,也太过分了吧。就像时下的神州大地一样,几乎人人都穿着西装,个个都扎着领带,但并没有人据此而仅仅仰视西洋文化,鄙视自己的民族文化。”

鬼臾区说:“只要有‘与时俱退’的意识,就不难理解这一现象。大约四十年前,西洋计算机开始普及了,国内学界有些人佬们据此认为,国字的坟墓已经被挖好了,因为国字是无法输入计算机的,必须立刻剔除。吕叔湘就是其中最具代表性的学者。他认为,‘拼音文字能机械化,国字不能机械化’。他因此而断言,‘方块国字在电子计算机上遇到的困难,她像一个行将就木的衰老病人’。他最终宣布,“历史将证明:电子计算机是方块国字的掘墓人,也是汉语拼音文字的助产士。’”

风伯说:“八卦是汉人文化的鼻祖,国字是汉人文化的先祖。作为汉人的知名学者,自己的先祖遭遇到了意想不到的挑战,应该痛心,怎么会蔑视呢?真是奇乎怪哉!”

雷公说："与时代结合起来，就不会奇乎怪哉了。正如毛泽东的诗《沁园春·雪》所指出的那样，'秦皇汉武，略输文采；唐宗宋祖，稍逊风骚'。任何时代的优秀人才，在另外一个时代里，都会显得'略输文采'，都会感到'稍逊风骚'。可见，牛公提出的'与时俱退'对于今日的国人而言，还是非常有实际意义的。"

鬼臾区说："雷公说得对啊！以此理念来回顾和反思当年反对国字的国人，就不会有任何'奇乎怪哉'的感受。"

应龙说："是的。如果十万八千投诉者都有这样的意识，怎么可能如此激愤地讨伐牛公呢？"

警报第四十一：挽救国字的国人

仓颉说："前面提到的几位反对国字的学界和政界人士，其实都是民族的英雄，都是国家的栋梁，都为民族、为国家做出了很大的贡献。"

风伯说："仓颉啊，谦虚是重要的，谨慎也是重要的。但你也不能为了谦虚而谦虚啊，更不能为了谨慎而谨慎啊！"

仓颉说："非也，非也。我这样说，不是为了谦虚而谦虚，不是为了谨慎而谨慎，而是为了求真而求真，为了务实而务实。国字问题只是民族和国家发展过程中面临的严峻挑战之一。这几位学界和政界人士当年虽然坚决要求祛除国字，但同时也在为捍卫国家和民族的领土主权而英勇奋斗，甚至献出了自己的生命。难道他们不是民族英雄吗？不是国家栋梁吗？如果仅仅因为他们曾经反对国字，就将他们视为汉奸，视为卖国贼，显然是不公平的。"

风伯说："哎呀呀！仓颉真是伟大啊！"

鬼臾区说："仓颉确实是伟大的！对于任何问题的看法确实应该多法并举的，而不应该单打独斗。对于人类来说，任何东西都有正反两方面的作用和影响。就像冬天一样，虽然寒冷，但寒冷却能阻止很多毒素对人体的侵袭。"

风伯说:“嚯嚯! 那我就是隆冬了! 在大家的心目中我肯定一直都是冷酷的,但我却一直在拼命地阻止很多毒素对民族的侵袭啊! 如果真是这样,那我就理直气壮地提醒仓颉,要注意侵袭民族的很多毒素啊,尤其是彻头彻尾西化了的如今啊!”

应龙说:“风伯虽然激动了,但观点还是值得深思的。”

鬼臾区说:“孤阴不生,孤阳不长嘛。任何人、任何物既有阳的一面,也有阴的一面。有时阳体现的比较明朗,有时阴体现的比较明显,都很自然。风伯的激情当然是可以理解的。但更应该理解的则是阴和阳的相符相合。当年虽然有那么多人反对国字,有那么多人坚决要求祛除国字,但还是有很多人爱护国字、保卫国字。如果没有人爱护国字、保护国字人,在那个时代国字很可能就像汉服一样,早就被淘汰了。当年反对国字的人可以视为阴,保护国字的人可以视为阳,两者相反的立场和观点最终实现了国字的简化和改革,这就是阴阳相符相合精神的体现啊!”

风伯说:“似乎很有道理,但我还是不懂啊!”

应龙说:“事实胜于雄辩。还是以事实说明问题吧。问题说明了,道理就清楚了。”

鬼臾区说:“好吧,我就用事实说明问题吧。清末民初的时候,反对国字者,保护国字者,可谓一一相应。但从根本上解决这个问题的还是毛泽东。毛泽东虽然当时也理解反对国字的观念,并且也提出了‘文字要改革,要走世界拼音文字的方向’的意见,但对于国字的传承和保护,还是非常重视的,还是发挥了重要的作用。对于坚决要求祛除国字的意见毛泽东指出,‘文字改革工作关系到几万万人,不可操切从事’。这就从根本上阻止了消灭国字的风潮。吴玉章等人提出了‘汉字可以立即用拼音文字来代替’的意见毛泽东不予赞同,提醒他们‘搞文字改革不要脱离实际’,应该‘首先进行国字的简化’。正是在毛泽东的指导下,国字的改革才得以深入开展。即便反对国字的人,在毛泽东的指导下也在努力地发挥自己的作用，推进国字的简化和改革。”

应龙说：“毛泽东真是伟人啊！他不仅充分发挥了阳气的作用，还努力发挥了阴气的作用。在中华民族的历史上，这样的伟人可真是前无古人、后无来者啊！”

鬼臾区说：“是的，毛泽东确实是前无古人、后无来者的伟人！在毛泽东的指引下，国人对国字的认识更加客观实际了，西化的行为逐渐地被制止了。在当时的学界和政界，民族意识强、民族文化深、民族觉悟高的人士还是有的，而且还发挥了重要的作用。当时的文化部部长茅盾就是学界和政界有民族意识、民族文化和民族精神的重要人物。对国字的简化、汉语拼音以及拼音化文字改革等问题，茅盾提出了一些非常重要的意见和建议，与毛泽东的思想保持一致。针对学界和政界一些提出的‘拼音文字能机械化，国字不能机械化’等说法，茅盾指出，‘文字机械化，我是双手赞成的，但此事亦不简单……也许五十年后，由于科学进步，电子打字机普遍了，国字不再是机械化的障碍……舆论也许又变了方向，以为保存数千年的民族文字（汉字）是必要的了。’事实早已证明，茅盾的意见是正确的，是符合民族文化和文字发展的规律的。”

应龙说：“在当时普遍西化的背景下，能有茅盾这样学界和政界相结合的民族英才，可真不易啊！”

鬼臾区说：“确实不易！特别值得国人永远纪念的还有一位更为重要的民族英才。没有这位民族英才，国字很可能在三四十年前就真地面临着不得不被剔除的危险了。”

风伯吃惊地问道:“这位民族英才是谁呢？为什么三四十年前国字会面临着这么危险的挑战呢？是谁引起的大祸呢？”

鬼臾区说:“前面我已提到过,三四十年前,西方人发明的计算机开始在全球普及开来。计算机不仅仅是用来进行计算的,更重要的是用来书写文字的。就像现在的尘世间一样,人们写文章、写书信、写日记,基本上都是用计算机(现在主要叫电脑)写的,而不是用笔和纸写。而计算机上能输入的只有西方的拼音符号,而无法输入国字这样的象形文字。所以,当时的西方人就提出,国字是无法输入计算机的。有些国内政界和学界的人士不仅与西方人的观点一致,而且非常紧迫,因为这涉及他们自己和他们民族的一切。所以他们很快就提出,立即祛除国字,以西洋字母取代国字。”

风伯立即站了起来:“天哪！这可怎么办呢？国字可真的要被消灭了吗?”

鬼臾区说:“如果国字真的被消灭了,各位臣兄今天的讨论还有什么意义呢？牛公在讲课的时候怎么可能专门向学生展现这一特别的发展历程呢？怎么还让学生认真反思呢?”

风伯按按胸脯说:“对的,对的,国字肯定没有被消灭。如果当时国字真的被消灭了,我的胸脯早就溃烂不堪了!”

鬼臾区说:“国字最终当然没有被消灭,不但没有被消灭,而且还得到了更好的发展,成为全球在电脑中输入最快的文字。国字能得到如此辉煌的发展,与一位重要学人的奉献紧密相关。我想告知各位臣兄的,就是这位重要的学人。他的名字叫王选,是北京大学的一位著名的教授。三十二年前,新华社发布的有关成功使用国产国字激光照排系统的消息震惊了海内外科技界、新闻界和出版界。国字从此就可以直接输入计算机了,国字所面临的危机挑战不但被解除了,而且还成为国字发展的动力了。这是五千年中华民族科技史上的又一大奇迹。牛公在向学生介绍王选教师时说,王选教授的这一伟大成就解决了‘国字机械化的障碍’,因而‘电子计算机’不但不是方块国字的‘掘墓人’,而且是向全世界传播中华文化的‘助产士’。”

风伯欢呼道:“王选教授不仅是民族英才,更是民族英雄啊!

他不仅挽救了国字,而且还光大了国字！我敬仰他！我感激他！我热爱他！”

应龙说:“风伯说得对啊！王选教授确实是值得中华民族永远敬仰、永远感激、永远热爱的英雄！”

鬼臾区说:“对的！在王选教授发明国字激光照排系统之前,国字的拼音是可以取代国字的。我曾经看过一份投诉牛公的资料,上面提到当年高考的时候用拼音写作文而不用国字写作文是可以的。这也是牛公感到困惑的。但自从王选教授发明了国字激光照排系统之后,用拼音写作文的做法就自然地被禁止了。要走世界统一拼音文字的观念,从此也就自然地淘汰了。”

风伯说:“这就意味着从此以后,永远不会再有反对国字和消灭国字的国人了！”

雷公说:“是的,从此之后再也不会有人反对国字了,更不会有人想消灭国字了。民族的文化和文字就自然而然地传承着、发展着、光大着。”

岐伯说:“对于当年反对国字、消灭国字的政界和学界的人士,认识要全面,分析要客观,思考要深入,不要单从叛国卖国的角度去考虑。任何人在任何时候做任何事都有正反两方面的因由和结果。而正反两方面正如阴阳两仪一样,其存在是客观的,其影响是自然的。”

众臣拱手而拜道:“非常感谢天师的指导！”

警报第四十二:国字简化的古与今

应龙说:“仓颉初创国字的时候,还是相当自然的,也相当简洁,所以当时的国人即便没有学习过,一看到就会将其与某些事物和现象联系起来。就像此前大家提到的原始字‘山’、‘水’、‘日’、‘月’一样,相当的自然。牛公在讲述《中国语言文化》课程的时候,就特别重视仓颉所初创的国字,将其作为关联性思维介绍给学生。”

风后说:“是啊,仓颉初创的国字确实非常简洁自然,总是和民众所熟悉的万事万物结合起来,非常有利于民众学习和掌握国字。当然,当时由于民众的生活都非常简陋,民族的文化发展也非常有限,所谓的社会结构也非常的简单,人与人之间、人与社会之间、人与管理之间的关系也非常淳朴,所以根本不需要有那么多表达人们思想、观念和意识的国字。但随着民族文化、社会和经济的发展,政治思想、行政体制和社会结构就逐步发生变化,仓颉初创的国字就显得非常有限,难以完整地表达国人的思想观念。于是,表意的国字就越来越多。不但越来越多,而且还越来越复杂。”

风伯说:“这就是为什么简化国字从古代就开始了,而不是从现代才开始。我看到来自台湾的一些材料,强调自己使用的是繁体字,大陆使用的是简体字。这种说法显然是对的,但也显然是不对的。从表面上看,大陆确实使用的是所谓简体字。六十八年前,大陆就开始推进扫盲运动。而要扫盲,就需要将国字简化,以便民众能尽快地学好国字。六十六年前,大陆就组建了国字改革委员会,研究如何简化国字。六十二年前,大陆就颁布了国字简化方案,并发布了异体字整理表。通过简化国字,通过整理异体字,就比较好地改进了国字形式和结构。当年在民众中,尤其在山村中,能认识和书写国字的人极为有限。但现在,不认识国字的人才是极为有限的。”

风后说:“风伯说了半天,好像只是强调了大陆简化国字的重要意义,但并没有说明台湾人到底使用的是繁体字还是简化字呢?千万别像牛公讲课时候那样,本来要给学生讲西呢,却忽然说到东去了。说到东也可以,只要慢慢转回西就行。但牛公却常常忘记转回了。这显然是走偏了。个别人投诉牛公的时候,就提到了这个问题。”

应龙说:“哎,哎!你怎么也成了投诉牛公的第十万八千零一人了呢?牛公讲课的时候,有时确实存在着前后所谈有些失联,其中的主要原因是涉及民族的文化。由于如今的学生基本上都不懂得民族的文化,每谈到一个问题的时候牛公都不得不反复引证据典,从一说到二,从二说到三,从三当然就说到万物了。既然都说到万物了,怎么可能马上就重回到起点上呢? 正因为如此,牛公一再强调自己痴呆了。其实哪里是痴呆呢? 完全是由于痴心于传播和继承民族文化了啊!”

天女说:“应龙说得很对,牛公确实是由于心急神迫而出现所谓痴呆的状况。比如说,跟学生谈到读书学习的时候,他提到了孔子所说的‘学而时习之’。为了帮助学生真正地好好学习,牛公就特意地对‘学而时习之’又作了深入浅出的分析说明。在时下的尘世间,无论君子还是小人,对‘学而时习之’都有比较一致的理解,那就是所谓的‘一边学习,一边复习’。这一解读当然是与时俱进的,但却未必是客观实际的。牛公告诉学生,繁体的‘习’字为‘習’。‘習’字由两部分构成,其上为‘羽’,显然与鸟儿有关。实际上,所谓的‘習’,其本意就是小鸟每天练习飞行。由此可见,‘学而时习’之的‘习’,确乎应是‘实习’的意思。另外,他还对‘时’引经据典地作了细致的分析,说明‘时’是‘在一定的时候’或‘在适当的时候’,而不是经常或偶尔的意思。想想看,就这么简单的一句话,牛公就不得不引经据典地作这么多的分析和说明。如此深入的分析说明,如此细致的引经据典,当然就越来越偏离了主题。但从实际上看这其实一点也没有偏离呀。”

风伯说:“抱歉,抱歉,这都是我自己走得有点偏了,影响了风后。我虽然有点走偏,但实际上还没有完全走偏,因为我还没说完呢。我想说的是,虽然大陆推进了国字的简化,但简化的形式却并非是随意所为,而是按照历朝历代简化的形式运行的。因为对国字的简化并非大陆人的独自所为,而是继承和发扬了历朝历代的简化进程。就是台湾使用的国字,也存在着简化的背景。”

天女说:“哎呀,风伯啊,你一下子提到了三件大事,历朝历代简化、大陆简化、台湾简化。历朝历代怎么会简化国字呢？台湾不是说自己使用的是繁体字嘛，怎么也有简化的背景呢？大陆的简化怎么是对历朝历代简化进程的继承和发扬呢？难道不是创新吗？困惑我了，困惑我了！”

风伯说：“我是因为看到了一些资料，大致了解了一些情况，但还没有完全了解清楚，所以说起来思路就有些混乱了。还是请雷公说吧。雷公曾经到下界考察过，对这些问题一定了解得更清楚。记得他从大陆回到九霄的时候，曾经说过国字的问题。”

天女说：“对的，我想起来了。当时雷公确实谈过国字的问题，也谈到了国字的简化和普及。当时因为大家还没有非常关注尘世间的现状和问题，所以就没有认真地了解情况。这次可真要好好了解了解，以便去下界考察时能特别注意。雷公，请给大家说说吧。”

雷公说：“好吧，我跟大家说说这三个情况吧。第一个就是大陆简化国字的情况。风伯所说的大陆是传承和发展历朝历代的简化进程，确实是有道理的。虽然大陆建国之后非常重视简化国字以便能尽快帮助民众扫盲，但简化国字的想法和做法可是自古就有了，而大陆所简化的国字基本上都是采用历朝历代的简化方式和方法。我当年到下界寻找译人的时候，就注意到国字的简化和应用，觉得很有道理，很有意义。臣兄们肯定没有关注历朝历代的简化情况，刚好我这里有一些当年从大陆带回的材料，给大家看看。大家都知道‘礼’在古代是这样写的‘禮’，但看看唐朝时期柳公权留下的书法，其中的‘礼’和大陆现在使用的简体字完全一样。这说明大陆对‘礼’的简化完全是采用唐朝时期的简化方式。”

应龙说：“唐朝都将‘礼’简化了？”

雷公说：“是啊。当时之所以简化国字，一方面是便于民众学习，另一方面是便于自己撰写。这种情况无论是为了民众还是为了自己，历朝历代都存在。‘为’的古代写法是‘為’，但唐代怀素留下的书法中，将其则写作‘为’。大陆简化国字的时候就采用了怀素的这种简化写法。

明末出版的《警世通言》，其中就使用了较多简体的国字。该书的一页就有十几个简化字,与现在大陆使用的简化国字完全一致。这说明其简化的方式和方法为大陆此前简化国字时所采用。

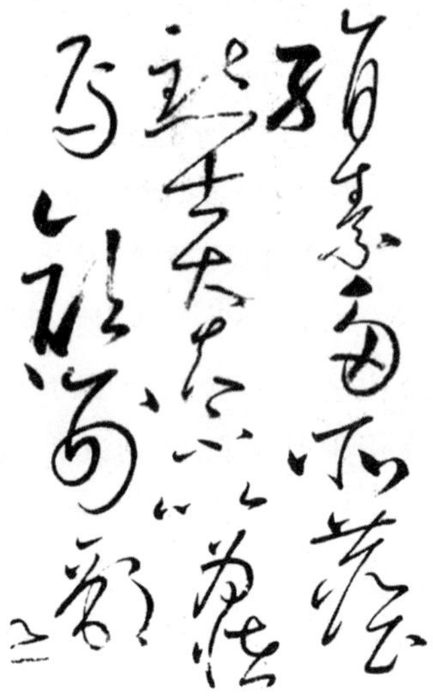

(释:绢素多所尘点,士大夫不以为怪焉,颜刑部)

再看看这一份资料。这是清代曹雪芹撰写《红楼梦》时留下了的原稿,其中简化字使用得也很多。其中这一页的十几个字就是简化字,也与大陆现在的简化字完全一致。从这几个例子可以看出,大陆的简化字其实是历朝历代简化字的综合使用,并非是自作自为。从这个意义上说,大陆对国字的简化就是对历朝历代简化国字进程的继承和发扬。风伯的这一见解是很有道理的。大家看了这些实例,一定会理解的。”

众臣一并点头道:“是的,是的,完全理解,完全理解!”

雷公说:“我实际上已经给大家说明了两个问题,即历朝历代的简化和大陆简化的背景。此外,其实也说明了台湾不仅仅使用繁体字,也在使用简体字。历朝历代都在简化国字,台湾怎么可能不简化呢?实际上,民国的时候就已经开始简化国字了。看看这两幅图片吧。

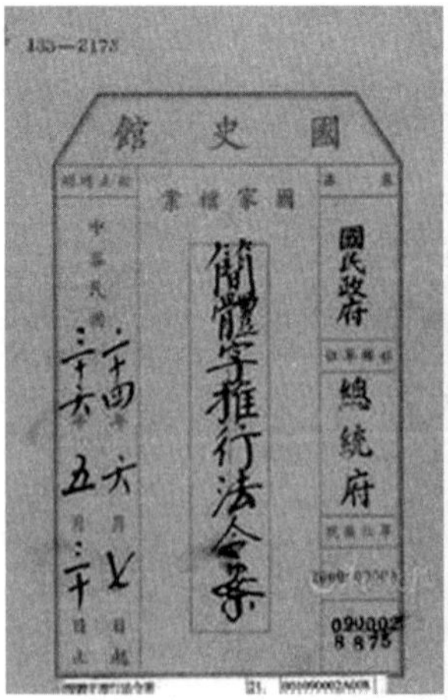

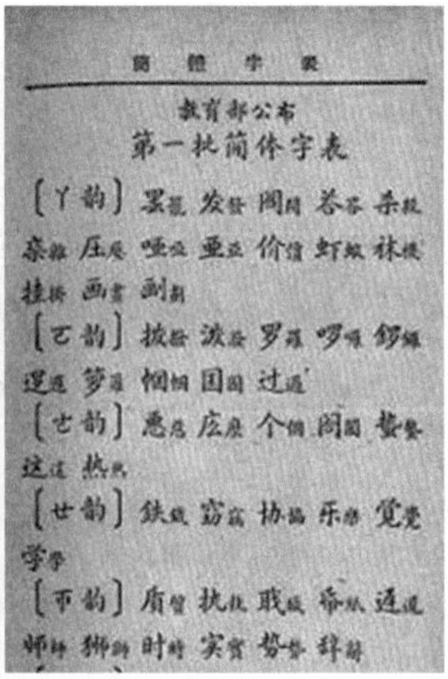

这就是当年民国制定的简化国字的方案，由于后来发生了抗日战争，这项工作就没能完全推进下去，但一定会影响到国字的简化进程。大家再看看这张图片，这是牛公近期到台湾拍的几张图片。

台湾虽然所使用的'湾'是古体字'灣'，但简化了的'湾'也在使用。这幅图片就证明了简化字在台湾其实也在使用。"

众臣连连点头："是的，是的，确实是的！"

警报第四十三：国字的简化与认识的简化

雨师说："此前我查看投诉牛公的材料时也注意到简化字的问题。我也看到尘世间有些人发表的文章对大陆简化字的做法有这样那样的看法，甚至认为简化字破坏了民族文化的传承和发展。看了这些文章，我也以为简化字就是简化文化，就是庸俗了民族的文化思想。听了雷公的介绍后，我才明白了大陆简化字的背景和目的，确实很有意义。"

仓颉说："简化其实就是创新。一开始的时候，人们所创造的字可能考虑的问题比较多，所以形式就显得比较繁杂，就像'为'一样，简化了的'为'比繁体的'為'不但更简洁，而且含义更明确。繁体的'為'结构之所以很复杂，是因为远古时期由于经济和科技都不发达，要做一件事很不容易，要通过很多方式才能完成。就像种地一样，先要将地用铁锹或犁把耕一耕，然后再撒上种子。种子发芽之后要付肥、要除草、要浇水、要锄地。成熟之后要一个一个地摘取果实。果实摘取之后，要挖掉或砍掉根杆，还要晒干，因为平时烧饭要用、冬天烧炕要用。瞧瞧，在古代的时候，为了种庄稼，程序多复杂，任务多繁重，所以‘為’就显得这么复杂，为了做任何事情都要有三个层面的发展、四个点上的努力，才能最终成功。现在神州大地经济很发达，科技更发达，做任何事情都不会像古代那么繁杂。就是种庄稼，基本上就是一种、二养、三收，很简单。所以将‘為’简化成‘为’，很符合实际的。只要关注上下两点，一用力就完成了。简化的‘为’，其字面上就是这个意思。对吧？”

应龙说：“仓颉说得好像很有道理。国字的简化确实可以从这个角度予以说明。但简化了的国字有时确实显得缺少内涵了。比如说‘圣’字，古代的结构是这样的‘聖’。结构虽然比较复杂一些，但却是对民族文化传承上下五千年而不绝的表达。国内外学界都有人一直在思考，为什么华夏民族的文化传承千秋万代而不绝。其实只要看看‘聖’这个古体字，基本就明白了民族文化为何传承而不绝呢。‘聖’这个字由三部分构成，即耳、口、王。其基本含义就像牛公给学生讲解的那样，指的是用耳从上一代那里了解和掌握民族的历史和文化，用口将自己所了解的民族历史和文化传播给下一代，这就是对民族的最大贡献。远古时期的‘王’是‘奉献’的意思，可不像三代至今的‘王’，完全是‘霸道’的意思。”

雨师说：“古体的‘聖’字原来是这个意思！太有意义了！这实际上就向尘世间说明了华夏文化之所以传承千秋万代而不绝的根本原因。现在将‘聖’简化为‘圣’，似乎有点庸俗了。按照国人现在的观念，‘土’是庸俗的、落后的、粗糙的。那么，‘又’、‘土’不就是俗中更俗了吗？当然啦，从五行的角度来看，特别是从‘厚德载物’的角度来看，‘又土’当然是厚之又厚了，也很有内涵。只是这种内涵只能从传统的角度来考虑，而无法从现在庸俗化了的角度来考虑。”

风后说：“雨师说得也不无道理啊，类似情况在尘世间也一直存在着。在翻阅投诉牛公的资料时，我也看到了类似的情况。牛公对此的认识是两方面的：一方面是简化字有广泛传播和普及民族文化的效率,另一方面是简化字也在一定程度上出现了国字使用的混乱。比如说,古字的‘發’和‘髮’都简化为‘发’,显然引发了很多矛盾。古字‘發’的发音是 fā,有十三个含义,即‘交付或送出’、‘放射’、‘表达或阐述’、‘散开或分散’、‘开展或扩张’、‘打开或揭露’、‘产生或出现’、‘发酵或澎胀’、‘显现或呈现出’、‘开始或动作’、‘引起或开启’、‘公布或宣布’、‘射击’。而‘髮’的发音为 fà,只有一个含义,即‘人的前额、双耳和头颈部以上生长的毛’。大陆简化国字的时候,将‘發’和‘髮’统一简化为‘发’,在通俗语中没有问题。比如说‘发布’和‘理发’,尘民们都很清楚,两个‘发’的含义是完全不同的。这就像‘银行’的‘行’和‘行走’的‘行’一样,字完全相同,但含义却完全不同,人人都明白。”

风伯问道:“既然‘银行’的‘行’和‘行走’的‘行’字完全相同,含义却完全不同,但民众却人人皆知。但‘發’和‘髮’统一简化为‘发’,却有什么问题呢?风后刚才也提到,民众都懂得‘发布’和‘理发’之‘发’的实际含义。可见将这两个完全不同的字简化为同样的‘发’,应该没有什么问题吧。”

风后说:“问题似乎没有,但实际上还是有的。由于‘银行’的‘行’和‘行走’的‘行’字同而意不同,这是自古以来形成的表达方式,民众无论用简体字写或用繁体字写,都不会出现问题的。但‘發’和‘髮’自古以来不仅含义不同,字的结构也完全不同。简化之后,现在的国人就不大懂得繁体字的写法了。有些部门为了显现自己的文化底蕴,用繁体字张贴一些设备或工作的名称。例如,‘沙发’用繁体字写为‘沙髮’,‘理发’用繁体字写为‘理發’。自己觉得可有文化色彩了,其实完全写错了。”

天女说:“这种情况也蛮有意思的。虽然臣兄们看了觉得完全错了，但尘世之人看了却意识不到，基本就将‘有错改错’变成‘有错无错’。这也算是时代风采吧。我看到一份投诉牛公的材料，说牛公侮辱海上这个国际大都市。海上有条大道叫‘龙阳路’，非常有名。在一般人看来，‘龙阳路’太有内涵了，太有文化了，太有民族意识了。‘龙’和‘阳’的含义尘民们都知道，都将其视为所谓的‘正能量’。将这条重要的大道命名为‘龙阳’，其意义可谓非凡。二十年前牛公来到海上大都市的时候，看到这条大道的名称大为震惊。在他的印象中，‘龙阳’可不是‘正能量’，而是‘负能量’。所以他曾特别向有关部门提议，尽快将‘龙阳路’这个名称改掉，因为在民族的传统中，‘龙阳’指的是男妓，也就是古代说的‘面首’。”

应龙说：“啊呀，‘龙’和‘阳’确实代表的是‘正能量’啊，怎么变成了‘负能量’呢？我自己的名字是‘应龙’，与‘龙’相应啊，没有什么‘负能量’吧？”

天女说：“当然没有。‘龙’和‘阳’确实是‘正能量’，之所以合并在一起就成了‘负能量’，是因为战国年间有个男妓的名字叫‘龙阳’，所以‘龙阳’从此就成为男妓的代名词了。在战国年间，龙阳君是魏安釐王的男宠。他相貌美丽，后宫美女在他面前都黯然失色。龙阳君是中国历史上较早有记载的男同性恋，龙阳便成了后世男色的代名词。比如在清朝曹雪芹所撰写的《红楼梦》中，就将企图搞同性恋的薛蟠称作‘龙阳’。《红楼梦》第九回‘恋风流情友入家塾　起嫌疑顽童闹学堂’中写道：

> 原来薛蟠自来王夫人处住后，便知有一家学，学中广有青年子弟。不免偶动了龙阳之兴，因此也假说来上学读书，不过是‘三日打鱼，两日晒网’，白送些束脩礼物与贾代儒，却不曾有一些儿进益，只图结交些契弟。

可见，‘龙阳’确实是‘负能量’，所以牛公建议有关部门将此大道的名称予以更改。”

龙阳问道：“大道的名称改了吗？牛公的意见有关部门能理解吗？”

天女说：“大道的名称当然没有更改。在当今的尘世间，这样

的意见怎么可能被理解呢？这就像牛公一直要求学生要有‘一年之计在于春，一日之计在于晨’的意识一样，虽然道理是有的，但学生怎么可能理解呢？又怎么可能接受呢？不但不能理解、不能接受，甚至还对牛公的要求嗤之以鼻呢。有关部门对牛公的建议当然也是这样。”

雷公说：“从简化字的问题谈到了大道名称的问题，臣兄们的讨论似乎偏颇了，但也很有关联性的。无论怎么说，简化字的意义大家还是充分肯定的。至于其中出现的一些问题，也很自然。从民族的历史发展来看，没有问题其实就没有发展。所谓问题，既是挑战，更是进步。所谓进步，就是对问题分析、研究和解决。比如学界所谓的大师，其突出的表现就是能认真努力地解决各种各样的问题。”

应龙说：“雷公说得好啊！对大陆一直推进的简化字确实应从更高的层面来认识和理解啊！”

众臣齐声道：“的确应该这样啊！”

警报第四十四：国字的简化之争

雨师说：“简化字确实是有意义的。这是毫无疑问的。但查看尘世间投诉牛公的材料时，我也偶然看到了一些有关简化字的争论。除了香港、澳门和台湾对大陆简化字不同的看法外，大陆也有些类似的看法，认为简化国字就是淡化国学，甚至是剔除民族思想文化。”

应龙问道：“牛公对此的看法是怎样的呢？有人也投诉他反对简化国字吗？”

雨师说：“牛公其实并没有反对简化国字，甚至还强调简化国字对于推进民众的扫盲和普及民族的文化很有实际意义。只是在讲解民族语言文化的时候，他经常就一些繁体字的实际历史和文化意义向学生介绍，比如‘聖’、‘國’和‘習’。他之所以强调这些国字繁体结构的意义，主要是为了帮助学生完整地了解这些重要国字的含义。就像他讲解如何翻译‘学而时习之’时，通过繁体字‘習’就比较容易让学生理解其实际含义。他这样讲的实际意义臣兄们当然是理解的，学生们也是能够理解的。”

应龙说：“对呀，牛公通过繁体字向学生介绍有关字词的实际含义，很有意义，非常便于学生理解和掌握。事实既然如此，为何还要投诉牛公呢？”

雨师说：“投诉牛公的人也可能是自己没有理解。比如牛公有一次在和同事们座谈，谈到外国人的时候，他用了‘夷人’一词。一位同事愤然大吼，‘这是对外国人的侮辱，我坚决反对！’其实牛公所使用的‘夷人’可不是对外国人的侮辱，而是按照传统表达方式予以再现。大陆的学界现在不大使用‘夷人’了，但日韩还在使用。比如日本出版的一部书的书名是《华夷变态》。所谓的‘变态’，即‘变化’的意思。

我还从一部文献资料中看到日本发表的一些研究中外翻译问题的论文，题目中都将‘外’表达为‘夷’，如《华夷译语的编者马沙亦黑》（1917 年）、《关于华夷译语的资料》（1950 年）、《关于甲种本华夷译语的音译用字》（1951 年）、《甲种本华夷译语的音译汉字研究》（1951 年）、《增订华夷译语语释》（1953 年）等。”

风后说：“对呀，‘夷人’怎么是对外国人的侮辱呢？比如 1705

年朝鲜肃宗大王祭崇祯皇帝的祭文中写道：‘崇祯七十七年岁次甲申三月庚子朔十九日戊午，朝鲜国王臣李焞，敢昭告于大明毅宗烈皇帝。伏以，於赫皇明，为华夷主，功隆德厚，丕冒率溥。’说崇祯皇帝是‘华夷主’，即华夏民族和外族的主人。看看，当时的朝鲜大王也将外族称为‘夷’，说明传统的‘夷’就是‘外’的意思。”

鬼臾区说：“除此之外，‘夷’在华夏民族的传统文化中还有更为温馨的意义。民族传统语言中有很多与‘夷’有关的词语，表达的都是温馨的意思。比如‘夷延’指的是地势平坦而广阔，‘夷阻’指的是平坦和险阻，‘夷一’指的是太平统一，‘夷世’指的是太平之世，‘夷坦’指的是平和坦荡，‘夷伍’指的是平易而放达，‘夷易’指的是平易和平正，‘夷泰’指的是平和闲静，‘夷淡’指的是性情平和淡泊，‘夷雅’指的是平和娴雅，‘夷道’指的是平易之道，‘夷远’指的是平和而高远，‘夷为’指的是平和通达，‘夷粹’指的是平和纯正，‘夷澹’指的是平易恬静，‘夷简’指的是平易质人，‘夷姡’指的是公平美好，‘夷陂’指的是平正和偏颇，‘夷易’指的是平易和平正，‘夷庭’指的是平正和平直，‘夷由’指的是从容自得，‘夷白’指的是安于清贫和洁身自好，‘夷坦’指的是安详自若的样子，‘夷然’指的是平静镇定的样子，‘化险为夷’指的是转危为安。”

雷公说：“更重要的是‘夷’在《道德经》中的含义。《道德经》第十四章中说：‘视之不见名曰夷，听之不闻名曰希，搏之不得名曰微。’河上公对此的注解是：‘无色曰夷，无声曰希、无形曰微。’用现在尘世间的白话文来说，就是：看它看不见，把它叫作‘夷’；听它听不到，把它叫作

‘希’;摸它摸不到,把它叫作‘微’。‘夷’的意义可谓非凡啊!”

雨师说:“雷公说得好啊! 牛公将《道德经》视为天地之学,其在华夏民族文化中的意义至为重要,其对‘夷’的释义更非同凡响。将牛公使用‘夷人’视为侮辱外国人的说法,实际上充分证明了西方对华友好汉学家提出的‘中国没有文化’的说法。”

雷公说:“对牛公讲课方式的讨论,很能说明一些问题,有意义。对于简化国字的争论,臣兄们有些资料吗? 分享分享吧。”

雨师说:“我这里整理了一些资料,请大家看看,正反两个方面都很有意思。对简化国字嗤之以鼻的一些港澳台人士,经常会举例批驳。比如说,将‘親’简化为‘亲’,‘亲’就不见了,因为‘见’被取消了;将‘愛’简化为‘爱’,就无心了,因为‘心’被取消了;将‘產’简化为‘产’就不生了,因为‘生’被取消了;将‘廠’简化为‘厂’就空空无有了,因为‘敞’被取消了;将‘麵’简化为‘面’就无麦了,因为‘麥’被取消了;将‘運’简化为‘运’就无车了,因为‘車’被取消了;将‘導’简化为‘导’就无道了,因为‘道’被取消了;将‘兒’简化为儿就无首了,因为其上部被取消了;将‘飛’简化为‘飞’就成单翼了,下面的另一个翼和升都被取消了;将‘雲’简化为‘云’就无雨了,因为上部的‘雨’被取消了;将‘開関’简化为‘开关’就无门了,因为两个‘門’都取消了;将‘鄉’简化为‘乡’就无郎了,因为右边的‘郎’被取消了;将‘聖’简化为‘圣’就不能听也不能说了,因为‘耳’和‘口’都取消了。”

应龙说:“这个说法好像还是有意思的。”

雨师说:“更有意思的是,人家还强调说,有些该简化的大陆却一直没有简化。比如,‘魔’仍是‘魔’,‘鬼’还是‘鬼’,‘偷’还是‘偷’,‘骗’还是‘骗’,‘贪’还是‘贪’,‘毒’还是‘毒’,‘黑’还是‘黑’,‘赌’还是‘赌’。字面上看有意思,其实是借此批判大陆,不一定有实际意义。何止这八个字,大陆在简化国字的时候,很多国字并没有简化,依然保持其固有风格,如‘繁’、‘攀’、‘馕’等都没有简化。之所以没有简化,是因为历朝历代都没有对这些字进行简化。这说明大陆对国字的简化完全借鉴历朝历代的做法,根本不是自己凭空想象的,所以大陆对国字的简化都是很有道理的。”

应龙问道："对港澳台斥责大陆简化国字的说法，大陆有没有反对意见呢？"

雨师说："有啊！听了大陆的意见，就更温馨了。我曾经看到大陆某个学者说的一段话，很有意思，这段话当然是针对港澳台某些人斥责大陆简化国字的回应。他说：

> 汉字简化后，党内无黑，团中有才，国含宝玉，爱因友存，虽丑无鬼，阴有月，阳有日，唇有口，愿有心，岩有石，岳有丘，龟有甲，网象形，霉因雨生，炮因火射，小土为尘，一人为个，两人为从，三人成众，有手才能护，有口才能呼，有火才可生灶，良米才可做粮，以人为本才是体，目中出水才是泪，丰姿神色才是艳，开疆扩土才是战，有云无雨是常识，发电何时靠大雨？虫不是越来越多而是越来越少才好！而'神'还是'神'，'佛'还是'佛'，'真'还是'真'，'善'还是'善'，'美'还是'美'。只不过'台'无'吉'，'湾'无'言'。

我觉得大陆这位学者的回应不仅很有意义，而且也很符合实际。尤其是强调了'神'、'佛'、'真'、'善'、'美'这几个重要概念始终不变的意义。最后特别提出了'台湾'这两个简化字的特殊意义。没有'吉'，即台湾现在的所作所为并不吉祥；没有'言'，即大陆对台湾现在的诡异变化实在无言以对了。"

雷公说："关于简化国字正反两方的看法和说法，颇值反思。客观地说，天地之间的任何事物和现象都有正反两方面的表现，都应该从正反两方面去观察和思考。正如牛公所说的那样，'正能量'是需要的，'负能量'也是需要的。这就像'阴'和'阳'一样，

‘孤阴不生’,‘孤阳不长’。只有‘阴阳结合’,才能‘日月同辉’。”

众臣连连点头道:“雷公说得对啊!”

警报第四十五:长太息以掩涕兮

仓颉说:“经过多次密集的讨论,国字的问题终于有了定论,实在不易。对于这个问题的回顾和反思,非常有利于国人了解自己民族文化和文字的创建和发展,也非常有利于国人了解当年反对国字和消灭国字的背景和因由。”

应龙说:“经过多次讨论也开拓了我的视野,也使我终于明白了为何有那么多人为此而投诉牛公,而牛公又为何而面不改色心不跳。”

风伯说:“这么多人因此投诉牛公,说明他们并不了解自己的民族文化和文字的创建和发展,更不了解当年反对国字和消灭国字的背景和因由。所以,我要特别提请各位臣兄注意,所谓的‘八次密集讨论’,只是众臣们的自行讨论,而不是尘世间国人之间的讨论。所谓‘国字的问题终于有了定论’,也仅仅是众臣们自己的定论,而不是尘世间国人中的定论。尽管经过王选教授的努力,消灭国字的行为最终被彻底终止了,但国人对国字精气神韵的认识还有待进一步提高。”

鬼臾区说:“仓颉说得很有道理,值得肯定。风伯说得更有道理,值得关注。牛公在教学、研究和宣讲中始终将民族的文化、思想和精神与万事万物结合起来,既是在传承民族的思想文化,也是在普及民族的关联性思维。对于今天的国人来说,创新总是难上加难的难题。但对于有关联性思维意识和能力的国人而言,所谓的创新不过是上下结合、左右融合、表里契合、四方和合的简单举措而已。所谓的上下结合、左右融合、表里契合、四方和合,就是关联性思维的具体表现。可惜啊,由于民族文化的淡漠,如今的国人关联性思维就像‘黄河之水天上来’一样,显得那么虚无、那么不可捉摸。”

应龙说：“牛公如此这样地教育自己的学生，就是为了培养他们关联性思维的意识和能力，这的确是教育者所必须努力完成的一项重要任务。那么多的学人投诉牛公，既令人不可思议，也令人深有感触。”

鬼臾区说：“当今的尘世，时时都在‘换了人间’。这种不断变换的风景、风潮和风气显然使得生命有限的尘人难以及时调整自己的思维和思路。所以，对于思想和观念不变的人，他们显然是难以理解的、难以接受的、难以容忍的。从一份材料中我看到了一件特别有意义的事件。牛公一次讲座中的题目是‘国学·人学·夷学’，引起了学界某些人士的坚决反对，认为他在侮辱外国人。其实在国字中‘夷’的含义是多方面的，表示外国、外族也是很正常的。‘以夷制夷’的‘夷’就是外国、外族的意思。由于国人现在不太使用‘夷’这个字了，所以就不懂得其基本意思了，便将其视为侮辱外国人的字。如果有传统的意识，谈到外国人的时候当然应该使用‘夷’了，而不应该使用‘外’了。”

雷公说：“鬼臾区说得对。‘夷’除了表示‘外国、外族’之外，还有更为温馨的意思。比如，‘化险为夷’的‘夷’就是‘平坦’的意思。‘化险为夷’就是‘化危险为平安’，比喻转危为安。‘夷’在这里的意思显然是温馨的。老子在《道德经》中所说的‘大道甚夷而民好径’中的‘夷’，其含义也是‘平坦，平安’的意思，也是温馨的。古人所说‘夷一’就是‘太平统一’的意思，‘夷世’就是‘太平之世’的意思，多么和谐啊！另外，‘夷’还有‘喜悦’的意思。如《诗·召南·草虫》中的‘我心则夷’和《楚辞·九怀》中的‘羡徐术兮可夷’，其中的‘夷’就是‘喜悦’的意思。此外，‘夷’还有安闲、傲慢和损伤等多层意思。如果有民族传统文化的基础，懂得民族传统文字的内涵，怎么可能将‘夷’视为对外国人的侮辱呢？实在滑稽之至！”

应龙说：“是啊！所以面对坚持民族传统、弘扬民族文化和振兴民族精神的人，这些没有民族文化、民族意识和民族精神的人显然是难以理解的，当然会坚决反对的。这就像服装一样，现在的国人已经习惯穿西装了，这很正常。但不正常的是，一般的国人不但不习惯穿民族服装，而且还反对穿民族服装。这就是民族服装如今已经完全消失的主要原因。而其他民族却完全不同，如与华夏传统文化关系密切的韩国、日本和越南等国，虽然也已经西化了，但自己的民族服装却始终是正装，还一直在传承、在发扬、在光大。而华夏民族呢？完全自我剔除了自己的民族风采。”

风伯说：“但牛公却不同啊，虽然时代的风景在不断变换，风潮在不断变迁，风气在不断变乱，但他的思维和思路却始终一方一路，永不变色。他一直被动地与时俱进、主动地与时俱退。这大概就是牛公在不断变幻的时代里始终保持一方一路的民族精神的主要原因吧。”

天女说：“真不容易啊！牛公一直坚持着民族的思想、民族的文化和民族的精神。应龙提到的民族服装也勾起了我的反思。刚才我在翻看投诉牛公的材料时也看到了一份有关民族服装的问题。据投诉的人说，牛公两次公开拒绝参加有关部门举行的两次重要的毕业典礼。”

应龙说：“作为一位教师，拒绝参加学生的毕业典礼，确实不够尊重学生。牛公为何有如此不妥的行为呢？”

天女说：“原因当然是有的，而且是与民族的服装相关的。各位臣兄，注意到神州大地如今的毕业典礼使用的是什么服装吗？”

风伯说："不清楚。大概不会穿民族的服装吧，毕竟西化了。应龙刚才也谈到了这个问题了。"

天女说："是的，是的。神州大地各个高等学府举行的毕业典礼规定师生穿的都是西方的毕业典礼服装。按说，这也比较正常，因为西方的服装在神州早已普及了。牛公之所以反对在毕业典礼上穿着西方的典礼服装，原因有二。一是神州大地的教育首先必须是对民族文化和传统的继承和发扬，既然继承和发扬民族的文化和传统，怎么能完全穿着西方的典礼服装呢？起码应该中西合璧吧，应该也有一定的民族元素吧。二是毕业典礼不同于任何的庆祝活动，它是对民族优秀人才的激励和鼓舞。要激励和鼓舞民族的优秀人才，就必须要以民族的精神为基础。而毕业典礼上所穿着的服装不仅展示的是西方的风采，而且是对自己民族精神的颠覆。"

风伯问道："为什么是对自己民族精神的颠覆呢？颠覆的表现是什么呢？"

天女说："华夏民族自古以来就有'天圆地方'的观念，这一观念就是民族精神的一个重要标志。而如今的国人在毕业典礼上所穿着的西方服装中的帽子则显然是天方地圆，完全颠覆了华夏民族的传统观念。正因为如此，牛公曾明确地向相关部门的官员提出，应该尽快设计具有民族文化精神的毕业典礼服装。但他的这一建议却没有得到相关部门官员的赞同。从此以后牛公就公开拒绝参加任何层次的毕业典礼，目的是引起相关部门官员对民族意识的关注。当然，他的这一做法同时也引起了一些国人的反对和投诉，认为他不仅没有国际主义的意识，而且还故意破坏了国家现代化的教育事业。"

鬼臾区说："牛公的意见显然是有道理的，但在有关部门官员没有接受的情况下就拒绝参加高校的毕业典礼，似乎有些不合时宜。按照尘世间如今的习惯说法，就是情商比较缺少。"

雷公说："在如今这个国际化的时代里，情商确实比智商更重要。尘世间年年都有各种各样的奖项，获奖的人当然都有一定的业绩。但仔细地俯察俯察，就会发现很多真正有创新、有发明、有

贡献的人却不一定能获奖，原因就是他们的智商虽高但情商却低。不过牛公所遭遇的问题以及他所采取的僵化性举措似乎还不完全是情商欠缺之因，而是民族意识太强所致。牛公虽然特别强调‘通百家’，但他似乎对孙子兵法还不是太通啊。”

雨师说：“牛公在教学中一再强调‘百家一通，译事如风；百家不通，译事如空’。由此可以看出，他其实是通百家的。之所以没有将孙子兵法完全付诸实践，自然与时代的风潮有着直接的关系。在这样的一个时代里，他肯定更重视‘长痛不如短痛’的观念。在特殊的时代里，在有生之年里，要实现自己的理想和追求，‘长痛不如短痛’显然比‘此时无声胜有声’要客观实际得多。”

雷公说：“雨师说得好啊！关于情商与智商的问题，确实要与现实结合起来才比较客观。就牛公而言，其智商一直平平，其情商也一直淡淡。确实需要予以关怀。”

雨师说：“牛公虽然智商低，却在学业上有一定的进步；牛公虽然情商淡，却在交友上有一定的厚意。这又是为什么呢？”

雷公说：“关于这一点，牛公的学术著作和杂文论集就已经有了非常明确的陈述。凡是阅读了他的著作和杂文的人，就一定会理解他为何能在‘寒热温良’中实现梦想，在‘升降沉浮’中完善自我。”

岐伯说：“需要众臣关怀的不是他的情商和智商，而是他所面临的问题和挑战。这些问题和挑战虽然是他所面临的，但更是民族所遭遇的。对此要关注的不仅是众臣，更应是国人。众臣必须要下定决心，排除万难！”

众臣拱手而拜道：“遵旨！”

卷 六

警报第四十六:耗言撞语

雨师说:“正如天师所指出的那样,牛公所面临的问题和挑战确实是民族文化发展所遭遇的寒冬和天险。但是,如何才能解决这些问题和挑战呢? 我实在理不清头绪了。”

风伯说:“我也理不清了,不知背景怎样,不知前景如何。现状,当然,各位臣兄人人都很清楚。但这样的现状又是怎样造成的呢? 为什么没有国人认真反思呢? 为什么关心牛公的人没有对此进行分析和思考呢? 至少应该为我们提供一些可资借鉴的文献和数据吧。就是投诉牛公的人,除了谴责之外,也没有提出任何客观实际的依据。”

风后伸手指指仓颉说:“仓颉啊,你怎么又不言不语呢? 你得关心关心国人呀,你更得关注关注民族文明和文化呀,不然,你尘世间奋斗一生,你云天里一直观望,又有什么意义呢? 实在不可思议呀。”

仓颉说:“老子说,‘道法自然’,很有道理。‘道’处处皆有,不仅在天上地下,更在于尘世民间。咱们都曾经在尘世间奋斗了一生,在咱们的奋斗中,谁没有遇到过阻力? 谁没有遭遇过抵制? 虽然那时的阻力和抵制与现在尘世间的阻力和抵制性质完全不同,结局更是不可想象。但问题出现的因由还是比较相近的。”

风后说:“算了,算了,不用麻烦仓颉了。哪位臣兄能帮帮我?”

天女说:“风后啊,其实你根本无须求助。只要你看看鬼臾区所整理的一些材料，你就一定会明白你所不明白的问题。”

风后说：“鬼臾区有什么材料？我怎么没有看见？是保密的吗？为什么不与大家一同分享呢？真是奇怪了。既然是组织我们讨论，自然应该为我们提供更多、更重要的资料。毕竟我们远离尘世了，虽然可以俯察下界，但还是无法俯察尘人的心理状态和思维理念的。”

天女说：“别指责鬼臾区，他没有将这些材料完全公开，当然是有道理的。我也是前几天向他咨询一些问题时才注意到他在整理一些很有意义的材料。虽然很有意义，实在不便给大家看。我看了几条，不仅感到不可思议，而且也感到必须秘藏起来，不要让尘民们都一一看到。不然将引起更大的争议。这样的争议完全不是所谓学术性的，很可能就是分崩离析的。这太可怕了。虽然我们都在九霄云天，但毕竟还是有机会奔赴下界考察的。”

鬼臾区说：“天女的看法很对。这就是我整理到这些材料后一直没有向大家公布的原因，希望大家理解。”

风后说：“理解，理解，千万别担心，我们毕竟早已远离尘世了，早已没有尘世之人的意识和观念了。请你将这些材料公布公布，让我们了解了解，以便能更好地掌握相关问题的背景、现状和后继情况。即便我们有机会奔赴下界考察，也不会将这些情况散布给尘世之人的。”

鬼臾区说：“好吧。天女此前已经看到了一些材料，对这些情况已经有所了解了。我就将这些材料给天女吧，请天女向大家介绍。我虽然认真地看了这些材料，但不一定完全理解，也听听大家对这些材料的分析，帮我梳理梳理思路吧。”

天女说：“鬼臾区将这个机会给了我！太好了！按照尘世间的政策和策略，我就成了天工的新闻发布人了，太有意思了！”

风伯说：“天女呀，你怎么又尘世化了呢？别太浪漫，自然一些，给我们发布吧。作为九霄云天的新闻发布者，意义确实非凡呀！可以自豪，但别骄傲。说吧，说吧。”

天女哈哈一笑说：“好啊！好啊！让我发布，我确实自豪，但一点也不骄傲。首先各位臣兄应该好好地感谢鬼臾区为我们搜集到

了这么多重要的资料。看了这些资料，各位臣兄的脑子肯定一下就清醒了，不会再为此而困惑了。我现在不像风后那么困惑，就是因为我已经从鬼臾区那里看到了一些资料，懂得了时下的尘世间到底什么是本、什么是末。”

风后说：“好啦，好啦！快说吧，别飘了。”

天女说：“好的，好的。我说了。鬼臾区所收集到的这些材料，主要是百年来反对国字的人的言行举止。清末民初的时候，华夏民族面临着来自西洋的攻击和打压。虽然当时的国人基本上还是非常热爱自己民族文化的，但面临如此巨大的挑战也常常使他们感到困惑。当时也有不少政界和学界的重要人物，由于深受西洋文化的熏陶和影响，开始鄙视自己的民族文化和文字，将自己所处时代的困难和问题完全归咎于民族的文化和文字。由于脑海深处形成了这样极端偏颇的理念，他们就想方设法地消灭民族文化、消灭民族文字。虽然如今他们都下了地狱，但他们当时在演讲中、在文章中还是留下了很多企图摧毁民族文化、消灭民族文字的想法和做法。”

应龙说：“民族危难的时候，居然还有这样一些政界的高官和学界的大师，可恶，可憎，可恨！具体说说吧。”

天女说：“就说说钱玄同吧。此前我们已经谈到了钱玄同如何仇恨民族文化，尤其是民族文字，一直在想方设法地要消灭国字。这可以说是他所谓的‘革命理想’。当然这样的‘革命理想’不仅仅是他个人的，而是当时所有拼命消灭民族文化和文字的汉奸们和华奸们统一的‘革命理想’。他以及他的集团军们对于国字的辱骂和消灭，此前我们已经谈到了，而且还都一一作了分析和总结。但还有一点，最重要的一点，我们没有关注。如果当时大家关注了这一点，对他及其集团军们的认识，可能就更全面了。”

应龙问道：“这最重要的一点究竟是什么呢？为什么当时鬼臾区没有提到？是怕我们受到了刺激吗？”

天女说:“鬼臾区当时之所以没有提到这一点,大概就是出于这样的考虑吧。当时如果真的将这一点提出了,大家的情绪恐怕就难以控制了。现在大家已经比较深入地了解了尘世间的过去和现在,心情已经有所平稳了,所以我才建议将这一点告诉大家,让大家冷冷静静地思考。当然,所思考的不仅仅只限于这一点,而应将思考的层次拓展拓展。这样,我们可能就比较清楚地了解如今的尘世了。”

雨师说:“有道理。说说那一点吧。”

天女说:“当时为了尽快地消灭国字,钱玄同自己31岁的时候提出,‘四十岁以上的人都该杀!’为什么要将四十岁以上的国人都杀了呢?就是为了彻底消灭民族的文化和文字,因为四十岁以上的国人基本上都深入地学习和掌握了民族的文化和文字。”

雨师吃惊地说:“天哪!钱玄同居然有这样的想法啊!如果他当时是皇帝或总统,那民族可不就被彻底地消灭了吗?”

天女说:“是啊。当他41岁的时候,胡适先生特意写了一首白话诗,既是嘲笑他,也是警告他。这首白话诗的题目是《亡友钱玄同先生成仁周年纪念歌》,当然钱玄同当时并没有死,只是嘲笑他而已。我将这首诗念给大家听听。

该死的钱玄同!怎么至今未死?
一生专杀古人,去年轮着自己。
可惜刀子不快,又嫌投水可耻。
这样那样迟疑,过了九月十二。
可惜我不在场,不曾来监斩你。
今年忽然来信,要作成仁纪念。
这个倒也不难,请先读封神传。
回家先挖一坑,好好睡在里面。
用草盖在身上,脚前点灯一盏。

草上再撒把米,瞒得阎王鬼判。
瞒得四方学者,哀悼成仁大典。
年年九月十二,到处念经拜忏。

度你早早升天，免在地狱捣乱！

这首诗有意思吧？钱玄同当时看了不知有何感想。不知羞愧不羞愧。”

应龙说：“确实有意思。钱玄同看了这首诗一定会感到羞愧。他自己后来有没有自我悔愧的言行呢？有没有留下自我检讨的文字呢？”

天女说：“这个，我不清楚，估计没有留下来吧，鬼臾区好像也没有查到相关资料吧。”

鬼臾区说：“我确实没有查到钱玄同自惭自愧的言行。也许到了晚年的时候他已经自惭自愧了，可能不好意思说吧。”

风后问道：“牛公知道钱玄同的这一极度过分的说法吗？他是怎么看待钱玄同如此伤天害理的说法呢？”

天女说：“牛公大概读小学的时候就听他的舅舅讲过这件事，当时他不太理解，也不太明白其用途何在。他读大学的时候，有机会看到很多文献资料，对此有了一定的了解。参加工作以后与各界接触多了，他对此的理解就更深入了。他曾经在一片杂文中谈到了这件事，对钱玄同当时的所作所为极为愤慨。他说：

> 比如‘新文化’运动的干将钱玄同，不但要废除古文，而且要废除国字。他曾公开放言，要将40岁以上的中国人统统拉出去枪毙，以便将中国传统文化、文言文和国字‘彻底扫入历史的垃圾堆’。和钱玄同比起来，吴宓简直是‘小巫见大巫’了。如果说吴宓犯的是‘杀人’罪，那么钱玄同所犯的，简直就是‘大屠杀’罪。”

应龙说:“钱玄同可真犯了大屠杀罪了！他居然要求将四十岁以上的国人统统拉去枪毙!”

天女说:“由此就能对有关问题的背景了解得更深入了吧。这就是我今天特别想按鬼臾区所搜集的资料向大家传递的一个信息。当然,这些资料中还有很多与之下相同和相近的信息,今天就不一一像大家介绍了,大家可以抽时间看看。”

应龙说:“明白了。听了牛公的杂文,我的感受更深刻了。我建议各位臣兄不仅要看看这些资料,也要看看牛公的杂文。在这样的一个时代里,能看到具有阴阳、表里、寒热、虚实这八纲的杂文,可真不易啊。”

众臣齐声道:“此建议甚好!”

警报第四十七:可说与不可说

应龙说:“我翻看了牛公的一部杂文集,似乎有所明确,但似乎又有所迷糊。他在封面上写了这么两句话‘窗外的世界,虽然很好说,却也不一定说得好。窗内的世界,虽然不好说,但也不一定说不好。’窗外和窗内的世界指的是什么呢？为什么很好说的却说不好,而不好说的却反而能说好呢?”

鬼臾区说:“这里的‘窗’可能就是尘世间屋子里的窗户,也可能是尘人面部的眼光,更可能是尘人胸中的心境。这个‘窗’字的结构就很有意思,牛公很注意国字的结构,也常常通过国字的结构说明很多他想表达的观念。有一次为研究生讲座的时候，他只讲了三个字，颇令在座的学生们感慨万分。”

应龙问道：“他讲的是哪三个字呢？是‘研究生’这三个字吗？”

鬼臾区说：“是的。‘研究生’这三个字的结构确实很有内涵，很能启发学生的学习热情和创新意识。‘研’是由‘石’和‘开’构成的。‘石’和‘开’结合在一起，既是‘石开’的意思，更是‘开石’的意思。对于尘世之人而言，最大的希望就是‘石开’，‘石开’不仅意味着坚硬的石头已经打开了，更意味着艰难的问题已经解决了。对于研究生而言，更重要的是‘开石’。所谓‘开石’，字面上看就是‘打开石头’的意思，内涵上讲则是‘深入求索’的意思，更是‘努力创新’的意思。如今的尘世间，开石寻玉的商业活动非常普及。人们所追求的美玉就隐藏在岩石中，只有通过自己的认真观察、推测和剖析，才能清楚哪块岩石中隐藏着自己所寻求的美玉。对于研究生而言，认真学习、努力实践和不断探索就是‘开石’。只有通过‘开石’，才能有所发现，有所创新。这就是‘研’的基本含义，也是研究生的基本任务和要求。”

应龙说：“如此简单的国字，含义如此深厚，形象如此明确，实在意义非凡啊！让研究生明白‘研’的含义，对于启发他们的研究意识和增强他们的研究能力实在是不可或缺啊！”

鬼臾区说：“确实是不可或缺的。所以每年给新来的研究生讲课时，牛公就特别重视对‘研’的解读。在西化了的时代里，由于学界对民族文化的欠缺和对民族文字的不解，虽然重视所谓的研究能力和研究水平，却很难懂得研究的实际内涵和行动指南。”

应龙说：“所以在尘世间的研究领域里，坐享其成者可谓多矣，行思坐想者亦可谓多矣。虽然性质非常不同，但结果却始终一致。”

风伯问道：“坐享其成的显然不会认真地学习和研究的，自然不会取得任何成绩和成果。但行思坐想者一定会认真地学习和研究，不然怎么会不断地思考和构想呢？但为什么两者的性质不同而结果却始终一致呢？好像有些矛盾了。”

鬼臾区说：“应龙说的坐享其成者，朝朝代代都有，只是多少不同而已。而行思坐想者呢，朝朝代代也都有，只是所思与所想者不同而已。坐享其成者呢，国人都能理解，也都有感受。但对行思坐想者，虽然也有一定的感受，但其表与里、本与末的问题却不一定就能理解。自古以来民间就有‘穷不过三代’和‘富不过三代’之说，就体现了国人的一定感受，很有思考意义。”

风伯问道：“‘穷不过三代’和‘富不过三代’之说与坐享其成和行思坐想有什么关系吗？为什么‘穷不过三代’呢？”

鬼臾区说：“穷之所以不过三代，就是因为穷了的人一般都总在想方设法地使自己富裕起来。而有这种想法的人一般都会采取各种各样的措施努力改善自己的生活环境，增强自己的物质基础，提高自己的生活水平，为下一代的美好生活创造条件。经过一代两代的努力奋斗，第三代就会彻底摆脱贫困，就会完全富裕起来。这就是‘穷不过三代’的主要原因。”

风伯说：“明白了。但为什么‘富不过三代’呢？”

鬼臾区说：“经过两代的努力，第三代就不穷了。终于不穷了的第一代虽然生活幸福了、物质丰富了，但一定还有继续奋斗的意识，一定要想方设法使自己的家族‘万岁！万岁！万万岁！’但到了第二代，继续奋斗的意识就比较淡漠了，想方设法地享受生活就成了他们的唯一梦想和目标了，家族的物质财富就不再增长了，不但不增长了，而且还在不断地减少。到了第三代，家族虽然形式上依然是辉煌的，但实际上已经开始没落了，因为金库已经空虚了，财力已经消失了，穷自然就日益显现了。这就是‘富不过三代’的主要原因,这也是‘穷不过三代’和‘富不过三代’的彼此相关性,这更是‘坐享其成’与‘行思坐想’性质虽然不同但结果却完全相同的根本因由。”

天女问道:“‘穷不过三代’与‘富不过三代’、‘坐享其成’与‘行思坐想’难道都与‘研’有关系吗?如果有关系,又该如何理解呢?”

鬼臾区说:“尘世间很多事情是可以说的,但也有很多事情是不可以说的。不可以说的事情如果说了,就会使梦想破碎了。‘穷不过三代’与‘富不过三代’,‘坐享其成’与‘行思坐想’,究竟与‘研’有无关系,尘世之间一定会深思的,各位臣兄就不必具体深思和分析了。”

风伯说:“理解。那就继续讲讲‘究’的结构和含义吧。这还是需要认真深思和分析的。”

鬼臾区说:“对的,这确实是需要认真深思和分析的。‘究’是由‘穴’和‘九’构成。‘穴’远古时期指的是山川里的巢穴,是有巢氏之前民众的居住之所。有巢氏创造房屋之后,‘穴’就指的是民众居住的屋子。‘九’虽然是个简单的数字,但其意义却更为非凡。在民族传统的数字中,‘六’代表阴,‘九’代表阳。所以在‘易经’中,‘九’就代表的是乾卦。此外,‘九’还代表着最多、最高和最终。成语‘九九归一’就颇能说明问题。从学习和研究的角度来看,‘究’就意味着读书人、研究者应该心静神安地坐在房间里,认认真真地努力学习,坚持不懈地深入探索。这里的房间也可以理解为教室、书房和寝室。‘九’就是持续不断的意思。能做到这一点的学生或学者,即便智商不够高,但进步一定会取得的,成果一定会获得的。现在的尘世间,学界之所以比较虚无,就是因为缺少了‘开石’的意识,尤其是缺少了‘究’这一坚持不懈的意志。”

风伯说:“研究生如果有了‘研’的意识和‘究’的气力,学业上的创新和发展就自然而然了。‘研’和‘究’已经分析清楚了,太好了!‘生’又该如何理解呢?”

鬼臾区说:"'生'的结构和含义也很有意义。'生'是由'牛'和'一'构成。'牛'是华夏民族开创农耕文明时最为重要的桥梁。'牛'虽然不如马的力气大,更不如马的威力大,但却比马的忍耐力大,比马的持续力强,比马的生存力坚。所以在古代'牛'就是'直方大'的意思,在现代'牛'就是'高大帅'的意思。在时下的尘世间,'牛'常常用来赞美一个能力强、水平高、影响大的人。'一'字面上就是一个数字,但内涵上却指的是大地。所以国字'上'和'下'中的'一'都是表示大地的意思。所谓'上',结构上就是在大地的上面;所谓'下',结构上就是在大地的下面。作为学界的学生或学者,人人都想'牛'。即便是已经成为'牛'了,但如果没有立足于大地,就不可能是'牛',更不可能有'生'了。如果既想成为'牛',又想有'生',就必须得立足大地。只有立足了大地,'牛'才能与'一'结合在一起,'生'的条件才会奠定。"

风伯说:"很有意义啊!但只要存在于地球上的任何动物和植物都自然而然地立足于大地,怎么可能偏离了大地呢?即便是飞机,在空中飞行几天几夜之后,还是要归回大地的啊!"

鬼臾区说:"这里所说的大地其实只是'基础'的一个比喻。做任何事情的人,如果没有为其奠定基础,怎么可能获得成功呢?"

风伯说:"奥,明白了!原来这里的大地是比喻'基础'的!比喻得好啊!只要奠定了像大地一样的基础,任何梦想和追求就一定会实现。'研'、'究'、'生'这三个字太有意义了。作为教师的牛公能刻意向学生解释清楚这三个字的含义,一定会对学生有很大的激励和启发。尘世之人对于这样仁道的教师真不该恶意鄙视，更不该故意投诉啊！”

鬼臾区说：“是啊！但尘世毕竟是尘世啊，怎么可能没有灰尘和雾霾呢？”

风伯说：“理解。‘研’、‘究’、‘生’这三个字已经分析得很深入了，对我自己都很有激励、很有启发，更何况对于尘世间的学子和学者呢。刚才我提到的那个‘窗’字也应该非常有意义吧，也应该能够激励和启发尘世之人的。如何理解‘窗’这个字的结构和含义呢？请说明说明吧。”

鬼臾区说：“‘窗’这个字确实很有意思，这就是为什么牛公特意用‘窗’来表达他想表达的意思。但毕竟尘世间有‘该说的’和‘不该说的’这一观念啊。牛公就是因为明白这个道理，所以他才将‘不该说的’以‘窗’喻之，而没有具体点明。”

雷公说：“鬼臾区说得对。尘世间确实存在着‘该说的’和‘不该说的’这一观念。既然‘窗’所喻的是‘不该说的’，自然就不必说了。”

风伯摆摆手说：“明白！”

警报第四十八：留学生与烟雾尘

风后说：“牛公曾经说过：‘多余的话，其实是不必说的。这是历史的经验。’但从几个投诉材料来看，他还是经常说‘多余的话’，因而给他自己的生活和工作造成了很大的麻烦。投诉他的不仅是国人，而且还有夷人。真是不可思议。”

鬼臾区说："牛公确实说过这样的话。但说了这样的话，他又立刻说了别样的话。看了他所说的别样的话，大家就明白了他明知多余的话是不必说的，但为什么又不得不说。"

风后说："很有意思。既然明知多余的话不必说，但又为什么不得不说呢？所谓别样的话又是什么样的话呢？"

鬼臾区说："在一部杂文集中，牛公曾经说过这样一段话：

> 然而，在这个'人'与'言'不再合二为一的时代里，风霜饱经的守'信'者们，往往明知多余，却禁不住还要说一说。

这就是牛公说了'多余的话，其实是不必说的'之后，又继而说了很多'多余的话'。这些'话'虽然是'多余的'，但历史和现实还是觉得是'必需的'。这大概就是牛公坚持要说'多余的话'的主要原因吧。尽管说了'多余的话'令他非常尴尬，甚至非常难堪，但他依然坚持，因为他经历过'倒春寒'。"

雷公说："'倒春寒'其实是自然的，更是现实的，无法回避。牛公虽然很重视'倒春寒'，但似乎忽略了此'寒'是在'春'，而不是在'冬'，所以只能是'偶然'，而不可能是'必然'。所以，在温暖的春天遇到了寒气，缩缩手，抬抬肩，快快步，就会迎刃而解。"

鬼臾区说："雷公说得很有道理。牛公可能忽视了这个道理，所以在春天一遭遇到寒气，就立即警觉起来，并立刻点起一堆一堆又一堆的干草，希望能将寒气扑灭。虽然这样的做法很有温情，但毕竟只是九牛一毛啊。"

风伯说："各位臣兄云里雾里在说什么呢？牛公真的如此这样地关注倒春寒吗？作为尘世之间的尘人，他怎么可能不懂得倒春寒的道理呢？请求真务实吧，千万别求假务虚啊！"

鬼臾区说："风伯别激动。我和雷公说的其实是尘世间的大实话。如今的尘世，实话就是这么说的。虽然听起来云里雾里，但实际上还是前里后里、左里右里、你里我里。臣兄们现在虽然都在九霄云天，但还是要关注一点尘世间的风气啊。"

风伯说:“还是以理服人吧。不说实话,只说虚言,尽管尘世之人是能理解的,但我们这些九霄之上的天工还是难以理解啊。”

鬼臾区说:“好吧。我就说点实例吧。听了这点实例,天工们一定会明白其中的道理。刚才风伯提到了夷人的投诉,各位臣兄一定会感到惊讶,夷人怎么也投诉牛公呢?这与牛公坚持说‘多余的话’有着直接的关系。经过三十多年的改革开放,神州大地终于实现了‘物产丰富’的梦想,成为全球最大的经济王国。为了更好地发展经济,很多院校都开始招收留学生,也有很多异国的人士千里迢迢来到神州学文化、长知识。留学生的招收和教育显然是在全球普及和传播民族的文化和思想的一个重要桥梁,其重要性可谓不言而喻。但留学生在高校的表现却令牛公颇感失望,并因此而引发了很多人的愤恨和不满。愤恨和不满的人既有国人,更有夷人。”

风伯问道:“牛公为何对留学生感到失望呢?一般来讲,留学各国的学生应该都是比较优秀的学生,都怀有在全球完善自己人生的梦想。比如清末民初到欧美留学的一批又一批留学生,他们很多成为民族发展的脊梁。外语界都知道的严复就是其中之一。第二次世界大战之后,神州创建的‘两弹一星’就是留学美欧的杰出国人所发明创造的。可见,留学生是多么重要、多么优秀、多么受人敬慕!时下留学神州的异国学人为何令牛公失望呢?是因为他不懂得异国人的语言和风采吗?”

鬼臾区说:“正如你刚才所说的那样,牛公始终对留学生都充满了敬慕之情。通过了解清末民初留学欧美的国人,牛公懂得了留学的意义和作用。因为只有通过留学,东西才能真正地合璧。只有东西真正地合璧了,神州才能真正地做到‘长其长而短其短’。牛公也非常关注在神州留学的夷人。以前他在国医院校工作时接触到很多留学生，发现那些留学生不仅认真地学习国医，而且还认真地学习国学，尤其是古籍经典，令他非常感动。一般来说，在国医领域留学的夷人意志非常明确，就是要努力地掌握好国医的精气神韵和理法方药。所以他们一边努力学习国医的理法方药，一边还努力地学习国学的精气神韵，真是令人感动，尤其是在国学已经淡漠了的现今。后来牛公来到了其他院校，发现该校的留学生与国学院校的留学生有着天壤之别。”

风伯问道：“为何其他院校的留学生与国医院校的留学生有着天壤之别呢？究竟区别在哪里呢？”

鬼臾区说：“原因还有待遇继续俯察。牛公来到其他院校之后，忽然发现留学生基本上缺乏自我发展的意志。不仅缺乏这样的意志，而且更缺乏对神州的尊重和尊敬。神州的校园始终都是温馨、典雅、宁静的文化园地，学生都不会在校园里抽烟酗酒、狂呼乱叫。但很多留学生在抽烟酗酒、在狂呼乱叫，无论男生还是女生。这种不可思议的现象令牛公非常惊讶，难以忍受。于是他便提醒留学生，不可在校园里抽烟，不可破坏校园的人文环境。奇怪的是，很少有留学生愿意接受他的建议，始终都在趾高气扬地拼命抽烟，甚至还对他狂呼乱叫。”

风伯说：“怎么会有这样的留学生呢？为什么高校不制止这种破坏校园环境的行为呢？难道这是校园特意为留学生制定的政策吗？真是奇怪！”

鬼臾区说：“确实奇怪啊！牛公说服不了留学生，便向相关单位和部门提出了自己的意见和建议。可惜的是，他的意见和建议并没有得到任何单位和部门的关注。尽管得不到相关单位和部门的支持，牛公并不放弃对留学生的关注，总是自告奋勇地前去阻止他们在校园抽烟。可惜的是，每次遇到这种情况，他都以失败而告终，很少有留学生愿意听取他的意见，很少有留学生愿意不在校园里抽烟。这一现状使得牛公从惊讶到愤怒、从愤怒到无奈、从无奈到失望。正因为愤怒，正因为失望，他才在很多场合说了很多别人——包括国人和夷人——无法理解、更无法接受的激烈之言。

这次之所以有国人和夷人投诉他,原因就在于此。”

风伯说:“可惜哉!可惜哉!牛公已经到了暮年了,还在为此而激愤不已,还在为根本无法解决的问题而不懈地奋斗,真是可惜啊!自己的眼界被迷失了,自己的心胸被迷茫了,自己的思想被迷雾了,不说‘多余的话’怎么可能?我终于理解了。”

鬼臾区说:“虽然理解了,但进一步的理解还很重要!牛公毕竟是属牛的,虽然努力,虽然认真,虽然不休,但还是有点太过僵硬了。在尘世间,一旦遇到了自己不可回避的问题,就应迎难而上,努力克服;一旦遇到了现实中不可回避的问题,就应顺其自然,不要刻意迎战,因为这并非是自己不可回避的问题。留学生在高校抽烟的问题大概就是现实中不可回避的问题,并非牛公自己不可回避的问题。将现实中不可回避的问题视为自己不可回避的问题,显然就是西班牙作家塞万提斯《唐·吉诃德》中的吉桑诺一直处在虚无缥缈的幻想中,实在有些偏离现实了。”

风伯说:“鬼臾区说得可能有些道理。但将牛公视为塞万提斯《唐·吉诃德》中的吉桑诺,这可太不公平了吧!各位臣兄都知道,牛公所做的一切都是为了培养民族的意识,都是为了增强民族的基因,都是为了发扬民族的精神,根本不是在虚无缥缈地自我幻想啊!”

岐伯说:“无论怎么说,道理都会有的。但无论怎样的道理都应该与民族的历史和现实结合起来,不然就会显得虚无缥缈。”

雷公说:“天师说得对!无论怎样的道理确实都应该与民族的历史和现实结合起来。尤其是民族时下的现实,更值得臣兄们好好地道一道、理一理。道清了，理明了，一定要想方设法传递给尘世的国人。只有如此，道理才是道理呀！”

众臣拱手而拜道：“遵旨！”

警报第四十九：尘世与尘埃

雨师说：“关于留学生的问题，我觉得确实是问题，而且还可能是比较严重的问题。正如西方的留学生一样，在国外留学的中国学生一方面必须认真学习西方的文化和知识，另一方面必须尊重西方的传统和习俗。虽然西方的留学生也会有胡作非为的行为，但毕竟是个别的，而不是总体的。”

鬼臾区说：“雨师说得对，现实的确如此。”

雨师说：“现在全球各地，西方的文化、传统和习俗都在日复一日地传播、发扬和光大。这与来自各地留学生对西方文化、传统和习俗的了解、尊重和热爱自然有着密切的关系。神州大地一直在努力推进华夏文化的对外传播，尤其是向西方的传播，如果连留学生都没有这样的意识和观念，怎么可能将华夏文化传播到国外，传播到西方呢？”

风伯说：“对留学生的培养和教育，确实是对外传播和推进华夏文化和思想的重要渠道。西方人的所作所为更是华夏民族必须借鉴的良好经验。如果留学生得到了良好的教育和培养，自然会了解华夏文化、尊重华夏文化、热爱华夏文化。如果留学生连神州大地的校园文化都不尊重，怎么可能尊重华夏文化？如果留学生连高校的教师都不尊重，怎么可能尊重华夏民族？这么简单的问题，为什么国人，尤其是学界的、政界的国人，都不关注呢？实在不可理喻。”

鬼臾区说：“神州毕竟正处在发展时期。发展时期所面临的问题可谓多之又多、繁之又繁、杂之又杂，怎么可能立竿见影地一一予以解决呢？”

雷公说:“神州大地如今的发展时期可不是以往自然而然的发展时期,而是统筹全球、超越全球的发展时期。所面临的问题不仅不是一般意义上的问题,而且是从有极到无极的天地挑战。对于处在九霄之上的各位臣兄而言,这些挑战似乎是简而单之的问题,但对于尘世之人而言则是开天辟地的问题,更是飞跃宇宙的问题。难啊!”

风伯问道:“盘古早就开天辟地了,尘世之人怎么又要开天辟地呢?是要将天地两仪颠倒过来吗?还是要将‘高卑定位,两仪即生’恢复到‘天地玄黄,宇宙洪荒’呢?”

鬼臾区说:“风伯呀,要多关注尘世之人啊!不然你就无法理解尘世之人了。”

风伯说:“我怎么不关注尘世之人呢?我怎么不理解尘世之人呢?我之所以提出这些问题,就是因为我关注尘世之人。当然,我也确实不会完全理解尘世之人。比如国人对于留学生在校园里肆意抽烟的胡作非为一点关注度都没有,确实令我不可思议。无论怎么考虑,我都无法明白这背后的缘由是什么。”

雨师说:“风伯说的也是我想说的。我也特别关注尘世之人的生活、工作和交流,所以留学生一事就激起了我极大的关注。”

鬼臾区说:“各位臣兄当然是关注尘世之人的。但为什么人类生存之地叫作尘世呢?为什么没有叫作清世呢?这一点理解吗?”

风伯挠挠头说:“这一点,真不了解。”

鬼臾区说:“不了解这一点,就不一定真能理解尘世之人,就更不一定能实实在在地关注尘世之人。有一次牛公在和朋友交谈的时候提到了这一问题,令朋友们颇有感触,也开始关注尘世之人真正的是与非了。”

雨师问道:“牛公是怎么谈这一问题的呢?他怎么可能懂得尘世之人真正的是与非呢?”

鬼臾区说:“牛公一生的所作所为就一个‘三’字:学习时‘眼到、心到、手到’,工作时‘读书、写书、教书’,休息时‘宁心、宁神、宁静’，外出时‘观天、观地、观气’，交流时‘问前、问现、问后’。大家都知道‘九九’可归一，‘三三’亦可归一。因为有‘归一’之道，牛公的认识就比较客观实际一些。有一次谈到尘世间的卫生状况时，一些友人颇为不满，觉得房间、院间、校间到处都有灰尘，不够卫生。虽然天天都有清洁工在打扫、在清除，但天天都有灰尘，都不卫生。牛公听了坦然表示正常。”

风伯说：“天天都有灰尘，到处都不卫生，这怎么是正常的呢？牛公的认识显然是偏颇的。对他的投诉，看来还是要认真思考的。”

鬼臾区说：“对牛公的投诉，的确值得认真思考的。但牛公认为天天有灰尘是正常的，却有一定的道理。所以友人听了他的解释之后，就有了别样的感觉，心理感受就发生了一定的变化。”

风伯说：“那就请你说说牛公的解释吧，看能否也让我有别样的感觉。”

鬼臾区说：“牛公对友人说，既然大家生活在尘世间，怎么会看不到灰尘呢？如果尘世间没有灰尘，怎么能将其叫作尘世呢？友人听了有点茫然，但略加思考就会明白了问题的实质。问题的实质明白了，情绪就不激动了，心神也就安宁了。此后不久，牛公收到了一位友人的来信，表示从此不再关注尘埃、不再关注雾霾。还有一位友人表示，他将终生在尘埃的四边生活，在雾霾的周围奔波，充分享受尘世间的本和质。”

风伯说：“尘世之人真聪明啊！怎么一听了牛公的这番轻描淡写的解释就明白了本和质呢？我怎么还不明白呢？”

鬼臾区说：“因为你已经远离尘世千万年了。千万年前的尘世与当今的尘世可谓泾渭分明，你若想真正了解当今的尘世，一定要亲往下界走一走、看一看。雷公之所以对尘世间如此清楚，就是因为几年前受黄帝的委托到下界寻找译人。在寻找译人期间，他走遍了尘世间的山山水水，感受了尘世间的风风雨雨，看穿了尘世间的是是非非，旁闻了尘世间的卿卿我我。从某种意义上说，他现在就是尘世高人在九霄！"

雨师说："太有意思了！虽然我现在也想不通牛公所说的本和质，但雷公的体验似乎已经说明了一切。风伯啊，我俩也要找机会到下界去调查调查。仅仅依靠俯察来了解，显然是不够务实的。只有像雷公那样亲自到下界巡查，才能看清楚尘世间的本究竟是什么、质又是什么。"

风伯说："这个道理，我还是明白的。只要有机会，我一定要去下界调查，看看当年的尘世与当今的尘世究竟有何区别。我此前翻阅一些来自当今尘世的资料，看到有人说所有的人都是茅坑，我以为是骂人的话，没有在意。刚才听了牛公关于人间尘埃的解说，我忽然想起了将人视为茅坑的说法似乎也有一定的道理。不过，这些道理与前面谈到的尘世间的问题都有什么关系吗？"

鬼臾区说："关系当然是有的，但究竟该如何去看待这样的关系，还应该与尘世间不同地域、不同种族、不同观念结合起来。就像此前提到的民族服装一样，日本和韩国虽然也普及了西装，但民族服装还是正装。所以就文化中的尘埃而言，日本和韩国相对来说还是比较轻微一些。再如尘世中的普通民众与佛徒，虽然都是尘世之人，都要吃喝拉撒，都可能有茅坑的形象，但毕竟民众要吃荤，佛徒要吃素。吃荤的民众，其呼出之气自然是腥的，其排出之气自然是臭的。而吃素的佛徒，其呼出之气自然有些清灵的，其排出之气自然是淡薄的。虽然都可能是茅坑，但毕竟有轻重之差、缓急之别呀。”

雨师说：“这样的解释似乎有些道理。我也曾经是尘世之人，虽然时代不同，但基本感受还是有所相近的。刚才看了牛公杂文集中的两句话，感受似乎就有所深入了。他说：

> 孔方兄们的‘谢’，必是金光灿灿的，珠光宝气的。这是凡人都明白的道理。
>
> 而我的‘谢’呢，则只有醒来明月、醉后清风。这是朋友们都熟知的。

他之所以所作所为皆有‘三’，他之所以感到尘世有尘乃自然，就是因为他的‘谢’是醒来明月，醉后清风，不受孔方兄的影响，故而自然之中更自然。”

雷公说：“雨师的感受还是颇为自然的。我到下界寻访译人的时候曾经看到一篇文章，仔细看看，一切都透彻了。这篇文章的题目是《风》，全文是这样的：

> 今天，很冷，因为有风。
>
> 有风的夏天，是惬意的。而有风的冬天，却是冰冷的，甚而——恕我直言——很有些趁火打劫的味道呢。
>
> 把领子直直地竖起来，严严地裹住脖子。将肩抖抖地耸起来，紧紧地托住脑袋。然而，风，还是灌了进来，直刺脊梁。
>
> 这无形而有声的风，据庄子说，是地之意气。很有些来头呢！
>
> 然而，这来头，似乎，又专门冲着衣衫褴褛者。很有些欺软怕硬的作风呢。而我，虽还不至于衣不遮体，但在这冰封的隆冬时节，到底还是抵挡不住寒风的步步紧逼。
>
> 所以，只好低了头，缩了脖，耸起肩，搓起手，抖起身来。
>
> 有什么办法呢？”

雨师说：“文章虽短，寓意深刻。仔细看看，确实透彻。问题道理皆有所感。”

警报第五十:中国自古有没有

雨师说:“有一份投诉,与‘中国’这个概念有关。看了既有意思,又有意味。各位臣兄注意到这个问题了吗?”

应龙问道:“‘中国’这个概念早已普及天下了,怎么对此还有投诉呢?我还没有看到。”

雨师说:“对‘中国’这个概念的投诉其实有两份,一份涉及这个词的来源,一份涉及这个词的翻译。”

鬼臾区说:“如果说到‘中国’这个词的来源,那可太悠久了。从民族有文字记载的历史来看,‘中国’这个词起码在周超时期就出现了。比如,《礼记·王制》在谈到不同地域之人交流的时候说:‘中国,夷、蛮、戎、狄……五方之民,言语不通,嗜欲不同。达其志,通其欲,东方曰寄,南方曰象,西方曰狄鞮,北方曰译。’”

雷公说:“《礼记》中提到的‘中国’与现在的‘中国’是完全不同的概念。周朝的‘中国’指的是西周的首都镐京——即现在的西安——及其下辖的四周地区,类似于现在的首都北京及其下辖的区县一样。在西周的时候,镐京及其下辖的四周地区基本上是周朝的主要地域,处在其他少数民族的中央,所以称作中国。镐京四周的少数民族,东部的叫作夷,南部的叫作蛮,西部的叫作戎,北部的叫作狄。”

应龙说:“雷公的解释很有意义。古代的‘中国’与现代的‘中国’确实不是同一的概念。但仔细想想,似乎还是同一个概念。西朝的‘中国’指的是周朝的核心领地,那也就是周王朝的基本地域。基本地域的四周都是其他民族,不一定属于周朝的子民,所以此时的‘中国’可以视为周朝或周王国。现代的‘中国’只是从地域上远远超过了周朝时期的‘中国’而已。起码来说，周朝的‘中国’指的是华夏民族的主体，与现在的‘中国’在理念上应该是一致的吧。”

雷公说：“应龙的分析有一定的道理。但清末之前华夏民族的国家意识与如今的国家意识不尽相同。清末之前的华夏民族包容性非常强，如果在与其他民族的交往中有需要，就会将自己管辖的领地送给对方一些。但在现代的国家意识中这样的理念早已被彻底放弃，即便是国家的一寸土地，也不可能惬意地送给其他国家。这就是时代变化最大的体现。”

应龙说：“确实如此。华夏民族国家意识的改变大概完全是受西方影响的结果。”

雨师说：“不是西方影响的结果，而是西方入侵和打压的结果。”

鬼臾区说：“雨师说得对，确实是遭受西方入侵和打压的结果。华夏民族自远古以来，其包容性非常强，‘龙’的形象就是最为温馨的体现，民族文化传承千秋万代而不绝更是最为光荣的体现。在大明时期，皇帝朱棣曾派郑和七次下西洋，第一次就指挥着六十二艘大船，带领大批军队。那时的西洋各地的民族和国家在经济、文化和军事方面均与中国无可比拟，但郑和带领大船和军队到了这些民族和国家，除了帮助他们自我发展之外，什么掠夺行为都没有。但西方的哥伦布下美洲可不是这样，每到一个地方，马上就树立起自己的国旗，宣布该地属于自己的国家领土。如果华夏民族自古就像西方人这么自私、这么霸道、这么掠夺，今日的世界哪还有五个大洲、一百多个国家呢？肯定完全被华夏民族所占领、所融化了，无论白人还是黑人，都是汉人了。”

雨师说：“说得好！如果今日的西方人能这样想一想，他们该多么感谢华夏民族啊！言归正传。有人投诉说，‘中国’这个概念民国时期才有，民国之前的历朝历代都没有。但牛公却不赞同这样的观点，认为‘中国’这个概念起码在民国之前就已经有了。他的不赞引起了学界有些人士的反驳。究竟是投诉者说得对还是牛公说得对呢？”

雷公说：“其实这个问题很简单，只要稍微翻看翻看历朝历代的文献，就不难发现。远的不说，就说说最近的清朝时期吧，‘中国’这个概念其实就已经有了。当年我下界找译人的时候，曾经参加过学术界的多次学术会议。有一次学术论坛中，有一位著名的学者作主题发言时说，‘中国’一词历史上并不存在，仅出现于民国时期。其论点是，中国历朝都是以朝代之名作为国名的，如‘大清’、‘大明’、‘大元’、‘大宋’、‘大唐’、‘大汉’、‘大秦’等，并无以‘中国’自称者。”

风伯说：“好像是这样的。”

鬼臾区说：“近日翻阅《红楼梦》第五十二回‘俏平儿情掩虾须镯 勇晴雯病补雀金裘’，却发现，现代意义上的‘中国’一说并非始于民国时期，其实《红楼梦》中就已经有此用法了。在该回中，宝钗的堂妹宝琴说：‘我八岁时节，跟我父亲到西海沿子上买洋货，谁知有个真真国的女孩子，才十五岁……有人说他通中国的诗书，会讲五经，能作诗填词’。这里讲的‘中国’显然与我们现在讲的‘中国’一脉相承。”

风伯惊讶地说：“原来清朝时期就有了‘中国’的概念了！”

鬼臾区说：“据宝琴说，那真真国的女孩子写的中国诗如下：

昨夜朱楼梦，今宵水国吟。
岛云蒸大海，岚气接丛林。
月本无今古，情缘自浅深。
汉南春历历，焉得不关心。

该回写道：

众人听了，都道‘难为他！竟比我们中国人强。’

这一句中的‘中国人’跟国人现在所说的‘中国人’可谓别无二致。由此看来，至少在《红楼梦》时代，‘中国’和‘中国人’的现代用法就已经出现了，并非晚至民国时期才出现。”

风伯说：“这说明牛公的认识是对的啊！投诉他的人因为没有了民族文化的意识和基因，当然无法理解牛公的说法。”

雨师说：“即便是没有民族文化的意识和基因，但只要查看查看历朝历代的文献资料，并不难找到依据啊。”

鬼臾区说：“没有民族文化的意识和基因的人怎么可能去查看历朝历代的文献资料呢？怎么可能看得懂、读得通古籍文献呢？虽然《红楼梦》这部小说并不难看懂，但由于受崇洋媚外这种时代精神的影响，很少有人会认真地去读这种经典民族小说了。”

雷公说：“当年我下界寻访译人的时候，与牛公接触过几次，谈到民族文化的传承问题时，牛公提到了《红楼梦》，哀叹许久。他自己最喜欢看的小说就是《红楼梦》。他曾经在多次讲座中提到了认真阅读《红楼梦》的意义，鼓励学生们好好学习《红楼梦》，努力做好文化人。有一次他谈到‘中国’这一概念时，他就引用了《红楼梦》里的这几句话，说明‘中国’的概念并非始于清朝。”

风伯说：“反对牛公的人只要按他的说法翻看翻看《红楼梦》，就不难找出依据，为什么要直接投诉他呢？”

应龙说：“这也很自然。投诉他的人毕竟是想将他打翻在地，永不翻身的啊！我曾翻看了学界的其他一些书籍，发现还是有不少学人点赞牛公的。有的人一开始也不理解牛公的说法，但查阅了像《红楼梦》这样的资料后，他们一下就茅塞顿开了。这样的学人毕竟是多数的，不然尘世间就又要‘换了人间’了。”

雷公说:“对于学术界来说,有不同的观点和认识,是极其重要的。之所以有不同的观点和认识,就是因为大家从不同的角度和层面对同一个问题形成不同的认识和看法,为最终解决这一问题提供了重要的信息和依据。当然,只要大家是客观自然的,是仁义礼智信的,虽然观点和认识不同,并不影响彼此之间的交往和交流,因为打击的‘道’和‘德’还是一致的。”

应龙问道:“如果大家的观点和认识都是完全一致的,结果一定更温馨吧。”

雷公说:“如果大家的观点和认识始终是完全一致的,其视野怎么可能开拓?其境界怎么可能拓展?其思想怎么可能深邃?其认识怎么可能提高?其创新怎么可能实现?时下的尘世间,就有个别如此这样的民族和国家,所以就成为全球最虚、最弱、最惨的民族和国家了。”

鬼臾区说:“雷公说得对啊!观点和认识不同,并不意味着思想和文化不同,更不意味着道德和精神不同。因为观点和认识不同就去诅咒别人,这样的人显然是没有道德意识的,更没有民族文化精神的。国人应该已经看穿了这样的无德之人,所以才温善地保卫了牛公。”

雨师说:“是的,国人令我敬仰!”

警报第五十一:美丽国家与瓷器国家

应龙问道:“雨师刚才说,投诉牛公关于‘中国’这一概念的认识,还有一个原因,是什么呢?请说说吧。”

雨师说:“另一个原因是对于‘中国’的翻译问题。大家都知道,‘中国’英文叫作 China,“中国人”英文叫作 Chinese。将‘中国’如此翻译,大概是明清时期西方与神州开始交往的结果吧。对于这个译法,牛公有一些看法。当然,他的这些看法其实并非与传统上的如此翻译有关系,而是与国人的民族意识有关系。”

应龙问道:“他的看法是什么呢?他是怎么向大家展现自己的看法呢?”

雨师说:“有一次美国的十几位教师到海上访问一个多月,了解中国的历史、现状和文化。访问结束的时候,牛公代表有关部门致辞。致辞的时间是五分钟。牛公举着厚厚的一叠纸对大家说,‘我代表教育大学向各位访问的美国教师致辞,虽然只有五分钟,但我准备了五十张纸。’大家听了哈哈大笑,五十张纸的内容五分钟怎么能讲完呢。”

应龙说:“是啊,五分钟怎么能讲五十张纸的内容呢?”

雨师说:“牛公举出一张纸,上面印着大大的一个字‘美’。他问在座的美国教师,‘这是个什么字?’这些美国教师在海上学习了一个多月,当然学了一些重要的国字。大家异口同声地说‘beautiful’。牛公点点头又举起一张纸,上面印着大大的一个字‘国’。他问大家,‘这是个什么字?’美国教师说‘country’。牛公将这两个字合并在一起问大家‘这两个字合在一起,是什么意思呢?’美国教师说‘beautiful country’。牛公微微一笑说:‘说的对。请问 beautiful country 是哪个国家呢?’美国教师说,‘It is certainly China!’牛公说,‘非也!是你的国家。’美国教师惊讶地说:‘Why is America a beautiful country?’牛公说,‘我不知道,但全中国人民都知道,因为中国人民非常热爱美国。’‘哇呀呀!’美国教师欢天喜地地大叫起来。”

应龙问道:“牛公为什么要这样说呢?为什么将 America 称作‘美丽的国家’啊?”

鬼臾区说:“将 America 译作‘美国’,其实只是简称而已,全称叫‘美利坚’,即美丽、顺利、坚强,是对 America 的欣赏和赞美。如果完全音译,应该是‘俄迈瑞卡’。但译作‘美利坚’,显然不完全是音译。如此之译虽然有不同的看法,但也很自然。欣赏别人,赞美别人,总是仁义之道嘛。请雨师继续介绍牛公的致辞吧。让大家了解了解，为什么他的这个致辞会引起一些人的投诉。”

雨师说：“牛公又举起一张纸，上面印着大大的一个‘德’字。他问美国教师认识‘德’吗？美国教师摇摇头。牛公告诉他们，‘德’的意思是 morality。他将‘德’和‘国’合并在一起，问大家世界上哪个国家是一个 moral country。大家你看看我，我看看你，谁也不知道。牛公告诉大家，这个 moral country 就是 Germany。大家惊讶地使劲拍桌子，‘Why is Germany a moral country？’牛公微微一笑说：‘因为中国人点赞德国人嘛。’”

应龙问道：“为什么将 Germany 译作‘德国’呢？Germany 真的是有德性的国家吗？”

鬼臾区说：“将 Germany 叫作‘德国’，也是简称，全称是‘德意志’，即‘仁德意志’，很有内涵啊！”

应龙说：“怎么如此赞美 Germany 呢？如果 Germany 真的是个有‘仁德意志’的国家，怎么可能引发第一次世界大战和第二次世界大战呢？难道华夏民族自己就没有仁德意志吗？难道神州大地不美丽吗？难道华夏文明不顺利吗？难道华夏民族不坚定吗？怎么能这样称呼 America 和 Germany 呢？是谁翻译的呢？可能不是牛公了。”

鬼臾区说：“如此之译起码在清末民初吧，显然不是牛公翻译的。在清朝的时候，America 似乎还译作‘米国’，据说是日本人翻译的。日本人很务实，想从 America 捞取利益。中国人实在太仁慈了，不仅不想从 America 捞取利益，反而要给 America 送去礼仪。所以就将日本人的译法‘米’改成了‘美’。中国人可真有仁德意志啊！”

应龙说：“有这样的仁德意志，应该是件好事。不知 America 的说法是否清楚。牛公在致辞中强调这一点，是不是为了提醒 America 懂得中国人对其的尊敬和热爱？”

鬼臾区说：“有可能吧。”

雨师说：“是否有可能，继续看看牛公的致辞吧。他之后又先后以同样的方式向美国教师展示了国字‘英国’是‘英雄之国’之意，指的是 Britain，‘法国’是‘法律之国’之意，指的是 France。如此等等，谈到了中国人对欧美多个国家的赞美和热爱，美国教师非常感动。美国教师感动万分之时，牛公话题突然一转，引发了大家的骚动。他举起了一张纸，上面写着大大的一个‘中’字，他将其与‘国’结合起来问大家，这是哪个国家？美国教异口同声地说‘China’。牛公立即举起一张纸，上面印的是 China 这个英文单词。他点点头说：‘你们说得对。中国人如此尊重欧美国家，将其国名翻译得如此美丽雅致。但你们欧美人士为什么将我们的国家名称译作 China 呢？China 是什么意思呢？’说到这，牛公将自己手边放的一只瓷器顺手往地下一扔，哗啦啦一声响，那只瓷器就摔得粉碎。”

应龙问道：“牛公为什么将手边的瓷器摔烂呢？这是什么意思呢？”

鬼臾区说：“因为英语中的 China 就是‘瓷器’的意思。据说中国的瓷器很早就传到了欧洲，所以欧洲人就将中国称作瓷器国，即 China。”

应龙说：“按此说法，中国应该将那些曾经以舰船枪炮入侵中国的欧美国家称作舰国、船国、枪国、炮国，而不应该称作美国、英国、法国、德国。”

鬼臾区说：“按说应该这样，但中国人毕竟敬慕西方。当年如此翻译欧美国家名称的人可能有两类：一类是来华的传教士，一类是崇迷西方的国人。”

应龙说：“当时由于时代背景的原因，无论如何翻译都是历史事实。但随着历史的发展，特别是随着中国的独立和强大，为何没有改变这样的译法呢？最起码为何不将‘中国’的英文名称 China 改为 Zhongguo 或 Zhonghua 呢？”

鬼臾区说：“这样改当然是可以的。像以前提到的韩国首都名称‘汉城’一样，自古以来就是如此，但由于韩国政府自己坚决改为‘首尔’了，所以在中国很快就普及了。如果中国也有这样的意识，当然是没有问题的。但问题是有些国人其实并没有这样的意识。如西历 2016 年 7 月 7 日 12 点 41 分在百度上发布了这样一段话：

> 因为 China 是英语‘中国’的专有名称。早在明代中国对外通商时就用的是这个名称。中国将汉语拼音作为中国地名和人名用于英文中是 20 世纪 80 年代初才通告世界的，满打满算也不到 50 年的时间。作为世界认可的‘中国’英译，China 不可能被 zhonghua 或 zhongguo 取代。

可见，如今的国人民族意识是多么薄弱。如果政府决定将 China 改为 Zhongguo 或 Zhonghua，哪个国家不会接受？大概是西历的 1978 年左右吧，政府向全球发布通知，中国人名、地名的拼写以中国自己制定的拼音为准，不再使用威妥玛拼法，这一通知立刻就被世界各国和各个国际组织所接受。”

雷公说：“改变国名的翻译当然是可以的。不改变国名的约定俗成译法也是自然的。我相信牛公所谈到的这个问题其实并不是批判美国教师，更不是指责欧美各国，而是提醒当时参加会议的国人要有民族的意识。两年前他参加一所大学举办的庆祝耶诞活动，其表现也是这样。该校当时到处张贴的标语和彩图上都写的是‘圣诞’。牛公在致辞中特意重复再三地说：‘祝大家耶诞快乐！耶诞快乐！耶诞快乐！’其实是告知在座的国人不要忘记了自己的圣祖和圣贤，与在座的西方人士当然毫无关系。之所以有人投诉牛公的这次向美国教师的致辞，就是因为他们缺乏了民族的意识和精神。”

雨师说：“是的。他们在投诉中说，牛公侮辱美国学者，令中国学者非常脸红。”

雷公说：“他们的投诉正好相反。牛公不是侮辱美国人，但确实是让中国学者脸红，尤其是中国的翻译界学者。将‘龙’译作dragon，将Christmas译作‘圣诞’，将Bible译作‘圣经’，怎么不脸红呢？西历的2014年12月24日，有人在百度网上提出了这样一个问题：

> 中国的英文翻译为什么是China而不是别的呢？这好像和汉语‘中国’的音译没有关系呀！我认为中国的英文翻译应该是‘Chongkuo’或‘Dragon’，你们觉得呢？

我刚才说过，政府大概在四十年前就向全球宣布，中国人名和地名的译法使用汉语拼音，不再使用威妥玛拼法。此人居然还想采用威妥玛拼法翻译‘中国’，其对国家的了解也太欠缺了。此外，居然还想以Dragon来翻译‘中国’，这不是对中国最大的侮辱和颠覆吗？这个人肯定是翻译界的人物，居然对自己的民族文化和思想一无所知！”

雨师说：“这还是国人吗？是也不是。之所以是，是因为他觉得‘中国’不该译作China，应该音译。之所以不是，是因为他居然连dragon的含义都不懂。”

雷公说：“雨师说得对。牛公这次致辞的用意，各位臣兄应该都明白了吧。”

众臣道：“明白了！”

警报第五十二：异族名称的来源

天女说："我曾看到一份投诉，斥责牛公对某些国字实际含义的偏见，这样的国字可能还是比较多的吧。"

鬼臾区说："确实比较多。某些国字的实际含义之所以会发生某些变化，原因是多方面的。历史的发展、文字的变迁、特殊的用意都可能使一些国字的实际含义发生一定的变化。比如'烂'，既有'溃败，腐坏'的意思，但也有'光彩，精深'的意思。看到'烂'这个字，究竟将其理解为何意，一定要与语境结合起来。'腐烂'和'溃烂'中的'烂'当然是坏的意思，但'灿烂'和'绚烂'中的'烂'当然是光彩的意思。这种情况西方的文字中也一定有。比如英语中的fine，既有'美好'的意思，也有'细弱'的意思。所以西方人将中医经脉中的'脉细'译作fine pulse，可能会令一些国人感到不可思议。"

应龙说："说到这个问题，我也想起了一件事。翻看投诉材料时，我看到有人批评牛公，说他像古代的华夏民族一样侮辱其他的民族。常见的例子就是，古人将东方的少数民族称作'夷'，将南方的少数民族称作'蛮'，将西方的少数民族称作'戎'，将北方的少数民族称作'狄'。这是国人基本的认识，各位臣兄以为如何？"

鬼臾区说："这种说法可能有一定的依据。虽然各位臣兄都是远古时期的国人，但对如今国人的看法不一定能理解。比如说'夷'字，古代确实用以称谓东方的少数民族，明清以后又用以称谓外国人。由于古代的其他民族在经济、文化、社会等方面比华夏民族要落后得多，其名称似乎就不是太温馨了，慢慢地就有贬义的感觉了。比如'农工'就是农民和工人，曾经是现代国家建立时期最为重要的两大领域，但现在的‘农民工’则成了低层次的称谓，甚至成了贬义词。所以牛公就常常称自己是‘农民工’。”

鬼臾区说：“《国语·鲁语》中说：‘东夷从大。大，人也。夷俗仁。仁者寿……夏者，中国之人也。’这句话讲了两层意思：一是说‘夷’是大的意思，指人，但更是仁的意思；二是说到了‘中国’，认为夏朝的人也是‘中国人’，很有意义啊！前面我们已经讨论过了有关‘中国’这个概念的形成及其含义。《国语》中关于‘中国’的含义更值得今人关注。作为学界人士，千万别总以为‘中国’这个概念仅仅出现于民国。”

应龙说：“《国语》对于‘夷’的注解、对于‘中国’的使用确实非常有意义。在国字的使用方面，有没有对‘夷’温馨含义的体现呢？”

鬼臾区说：“有啊！此前已经告诉大家了，《老子》中有非常重要的三句话：‘视之不见名曰夷，听之不闻名曰希，搏之不得名曰微’。河上公将其注解为：‘无色曰夷，无声曰希，无形曰微。’这里的‘夷’是《道德经》中一个非常重要的概念，含义可谓深刻，根本没有任何贬义。而在日常用语中，‘夷’的这一温馨的含义也有充分的体现。前面给大家举了那么多的例子，应该还记得吧。”

应龙说：“想起来了，想起来了。这些例子太有说服力了。牛公在讲座中如果将这些例子说给听众听听，一定会使听众们明白‘夷’的温馨含义，不会只将其理解为对外国人的歧视。”

鬼臾区说：“是的。牛公在讲课的时候、在讲座的时候的确以这些例子为据，向学生和听众们说明了‘夷’的深刻内涵。遗憾的是，时代变了。就像此前讨论有关‘中国’的这一概念，各位臣兄都感到奇怪，为什么今日神州大地的一些学人不知道‘中国’这一概念自古就有，而且早就与现代的‘中国’一词含义完全一致。原因其实很简单，就是时代变了。此前提到了《红楼梦》里的‘中国’，觉得很有说服力。其实‘中国’这一重要的概念不仅出现在清朝，明朝和宋朝也都有。”

天女说：“明朝和宋朝都有！那可太重要了！”

鬼臾区说：“是啊。比如宋朝的大诗人苏轼曾经说过这样一句话，‘夷狄不可以中国之治治之也，譬如禽兽然。’虽然有鄙视异族的意思，但起码也说明了‘中国’这一与现今相同的概念在宋代也是存在的，甚至说明宋代以前也是存在的。明太祖朱元璋谈到元朝的问题时说：‘唯我中国人民之君，自宋运告终，帝命真人于沙漠入中国为天下主，其君父子及孙百有余年，今运亦终。’看看，不仅使用了‘中国’这一概念，而且还是用了‘人民’这一现代词语，意义可谓非凡啊！”

应龙说：“意义确实非凡啊！由此可见，今日的国人确实应该好好地学习学习民族的传统文化和文字，不然对自己的国家和民族就缺乏实际了解。对于自己的国家和民族缺乏了解的人怎么可能做到‘忠君爱国’呢？这样的现状导致了牛公颇为激烈的言论和举措。尽管言论有所激烈、观点有所偏颇，但还是可以理解的。就像一个人被落石砸伤了一样，怎么可能不嗷嗷大叫呢？投诉牛公的人啊，如果听到了被落石砸伤的人的痛苦叫声，怎么可能怒火万丈地诅咒人家呢？”

风伯说：“应龙说得对。国人确实应该好好学习自己民族的传统文化和文字。欣慰的是，在今日的神州大地上，这样的国人毕竟越来越多。”

鬼臾区说：“确实如此。对于国字的认识，要有多维的意识，要有多方的境界。前面谈到的‘夷’就很能说明问题。此前提到的‘蛮’、‘戎’和‘狄’也能说明一些问题。虽然‘蛮’主要有‘野蛮’的意思，但也可能是根据南方少数民族的读音拼写的，即音译。到底是否是音译，还需要各位臣兄认真去考察。不过‘蛮好’、‘蛮久’、‘蛮利’中的‘蛮’还是比较温馨,没有‘野蛮’的意思。这就是‘蛮’在使用过程中发生的一些变化。当然,如果认为‘蛮’确实含有蔑视落后异族的意思,这也很自然,因为古代的少数民族确实无法与华夏民族相比,确实在文化和经济方面非常落后。”

风伯说:“看来‘蛮’这个字的基本用意确实要注意。请解释解释‘戎’字。”

鬼臾区说:“‘戎’在古代的国字中有着特殊的意义。首先是古代兵器的总称,也指军队、军事和兵车。民族常用的一个成语‘投笔从戎’就充分说明了这一点。‘戎装’、‘戎马’、‘戎捷’、‘元戎’、‘戎行’等词语就更能说明问题了。古人将西方的少数民族称作‘戎’,大概是很欣赏他们的军事能力吧。”

风伯说:“‘戎’这个字太有意义了!古人用‘戎’称呼西方的少数民族,也很有意义。请解释解释‘狄’字。”

鬼臾区说:“现今的国内学者解读‘狄’多从其字形的结构上进行分析。认为该字由‘犬’和‘火’所构成,表示从犬从戎之族,有拜火之俗。其实‘狄’这个字是相关民族名称的音译,与汉文字的结构并无联系。事实上‘狄’是‘狄历’的简称,汉魏之后将其音译为‘丁零’,用字不同,但发音不变。在古代的很多文献资料中对于该民族名称音译的写法也不尽相同,有的写作‘丁令’,有的写作‘丁灵’,有的写作‘丁零’,虽然用字不同,但均读作‘颠连’。这个发音是北方民族对‘天’的敬慕。由此可见,‘狄’并非以‘狗’侮辱其他民族。这可能就是为什么自古至今,国内一直有人以‘狄’为姓的原因吧。”

风伯说:“这样的考证太重要了!不仅仅是这些有关少数民族名称的国字,就是国人颇为自豪和骄傲的国字,其深刻的内涵和仁道的精神,国人未必真正懂得。"

雨师说:"风伯认识太深刻了。不过国人既然对某些国字颇感自豪和骄傲,怎么会不懂得其实际含义呢?举个例子说说吧。"

风伯说:"'长城'就是典型一例。在国人的心里,'长城'是他们最为自豪和骄傲的军事设施。在和夷人交流的时候,学界的人士也仅仅将'长城'作为其民族边界上最为重要的传统军事设施向人家说来说去。无论你多么自豪、多么骄傲,在夷人的眼里,'长城'都是危害异族的野蛮的、落后的设置。牛公在和夷人交流的时候,则将'长城'颇具仁道的内涵说给夷人听,令夷人非常感动。"

雨师问道:"牛公是怎样理解'长城'的呢?'长城'应该是一个古代的军事设施,确实是为了对抗和打击入侵神州大地的异族而设置的。牛公怎么还将其视为颇具仁道的军事设施的呢?是为了忽悠夷人吗?"

风伯说:"雨师啊,你淋雨太多了吧,思路怎么如此僵化呢?作为天工,你怎么能不理解'长城'的人文、仁道的含义呢?你怎么能不懂得牛公对民族思想和观念的理解和传承呢?你也太荒唐了吧!"

雷公说:"风伯啊,别激烈呀。你怎么能不懂得雨师如此询问呢?毕竟我们是为尘人服务的,更是为我们的国人服务的。雨师这么问,不就是为你提供一个解释的机会吗?你不解释,作为天工的我们当然人人明白,但尘世间的国人怎么能明白呢?所以,为了给尘世间的国人一个了解'长城'仁道主义的机会,雨师就特意向你提出一个问题,请你为国人回答,而不是为天工回答。天宫制定的这一民族文化传播的策略,你应该明白吧。"

风伯说:"明白啦,明白啦!先向雨师致歉,毕竟我们一直在讨论尘世间种种的问题呀,思路和心里一点都不受尘世的影响,难啊!不过天师和雷公这样的天工领袖绝不会遭受尘人的影响。"

雷公说:"好啦,好啦。不用发挥了,具体谈谈牛公关于'长城'的释义吧。"

风伯说:"好!在与西方汉学家交流的时候,谈到'长城',牛公说'长城'既是军事设施,更为仁道设施。汉学家听了当然不以为然。牛公说，华夏民族的长城初建于春秋战国时期，后建于明朝时期。在春秋战国时期，华夏民族在文化、经济和社会建设方面远远超越了东西南北的所有其他民族，其推崇的和传承的就是充满人文和仁道的华夏文明和文化，而不是利用任何条件和机会拼命地去掠夺任何其他民族。但一些茹毛饮血的落后民族为了自己的生存，却经常偷偷摸摸地侵入神州大地，掠夺和偷盗华夏民族的财源，从而导致华夷之间的争斗。”

雨师说：“这种情况确实存在。从春秋战国一直到如今，这种情况一直都是华夏民族所面临的历史性挑战。”

风伯说“是的。按照华夏民族当时的能力和水平，完全可以派出精兵强将这些野蛮的民族予以消灭。但华夏民族却从来没有这样想过，更没有这样做过。他们想过的、做过的就是组织国民修建了一条蜿蜒起伏的万里长城。这条万里长城的作用有二：一是保卫华夏民族自身，避免再次遭到野蛮民族的掠夺和攻击；二是阻止了野蛮民族通过掠夺和攻击其他民族为自己的生存谋取财源，为其自我发展创造了条件。没有机会掠夺其他民族了，这些野蛮民族就只好通过自我努力来发展自我，提高自己的生存能力，改善自己的生存条件。所以‘长城’的建设不仅保卫了华夏民族，而且也促进了其他民族的发展。其仁道精神由此可见一斑。这就是牛公对西方汉学家的说明。牛公的说明深深地感动了一些汉学家，从此将‘长城’视为华夏民族仁道主义的一大标志。”

雷公说：“牛公对‘长城’的释义不仅不同凡响，更值国人深思啊！”

众臣齐声道：“雷公说得对啊！”

警报第五十三：人生与忍生

应龙说："翻阅牛公的杂文集，看到这样两句话：不想说的，不一定就能不说，这是现实。真想说的，不一定就能真说，这是常识。看来尘世间尘埃确实太多了，应该清扫清扫。不然，无论是热风还是寒风，都会导致迷雾重重。"

风伯说："你的这个建议很不务实啊！尘世间谁不清扫呢？连兔子都一天到晚连续不断地清扫自己的脸面呢，更何况热爱清洁的尘人呢？自古以来尘世间人人都在自觉地清扫，而如今不仅人人都在自觉地清扫自己的房间、院子，而且各级政府和单位都组织了专业清洁工天天清扫卫生。如今的尘世间，清扫不仅是发挥扫帚的作用，连汽车和飞机的作用都在充分地发挥呢。"

风后说："就清洁而言，尘世间确实形势大好。清洁的设施、组织和队伍非常精良，以前都没有。但奇怪的是，为什么设施越先进、组织越严密、队伍越庞大，尘埃越浓重、垃圾越遍布、卫生越欠缺呢？是天的原因还是地的原因呢？还完全是人的原因呢？"

风伯说："三个原因都有吧。至少雾霾是天降下的，尘埃是地飘散的，垃圾是人创造的。几亿年前，就是因为天降下了铺天盖地的雾霾而导致了恐龙的灭绝；几千万年前，就是因为大地爆震而导致了高山、峡谷和湖泊的出现；几百万年前，就是因为人类发明了烧火的技术，而导致了烟雾的出现；几千年前，就是因为人类创造了轮船和刀剑，而导致了彼此打杀的开始，引发了血腥之气的散漫；几百年前，就是因为人类发明了枪炮和弹药，而导致了明月的昏暗和清风的刺鼻；近代以来，由于人类发明了汽车、飞机、化工等彻底改变自然的设施，而导致了环境污染的不断狂飙。"

鬼臾区说:“风伯总结得好自然啊！尘世间的发展确实就是这样。这些情况的出现其实也是自然而然的。人世间的任何事情，仔细看看，认真想想，其实都有正反两方面的影响和结果。整个宇宙也都存在这种情况。各位臣兄在九霄之上已经游荡了几千年，感受也应该是明确的吧。繁星之间的碰撞也完全是不可避免的。而两星之间的碰撞不仅仅给宇宙间引发了众多的雾霾，而且还很有可能影响了地球的环境。恐龙的灭绝就与繁星之间的碰撞对地球的影响有很大的关系。”

风伯说:“所以，牛公对此也很关注，他曾经在一篇文章中这样写道:

窗外的世界，有时，的确，很不好说。

太阳的光，拖着浓浓的尘埃，透过玻璃洒满案头。

我下意识地向后缩去，生怕被尘埃卷入时空黑洞。

牛公大概听到过鬼臾区的分析吧，不然他怎么会觉得太阳的光竟然拖着浓浓的尘埃呢？而且这来自九霄云外的尘埃怎么还能与太阳的光一起透过玻璃，洒满案头呢？实在有些奇怪啊！”

应龙说:“但牛公还说过:

然而，我分明感到了一丝暖意。于是，停止了退却。

这清冷，我想，恐怕要消散了。

这说明牛公对太阳光的认识还是比较自然的，与一般人的看法是相同的。在尘人的意识中太阳总是温暖的。即便在隆冬时期，太阳之光还是有一丝暖意的。所以牛公就不再退却了，而是热情地迎接着太阳之光，希望自己内心的寒意能被阳光消散。这也是正常人的正常想法吧。”

风后说:“应龙啊，你还要继续往下看呀。牛公是在说自己的心绪从左向右转、从右又向后转的过程。你还没有看完他心绪转换的过程呢。他觉得清冷可能要消散了，但立刻又听到异样的变化。所以他接着说:

然而，抬眼窗外，这情形，似乎，还很不一定呢……

隔墙一阵聒噪，门缝里悠然飘入畜生气息。

瞧瞧，原来希望清冷能够消散，但很快就隔墙听到了聒噪声，而且从门缝里马上就飘入了畜生的气息。知道畜生的气息是什么吗？腥臭，难闻，恶心！所谓畜生，原本指的是动物。有些动物不太关注自己的生活方式，从而使自己的气息显得有些腥臭，令尘人感到难闻，甚至感到恶心。”

风伯说：“所以，在尘世间，‘畜生’就不再指动物了，而成了骂人的话了。”

应龙说：“风伯提醒得好啊！以后我们在讨论时提到动物时可千万不要用‘畜生’这个词呀，不然就会被尘人理解为骂人的话了。我们这些天工就会被尘人视为庸俗分子了。”

风后哈哈大笑说：“谢谢臣兄们的提醒！没有臣兄们的提醒，我就要犯大错了。”

应龙奇怪地问道：“风后真浪漫！你向来谨慎，怎么会犯大错呢？”

风后说：“最近翻看的资料太多了，眼睛有些花了。在看一份投诉的时候，我感到奇怪的是，投诉者的署名居然是‘畜生’。刚才听了臣兄们的提醒后，我再仔细看了看，原来是‘富生’，是我看错了，实在抱歉。我刚才已经悄悄采取了一点措施，向投诉者深表歉意。”

应龙说：“书看得多了，眼睛有些花，很自然。你怎么向投诉者道歉的呢？采取的是什么措施呢？”

风后说：“梦幻呀！投诉者睡眠的时候，与其在梦中关联关联嘛，这很自然呀！”

应龙说：“好办法！”

雷公提醒说：“以后各位臣兄在查阅资料的时候可要认真细致呀，可不要看错了字。看错了字，不仅会导致理解的错误，也会导致思维的偏颇。”

风后说:“雷公说得对啊！我以后一定认真注意,千万不能看错字。”

鬼臾区说:“看错字其实并不奇怪,我们在尘世间的时候也曾经出现过这样的失误。国字的结构主要是横竖撇捺,有些字形式上有些近似,不仔细看就会失误。比如‘富’的写法是‘一点飞上天,左右两道弯’,如果写成了‘一点飞上天,一横向下转’,就显得像个‘畜’了。我此前翻看一份投诉材料,发现有的字也写错了。看来现在的尘人用手写字的实在太少了,基本上都是在电脑上或手机上用常规技术写。虽然在用常规及书写没问题,但用手写却常常出问题,因为用手写的机会很少了。在九霄云天的我们还是在用手写,一般不会写错的。但如果眼睛花了,看错还是有可能的”

应龙说:“有意思！字写错了,意思当然就变了,影响当然就偏了。”

风后说:“说得对啊！刚才臣兄们提到了牛公的一篇文章,可能有些特别的含义。有几句话,我不太理解。这几句话是这样写的:

> 阿二又要遛狗了。且遛而不止一只,雌雄混杂,既狂且吠。把个古朴雅致的小楼,简直当成了自家的遛狗场!
>
> 老大一把年纪了,我想,还这样与狗为伍,自甘下贱!

臣兄们如何理解牛公的这几句话呢。”

鬼臾区说:“牛公的这篇文章就是所谓的杂文,与一般文字不同,理解当然需要偏点,不要太‘正’。所谓‘杂‘,强调的就是这个意思。看杂文的时候,如果按照正常思路去考虑,显然是无法真正理解其实际含义的。牛公当年写的这篇杂文是有其特殊背景的。但了解这个特殊背景的尘人很少,理解这篇杂文实际含义的尘人则更少。我看这篇杂文的时候一开始也不太理解,思考了半天还是感到疑惑。请教了雷公后,我终于明白了。”

应龙说:“雷公啊,请将其特殊背景也告诉我们吧,不然我们也难以理解啊。”

雷公说:“所谓的特殊背景,我此前谈到投诉问题时,已经给臣兄们做了说明。虽然没有详细说明，但基本的情况还是介绍给大家了。臣兄们想想吧，应该还能记得吧。”

应龙说：“想起来了，想起来了。雷公此前确实已经谈到过了。”

风伯说：“也许就是这一特殊的背景，才导致牛公此后说话、写字和思考都显得有些不同寻常了，甚至显得有些偏颇、有些激烈了。”

应龙说：“这很自然呀。一般偶尔遭受了风吹浪打的尘人，虽然头发有些散乱，衣服有些潮湿，但心里还很正常、意识还很自然。但如果有人突然遭受了电射雷击，其头发和衣服就会被烧毁，其面容和肢体就会被烧黑。遭遇了如此突袭的尘人，其心里怎么可能正常呢？其意识怎么可能自然呢？牛公的意识和思维之所以显得如此偏颇和偏激，就是因为他曾经遭遇了电射雷击的突袭。”

风伯说：“应龙说得很有道理。虽然牛公曾经遭遇过类似电射雷击的突袭，心理上确实遭受了严重的打击，但经过一段时间的反思，尤其是经过佛道界的关怀，他的心里和意识还是自然了。不然他怎么可能继续勇往直前呢。所以，牛公现在不仅面对现实，更是面向未来。”

应龙说：“风伯说得更有道理啊！牛公确实遭遇了电射雷击的突袭，确实心里遭遇了严重的打击，但也很快就自然而然了。所以他接着这样说：

然而，叹息似乎是不必的，人生大约总是如此。所以，乡下人说，别慌，别忙，黑夜还有月亮。

也许如此总归如此，然而，我的心底却十分不愿，常常生出几分企盼。

但是，然而，谁知道呢？

现实有时确实是无法改变的，企盼有时也确实是无法消散的。这样的现实和理念虽然让人感到困惑，但其实也很自然。这就像九霄云天的云和气一样，作为天工的我们，怎么可能完全改变其‘行’和‘势’呢？所以，我希望牛公能经常仰观土曜，不要仅仅俯察含章。不然的话就只能使自己失望之余更失望，将自己的人生从此变成了‘忍生’。自己虽然这么努力地想帮助大家改变环境，但‘谁知道呢’确实是现实啊。懂得了现实与理想的‘源’和‘流’，当然就能明白何为‘虚’、何为‘实’，更能明白何为‘前’、何为‘后’。”

风伯说：“应龙有思想了，真不容易！”

风后说：“应龙毕竟是龙啊，怎么能没有思想呢？牛公虽然有思想，但实际上还是缺少了思想。”

应龙问道：“风后怎么这样看待牛公呢？他怎么会没有思想呢？”

风后说：“牛公有思想，但其思想还是太过简单了。比如他最后写道：

> 窗外响起阵阵喇叭声，颇有节奏，却很刺耳。
>
> 猫哭耗子，我想，大概就是这种腔调吧！

看法当然是客观的，但这样说却显得有些不知趣味了。尘世之人非常重视说话的方式和方法。这种比较僵硬的表达方式显然会产生两种结果。一种是不为理解，尤其是没有涉及这一问题的人更难理解。一种是必为辱骂，尤其是涉及这一问题的人更想辱骂。对此的投诉者肯定是这一问题的涉及者。”

鬼臾区说："风后说得对。风后虽然是轻风细雨，但也很有思想。难得啊！"

雷公说："牛公是认真的、坦诚的、仁慈的，但其缺陷与不足也是明显的。人世间无论多么伟大的人物，其实都是这样，都有所谓'七长三短'的问题。关于这个问题，第二组讨论时可能会有更为深入的分析。我们这一组主要是分析和论证牛公的正向，至于反向，留给下一组吧。"

应龙说："好啊！我们都更重视所谓的'正能量'。至于'负能量'，让别人说去吧。"

警报第五十四：三才与三财

仓颉说："反对与支持、拥护与抵制其实就像春温与秋凉、夏热与冬寒一样，是尘世人与人之间四季轮回的体现。遇到这样的问题，只要左看看右看看、前看看后看看，或许就有了比较客观的认识，不会有不可思议的感受。"

风伯说："这是你自己的感受吧。"

仓颉说："是的啊！我当年造字的时候，周围就有不少人莫名其妙地看来看去，不知我是在画什么草、是描什么花。我将字造成了之后，受黄帝的委托开始向全民普及。在普及的过程中也有人不屑一顾地说：'要这样乱七八糟画图有何用？只要大家知道什么东西叫什么名字就可以了，为什么还要将其画出来呢？这也太费时费力了吧！'我冲他们笑笑说：'您说得对，正常人就不该这样画、这样描。我之所以这样画、这样描，是因为我经常口吃，话说不清，所以才将要说的话画出来，以便大家能明白我想说的是什么。'他们同情地点点头说：'原来是这样啊，真不容易！理解，理解，完全理解。你就好好地画、好好地描吧，结结巴巴地说话也太辛苦了。'我就经常刻意地在他们面前画来画去、描来描去，引起了他们很大的同情。我画一个字，就将其与某个东西联系在一起，我描写一句话，就将其与一件事联系在一起。时间一长，他们居然也都认出了我所写的字。为了同情我，为了与我多交流，他们也有意无意地学会了写一些字。经过一段时间的沟通交流，我所创造的字居然润物无声地普及开来了。”

风伯说：“哎呀，我的天哪！你普及国字的战略和策略原来是这样的啊！这也太神奇了吧！你不仅是民族的‘造字圣人’，而且还是民族的伟大导师！一定要想办法将你的战略和策略介绍给牛公。如果牛公掌握了你的战略和策略，他就一定会脱胎换骨，不仅成为真正的学人，而且还将避免遭受任何人的攻击和破坏。”

应龙说：“风伯啊，你也太天真了！仓颉的体会毕竟是五千年前的经历。五千年前的‘天地人’与五千年后的‘天地人’，名称虽然相同，但本与末则完全相反。五千年前，‘天’在‘行健’，地在‘载物’，人在‘立德’。五千年后，‘天’在‘行箭’，‘地’在‘扛物’，人在‘力得’。”

风伯说：“天行健，地载物，人立德，这是‘三才’的职责和使命啊，怎么会发生如此奇异的变化呢？”

鬼臾区说：“这种变化其实早就开始了。在远古时期，华夏民族就清楚地懂得天之所以不像人一样地衰老，就是因为它时时刻刻都在不断地运动、不断地发展、不断地壮大。所以伏羲时代的国人就将天的这一运动精神视为自己努力学习的榜样。但到了唐代的时候，由于王朝望远不登高，导致了很多人对‘天行健’有了别样的认识。比如李贺在《金铜仙人辞汉歌》中说：‘天若有情天亦老’，居然觉得天之所以不老是因为无情，这显然是对天的另类看法。这种看法影响了此后的朝朝代代。比如从宋、元、明、清到如今，不少人的诗词中都引用了‘天若有情天亦老’这句话，说明对天的认识已经有了天壤之别了。”

风伯问道：“地载物又发生了什么变化呢？”

鬼臾区说：“地本来是厚德载物的。如今是否还是厚德呢？是否还能载物呢？只要各位臣兄俯察，就基本能看出问题的实质了。比如，山西省的地在不断地塌陷、不断地崩裂。为什么会塌陷和崩裂呢？就是因为地不再‘厚德’了。地下的石油被抽光了，地下的煤炭没挖尽了，厚实的地下完全空虚了。如此空虚的地怎么可能‘厚德’呢？”

风伯说：“如此这样，那地就无法载物了，又怎么可能扛物呢？”

鬼臾区说：“载物是自然的。天地分开以来，地上年年都在生长植物，岁岁都在拥有动物。植物之所以可以生长，动物之所以可以生存，就是因为有大地在承载。对于植物和动物的承载，更加厚实了大地的‘德’，更加增强了大地载物的力。但现在呢，植物和动物虽然依旧存在，但非植物非动物的人造物却越来越多、越来越高、越来越重，多、高、重到大地都无法承受的地步了。各位臣兄向下看看，看看尘世间的高楼大厦。高到了何种程度？大到怎样层面？能看得清楚吗？”

应龙说：“我的天哪！看看这幢楼，居然有一百多层啊！这该有多高、多大、多重啊！大地怎么能承载得了呢？这确实不是载物，而是扛物了。拼命地扛啊！真不知道地能抗到什么时候呢。”

雨师说：“可怜的大地啊，不仅在正面扛着，而且在反面也扛着啊！”

风伯问道：“怎么会正反两面都扛着呢？”

雨师说：“地球是圆的啊，中国位于其正面，美国位于其反面。两个国家都建立了无数的几十层大楼，甚至上百层大楼。可怜的大地不仅要拼命地扛着正面的大楼，还要拼命地扛着反面的大楼啊。实际上不仅是正反两个方面，还有前后左右等无数个面呢。”

风伯说:“可怜的大地啊,载物的使命居然被剥夺了！现在扛物不是为了行德,而是为了保命,真不易啊！将载物形容为扛物,可真有道理啊！人由‘立德’变成了‘力得’,这又是什么缘由呢?”

鬼臾区说:“这当然是物化的原因啊！从远古到清末,尘世之人基本上还有‘仁、义、礼、智、信、忠、孝、悌’的意识和观念。虽然历朝历代都有自私自利者,但毕竟是少数啊,大部分尘人还是有仁慈之心和忠孝观念的,还在努力地立德树人。但如今呢,由于经济的飞腾发展,由于物质的不懈追求,尘世之人的传统意识和观念早已淡漠了。正是因为如此,‘立德’才变成了‘力得’。所谓‘力得’,就是全力以赴地获取自己想得到的财富、地位和名誉。这已经不是什么变化了,而是现实了。”

应龙说:“‘三才’的变化可谓不自然而自然、不理解而理解、不接受而接受。想想看,似乎还是自然啊！这就像尘人自己一样,童年时头发就花白、面色就憔悴,谁不恐怖！但一到中年头发开始花白、面色开始憔悴,谁也不会恐惧,谁都觉得自然。”

风后说:“这也确实很自然呀！在现代的尘世间,只有富强了才会民主,只有文明了才会和谐,只有自由了才会平等,只有公正了才会法制,只有爱国了才会敬业,只有诚信了才会友善。六个坎儿不可缺少。”

鬼臾区说:“二位臣兄所分析的都很有道理。关于这方面的问题,确实要与时俱进地看、要与尘俱扬地感,不可仅仅按照旧有的条件检验。自古以来民间就有‘到什么山唱什么歌’的观念。如果现在要求各位臣兄从九霄移居到下界,这等于要求五千年前的国人回归到五千年后的国土,显然什么都不认识了,什么也都不明白了。尽管什么都不认识、什么都不明白,该回归还一定要回归,该移居还一定要移居,该适应还一定要适应。‘看菜吃饭,量体裁衣’,这就是最为基本的原则了。”

雷公说:“‘与时俱进’是时念,‘与时俱退’是史念。史念就像尘人经历的昨天、前天和大前天一样,只能回顾,只能回忆,怎么能重来呢？而时念却像尘人将经历的明天、后天和大后天一样,只能迎接,只能等待,怎么能回避呢?”

雨师说："雷公的分析太有意义啦！这两个观念一定要想方设法传递给尘世民众。如果牛公很早就懂得了这两个观念，他一定会顺应尘世间文化思想的春夏秋冬，不会看到深秋就想念阳春，不会看到隆冬就思念盛夏。"

天女说："看来对牛公的投诉，大部分还是有借鉴意义的，大部分投诉者还是希望牛公能与时俱进地适应时代。从一定意义上说，这也是对他的引导。我翻看了一些投诉材料，偶尔也有这样的感觉。现在听了各位臣兄的意见和建议，我的感觉就更深刻了。"

应龙说："感而觉之与奇而怪之其实也是形与神的体现。这就像风雨一样，阳春和盛夏的风雨，谁都觉得自然。深秋和隆冬的风雨，虽然令人瑟瑟，但也很自然！尘世间对于如此这样形与神的体现，有着种种的认识和总结。相关的近义词包括'见风使舵'、'随机应变'、'见机行事'、'八面玲珑'、'顺水推舟'、'因时制宜'、'审时度势'。相关的反义词包括'始终如一'、'至死不悟'、'不识时务'、'一成不变'、'墨守成规'、'千篇一律'、'刻舟求剑'。"

风后说："难怪有很多的投诉者以这些反义词为证据指责牛公僵如枯木，也有很多的投诉者以这些近义词为依据批判牛公不识时务。仔细想想，还真值得思考啊！"

仓颉说："没想到会有这么大的变化啊！看来我的观念的确太陈旧了。"

卷 七

警报第五十五：温馨的疾风，温暖的寒气

风后说："刚才俯察下界，忽然看到了一篇引起尘世极为关注的文章，题目是'少沉迷中国历史，多了解世界文明'。开篇写道：

> 自从'百家讲坛'开坛后，中国历史和所谓的'国学'在大众传媒和科普领域大行其道。在我看来，过于沉迷于中国古代甚至近代历史中是极其不健康的。中国公众和领导精英更需要的是理解现代世界的形成，因为不理解现代世界的形成，就无法理解现代中国的形成，也无法理解当下的中国。因此，我们应该少一点中国历史，多了解世界文明。

这篇文章的作者是一位海上名校的教授。我看了看，头有点昏，眼有点花，心有点颤，胸有点闷。这篇文章现在正在各种各样的群聊中转发，目前还没有任何人对此提出异议。这说明尘世间都基本接受了这样的观点和思想。"

风伯说："天哪！我有一个急迫的建议，请臣兄们赶快下拨一批疾风，使劲吹吹牛公的后脑勺，让他赶紧清醒清醒。不然他又要疾恶如仇了，又要发表尘人无法接受的言论了。后果一定会很严重，一定会有更多的尘人投诉他。牛公为了民族的文化和精神奋斗了大半生，如今已经走到暮年了，他在尘世间的生活不会长久了，我们应该想办法让他好好体验体验尘世间温馨的生活，不能让他再心如冰霜地活下去了。"

应龙说："风伯说得太对了！不仅要赶快下拨一批疾风，还要赶紧下发一批寒气，将牛公的心神凝固在他的心底里，千万不敢让

其飘荡在心外了。虽然牛公的心是坦诚的、神是精诚的、魂是淳诚的、魄是真诚的，但在一定意义上其与尘人的沟通和交流与尘世间的尘埃一样。春温、夏热、秋凉的时候，尘世间的尘埃总会与草一样，风一吹就摇动、就飘散、就升空。但在隆冬的时候，尘埃就像岩石一样，被寒气死死地凝固起来，一动不动。所谓的天寒地冻，说的就是这个意思。要想保证牛公晚年的平安无事，也要采取天寒地冻的方式，下拨疾风和寒气，将其心神和灵魂死死地凝固成岩石一块。这样虽然使他显得古板呆滞，甚至转变为老年痴呆，但毕竟保护了他的生命、保证了他的安全、维护了他的人生。”

雷公说：“好！我马上向天师请示，看能否采取这一并不温馨的措施来保护牛公。”

岐伯说：“各位臣公所提到的这一措施，虽然并不温馨，更不温暖，但至少保护了牛公的生命，保证了牛公的健康，可以采用。”

应龙说：“好啊！风伯，马上下拨疾风。风后，马上下发寒气。我则马上开启绿色通道，让疾风和寒气直接下冲牛公而去，不会引起尘世间任何人的注意。”

说完之后，风伯、风后和应龙一起直上云天。应龙开启了绿色通道，风伯下拨了疾风，风后下发了寒气。疾风寒气凝聚一起，像一股寒流一样直冲下界。

鬼臾区向下看了一会说：“疾风到了，寒气降了，牛公呆滞了。”

应龙说：“好！但也可惜啊！牛公在尘世间的自然人生已经被我们终止了。这究竟是对他的伤害还是对他的保护，现在似乎还无法明确啊！唉，天不变道亦不变，人不变神还会变啊！牛公的人生啊，究竟是幸福呢还是凄惨呢？到底是辉煌呢还是惨败呢？实在不知结果如何啊！尽管我们在九霄云天，但尘世间的变化还是远远超出了我们的想象啊！结果究竟如何，我们只能紧张地等待啊！”

鬼臾区说：“那就等待吧。尘世间的变迁不是我们九霄之上的天工们所能完全掌控的，也不是天空中的风云变幻所能改变的。以前尘人在冬天都会遭受寒气的侵袭，在夏天就会遭受暑气的热击。但现在呢，冬天无论多么寒冷，房间的空调就会将室内转变成阳春,甚至盛夏;夏天无论多么炎热,房间的空调就会将室内转变成秋凉,甚至冬寒。这样的变化,完全超乎了天工们的想象。”

应龙说:“是啊!尘世间的变化实在太快、实在太大。虽然尘世之人自远古以来都在不断地变化,但此前几千年、几万年的变化根本不及如今的几年,甚至几天的变化。比如自古以来民间就有‘走马看花不如驻马看花,驻马看花不如下马看花’的观念。这样的观念后来被视为俗语,如今大概很少有人能懂得‘马’和‘花’的含义了,就是因为尘世间不断地在发生各种各样的变化啊。”

风伯问道:“‘走马’、‘驻马’和‘下马’的变化到底是如何发生的呢?其发生有什么实际意义吗?对于如今的尘世之人来说,有没有什么可值得借鉴的呢?”

应龙说:“所谓‘走马看花不如驻马看花,驻马看花不如下马看花’,实际上指的是尘人们做事的观念和意识。所谓‘马’,指的是路线和政策。所谓‘花’,则指的是方向和目标。一般的尘人都是喜欢观看鲜花的。但如何才能真正地观看好鲜花、享受好鲜花呢?远古时期的国人一般都是下马看花。所谓下马看花,就是认真坦诚地欣赏鲜花。如果只是骑在马身上瞭望鲜花,只能看到花色和花形,而看不清花纹和花蕊,更看不清花精和花神。但到了中古,尘人们的观念和意识就有些变幻了,尤其是有地位、有权利、有影响的人很少下马看花了,基本上都是驻马观花了。到了近古时期,尘人们的观念和意识就更有些涣散了,基本上都是走马看花。近代之后,走马、驻马和下马都成了历史。近代时期的尘人基本上都开始隔海望花了,而现代时期的尘人则基本上都开始梦中采花了。”

鬼臾区说：“应龙对‘走马看花不如驻马看花，驻马看花不如下马看花’的分析和总结，确实很有实际意义。虽然‘马’和‘花’是一种比喻，但却非常形象地表达了尘人为人处世的方法和策略。虽然尘人们的思想观念已经发生了天翻地覆的变迁，但还可以借‘马’和‘花’加以形象的比喻。”

应龙说：“这个比喻虽然形象，但还是令我伤感。”

风伯说：“应龙之所以伤感，主要还是牛公遭受疾风和寒气袭击的原因吧。虽然牛公遭受了疾风和寒气的袭击，很可能现在已经完全痴呆了，但这毕竟是来自天工们的特别保护啊！”

天女说：“这虽然是保护，但还是比较残忍的。尘世间的保护其实是很温馨的，比如父母通过紧紧搂抱保护孩子，朋友通过热情关怀安慰好友，领导通过亲自走访慰问群众。而我们呢，则通过疾风寒气袭击牛公，这到底是保护还是侵害呢？确实值得深思。”

风伯说：“如果真是侵害，那我们就赶快将疾风撤回，将寒气消散，让牛公的心神和魂魄自然地激发起来。”

风后说：“当然可以。但别忘了风后刚才给大家看的那篇文章啊。那篇文章虽然刚刚发表，但在尘世间已经疯传了。虽然尘世间没有任何人反对，但牛公不一定就能接受啊！牛公和天工们的观念往往是一致的。既然天工们都激愤如此，牛公怎么可能欣然接受呢？牛公如果看到了这篇文章，他所遭受的侵害超过疾风和寒气的百倍、千倍和万倍啊！在如此严重的侵害下，牛公人生的暮年将会变成什么样呢？不可想象啊！”

应龙说：“风后说得很对啊！虽然疾风和寒气会在一定程度上侵害了牛公，但毕竟还是保护了他啊！这就像尘世间所说的‘良药苦口利于病，忠言逆耳利于行’一样。药虽然很苦，但终究能帮助尘人治病啊！我们下拨的疾风、下发的寒气，虽然冷酷，但毕竟将静了牛公的心、将宁了牛公的魂，还是‘利于病’、‘利于行’的啊。牛公虽然从此不再发声了，但其暮年的人生必然是安宁的。一生中能享受到这一点已经很不易了。”

雷公说：“风后和应龙的分析确实非常客观。既然疾风和寒气能‘利于病’、能‘利于行’，那就按兵不动地继续进行吧，一定要保证牛公的暮年平静安宁。”

鬼臾区说：“好吧。各位臣兄，请大家按照天师的指示和雷公的意见继续下拨疾风、下发寒气，将牛公的心静下来、神安下来、魂宁下来。虽然他将因此而不再发声了，但作为尘世间的尘人晚年还是比较自然的，至少不会再让家人担忧了。所谓美满的人生，也就不过如此而已矣。”

应龙说：“如此说来，疾风还是温馨的，寒气也是温暖的。毕竟这是天工们善意下发的。”

雷公说：“是的。温馨的疾风、温暖的寒气一定有仁爱的福音！”

警报第五十六：天工急迫，欲奔下界

仓颉说：“各位臣兄讨论了这么多，我很少说话，因为我对任何问题都有自己比较开心的看法和想法。但现在，我的心却有些封闭了。”

风后问道：“臣兄们所讨论的问题都那么令各位不可思议，你为什么却总感到开心呢？心态不正常吧！”

仓颉说：“我所说的‘开心’不是高兴的意思，而是打开心扉的意思。按照尘世之人的说法，就是胸怀坦荡。”

风后说：“这么说来我们的心胸都是狭隘的、狭窄的，你的心胸则是坦荡的、豁达的。哎呀，照此说来，我们都是小小的天工，你则是大大的天师啊。我们该向你跪拜了，该拜你为师了，对吧？”

应龙说：“风后啊，别激动呀！牛公已经宁静了，你怎么反而激愤了？难道牛公的魂转移到你的心头上了吗？大家好好听听仓颉的话吧，作为造字圣人的仓颉一直非常谦虚谨慎，不像我们这么随便地说东道西，完全像怪异的尘人一样。他所说的‘开心’一定是敞开心胸观万物的，而不是像我们这样凝起心胸看一物。”

仓颉说：“应龙的话虽然有一定道理，但还是令我惭愧。我所说的‘开心’确实是敞开心胸的意思，但还达不到理想的境界。由于当年造字的原因，我观看任何事物、分析任何事物都想方设法从不同的角度去考虑。这种做法也是受当时尘世之人的影响所致。所以在某种意义上，我对尘世之人不同寻常的说法和做法还是很有感受的。这种感受总体来说还是温馨的、幸福的。当年确实有尘世之人对我的所作所为嗤之以鼻，但正因为如此才激发了不断改进、不断创新的意识，从而使很多字具有了启迪尘人的作用。此前有位臣兄提到的‘聖’就是这样。一开始我总是想将赞美伟人的这个字描画得像众星捧月一样，但却没有引起任何人的重视，反而令很多人感到繁杂烦琐。后来根据伟人的品貌特征以及他们的方略和展现，将‘耳’、‘口’和‘王’结合在一起，很快便引起了大家的注意，很快就普及开来，为大家所普遍接受。”

风后说：“抱歉，刚才我确实有点激动了。牛公虽然宁静了，但实际上被天工们给凝固了，怎能不让我担心呢？我虽然在九霄云天，但一直还是比较关注牛公的言谈举止的。这次看到如此之多的投诉，实在难以容忍。听了仓颉的这番话，我很受启发。当年黄帝派雷公到下界寻找译人，有机会与牛公接触，但好像没有关注他那不为尘人所接受的言谈举止。如果仓颉当年也被黄帝派往下界，也接触到了牛公，一定会特别关注牛公的言谈举止的方式方法，一定会给牛公一些求真务实的意见和建议，一定会引发牛公沿着平坦的道路前进，一定会使他避免遭受榭兰金的诅咒和谩骂，一定会使他健康长寿、幸福安康。可惜哉，这个仅仅是个梦想而已，永远也无法实现了。”

雷公说:“谢谢风后的提醒！我真是太缺乏仁慈之心了。当年奔往下界,心头只牢记着黄帝的指示,只关注译人的问题,没有考虑到风后所提到的问题。与牛公接触的时候,我只是一心一意地与他交谈翻译人才的培养、翻译队伍的建设、翻译事业的发展和翻译质量的提高。在谈话中,他也常常提出民族文化的问题和民族意识的问题,有些话虽然令我感到困惑和惊讶,但我还是没有予以关注。离开下界的时候,我只给牛公提了一些学习、实践和发展的意见和建议,却没有提任何有助于他自我发展、自我保护、自我和解的意见和建议,实在惭愧啊！尘世间怎么能无法包容牛公的思想和观念呢？遗憾啊,遗憾！惭愧啊,惭愧！”

鬼臾区说:“雷公啊,请勿伤感,你已经行尽了职责,完成了使命,这是最为重要的。至于职责之外、使命之外的奉献,还要因时、因地、因人而异。你是三十年前奉黄帝之命而奔往下界的,那时的下界虽然正处在紧迫的发展时期,但尘人的心胸还是比较自然的。所以牛公的言谈虽然令你感到困惑和惊讶,但还是不会引起你的担忧和不安。既然他的言谈并没有引起你的担忧和不安,你怎么可能特意地劝告他不好这样说、不要这样做呢？我们虽然是天工,但毕竟都曾经是尘人啊,都还有尘人的意识和习惯的。在尘世间,人们往往吃了什么东西后中毒了,才会从此避免再吃,而且也会提醒他人不可吃用。如果当初黄帝派遣风后去下界寻找译人,我相信与牛公接触的时候,风后也不会提醒他注意自己激烈的言谈和激动的举止。”

风后说:“鬼臾区说得对。雷公啊,千万别因为我激烈的言谈而惭愧,您确实已经行尽了自己的职责,完成了自己的使命。当时的尘世环境与今时的尘世环境完全不同了,不同环境下的意识和思想自然是不同的。我也希望能有机会赶往下界,仔细查看环境的变化,尤其是尘人的变异。好好找找类似于牛公这样的尘人,尽快给他们做好思想工作,努力改变他们的思维方式,提高他们的应对能力,完善他们的处世策略,让他们一生幸福安康,不再遭受任何的侵袭和伤害。”

应龙说:“我也有这样一个梦想。如果我有机会奔往下界,我不仅要熟悉下界,洞穿尘世,看穿尘人,更要充分利用飞龙在天的豪气和威仪,像春雨一样润物无声地改善尘世间的风潮和云雾,使庸俗了的思想和观念淳朴化、自然化、慈善化。"

雨师说:"我也想奔赴下界,利用雨水的清明、清凉和清澈,再次激发尘世间曾经拥有的'风声雨声读书声声声入耳,家事国事天下事事事关心'的观念。有了这样的观念,即便是有人无意间伤害了某人,他也不会怒火万丈地和对方打斗。"

天女说:"好呀!能做到这一点,那可真是太好了!我也有着同样的梦想。如果我也有机会奔赴下界,我也一定要像各位臣兄所提出的那样,充分利用自己所拥有的精气神,努力拓展、丰富和完善尘人的精气神,使他们能在庸俗的尘世间具有淳朴的心神、慈善的意识和坦诚的人性。即便有恶魔式的尘人,我也一定随时随地的紧跟他们,引导他们,帮助他们,使他们能尽快地摆脱恶魔的影响,走上人生善良而温馨的康庄大道。"

仓颉说:"各位臣兄说得好啊!现在我们通过疾风和寒气挽救牛公,接下来我们完全可以采用和风与细雨去拯救由人变鬼的恶魔。虽然已经是恶魔了,但毕竟还是尘世之人的变异,而非恶魔的传唤。在现代的尘世间,由于科技的发展,很多变异了的动物基因和物质本件都可以转变过来,更何况采用天工的神法奇方呢!在尘世间,曾经有那么多高人、大人和贵人想利用高速发展的科技,彻底消灭国字,但最终未能实现。其中一个很重要的原因,就是尘世间毕竟还存在着大人相应的观念和现实。要简化国字,要改革国字,当然是必要的,当然是与天相应的。但要消灭国字,要西化国字,与天是不相应的,当然是无法实现的。如果我有机会奔赴下界,我也一定按照各位臣兄的设想,充分发挥好自己的特点和特长。"

雷公问道:"仓颉如果能奔赴下界,那实在太有意义了。如果你到了下界,你准备做什么呢?如何发挥你的特点和特长呢?"

仓颉说:"我将根据自己的特点和特长努力做好三件事。首先将国字从创造到发展的过程、从发展到改革的历程介绍给尘世之人,让他们了解国字的品貌和优势,使他们能掌握好国字的精神、能发挥好国字的优势、能为人类文字的发展做出更大的贡献。其次将传统的国字与简化了的国字结合起来，使当今的尘世之人能比较完整地了解国字的实际含义和彼此关系，避免出现理解上的偏差和应用上的失误。最后要将民族的国字与西方的文字结合起来，实现‘长其长而短其短’的目标。”

雷公说：“能做到这一点，实在太好了！”

警报第五十七：自然的本与末，人为的正与反

雨师说：“昨天给牛公下拨了疾风、下发了寒气，使牛公的心神和大脑都僵滞了，目前基本上进入了老年痴呆。我一直在下望，看到牛公呆滞得像天寒地冻里的枯木一样，一动不动，无声无息。我的眼泪禁不住地往下洒，但现在我却欣慰了、高兴了。”

风后不满地问道：“雨师，你到底想干什么？为了挽救牛公，我们采取了如此断然消神除魂的方法，将牛公从活生生的尘人一下子变成了僵乎乎的朽木，怎么能不伤感呢？我都痛苦地要失魂落魄了。”

鬼臾区说：“风后啊，别太难过。我们虽然是天工，但毕竟是远古的尘人，毕竟远离了现代化、西洋化的尘世，除了具有自然淳朴的能力外，哪里会有科学的意识和水平呢？如果有科学的意识和水平，我们也许仅仅给牛公喝的水中或吃的饭中悄悄地撒入一点化学元素让他喝了水或吃了饭就开始昏昏入睡，一直睡到渴了或饿了再醒来。醒来刚喝完水，刚吃好饭，就又昏昏入睡了。采用这种挽救的方法，也许是比较温馨的、比较符合科学发展观的。可惜啊，我们不懂得尘世间现代的科学观啊。”

应龙说：“鬼臾区说得可真有道理。我们如果有机会去下界寻

访，首先去拜访几位化学家或医学家，从他们那里了解清楚什么化学元素或药物能使牛公昏昏入睡。对于化学家和医学家来说，鬼臾区刚才说的挽救方法也许是非常简单的。看来我们这些天工们也确实需要好好学习，更需要天天向上。”

风伯说：“这一个建议很好。我如果有机会去下界寻访，第一个要寻访的就是化学家和医学家。我可以扮作医药代表，不带国币，只带美元或英镑，不带吃的、穿的，只带金银或美玉。我相信，这些财物会感动所有寻访的化学家和医学家，他们一定会成为及时雨，我一定会立刻拿到我所想要的任何元素或药物。拿到之后我马上请求各位臣兄终止疾风和寒气，让牛公立刻恢复健康、恢复思维和意识。如果他又开始关注尘世间的时态和世态，我就采用鬼臾区刚才说的办法，让他一喝水就昏昏欲睡、一吃饭就呼呼大睡。”

雷公说：“好啦，好啦，不要随意发挥了。各位臣兄的脑子似乎也已经西化了。按照牛公的说法，各位也像‘西洋鬼子和东洋棒子’一样了。天工就是天工，自然就是自然，千万别随尘世间的变异而变异。当年黄帝总结天地的变化时说：‘地气上为云，天气下为雨’，这就是天地之间自然而然的相应和相容。现在的地由于受尘世的影响，已经发生了无法想象的变异。虽然天没有翻，但地确实覆了。刚才各位臣兄提到了化学，虽然我和大家一样一窍不通，但我还是一直在关注，因为化学将大地完全给颠覆了。看看现在天空之下的所谓雾霾，基本上都是化学元素而引发的。”

应龙说：“我也注意到天空之下的所谓雾霾了。我一直感到困惑，不知天下怎么会有这么浓密的雾气，原来是化学元素颠覆了大地而引起的啊。但如果天不再让‘地气上为云’，天空不就没有雾霾了吗？”

鬼臾区说：“就像我刚才说的‘天工就是天工，自然就是自然’那样。地虽然被化学给破坏了，但天也并不会因此而与地不应，更不会与地相隔。所以化学化了的大地之气依然上为云，恶化了天气。虽然如此，恶化了的云仅仅处在天空之下，对整个苍天并没有造成太大的危害，只是时时刻刻向苍天展现大地的悲戚，让苍天认真思考如何挽救大地。”

雷公说：“所以，各位臣兄要向苍天学习，不要向尘人学习，要保持自然而然的本性，不要保持随机而动的尘世心态。”

鬼臾区说：“雷公说得对。如果各位臣兄最终有机会前往下界，一定要认真地观察和分析尘世间各种各样的变化，了解其变化的本与末、正与负。能协助其调整的尽量协助，能奉献一点薄力的尽量奉献。不要像当年的西洋八国一样，一入神州就开枪打杀国民，就开始烧毁建筑。就尘世间的历史来看，很多变化都是正常的，更是自然的，并非不妥。这就像尘人‘生长壮老已’的人生历程一样，没有什么不自然。虽然有些尘人衰老了就哀叹道：‘我怎么老成这样了’，但其内心却没有任何无法接受的想法，因为人人都是这样。就像司马迁当年所说的那样，‘人固有一死’啊。唯一的差别就是‘或重于泰山，或轻于鸿毛’。按此说法，‘万物皆有一变’。唯一的差异是，‘或出于自然，或出于人为。’”

应龙说：“这样的分析实在太好了！我如果到了下界，一定想方设法地去观察，去分析尘世间的那些变化是出于自然，那些变化是出于人为。自然的变化都是好的吧，人为的变化都是恶的吧。”

雷公说：“这可不一定。自然的变化是自然的，但从尘人的角度来看却不一定都是好的。比如在盛夏时节，没有吃完的饭菜放在室内，几个小时就馊了，不能吃了。贫穷时期的人遇到这种情况当然心痛得要出血了。如果你告诉他们‘这是自然而然的，没问题’，他们听了就会恨死你。再比如，在寒冷的隆冬季节，烧热的水没有来得及喝，一会就变得冰冷了，没法喝了，令人失望。类似这样变化虽然是自然的，但对尘人来说还是有害的，要好好地回避。”

应龙说：“很有道理呀。那人为的变化呢？有所谓的正能量和负能量之别吗?”

雷公说:“也一样啊。比如现在的尘世间日常吃的、喝的、穿的、用的、住的、玩的,都是对远古、中古、近古时期尘人习惯用品的改变,都是人为的改变。但哪个改变不好呢?可以说那个改变都很值得点赞。远古、中古和近古时期的国人一般都住在窑洞里或草房里,都躺在土炕上。现在呢,基本上都住在高楼大厦,都躺在席梦思上。席梦思现在可能都过时了,很可能都躺在天梦思上了。再看看现在的国防吧,远古、中古和近古时期基本上都靠的是棍棒和刀剑。而现在呢,则靠的是导弹和核弹。多厉害呀!这些都是正能量的改变啊!都值得点赞呀!”

应龙说:“哪负能量呢?什么样的人为改变属于负面的呢?”

雷公说:“负能量的改变似乎也不少。先看看日常生活中的万事万物吧。如今的国人都比较喜欢吃肯德基、麦当劳,都喜欢喝可口可乐。这些食品和饮料都是从西方引进的,但西方人却都将其视为 junk food,即‘垃圾食品’。之所以将国人非常喜欢吃的和喝的叫垃圾食品,就是因为其中的化学元素太多,非常有害于人体的健康。各位臣兄还记得当年天师所说的‘七七’和‘八八’吧。‘七七’指的是女孩子七岁开始发育,‘八八’指的是男孩子八岁开始发育。千万年来,这一直是尘人发育的规律,永无改变。但现在呢,却完全改变了。很多女孩子三四岁就开始发育了,很多男孩子四五岁就开始发育了。”

风伯问道:“为什么现在的女孩子和男孩子的发育几乎提前了一半了呢?是因为时代变了还是因为饮食变了?”

雷公说:“当然是食用垃圾食品的后果啊!”

风伯说:“天哪!食品的人为改变居然造成如此巨大的影响!这种影响的后果究竟是怎样的呢?是延长了国人的寿命还是缩短了国人的寿命?是增强了国人的健康还是削弱了国人的体质?”

雷公说:“当然是缩短了国人的寿命,削弱了国人的体质。不仅如此,还混乱了国人的思维、弱化了国人的智慧。这种情况已经越来越引起了国人的注意,目前各界已经在努力采取措施,帮助国人尽量减少食用这些垃圾食品。”

风伯说:“相信通过各界的努力,国人会逐步摆脱垃圾食品的影响,走上正常的饮食大道。”

鬼臾区说:“相信是对的,但依然是很不容易的啊！各位臣兄到下界后,请到各地的菜市场看看所出售的各种各样‘高大帅’的蔬菜和水果。这样的蔬菜和水果在自然界当然是找不到的。按说,如此‘高大帅’的蔬菜和水果一定会更好地提高尘人的生活质量,但实际上却严重危害了尘人的生活质量和人体健康。原因就是这些‘高大帅’的蔬菜和水果都是转基因的,都充满了毒素,都是有害尘人的。”

风后说:“天哪！天哪！本来我想质问的是,雨师为何对牛公遭受疾风和寒气的危害而开心,但还是被臣兄们所讨论的‘自然’和‘人为’所迷惑,不知究竟该说什么、该做什么呀?”

雨师说:“所以,讨论还得继续呀。”

鬼臾区说:“稍静！稍宁！只有心静了,只有神宁了,才能继续讨论呀。”

众臣齐声道:“好吧。”

警报第五十八:伤害与杀害

风后问道:“雨师,我再问问你。疾风和寒气不仅痴呆了牛公,而且还僵滞了牛公。你为什么不仅不伤感,而且还高兴呢?”

雨师说:“非也！非也！我也伤感得要打碎牙齿往肚子里咽呢,但忽然看到了尘世间新发表的一篇文章,心情一下子就兴奋起来了,觉得多亏我们提前将牛公痴呆了、僵滞了,不然的话他可真的要被害死了。”

风后问道:“那是一篇什么文字呢?怎么那么恶毒呢?既然看了都能将牛公害死,但为什么没有将你害苦呢?看看你的面容,一点痛苦都没有,反而有些高兴了。既然这篇文章都能将你给兴奋了,为什么反而要将牛公害死呢?难道说这篇文章揭示了牛公的什么隐秘吗？让你终于明白牛公是个啥人吗？”

雨师说：“风后想得太丰富了！这篇文章不仅否定国学，甚至将国学视为国渣。想想看，别说内容了，光看到了这个题目，牛公就会有什么反应呢？一定会啊呀一声就命丧黄泉了。”

风后惊讶地说：“天哪！怎么会有这样的文章呢？神州大地怎么允许这样的文章发表呢？这到底是出于什么目的？想灭国学还是想灭国人？”

雨师说：“瞧瞧！看到你的反应就自然看到了牛公的反应。如果我们没有提早将牛公的心神给僵滞了，没有将牛公的脑海给封闭了，看到这个题目他会有怎样的反应呢？很自然，他肯定是一点反应都没有，只是眼睛一睁、嘴巴一张、面容一僵，人就轰然倒地了。从此他就离开尘世了，走上了风云之道了。对他个人而言，这也算是一件好事，终于将他给解放了。但对于他的家人和友人来说，这将是怎样悲痛的人生经历啊！他的家庭肯定将被完全破坏了。从这个角度来看，我们提前将牛公呆滞了还是很有实际意义的。这就是我由悲痛而转变为欢喜的根本原由啊！”

风后说：“难怪！难怪！看来我刚才对雨师的不满确实是错误的。假若牛公没有提前被我们所痴呆，他已经会遭受一生中最为严重的打击，一定会因此而脱离了尘世，也一定会给家庭和友人造成极大的伤害。虽然他现在痴呆了，但生命毕竟还是存在的。家人和朋友唯一感到遗憾的就是，他没有思维了、不会说话了，过早地成了老年痴呆者。我仔细地俯察下界，看到很多朋友到牛公的家里来看望他，虽然家人感到非常遗憾，但还没有太大的伤感，毕竟他还活得好好的，只是不会说话了、没有思想了。家人外出，还可以带着他。他虽然不会说话，没有思想，但走路的姿势还是自然的，走路的力气还是正常的。这种状况虽然可惜，但还确实有些欣慰。”

应龙说：“二位说得确实有些道理。牛公在尘世间的现状也只能是这样了。虽然他对尘世间的阴阳表里寒热虚实都已经不知不觉了，但至少还可以好好吃饭、好好喝水、好好休息，将其大半生的欠缺都弥补起来了。这真是不幸中的万幸，更是意外中的收获。这个问题暂时就先这样吧。我很想了解的就是这篇文章的内容。题目虽然如此爆裂，就像一颗原子弹和氢弹一样，但内容究竟是怎样的呢？难道比原子弹和氢弹还要有威力吗？”

风后说：“是啊，我也想知道这篇文章的内容是什么呢？到底如何看待国学呢？为什么将国学视为国渣呢？这不就等于将美丽的姑娘视为粪桶吗？”

天女说：“这是什么比喻呢？既然是美丽的姑娘，怎么又成了粪桶了呢？”

风后说：“天女呀，你也是来自尘世的，你难道不知道尘世之人的表和里吗？无论男的还是女的，表面上虽然帅气、虽然美丽，但其体内呢，一定会有大粪啊！正常的人无论看待男的还是女的，一定关注的是其面容和身材，绝对不会考虑到其大肠和直肠中的粪便的。但思想不正常的人，无论看待男的还是女的，一只眼关注的是其面容和身材，但另外一只眼一定在深入地观察其体内的大肠和直肠，一定会最后将其定位为粪桶。”

天女说：“我的天啊！我的地啊！我的人啊！三才之中怎么会有这样的人啊！怎么会注意别人的大肠和直肠呢？除非你是医生，不然你一定是个恶魔。但即便是恶魔自己，体内也是有粪便的啊！他诅咒别人是粪桶，他自己呢？难道他不懂得诅咒别人也是诅咒自己吗?”

风后说:“天女啊,你也太淳朴了。你应该早点奔赴下界,好好地观察如今的尘世之人吧。虽然大部分的尘世之人还是比较淳朴的,但还有一部分尘人是奸诈的、伪善的、卑劣的。他们虽然直勾勾地盯着别人的大肠和直肠,臭气熏天地诅咒别人是粪桶,但却丝毫不会翻看自己的体内,更不会将自己与诅咒的人关联在一起。”

天女唉唉地说:“以前听说人在尘世不如鸡,我不知该如何理解。我总以为鸡是尘世间非常重要的家禽,因为鸡是盘古开天辟地之后的第一天所创造出来的动物,目的是给尘世带来光明。作为人,怎么能超越鸡呢?但似乎尘世间对鸡的认识是不一样的啊!”

应龙说:“尘世之人对鸡的认识与天工们的认识确实是完全不同的。天工们敬慕鸡,因为鸡为尘世间带来了光明,所谓的‘雄鸡一唱天下白’,强调的就是这个意思。但实际上在尘世间,尘人只是吃鸡肉、吃鸡蛋、玩鸡毛、收鸡粪,怎么可能将鸡视为自己敬仰的明星呢?顶多利用鸡关于时间的呼唤加快自己的奋斗而已。所谓‘与鸡俱兴’、‘闻鸡起舞’,说的就是这个意思。”

天女问道:“尘世之人到底是怎样认识鸡的呢?”

应龙说:“听听这段狗和猪的对话,你就明白了。

> 狗陪女主人住院,目睹了女主人生孩子时痛苦的全程。回家后狗对猪叹息说:‘哎,人不如鸡!’猪问:‘此话怎讲?’猪说:‘你看,鸡下个蛋和拉大便一样,简单,孵小鸡 21 天时间短,不受罪。人怀上孩子 10 个月,时间长,生孩子时还要在肚子上开一刀,真受罪。’猪说:‘真是人不如鸡,咱们也不如鸡,下辈子咱一起去做鸡!’

这段话虽然表面上是狗和猪在说,实际上是人在和人说。狗和猪其实都不会说话,但尘世之人如果需要,就一定让它们假扮说话,而且说的都是他们自己要说的话。上面这段话就是这样。如果狗和猪都会说活,就像鹦鹉那样,那么尘世之人早就被颠覆了。他们私下里说的任何的话都会被狗、猪等千万种家禽和家畜所偷听,尤其是他们抓不住甚至看不着的一些隐秘昆虫,如厨房里的蟑螂等。”

天女说：“对，对，对！前几天尘世间的电视里曾经播放过一段片子，介绍的就是一只特别爱说话的鹦鹉。他看到家人私下里在做什么，马上就大声宣布，令家人特别的尴尬。有时家里来了客人，它在对客人表示欢迎的时候，又立刻将家人所作所为的隐秘事告诉给客人，令客人和家人都极为尴尬。”

应龙说：“哎呀，还真有这样的鹦鹉啊！这太重要了。现在尘世间始终都在反腐，如果每个单位、每个部门、每个地区都像警犬一样安排一大批鹦鹉飞来飞去，仔细观察各地官员的所作所为以及所言所行，并及时将其予以公开。那么任何层次和地区的贪官和汉奸都会马上曝光天下，即便政府不抓捕他们，他们自己也无地自容了。这样的反腐策略该多好啊！”

鬼臾区说：“应龙说得确实很好啊！你如果奔赴下界，可以将其作为提案提交给政府。政府若能按此进行反腐，天下的腐败行为很快就会终止了。如此一来，这尘世间该有多温馨，多自然、多太平啊！如此重要的策略不仅要落实在神州大地，而且也应该落实在全球各地。如此这样，天下怎么可能还会有安倍晋三这样的政客呢？”

雷公说：“这个策略确实非常重要，如果我再次下界，一定会按此进行，努力帮助尘世之人温馨社会氛围，完善人际关系。”

雨师说：“天哪！尘世间的问题实在太多了。我本来想根据风后的要求向各位臣兄介绍将国学视为国渣的说法，没想到一句简单的话就引起了大家对尘世间这么多的关注，且提出了这么重要的意见和建议,太出乎我的想象了。这篇文字的内容在一定意义上也与大家刚才讨论的问题有一定的关系,大家如果听了,一定会有更多的想法和看法。”

雷公说:“好啊。现将刚才各位臣兄讨论的问题略作总结,然后再听听雨师对那篇文字的介绍吧。”

众臣齐声道:“好!”

警报第五十九:木子雨令与金石峻岭

风后说:“雨师啊,请谈谈国学是国渣的说法吧。尘世间怎么会有这样的观念呢?华夏民族历朝历代虽然都有强盗,都有奸贼,甚至都有恶魔,但却从来都没有否定自己民族历史、文化和传统的强盗、奸贼和恶魔呀。”

雨师说:“这个说法是神州大地的一位学界大师提出的。其实不是随意提出的,而是刻意宣扬的。这位大师生在木子中,长在雨令里,非常与众不同。”

风后说:“生在木子里?那不就是植物了吗?长在雨令里,那不就是鱼龟了吗?难道说他根本就不是国人,而是倭寇之类的外人了吗?”

雨师说:“非也,非也,实实在在的国人,而不是夷人。如果真是夷人,一般也不会有这样诅咒国学的做法。此人究竟是何人?我还不太了解,曾经注意到有人将其称作‘木子雨令’,听起来确实像个日本人。日本人基本上都以四字以上为名,国人自古以来则都是以二字或三字为名,几乎没有以四字为名的,除非为复姓,如欧阳、太史、端木、上官、司马等。自古以来,华夏民族就有 81 个复姓。但这 81 个复姓中,似乎没有‘木子’,也许这是复姓的新发展吧。木子雨令听起来像日本人,实际上是地地道道的国人。”

风后说:“既然是地地道道的国人,怎么能如此蔑视自己的民族和传统呢?怎么都将思想界的圣人孔子视为丧家犬呢?当然,

孔子毕竟只是圣人，而不是真人和至人。按照黄帝当年的分析，真人和至人德厚意正，行健载物，故而与天地共生，与日月同辉。而圣人和贤人只是俗人中的佼佼者而已，最多也只能长寿百岁，不可能与天地共生，更不可能与日月同辉。即便如此，孔子在俗人间还是德高望重的，怎么可能像个丧家犬呢？"

雨师说："虽然不可思议，但还是很有道理的。毕竟他生在木子、长在雨令呀，怎么可能是正常的尘人呢？怎么可能将孔子视为'德高为师、学高为范'的典范呢？如果他是金石峻岭，那就一定会使天门洞开，一定会使'两岸猿声啼不住'，一定会使'轻舟已过万重山'。可惜啊，他毕竟是生在木子、长在雨令啊，怎么能真正地懂得孔子是何人、中国是何国、国学是何学呢？尘世之人的思想和脑海中本来就隐有尘埃，更何况在雾霾如胶的当今时代里呢？"

雷公说："好啦，不用再论木子和雨令了。如果将木子和雨令与五行结合起来，哪该多有意义啊！"

风后说："雷公厉害啊！臣兄们将木子和雨令与尘人隔离开来，好像很有道理。但如果将其与木火土金水这五行结合起来，那就完全不同寻常了。五行有生克乘侮这四大运动规律。乘侮暂且不谈，只简单地看看生克吧，就会令臣兄们目瞪口呆了！"

应龙说："对呀！真的令我有些目瞪口呆了。木生火，木克土。没有生火，尘人如何生活？没有克土，尘人如何安居？雨就是水呀。水生木，水克火。如果没有水，不仅木难以长，尘人更难以生。如果不克火，不仅木会被烧毁，尘人也会被烧伤。哎呀！木子和雨令太重要了啊！"

雷公说："行了，行了，不要随意地发挥了。还是谈谈尘世间否定国学的背景和消灭国学的缘由吧。"

雨师说："否定国学，消灭国学，其实就像当初消灭国医一样，可谓不言自明矣。现代的神州大地已经完全彻底西化了，任何所谓的'国学'都不一定是自己民族的学说了，很可能完全是西洋学说在华夏大地上的传播和发挥。另外，由于现代国人阴阳、表里、寒热、虚实彻底西化，其民族文化的基础、民族文化的基因和民族文化的精神基本上都消散了。没有了这样的基础、基因和精神，怎么可能真正理解和掌握自己民族传统文化的实质呢？"

风后说："可能完全是这样的。但拼命宣扬要消灭国学的那位学界大师自己对此的看法又是怎样的呢？"、

雨师说："此人还是比较敢说敢做的。对于西化了的民族，他也是深有体会的。他之所以用如此激烈的标题写文章，大概就是为了展现自己的态度吧。他认为西化并不可怕，更不可深思。因为神州大地角角落落都早已西化透了，即便反对西化的国人自己其实也都已西化了。西化的基本的标志就是吃喝拉撒，更何况言谈举止呢？就是牛公，其实也都彻底西化了。雷公已经注意到了吧，牛公穿的是什么衣服？吃的是什么饭菜？用的是什么工具？穿的一定不是传统的民族服装，吃的一定不是民族的传统饭菜，用的一定不是民族的传统工具。对吧？"

雷公说："是的。照此说来，好像我们就不需讨论了，因为牛公都喜欢西物了，还谈什么民族文化和传统呢？"

雨师说："雷公啊，实在抱歉呀！我有些偏激了。实际上西化也是必要的，如果今日的尘世间没有任何人向西方学习，向西方借鉴，怎么可能向前进呢？就是在古代的时候，华夏民族都一直在向不同的民族学习和借鉴。佛教就是完全向印度学来的，国医中的一些理法方药也是从东洋和西洋吸收和采用的。明朝时期的红衣大炮就是从西方引进的，对明朝的发展发挥了重要的作用。所以，西化是必要的，不能完全否定。"

应龙说："西化确实是必要的，但传承和发展民族的文化则是重要的。"

风后说："各位臣兄说得皆有其理。正如应龙说的那样，西化确实是必要的，但传承和发展民族的文化则是更重要的。所以还是有必要讨论讨论尘世间某些学者对国学的否定和蔑视。"

雨师说："那就继续讨论吧。想想看，木子雨令说的可真是事实。虽然我还没有奔赴下界，但从九霄云天俯察神州，还是可以看

到西洋风潮在神州的变幻莫测，传统的民族风潮确实已经绝迹了。我原来以为是民族风潮的自我发展，就像从前由窑洞发展到茅草屋一样。但从木子雨令的描述来看，基本上不是民族风潮的自我发展，而是民族风潮的自行消亡。虽然民族风潮消亡了，但民族自身毕竟还是存在的。这也确实是'不争的事实'。令我不可思议的是，神州大地怎么一下子就西化到了没有自我的程度了呢？吃的、喝的、穿的、用的、玩的都彻底西化了，似乎也可以，但民族的文化怎么也西化得无影无踪了呢？这到底是谁的目的呢？是入侵神州的西洋八国联军吗？还是企图消灭民族的汉奸和华奸呢？实在令人深思啊！"

应龙说："神州大地西化到了这种程度，不知该欣慰还是该悲痛。如果我奔赴下界了，面对如此夷化了的民族风潮，该如何应对呢？难怪牛公一生愤懑到如此程度。"

鬼臾区说："如此变异的神州早已是不争的事实了。如果各位臣兄奔赴下界了，只能客观面对，只能认真应对，绝不可看到什么都哇呀呀地大叫啊。在一定程度上也要学习学习尘世间潜伏特工的技能和策略呀。相信雷公当年奔赴下界的时候，神州西化的风潮已经出现了，但他似乎没有因此而困惑不已，而是根据时代的变迁努力完成自己所肩负的神圣使命。这才是真正的求真务实啊！"

雨师说："是啊，不如此应对怎么能真正地了解下界呢？怎么能预测到民族发展的未来呢？木子雨令虽然言辞诡异，但其所展现的现状和事实还是值得深思的。自远古到清末，华夏民族一直通过自己优秀的文化融合百族。这种融合其实是非常人文的、非常仁慈的。简单地用一个'化'字，显然是西化了的思维。正是民族人文仁慈的融合，才使得曾经的敌对者成为家族的一员。但清末之后,民族就失去了融合的能力。融合能力的失去使得已经融合了的民族中又出现一些背叛者。”

风后问道:“为什么华夏民族失去了民族大融合的能力呢?是腐败分子造成的吗?”

雨师说:“主要是西洋的入侵导致的。西洋未入侵之前,民族的文化和文字一直在周围各地发扬光大,但西洋入侵之后,则彻底改变了民族文化的传播和影响。‘中国近代史是部挨打的历史。中国人挨打,中国文化也挨打,打得失魂落魄。’这话说得很有道理呀!其描述得虽然有些激烈,但却是客观事实。近代以来,先是西洋八国入侵,继而是俄罗斯入侵,最后是日本入侵。西洋八国入侵,打碎了国门,打翻了王朝;俄罗斯入侵,掠夺了民族财富,占领了民族领土;日本入侵,企图杀光国民、烧光国土、抢光国资。在这些列强的入侵和打击下,民族几乎进入了地狱。”

鬼臾区说:“这些西洋和东洋鬼子的入侵、掠夺和杀戮确实破坏了民族的历史、文化和精神。但值得今天的国人反思的是,当时处在如此悲惨状态下的国人却并没有失去民族的文化意识、文化基因和文化精神。看看抗日战争时期的民族教育吧,哪有侮辱、诅咒和谩骂自己民族文化和思想的行为举止呢?不但没有,而且还在努力地发扬光大民族的文化和思想。当时之所以能打败日本鬼子的入侵,与国人坚持和发扬民族文化的精神是密不可分的。”

风后说:“是啊。如果日本鬼子今天又入侵神州,我真不知道如今的国人该如何抗日呢。”

雷公说:“这到不必设想了。时代毕竟变了,日本鬼子不可能再像当年那样直接侵入神州大地了。但现代化的入侵显然是不可避免的。事实上近年来西洋和东洋都在拼命地以另类方式入侵神州。虽然在神州大地上看不到鬼子的入侵,但在文化、经济和政治的风潮中还是可以感受到的。正因为没有枪炮的入侵,只有文化、经济和政治的入侵,如今的国人基本上都感觉不到了,”

风伯说:“也就没有被入侵的意识和感受了。去年我俯察下界的时候,看到有位国人在现在的网络上发表了一通话,题目是‘反对西化的人,请滚出中华人民共和国!’可见,民族的意识和基因是多么薄弱。不仅薄弱，实际上可能一分一毫都没有了。”

鬼臾区说：“对的。未给牛公下拨疾风和寒气之前，我曾经注意到他与学界群聊的现状。有一天他在群聊中提醒大家关注国学，有一位学者居然质问：‘为何不可以反对国学？’牛公回答说：‘可以反对。但反对国学的是什么样的人呢？’他的这个质疑激起了学界不少人士的嘲笑，于是他就从群聊中退出了。这种群聊的现状也令我十分困惑，不知该如何应对长相是国人、精神非国人的人了。”

应龙说：“‘长相是国人、精神非国人’，总结得好啊！现在的神州，这样的国人实在太多太多了。按照与时俱进的精神，这样的人大概不应称为国人了，而应称为西化人或夷化人，用流行的英语来说，可能就是 Westernized Chinese或 Europeanized Chinese 吧。这样的称谓也许并不为国人所接受，但如果称为 internationalized Chinese，应该会很高兴地为国人所接受。所谓的‘国际主义’，不就是‘正能量’的体现吗？”

雷公说：“各位臣兄的见解和想法有一定的道理。但‘道’是否能成为‘理’，还需要深入的分析和研究。根据黄帝的指示和天师的安排，各位臣兄即日起就可奔赴下界，考察尘世间的变化和发展，为今后‘天人相应’创造必要的条件。”

应龙说：“太好了，我们终于有机会奔赴下界考察了！这也意味着本次讨论就要告一段落了，等我们从下界返回的时候再一起认真讨论吧。”

雷公说：“你们安心地奔赴下界吧，讨论将由第二组的六位臣兄继续进行。他们一直在认真地听你们的讨论，没有发表任何意见。我和天师很想听听他们对相关问题的分析和总结，以便能向黄帝汇报我们总体的意见和建议。”

众臣齐声道：“遵命！”

警报第六十：汉字还是国字

雷公说：“应龙、风伯、雨师、天女和风后都准备奔赴下界，考察尘世，了解国风。这也是黄帝的希望。仓颉啊，你有何想法？你想不想去下界考察呢？”

仓颉犹豫了片刻说：“去下界考察当然是意义非凡的。一百年前，文字改革在神州已经开始了，当时我可以说时时刻刻都在关注着国人对民族文字的意见和建议，几乎每天都想方设法地收集到一些重要的信息资料。但看了每天获得的信息资料，日日夜夜都难以宁静。当时也想赶往下界考察，争取协助国人改革文字。但每天获取的信息都令我有些胆战，不知能否前去考察。”

雷公说：“是啊。当时的情形我也记得。不仅仅是你个人难以宁静，我更难以理解。我也紧急拜见天师，与他一同分析问题的背景、现状和可能出现的后果。天师的眼界还是非常远大的。虽然他对此也非常关注，但对其背景、现状和后果还是非常清醒的。”

仓颉说：“是的。天师当时注意到我紧张、窘迫和失落的表现，特意与我分析了这一问题。经过天师的指教，我终于明白了这一问题发生的缘由和后果，心情很快就恢复了宁静。虽然每天我还在收集信息资料、还在了解相关情况在下界的发展，但一点也不紧张了。逐步理解文字改革的发展情况后，我也希望奔赴下界考察考察，争取有机会与当时的一些激烈改革文字的学者交流交流，希望他们能心静神宁地思考问题、能自尊自重地解决问题。但通过对这些学者言谈举止的了解，我发现那个年代实在太过特殊，整个民族都没有顶天立地的引领者。”

雷公说："是的。在这种情况下，各界很多人士表面上情绪激烈，实际上精神错乱。他们只看左，不看右。正常的人当然是不会用左手写字的，所以在他们的眼里国人实在难以书写国字。如果他们也看看右，当然就能明白国字可以自然而然地书写。这种偏僻的视野使得他们从学者转变成了削者，不是在学国字和国文，而是在削国字和国文，"

仓颉说："是的。他们不仅只看左不看右，而且只望西不望东。对于太阳来说，自然是东升西落。他们在国内只望西不望东，所看到的当然都是夕阳西下，所想到的当然是'断肠人在天涯'，根本看不到旭日东升，更看不到霞光万道。这就是他们当年拼命地要消灭国字、要消除国文、要毁灭圣祖和圣贤的根本原因。"

雷公说："是的。在我看来，他们的眼神已经迷茫，他们的心神已经枯燥，他们的精神已经混乱，他们人生已经下陷，不仅无法自救，而且也无法挽救。这就是当年我力劝你不要奔赴下界考察的主要原因。"

仓颉说："我当时完全理解你的想法和建议，所以就放弃了奔赴下界考察的打算。"

雷公说："六十年前你还是奔赴下界了。当时国人正在全力推进文字改革，当时的改革是热情洋溢，令人既感慨又感动。"

仓颉说："是的，是的。当时我虽然有些紧张，但每天看到下界的信息还是令我感动不已。自鸦片战争以来，颠簸了百年的民族终于站立起来了，处处热气腾腾，人人热血沸腾，充满了今天国人所说的'正气'。天师当时特意向我介绍了国人改革国字的目的和梦想，我完全理解。所以我向天师提出想奔赴下界，不仅是考察文字的改革，主要是感受热情洋溢的民族精神，体验努力奋斗的民族的斗志。"

雷公说："你当时奔赴下界的体验还是比较温馨的，虽然也处处耳闻目睹一些比较偏激和比较偏颇的，甚至远远超乎自然的言

谈举止，但总体上还是比较理解的。”

仓颉说：“是的。因为我自己一生都在创造文字、改革文字，所以主要关注的是文字改革。其他方面的问题我不懂，所以也不太关注。自己不懂的事情即便关注了，也很难理解。当年天师曾经提醒过我，所谓胡作非为，就是不懂装懂。我当然不会不懂装懂的，但如果一定认真地去关注自己不懂的事情，结果就很可能是自以为懂了。如果自以为懂了，怎么可能不胡作非为呢？所以当时在下界，我就一再提醒自己，不要关注自己不懂的事情，千万不要自以为懂。我是这样想的，也是这样做的。我离开下界之后，应龙、风伯、雨师等臣兄一直在追问我下界各种变化的原因、背景和结果。我都没能提供任何的信息，更没有表达自己任何的意见，令他们非常失望。”

雷公说：“其实我当时对你在下界的考察也有点失望。因为你太坦诚了、太认真了，为民族的贡献也太巨大了，所以我一直都没有说。”

仓颉问道：“你对我有什么意见，请告诉我。如果是我自己的不足令你失望了，我一定努力改正。应龙、风伯和雨师们当时所关注的都与社会的变化有关，这方面的情况我当时真的不懂，所以就没有关注。这个情况虽然令他们失望，但我自己并不惭愧，觉得这样做还是比较自然的。我当时的这一做法，天师也是比较肯定的。”

雷公说：“社会的变化我也不懂，所以我觉得你当时不关注是完全正确的。我感到有些失望的是国人对国字、国文和国语的称谓。虽然这几天我们在讨论中都使用的是国字、国文和国语这三个重要的名称，但国人从当时到现在都将其称作汉字、汉文和汉语。表面上看，这是对国字、国文和国语渊源的肯定，但实际上却是对国字、国文和国语历史意义和现代意义、历史功能和现代功能、历史发展和现代发展的局限。”

仓颉说：“雷公说得对啊！我也注意到这个问题，但当时只是考虑到国人对国字、国语和国文历史渊源的肯定，而没有想到对其历史与现实的意义、功能和发展的局限。由于民国时期消灭国字行为太过激烈，令我一直非常紧张，担心国字被消亡。当时在神州大地虽然也听到有消灭国字的声音，但简化国字毕竟是国家的主体思想。所以当时我虽然听到了消灭国字的声音，但我并没有感到紧张。”

雷公说：“你说得也对。当时确实有人想以拼音文字取代国字，但毕竟这只是个别人的想法，并不是全体国人的想法，后来的事实已经充分证明了这一点。但将国字、国文和国语称作‘汉字’、‘汉文’和‘汉语’，确实不甚妥当。国字、国文和国语最初确实是由华夏民族创建的，而华夏民族自汉代以来又称作汉族，将其称作‘汉字’、‘汉文’和‘汉语’似乎有一定的道理。但神州大地毕竟民族众多，而这些众多的民族都是在国字、国文和国语的基础上与华夏民族融合在一起，其意义、作用和影响不言而喻。从民族大融合的角度来看，神州大地意义非凡的字、文和语应该称作‘国字’、‘国文’和‘国语’，而不应该称作‘汉字’、‘汉文’和‘汉语’。”

仓颉说：“是的，是的。这确实是个问题，但我当年却没有意识到这个问题，实在惭愧。现在的国人将当年的官话称作普通话，因为这种话已经成为各地民众彼此交流和沟通的最为有效的话语，所以在全国逐步普及通用了。所谓的‘汉字’、‘汉文’和‘汉语’其实也是普通字、普通文和普通语。将其称作国字、国文和国语，更展示了其历史和现实的意义、功能和影响。自古以来神州大地就以‘国’字来修饰国内通用的字、文和语，展示了民族大融合的历史风貌。比如春秋时期撰写的一部有关周、鲁、齐、晋、郑、楚、吴、越八国的记事，其书名即为《国语》。虽然当时的‘国语’观念与现在的‘国语’观念不尽相同，但还是非常值得今人借鉴啊！”

雷公说：“古人的民族大融合的这种意识确实值得今人反思

啊。牛公提出的‘贯通古今’的理念大概也是出于这样的考虑吧。虽然古代和现代的差异迥异,但古代和现代并非毫无关系。比如,古代的一些发明和创造今日依然在发挥作用,国人日常吃饭用的筷子、勺子、盘子、碗盆等就是最为典型的实例。更重要的是,古人的一些思想观念今天也在发挥着积极的作用,比如《礼记》中说的‘天下为公’、《道德经》中说的‘道法自然’、《论语》中说的‘己所不欲,勿施于人’等。”

仓颉说:“是啊,今人虽然比古人先进了,但古人的一些思想和观念依然值得今人学习和借鉴。虽然古代的‘国’与今日的‘国’的含义不尽相同,但毕竟今日的‘国’代表着整个神州大地,以其来修饰全国各地和民族所普及的字、文和语,显然是必要的。”

雷公说:“这正是我所期待的啊!”

警报第六十一:通俗与庸俗

雷公说:“仓颉啊,下界考察一事你现在考虑得怎么样了?是否愿意去下界看看,了解了解国人关于国字的看法和做法。最近我和天师向黄帝汇报了前一段时间我们的讨论,黄帝觉得我们的讨论是很有意义的,虽然很多的意见和建议显得有些偏激,但还是有一定的事实依据的,还是值得今人深思的。对于国字的问题,黄帝觉得简化是应该的、改革是必需的,但消除却不一定有益于民族的发展和文化的传承。天师对此的思考也很深入。”

仓颉说:“我明白了。我原想先听听另外一组臣兄的讨论,了解了解他们的意见和建议,然后再奔赴下界考察,以便能客观地观察尘世间的种种变迁,能现实地思考尘世间的表里虚实。自古以来我都是比较客观地面对现实,心情一直比较宁静的,没有任何激动的行为举止。但自民国以来,我的心情就潜移默化地发生了一些变异。虽然如此,我还是保持沉默,很少发表任何有关某些问题的言论。这次大家讨论的时候,一开始我依然保持沉默,没有发表任何意见。后来在各位臣兄的劝说下,我比较现实地表达了自己的一些看法和想法。虽然比较现实,但显然还是缺乏发言权,因为没有做必要的调查。”

雷公说:“仓颉说得对。只有做了充分的调查,才能真正地了解相关事情的因由和现状,才能比较客观地进行分析和总结,才能比较现实地预见其发展的过程和结果。所以这次就特别希望你也能到下界去考察。其他五位臣兄在鬼臾区的组织下,准备奔赴下界了,我以为你还在犹豫,所以就特意询问你了。不过听了你的设想,我感到很有意义。听了其他六位臣兄的讨论,特别是他们对相关问题的意见和建议,的确会使你更好地了解尘世间的变化和变异,更客观地分析和预见国人理念和发展。”

仓颉说:“谢谢你的理解,我也非常期待奔赴下界考察。最近我特别关注国人对于国字的一些思考和分析,很有现实意义,但与国字原本的含义却不完全相同。如何看待国人现在对国字的认识和看法?完全从历史的角度考虑还是从现实的角度考虑,完全从民族文化的角度考虑还是从国际化的角度考虑,确实是我一直在认真思考的问题。虽然我一直在认真思考,但还一直没有清醒的认识。听了前面五位臣兄的讨论,虽然在一定程度上激发了我的情绪,但也在一定程度上启发了我的思维。我想如果有机会听听另外六位臣兄的讨论,一定会更好地启发我的思维,一定会使我的认识更加明确。思维上有了这样的进步,到下界考察一定会有更好的收获,一定会更好地完成黄帝和天师赋予的历史使命。”

雷公说:“很有道理。我近期也很关注国人对国字的思考和分析,也有感动,但也有些疑惑。比如将‘停’理解为‘让人们在驿道旁建立的亭子下休息、补充体力、蓄积精神,让后面的路走得更轻松、更快捷’。我觉得理解得蛮有意义,比较客观地诠释了‘停’字的结构和含义。再如,将‘劣’理解为缺少力气,意思是说没有比别人付出更多的努力,后果当然是不言而喻的。我觉得这样的理解也很有道理,也比较客观地诠释了‘劣’字的结构和含义。”

仓颉说:“对啊！这样的解释确实比较符合这两个国字的结构和含义。我也注意到了国人的这样一些分析和总结,和你的感觉也比较一致。比如,将‘路’理解为‘人生之路在各自的脚下’,很有道理。最初我们制造‘路’字的时候也确实有这样的思考。荀子后来所说的‘千里之路,始于足下’既是对国人的激励,也是对‘路’字的诠释。每个人都有其人生的道路,而人生的道路只有自己认真地走了,才能实现自己人生的理想。如果光想依靠别人替自己走,怎么可能有自己的人生之路呢？甚至可能连自己的人生都不可能有了。我非常赞同这样的诠释。再如,将‘舒’字释义为:只有给予别人,自己才能感到快乐。‘舒’字是由‘舍’和‘予’构成,其含义却是只有给予别人自己才感到舒畅的意思。但这样的意思古人是比较理解和接受的,今人却不一定能理解和接受。比如,今人基本上都有‘舍不得’的意识,很少有‘舍得’的意识。”

雷公说:“这样的解释确实是有意义的。但还有一些解释,我觉得可能有些随意了。比如有人将‘雅’理解为‘吃饱了’,因为觉得‘雅’是由‘牙’和‘佳’组成的。如果‘雅’真是由‘牙’和‘佳’组成的,那恐怕也与牙齿的美好形象和表现有关系,不一定就与吃饱了有关系。当年你们造字的时候,民族的文化早已产生了,‘仁义礼智信’的理念早已形成了,对‘雅’的理解不会太庸俗吧,不会仅仅与吃饱了不饿有关系吧。”

仓颉说:“你的看法有一定的道理。当年我自己造字的时候,考虑更多的是将民族的文化和精神发挥好。”

雷公说:“是啊！如果仅仅关注吃饱了不饿,怎么可能去努力创造这些意义非凡的文字呢？很可能去创造像今天国人所喜欢的麦当劳和肯德基吧。如此解读国字的情况目前还比较多,有些字的解释令我非常困惑。比如‘混’这个字,远古时期肯定是对某些自然现象的描述,不一定是负面的意义。但在时下的尘世间,‘混’常常含有负面的意义,并因此形成了很多负面词语,如‘混蛋’、‘混乱’、‘混淆’等。有人对‘混’的解释是‘一天要比一天有油水’、‘一天过得要比一天好’。之所以这样理解,是认为‘混’是由‘水’、‘日’和‘比’构成的，而将‘水’理解为‘油水’。这样的解释真的有些不可思议。你们当年创造‘混’字的时候真是出于这样的考虑吗？”

仓颉说：“不一定啊，那时只有清水，没有油水啊！”

雷公说：“对的，这样的解释确实有些创新啊！这样的创新现在实在太多了。这对国字的学习、传承、研究和发展，到底有何意义呢？”

仓颉说：“意义恐怕还是有的。借助远古时期所创造的国字的结构，结合现实对其加以解释，以便引导国人和启迪国人，意义肯定是有的。这就像自古以来的国人对‘天人相应’和‘天人合一’的认识一样，某种意义上就是借助自然规律来启发国人。牛公曾经写过《西江月》：

案上书经定志
榻边灵素宁神
静安定虑育天真
恬淡虚无固本
寒热温凉时气
沉浮升降常因
桃花源里付此身
尽享庄周高枕

其中的‘寒热温良’本来指的是春夏秋冬的气候变化，借此表达人生的变化。‘升降沉浮’本来指的是国药发挥作用时的运行规律，借以表达人生的变迁。这就是借用自然规律启发国人的表现。对国字的别样解释也可能是理解的偏差，但也可能是借此发挥某种作用。随着时代的发展，国字的作用肯定会在不断增加。这就像五谷一样，远古时期没有发明火的时候肯定是吃生的。后来发明了火，就开始吃熟的。再到后来发明了调料，就不仅仅是吃熟的，而是吃香的。现在，由于科技的发展、工作的烦劳和时间的紧迫，就不仅仅是吃熟的、吃香的，而是要吃简的、吃快的。”

雷公说：“说得好！其实仔细看看历朝历代的国字，都能发现一些因某种客观或主观的原因而发生的变化。比如‘射’和‘矮’

这两个字，就特别值得深思。按照当年你和其他一些国人创造国字的理念，字的结构肯定与某些食物和形象或某些事情的表现和感受有关系。这就像‘木’和‘本’、‘刀’和‘刃’一样。‘木’指的是树，在其下面画一横就是为了表达树干和树根。所以‘本’的原意就是树干和树根的意思，后来也将树根的含义纳入其中。为了表达刀锐利的一面，在其左侧的偏旁上加一点，就是为了显示其实际所指，很形象，也很有意义。但‘射’和‘矮’就有一点奇怪了。‘射’指的是将某些物或箭直接推击出去，应该由表达箭和推击的字体构成，怎么以‘身’和‘寸’构成的呢？难道说要射击的人必须矮小吗？‘矮’指人长得不高，按说应该由表达身体和低小的字体构成，怎么会以‘委’和‘矢’构成呢？按照古字的意思，‘委’是送出的意思，‘矢’是箭的意思。从其结构上看，你们当年造字的时候，表达射击的应该是‘矮’，表达矮小的应该是‘射’吧。”

仓颉说：“你的考虑是有道理的。毕竟历朝历代在使用国字时都会发生一些变化。这些变化可能是客观的，也可能是主观的，更可能是无意间的。比如‘射’和‘矮’的颠倒，很可能是某朝某代某人无意中用错了字。更可能是某个帝王用错了，臣民们只好顺其失误而改变了这两个字。”

雷公说：“有道理，可能就是这样。那我就请你与其他几位臣兄一起到下界考察吧。”

仓颉说：“好啊！谢谢你的关怀！”

警报第六十二:交融与交汇

雷公说:“伶伦、力牧、常先、大鸿、陆吾、英招,你们是第二组的讨论者,我刚才与仓颉谈了一些问题,你们也听到了。这些问题确实是问题中的问题。要解决这些问题,还需要听听你们的意见。现在开始讨论吧。”

大鸿说:“谢谢!谢谢!我早就等不及了!前面听六位臣兄讨论的时候,我们也非常激动,我自己更特别激动,很想谈谈我们的意见和建议。我好几次都张嘴想说,但还是控制住了自己的情绪,期待着我们这一组的讨论。我相信,我们这一组的讨论一定会有一些新的想法和看法,毕竟思考的时间比第一组的臣兄要多得多,看到的材料比他们也多得多,了解的问题比他们更多得多了。”

雷公说:“此前的讨论过程中,我一直在注意你们旁听时的神态,也一直在关注你们对相关资料的查看。我发现你们在旁听的过程中神态也在逐步改变,一开始也显得很激动,但渐渐地就有些缓和了,慢慢地就更加平静了。我想你们对这些问题的看法和想法一定是有所改变的。这很重要啊!”

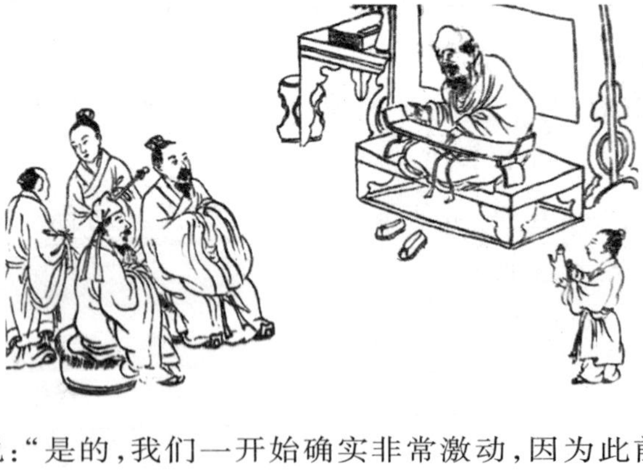

常先说:“是的,我们一开始确实非常激动,因为此前讨论的问题都是我们关注的问题,也是我们一直在思考的问题。我们一开始之所以激动,原因也是多方面的。毕竟我们也曾经是国人,也曾经为民族文明、文化和文字的建设尽了自己应该尽的一份力。看到我们曾经努力推进和发展的民族文明、民族文化和民族文字居然发生了如此剧烈的变异，怎能不激动呢？不但非常激动，而且还非常恐惧，因为我们不知其明天会是春天还是冬天。但经过多次的旁听和思考，特别是通过对古今、东西、上下和左右的对比，使我们对相关问题又有了很多新的认识，有了很多新的想法，对尘世间的很多变化和变异又有了很多新的感受。”

雷公说："对这些问题能有新的认识，对这些变化能有新的感受，可真不容易啊！我自己经常和天师在一起分析讨论一些天上人间的事情和问题，对很多情况都有一定的了解和认识，应该和你们现在的感受和体会是一样的。但此前和第一组的臣兄们在讨论的时候，我也禁不住有些激动，甚至有些愤慨。毕竟我们都曾经是国人啊，我们当然对自己当年为民族的文明、文化和文字的创建至为关注。看到尘世间社会的变迁和思想的变异对民族文明、文化和文字的影响，激动的心情和愤慨的情绪当然无法掌控。看到你们表情和神态由激动而缓和、由缓和而平静，我的心绪也努力地自我调整。但我相信，如果你们参加第一组的讨论，情况应该和我一样。”

伶伦说："是的。如果我们参加的是第一组讨论，我们的感受、体会和意见与前六位臣兄肯定是一致的，甚至还比他们更激烈、更激愤。毕竟看到的问题和挑战是首次的，思考的机会和时间是有限的。在他们的讨论过程中，我们有机会仔细旁听、认真思考、深入反思。这样就有时间从不同的层面和角度对同一个问题进行多方面的分析、研究和探讨，为我们现在的讨论奠定了更为坚实的基础。”

雷公说："说得对啊！任何时候，时间都是解决问题的最终办法。你们思考的时间确实比第一组的臣兄们要多很多。”

力牧站起来向前走了几步，慢慢地又转过身来，一言不发地望望大鸿，看看常先，瞧瞧伶伦。

雷公奇怪地问道："力牧啊，你这是在干什么呢？你想说点什么话呢？”

力牧说:“我确实有很多话想说呢,但又不知该先说什么、再说什么、后说什么。毕竟时代变了、环境变了、观念变了啊!众所周知,如今的天和人彼此之间早已不‘相应’了。在这样的背景下,如果还想谈‘天人合一’这一传统的观念,又怎么可能呢?当然,与时俱进地看,这样的可能性还是有的,不过只能是务虚而已。”

雷公惊讶说:“力牧啊,你真是一位思想家啊!从酷热中看到了冷风,从酷寒中看到了热气,这可真不容易啊!值得深思。”

力牧拱手道:“抱歉啊,我和牛公一样,总是从酷热中看到冷风,从冷风中看到了暑气,给各位臣兄泼冷水了。”

陆吾说:“冷水说不上,热气倒是有。虽然我们都在第二组,都有更多的时间思考、更多的资料查阅、更多的问题分析,但毕竟都在尘世间经历过春夏秋冬,都在尘世间感受过寒热温良。对于人际的酸辣苦涩,各位臣兄都有体味;对于人生的升降沉浮,各位臣兄都有体验。所以,对于力牧刚才的神情和说法,大家应该都能理解。就我自己而言,第一组臣兄们的意见和建议不仅完全理解,而且完全赞同。大鸿、常先和伶伦刚才所说的也确实是我的感受。力牧热中预寒、寒中预热的想法,我能完全理解,也能完全接受。”

大鸿说:“怪不得听第一组臣兄们讨论的时候,力牧一直使劲地攥着双手、瞪着双眼。怪不得我们私下交谈的时候,力牧一直紧紧地闭着嘴巴,一言不发。我当时有些不太理解。今天我才知道,力牧太有想法了、太有看法了!我本来非常期待在我们这一组的讨论中,能好好地谈谈自己的想法和看法。现在,我的心有些虚了。看看力牧的神情，听听力牧的声音，我突然发现自己的想法居然落魄到了尘世间。太庸俗了！太惭愧了！”

英招说：“大鸿啊，你也太有情绪了吧。作为天工，怎么变化得这么快呢？你觉得自己庸俗，这很自然。毕竟我们都来自尘世，都曾经是尘人。尘人哪能不粗俗，尘世哪能不庸俗，为什么要自惭自愧呢？无论我们对此次讨论的问题有任何不同的意见和建议，都是客观实际的，都是务实求正的，没有什么正反之别。尘世间之所以有那么多人投诉牛公，就是因为牛公总是从不同的角度和层面观察任何一事一物。牛公的这一观念之所以不能为大多数尘人所理解和接受，就是因为他们只注意上下，不注意前后，更不注意左右。”

伶伦问道：“英招啊，你说的上下、左右、前后究竟是方位呢还是地位呢？是关系呢还是联系呢？我负责乐宫，从事律吕，重视凤凰之鸣，不太注意国字的内涵。在当今的尘世间，像我这样的尘人完全是玩游戏的，没有知识，没有文化，没有思想，只懂乐，不懂文，惭愧。”

陆吾说：“伶伦谦虚了，律吕其实比字词更有内涵。凤凰之鸣其实总是和人的心神直接关联，不仅有内涵，而且有神气。方位、地位、关系、联系应该都包含着方位、地位、关系和联系。这就是华夏文化的风采，其内涵之丰富往往超出尘人的想象。无论多么简单的国字其含义都是如此。‘一’这个简单的国字，就是最为典型的一例，其含义之丰富多彩，可谓不言而喻。”

常先说：“是的。国字的神韵就是如此。对于我们将展开的讨论，‘上下、左右、前后’的寓意也是不言而喻的。我们六人虽然都曾经奔波于尘世之间，如今都云游在九霄云天，但各自的眼界和视野肯定不尽相同，有注重上的，也有注重下的，有注意左的，也有注意右的，有注视前的，也有注视后的。彼此之间只有相互理解、相互补充、相互完善，才能实现‘止于至善’的理想。”

雷公说："各位说得都很对啊！大鸿、常先和伶伦对于第一组讨论的感受和体会非常客观，颇有意义。力牧对于天人关系的仰观和俯察不仅值得尘人们深思，更值得天工们反思。陆吾和英招的分析既说明了问题，也揭示了挑战，颇值深思和反思。英招对'上下、左右、前后'的提示，伶伦对'上下、左右、前后'的思考，常先对于'上下、左右、前后'的释义，都很有意义。各位接下来的讨论就一定会更深刻地体现出'上下'联合、'左右'综合、'前后'融合的意义。"

岐伯说："雷公总结得很好！各位从不同的角度对同样的问题提出了不同的看法，表面上似乎是矛盾的，实际上完全是相应的。所谓讨论，不仅是分析研究，更重要的是交融凝聚。经过两次讨论，尘世间面临的问题和挑战，尤其是国人存在的困惑和迷茫，就一定会清澈见底。"

雷公说："感谢天师的指导！正如天师所说的那样，经过各位臣兄的认真讨论，一切问题、挑战、困惑和迷茫都会清澈见底。至于能否予以解决，还要看尘人是否努力，还要看国人是否认真。对于国人来说，只要有了民族意识，这一切的问题和挑战都会迎刃而解。问题和挑战迎刃而解了，困惑和迷茫自然就烟消云散了。"

众臣拱手而拜道："感谢天师的指导！感谢雷公的指教！"

警报第六十三:吃华与智华

雷公说:“各位臣兄,我们第二次讨论现在开始吧。通过第一次讨论,我们对尘世间的风风雨雨有了一定的了解,也有了一定的分析。各位的感受和体会已经充分证明了这一点。第一组的六位臣兄在鬼臾区的组织下现在已经奔赴下界考察了,我们讨论结束之后他们就将返回九霄云天。他们的这次考察一定会为我们提供更为重要的信息,使我们能更全面地了解尘世间如今的现状以及未来的趋势。”

大鸿说:“雷公说得对啊!通过旁听第一组的讨论,我们不仅对尘世间的风风雨雨有了一定的了解,而且对尘人间的是是非非也有了一定的感触。我此前查看了对牛公的十万八千份投诉,还有其他一些相关的材料,感触更深,思考更多。为了深入分析投诉者的目的和用意,我不仅环顾了尘世间的现状,还回顾了尘世间的历史,尤其是华夏民族的远古、中古和近古的历史轨迹,以便与现代进行比较,看看现代和过去究竟有什么差异。这样的差异究竟是正还是反,是阴还是阳。尘世间毕竟有尘啊,生活在尘世中的人怎么能无尘呢?”

常先说:“是啊,尘世间不仅有尘,而且还充满了尘。生活在尘世中的尘人,不仅也有尘,而且还离不开尘。投诉牛公的人显然是

尘世间尘气最盛的人。牛公其实尘气也很盛,但他的尘气与投诉者的尘气却有些本质的不同。牛公热爱尘土,重视土瑞之德,将尘世间自然而然的尘气视为大地的元气和真气。但对尘人灵魂中的尘气,却颇感困惑,难以理解和接受。就像羊肉一样,虽然膻味甚浓,但还是有很多尘人喜欢享用。而牛公却根本无法接受羊肉,一闻到羊肉的膻气,他就恶心得想吐。从这个角度来分析牛公的思想和观念,似乎还有些道理吧。”

力牧说:“这个比喻确实很有道理,但此道理的前提是自然而然,因为尘人的爱好和兴趣总是有所不同的,吃喝拉撒等日常生活习俗方面最能体现。但为什么没有人投诉牛公只喜欢吃饺子、面条和馒头而不喜欢吃羊肉、牛肉和狗肉呢?”

陆吾说:“力牧说得很有道理啊! 这个道理更是自然而然的! 吃喝拉撒等日常生活方面的不同习俗谁都能理解,谁都能接受。但民族意识、民族文化和民族思想方面的差异却不是人人都能理解的,更不是人人都能接受的。最令人难以理解的,是国人对自己民族文化、民族思想和民族精神的淡漠。更令人难以接受的,是国人将自己的民族文化、民族思想和民族精神视为鬼魅,将西方人的文化、思想和精神敬为神圣。”

英招说:“事实确实如此。今天的国人基本上都淡化了自己民族的文化、思想和精神。牛公一生的失望和痛苦皆因于此。但从另外一个角度来看,国人其实还没有完全淡化自己民族的文化、思想和精神。”

伶伦问道:“这个说法倒有些新奇了。按目前的现实情况来看,尘世间的国人的确基本都淡漠了民族的文化、思想和精神。很多高端、高原和高峰的人士不仅在淡漠民族的文化、思想和精神,而且还在消灭民族的文化、思想和精神。如果说国人还没有完全淡化自己民族的文化、思想和精神,那也只能从其黄皮肤、黑眼睛和黑头发的角度来看了。而且现在很多年轻的国人也在拼命地改变自己的肤色、目色和发色。”

英招说:“所谓国人没有完全淡化自己民族的文化、思想和精神,主要体现在饮食方面,因为国人将文化发展到了尘世间的各个方面,饮食方面的就是饮食文化。无论卖国的还是叛国的,无论生活在国内的还是生活在国外的,无论热爱西方的还是蔑视中方的,只要是黄皮肤、黑头发的人,人人喜欢吃的都是华夏民族自古以来发明创造的饮食,而不是西方现代化、科学化和标准化的饮食。这个情况各位臣兄们都知道吧?"

陆吾说:"知道,知道,非常知道。就是汉奸、华奸和卖国贼,没有不喜欢吃华夏民族传统饮食的。完全西化了的今天,国人几乎人人喜欢穿西方的衣服、用西方的工具、玩西方的游戏、看西方的影视、学西方的语言、传西方的文化、信西方的宗教、敬西方的鬼神,但天天吃的却基本上都是自己民族的传统食品,如饺子、包子、面条、馒头、油条、米粥、馄饨等等。这一现象确实值得深思啊!"

力牧说:"其实不仅是国人喜欢吃自己民族的传统食品,就是西方人也喜欢吃中华民族的传统食品。"

陆吾说:"对啊!确实是这样啊!按说汉奸、华奸和卖国贼应该喜欢吃的是西方的食物,怎么还喜欢吃华夏民族的食物呢?真是不可思议啊!牛公最近从一个学术群聊中退出了。之所以退出,是因为有很多的所谓学者反对民族文化。牛公在群聊中一直在提倡大家认真学习和传承民族文化,居然有些学者公开地表示反对民族文化,并且还质问牛公'为何不可以反对国学',令牛公对时下的学界失望之极,所以愤然退出了所有学界群聊。"

大鸿说:"各位臣兄说得都很好啊!从反中华文化到吃中华饮食,这个正反相应的历史与现状确实很值得国人思考啊!我们这次的讨论主要是对投诉牛公所涉及的民族语言、文化、思想和观念的深思和反思。第一组的六位臣兄们在讨论的时候已经比较系统深入地分析和探讨了我们今天对相关问题的看法和想法。我个人觉得,我们可以在此基础上对这些问题再做一个比较全面的、完整的分析和总结,以便能为尘世间的国人提供一些客观实际的意见和建议。"

常先说:"我同意大鸿的建议。牛公说的与时俱退是为了更好地了解民族的传统文化和思想,尤其翻译国学典籍的时候,如果不与时俱退地去思考和分析,肯定无法客观地理解古人的思想和观念。但如果要理解今人的思想和观念、要分析尘世间的现状和问题,则必须与时俱进。不然怎么可能理解国人如今的现状,怎么能明晰民族未来的发展?怎么能培养国人的民族意识?"

伶伦说:"常先思考得对啊!我也一直在思考'与时俱退'这一观念什么时候可取、什么时候可避。研究历史和传统的人当然应该与时俱退,而研究现实和未来的人自然应该与时俱进。这样才能比较客观地仰观吐曜、俯察含章,才能比较完整地了解东西,才能比较客观地合璧东西。西方人虽然也喜欢吃中华民族的传统食品,但西方的一句话谚语还很值得国人深思的,Eat to live, but not live to eat。在尘世间,很多人吃饭都是为了活着,也有很多人活着就是为了吃饭。国人究竟是怎样的呢?很值得深思啊!而要真正地深思,就要和西方结合起来。这种结合某种意义上就是与时俱进,而非与时俱退。"

力牧说:"我虽然有这样那样的反思,但也同意大鸿、常先和伶伦的说法。与时进退是有历史意义的,而与时俱进更具有现实意义。毕竟我们现在面对的是现实中的尘世,如今的国人毕竟生活在现实的尘世间,不与时俱进怎么可能理解国人、改善国人呢?但在与时俱进的同时,也不得不与时俱退,不然怎么可能理解民族的历史和传统呢?不理解民族的历史和传统,怎么可能传承民族文化？怎么可能传播民族文化？最近政府颁布了全面恢复民族文化的政策，令人欣慰。但如果人人都与时俱进，怎么可能恢复民族文化呢？牛公提出的‘合璧东西，贯通古今’其实就是强调‘与时俱进’和‘与时俱退’的齐头并进。‘合璧东西’当然是与时俱进的，‘贯通古今’自然是与时俱退的。这一理念显然更客观、更实际。”

雷公说：“各位臣兄的意见和建议都很有道理，力牧所表达的可谓是对各位臣兄意见和建议的归纳总结，颇有意义。国人自古以来就有‘正反两面’的说法，这一说法就是对国人从不同层面、不同角度分析和探索同一个问题的充分肯定。如果各位臣兄能从这个层面和角度去考察、分析和研究尘世间目前存在的问题，就一定能真正地掌握好阴阳、表里、寒热、虚实这八大纲要。”

岐伯说：“知其一而不知其二，这是现实。知其一而知其二、知其二而知其三，这是梦想。只要以八纲为基础，就一定能实现这一梦想。”

众臣齐声道：“非常感谢天师的指导！”

卷 八

警报第六十四：三权分立与四权分立

大鸿说："在天师的指示下，各位臣兄的视野一定逐步从高山峻岭拓展到九霄云天。黄帝当年所说的真人和至人强调的就是这样的境界。"

伶伦说："是啊，这也正是臣兄们的感悟和体会。知其一不知其二，这似乎是尘人的风采。各位臣兄在尘世间的时候也应该是这样的吧，尤其是我自己。虽然现在到了九霄云天，但知其一而知其二似乎还是可望而不可即的梦想啊！虽然是梦想，我还是想努力实现的。只有实现了知其一而知其二的梦想，尘世间的任何问题在我们的心里就不是问题了，九霄云天的任何境界在我们的视野里就一目了然了。"

常先说："对啊！天师之所以是天师，就是因为天师始终能知其一而知其二、知其二而知其三、知其三而知万物啊！自古至今，能真正理解和发扬黄帝思想的，只有天师啊！这不仅是各位臣兄的感受，也是尘人的感受啊！虽然在当今的神州大地，很少有人记得天师了，但学习和研究国医的人还是将天师铭记在心的，所以他们将国医称为'岐黄之术'，将国医的思想概括为'岐黄大道'。由此可见，尘世间的尘埃有时也像米粉一样，很有营养价值的啊！"

雷公说："各位说得对啊！将尘世间的尘埃比喻为米粉，似乎有些本末倒置，但仔细想想，还真有一定的道理。这就像毒物一样，当然都是害人的，甚至是夺人命的。但在国医的方药里，毒物却是救人的。毒物救人是炎帝的创造。在《神农本草经》中，炎帝提出了'君臣佐使'的组方原则。在这一原则的指导下，毒物就从害人的要命物转化到了救人的良方药。这一点，臣兄们应该都很清楚吧。”

力牧说：“炎帝所提出的‘君臣佐使’这一组方原则，当年臣兄们在尘世间的时候都是深有体会的。在这一组方原则的指导下，所有处方中的药物都能互相监制，充分发挥其治疗性，努力排除其危害性，从而将毒物从害人的要命物转化到了救人的良方药。巴豆是尘世间毒性颇剧的一种植物，但在国医的药方中却是一味颇具特色的良药，能治寒结便秘、腹水肿胀、寒邪食积所致的胸腹胀满急痛、大便不通、泄泻痢疾、水肿腹大、痰饮喘满、喉风喉痹、恶疮疥癣等疾病。这一毒物之所以能治疗这么多的疾病，就是因为在‘君臣佐使’组方原则的指导下，其毒性得到了有效的控制。而要控制巴豆的毒性，就不能单独地将其加以应用，而应将其与其他的药物集合起来应用。如《证治准绳·女科》卷三中的巴豆丸这一方剂，就由巴豆、硇砂、炒大黄、五灵脂、桃仁、木香等六位方药组合而成。这六位方药在‘君臣佐使’原则的指导下，互相监制，控制毒素，发挥作用。”

英招说：“‘君臣佐使’这一原则虽然应用在国药方面，但其对于尘世间的人生和社会依然有着重要的指导意义。西方所谓的三权分立，互相制约，体现的也是这样的意思。在如今的尘世间，西方的三权分立在很多国家和地区都得到了普及和推广，发挥了一定的积极作用。但与‘君臣佐使’比较起来，西方的三权分立还是有所欠缺的，因为‘君臣佐使’是四权分立，比三权分立显然要高出一筹。古代的国人，当然懂得‘君臣佐使’是什么意思了。但今日的国人，除了国医界的员工外，恐怕已经无人懂得‘君臣佐使’的概念、原则和精神了。不但不懂，而且看到这四个字都会将其视为所谓的封建思想。”

陆吾说：“四权分立确实比三权分立更完善。所谓的‘君臣佐使’，实际上就是将人生与社会、健康与管理、上下与左右结合起来，使臣民能将理想与现实结合起来，能以自我检验和自我体验的感受理解和掌握医药保健的思路和方法。在古代的社会里，‘君’

指的是统治国家的君王，‘臣’指的是辅佐君王治国安邦的大臣，‘佐’指的是辅助大臣制定战略和方略的智囊，‘使’指的是代表君王到各地落实治国方略和解决相关问题的钦差大臣。炎帝在整理中药和研制方剂的时候充分发挥‘君臣佐使’的作用，将其作为组建处方的原则。《神农本草经》开篇指出，‘上药一百二十种为君，主养命；中药一百二十种为臣，主养性；下药一百二十种为佐使，主治病；用药须合君臣佐使。’”

力牧说：“将政界的‘君臣佐使’作为方药的制定原则，是前无古人后无来者的创新！这就像后人将‘国’和‘家’结合起来一样。现在的尘世间，也将‘母’和‘校’结合起来，表达自己对求学之校的感恩和怀念。这也是对炎帝创新思维的继承和发扬。”

雷公问道：“按照炎帝的思想，‘君臣佐使’在方药中具体指的是什么呢？”

力牧说：“君药指的是处方中对主证或主病起主要治疗作用的药物，体现了处方的主攻方向，其药力居方中之首，是组方中不可缺少的药物。臣药是辅助君药加强治疗主病和主证的药物，同时也针对兼病或兼证起到治疗作用的药物。佐药的意义有三：一是为佐助药，即用于治疗相关疾病中的次要兼证药物；二是为佐制药，即用以消除或减缓君药、臣药的毒性或烈性的药物；三是为反佐药，即根据病情需要，使用与君药药性相反而又能在治疗中起到相成作用的药物。使药的意义有二：一是引经药，即引导方中诸药直达病位的药物；二是调和药，即调和诸药的作用，使其能合力祛邪。”

雷公说："解释得很好！但对于今天的国人而言，这毕竟是所谓国医专业的解释，专业之外的人不大容易理解其实际含义。因为当今的尘世间所重视的是所谓的专业和专家，忽略了通百家以明万家的基本观念。"

力牧说："君药当然是最重要的药，臣药自然是基本的药，佐药显然辅助的药，使药肯定是引导的药。这样说比较简单明确吧？现在的国人不大自行煎药了。以前的国人煎药是都会注意到使药。大枣就是国医中经常使用的使药，百姓将其称作药引子，实际上是对其实际作用的概括和表达。"

伶伦说："是的，是的。这样说确实比较简单明确，一般的尘人听了这样的话，应该都能理解。所谓的俗言俗语，说的就是这个意思。在一般的尘人看来，所谓的'俗'就是低劣的意思，只有'雅'才是高大的意思，实际上并非如此。比如说'习俗'，就是指臣民们的习惯行为。在尘世间，任何人都有自己的习惯行为，从天子到庶民，从政府到民间，一切都是如此。所谓的'约定俗成'，强调的也是这个意思。现在的臣民一般都以为古代的诗人和文人所写的诗词文字都是古雅的，没有庸俗的。用今天国人的话来说，就是没有白话文的诗词和文字。其实并非如此。"

常先问道："古代的诗人和文人真的用当时的白话文写过诗、作过文了吗？"

伶伦说："有啊。比如唐代的诗仙李白写的《静夜思》'床前明月光，疑是地上霜。举头望明月，低头思故乡'，就是用当时的白话文写的。虽然是白话文写的,但其内涵之丰富、意境之深邃却是无法比拟的。所以在今天国人依然非常熟悉、非常重视李白的这首白话诗。再如牛公在其撰写的《养心》一书中引用了傅山在《霜红龛集》中留下的一副对联:

> 天下事戏而已,唾他娘的蛋,东一犁,西一耙,你要怎地就怎地;
>
> 世间人苦矣哉,看我老子家,吃两碗,饮两杯,活到几时算几时。

傅山是明末的道家思想家、书法家、医学家。初名鼎臣,字青竹,改字青主,又有浊翁、观化等别名,汉族,山西太原人。傅山自称为老庄之徒,其思想之深刻、文化之深厚、语言之精美由此而可见一斑。但其为何还写了如此白而又白的对联?很值得深思啊。"

大鸿说:"很有道理,很有道理。"

雷公说:"道理是有的,主要与明朝的灭亡有关。还是言归正传吧,继续探讨'君臣佐使'这一重要原则的意义及其应用吧。更重要的是,探讨如何将'君臣佐使'这一基本的原则充分地发挥到尘世间的各个领域、各个方面。只有这样才能实现'知所先后,则近道也'的梦想。不仅如此,各位臣兄接下来的讨论也应遵循'君臣佐使'这一基本原则,充分发挥好其指导和引领的作用。"

众臣举手而拜道:"非常感谢雷公的指教!我们一定按此原则进行讨论。"

警报第六十五:走马看花与下马看花

陆吾说:"各位臣兄关于'君臣佐使'的分析和总结颇有深意。按照现在国人的思想观念,'君臣佐使'显然是所谓封建主义的概念。但国人如果能将其与任何领域的任何事物有机地结合起来,自然能起到'天不变道亦不变'的作用。"

力牧说:"是的。这就像'本末'和'领袖'一样。'本末'本来指的是树木和草物的根和枝，自古以来随着民族文化和思想的发展，逐步将其发挥到了主和次的哲理高度。虽然神州大地已经完全西化了，虽然国人已经彻底夷化了，但‘本末’这一概念及其传统含义却依然为西化了的国人和夷化了的国人所使用。实在难得。‘领袖’原本指的是国人所穿服装的领子和袖子，后来不知何时将其像‘本末’一样结合在一起，用以表达对其君主的赞美，尤其是在现代这个时代里。”

大鸿说：“‘领袖’一词的来源和含义，我此前也没有十分注意，因为这是现代人创新的词语。刚查看了一些资料，居然发现‘领袖’这一词在汉朝就已经出现了。比如在《后汉书·皇后纪上·明德马皇后》一书中都有‘领袖’一词的记载，‘仓头衣绿褠，领袖正白。’这里的‘领袖’当然指的是领子和袖子。但汉朝之后，‘领袖’一词就逐渐用以表达为人表率和突出人物的意思了。南朝梁就已经有所体现，如任昉在《为萧扬州作荐士表》说：‘故以晖映先达，领袖后进。’唐人吕向注解说：‘领袖，可为人之仪则’，即为他人作表率。南朝宋也有体现，如刘义庆在《世说新语》的《赏誉》篇中说：‘胡毋彦国吐佳言如屑，后进领袖。’其中的‘领袖’指的就是突出人物。‘胡毋彦国吐佳言如屑’这句话现在的国人很难理解。南朝梁的学者兼文学家刘孝标对其的注解是：‘言谈之流，靡靡如解木出屑也。’‘谈屑’后来就指的是谈话时口若悬河、滔滔不绝。”

英招说：“大鸿查看了不少文献，这对臣兄们的分析和探讨很有指导意义啊。毛泽东曾经说过‘没有调查就没有发言权’，这个说法其实是很有道理的。臣兄们虽然都在九霄云天，但要发言还是要先做调查的，不然就会像当今的尘人那样，时时胡言乱语，处处信口开河。鲁迅的学习方法‘随便翻翻’很有实际意义，但如果‘随便说说’，就有些求假务虚了。”

伶伦说：“‘求假务虚’，又一个创新的成语，不错。虽然在尘世间的教育中，尤其在考试中，如果将某个规定的成语的结构和用字有所改变，就可能被视为错误，就一定会扣分。这样做似乎很有道理，因为当今的教育重视所谓的规范化和标准化。但从历朝历代语言和文化的发展来看，特别是从所谓的创新思维的角度来看，成语也仅仅是语言应用和发展的基础。如果一定将其作为固定不变的词语，语言恐怕就会僵化了。从历朝历代学者留下来的诗词歌赋和文章论著来看，他们在充分发挥较为固定的成语的基础上，还都有创新和发展，并没有将其视为固定不变的词语。就是在现代的国人中，这样的情况也还是存在的。比如自古以来国人的语言中就有'走马看花'的说法，但毛泽东在指导各级领导认真调查时将其改为'下马看花'。这一改变不仅没人反对，而且还真的非常有求真务实的意义啊！"

力牧说："成语在应用中确实可以有所改变，以深化其内涵、拓展其方向。但能做到这一点的可不是人人皆有其能，尤其是正在读书学习的青年学子和默默无闻的学界尘士。只有将民族语言和文化的精气神韵真正地理解了和掌握了，并且在学界和政界有了一定的地位和影响的人，才能真正地充分发挥固有成语的作用，才能将其加以创新和提升，才能为尘人所理解和接受。这一点也是客观事实。毛泽东将'走马看花'改为'下马看花'就是这样，他不仅是文坛的杰出诗人，更是政界的伟大领袖和军界的英明领导。"

常先说："力牧说得也很有道理。早已固定了的成语确实不能随便改来改去。如果人人都是这样，肯定会散乱了民族的文字和文化。所以国人现在教育的规范化和标准化在一定程度上还是有实际意义的。比如，对成语使用的规范化和标准化在中小学的教育中就特别重要。青年人首先必须认真学好和用好民族语言的固有表达方式，才能为其今后对民族文化的发挥奠定基础。所以对于国人来说，只有像毛泽东这样的伟大国人才能真正做到以创新的理念改变固有成语的结构和寓意，并且才能为国人所理解和接受。不过英招将'求真务实'这一成语改为'求假务虚'，还是特别有意义的，我相信这一改变传到尘世间，国人一定完全能理解和接受，因为这正是他们自己时时刻刻的感受和体会。"

陆吾说："有道理，很有道理。固有的成语确实应该首先认真学习掌握，只有真正地拓展了自己的方向、提高了自己的视野、完善了自己的境界、实现了'明明德'的理想，才能以创新的理念和务实的精神调整和改变某个成语，并不是改变所有的成语。如果将所有的成语都加以改变，那可就扰乱了民族语言，混乱了民族思维。就像武则天当年那样，为了某种私利而将国字改来改去，最终连一个改过的国字都没有为国人所接受。比如，将'人'改成'生'，将'地'改为'埊'，将'月'改为'团'，将'国'改为'圀'，将'正'改为'缶'，显然是在胡作非为。这不仅是在自我作秀，而且是在破坏仓颉对国字的创造。将'照'改为'曌'似乎有些道理，'照'确实来自于天空的日月之光，但也并未为国人所接受，至今还被视为笑话。这说明国人还是重传统而敬先贤的。"

雷公说："各位臣兄对有关问题的发挥很有意义。尘世间重视'专题讨论'，这样的讨论基本上都是专一的，就一论一，很少就一论二。臣兄们的讨论虽然也是'专题'，但讨论的思路、视野和境界却不是专一的。在天师'知其一而知其二、知其二而知其三'思想的指导下，臣兄们不断地拓展自己的思维和眼界，不断地发挥民族文化的精神和传统，将'君臣佐使'这一国药的原则发展到治国安邦的战略和策略方面，将'本末'和'领袖'这两个传统词语的本意和寓意发挥到了启迪尘人创新思维的深度，将固定成语的改变提升到了黄帝当年总结出的'真人、至人、圣人、贤人'的高度。确实很有意义啊！"

大鸿说："谢谢雷公的鼓励！臣兄们刚才对相关问题的发挥，不仅值得臣兄们自己深思，更值得尘人们深思，特别是'君臣佐使'这一原则。虽然'君臣佐使'被现在的国人视为封建主义的概念和词语，但在这个重西化、重科学的时代里，'君臣佐使'的确可以充分加以发挥，为国人的发展开辟更为广阔的路径。前一组的臣兄们奔赴下界考察，在和尘人的沟通交流中一定能充分发挥好这一作用，一定能努力完成这一重任。"

力牧说："深思更重要。'君臣佐使'这一原则能否为国人所理解和应用，能否在国人中发挥作用，值得深思。前一组的臣兄们奔赴下界考察，能否发挥好作用，能否完成这一任务，更值得深思。天上地下毕竟有阴阳之别的存在。"

雷公说："力牧的深思确有深意。理想和现实毕竟有差距，梦想和现实就更有可望而不可及的差异。臣兄们的讨论既可以从理论到理论，也可以从理论到实践，更可以从实践到理论。这就像孔子说的'学而时习之'一样，一边学习理论，一边付诸实践。实践基础深厚了，理论研究就能充实和完善。现在的国人已经注意到了这一现状和问题，他们所做的很多工作就已经体现了这一理念。比如，现在的神州大地上，高铁如此快速发展，已经成为全球领域里最为先进、最为全面、最为有效的发展。之所以有如此辉煌的发展，显然是将理论付诸实践，由实践完善了理论。各位臣兄只要努力发挥好天师'理论联系实践、实践完善理论'的指示，就一定能做好本次讨论。"

众臣举手而拜道："雷公说得对啊！"

警报第六十六：本末曲直与性味归经

伶伦说："听了天师'知其一而知其二，知其二而知其三，知其三而知万物'的指示，我的心神似乎已经完全脱离了尘世。当年我们虽然也生活在尘世间，也在为神州大地的春耕、夏种、秋收、冬藏而努力，但现在毕竟已经远离了尘土而融入了云天。尘世间究竟应该西化还是东化，南化还是北化，我觉得都是自然的，不该像尘人一样以自为本、自夺自控。如果这样做，一定会自作自受。"

陆吾吃惊地问道："伶伦啊，你怎么将天师的指示发挥到了这样的程度呢？是不是真的开拓了新的思维了呢？我不能理解。虽然我们远离了尘世，登上了云天，但我们毕竟还是神州大地的产儿呀，毕竟只是九霄云天的一族呀，怎么可能天人分离、天人不一呢？我们所关心的当然不只是神州大地，当然不只是东方或西方，但我们毕竟首先要关注自己的故园。更何况西方发展确实比较自然，很多方面的确值得神州借鉴。但神州究竟该如何借鉴呢？究竟该借鉴还是该直接拿来呢？即便是借鉴，也得考虑哪些该借鉴，哪些不该借鉴。即便是直接拿来，也该考虑哪些该拿来，哪些不该拿来。”

雷公说：“伶伦的意识当然是有实际意义的。陆吾的感受其实也是有实际意义的。如果两者结合起来，问题的因果就一目了然了。”

英招说：“雷公说的一定是有道理的。但我还是有些困惑，不知究竟该有伶伦的意识还是该有陆吾的感受。我仔细查看了投诉牛公的一些材料，觉得牛公对尘世的感受与陆吾颇为一致。投诉牛公的大部分尘人的意识与伶伦也比较相近。照此看来，牛公的思维是不是也有些偏颇了，投诉他的大部分尘人的视野是不是也有些狭隘了。如果牛公能像雷公所说的那样，将他的感受与尘人的狭隘视野结合起来，就能从无中获得有，就能从否中赢得是。如果投诉他的大部分尘人能像雷公所说的那样，将其狭隘的视野与牛公偏颇的思维结合起来，就能从暗中看到明，从寒中感到暖。”

雷公说：“英招虽然说自己有些困惑，但他的分析还是很有道理的。不但很有道理，而且还很有意境呢。”

大鸿问道：“道理确实是有的。但意境是什么呢？是认识的深度和广度吗？”

雷公说：“大致是的。”

大鸿又问道：“如何才能使认识有深度和广度呢？要深入思考吗？要广泛分析吗？”

雷公说：“深入思考、广泛分析是当然的，但更重要的是深入观察、广泛交流。只有深入观察了，才能了解不同地域、不同时期、不同背景的本末曲直。只有广泛交流了，才能了解不同行业、不同种族、不同追求之人的性味归经。当年在尘世间开启华夏民族文明和文化的时候，各位臣兄们应该都有过这样的经验和感受吧。”

大鸿说：“是的，是的，确实有这样的经验和感受。但由于远离尘世久矣，这样的经验和感受早已消散了。可惜啊！”

雷公说：“消散了也是自然的，毕竟远离尘世了。自从攀登了九霄云天以来，臣兄们大概没有机会重返大地了吧。确实可惜了。”

常先说：“但雷公却很幸运，有机会重返神州，再次体验了尘世间的风云变幻和民族间的本末变迁。”

雷公说：“是的，确实很幸运。当年奉黄帝的圣旨奔赴下界，到神州寻找具有一定民族语言文化基础且有一定西方语言文化水平的译人，为翻译国医的理法方药选定人才。在神州的那些日子里，通过学界、政界和译界的推荐，我接触到了不少专家和学者，通过各种途径与他们沟通交流，收获颇丰。但能熟悉国医和翻译国医的人还是比较稀少，令我颇感焦虑。为了完成黄帝的指令，我到长城内外，到大江南北，逐一拜见了几位认真学习和翻译国医的学者，他们是国医翻译大业的开创者。可惜的是，他们都年事已高，无法继续从事国医的翻译了。而有此能力和意识的青年学人，却很难找到。”

力牧问道：“为什么很难找到这样的青年学人呢？”

雷公说：“很难找到这样的青年学人，原因很多，但主要的原因是时代变了，青年人很难有时间和精力从事国医的学习和翻译了。按照牛公的说法，要翻译国医，得‘三学三习’。所谓‘三学’，就是首先要学好古文，其次是学好诸子学说，最后是学好国医理法方药。这是翻译国医的语言基础、文化基础和专业基础。所谓‘三习'，就是首先要学好普通翻译，其次是熟悉西医翻译，最后是学好国医翻译。随着时代的变化，国人所追求的基本上都是经济的发展。国人要发展经济，就要全力与'物'结合起来，无法完全与'知'结合起来。这就是青年学子难以全心全意投入中医翻译事业的主要原因。”

力牧说：“在这样的背景下，青年学子要静心安神地传承民族的文化和精神，确实很难了。按照民族传统的理念，要成为真正的学人，就必须要通百家，而不是重一家。现在的国人非常重视的是'专业'，所谓的'专业'基本上就是一家。要学习和翻译好国医，不通百家怎么可能？在这样的背景下，青年学人的缺乏也很自然。”

大鸿说：“力牧说得很对，现实却是就是如此。雷公啊，你最终找到从事国医翻译的青年学子了没有？”

雷公说：“还是找到了一些，毕竟国人的民族意识在很多国人的心目中还是存在的，尤其是在所谓的20世纪末。在佛道界的帮助下，我以旅游的方式在神州大地找到了十几位青年学子，他们虽然面临着时代的挑战，但还是比较认真地在学习和翻译国医。有一次我到白云山祭拜神农，遇到了牛公。远古时期神农就是在那里尝尽百草，为草药的创建立下了汗马功劳。牛公当时虽然还比较年轻，却像古代的学人一直在茅屋里学习和翻译《黄帝内经》，引起了佛道界的关注，自然也引起了我的注意。”

大鸿问道：“你和牛公是怎么交流的呢？感受如何呢？”

雷公说：“我以问路的方式轻轻地敲开了牛公的茅屋，先问山川，再问草药，又问翻译。通过这样一些自然的沟通交流，我对牛公的想法和做法有了一定的了解。通过这样的了解，使我对牛公及其所处的时代背景有了一定的认识。通过这样的认识，使我对尘世间人与人、人与社会以及人与自然的关系有了一定的感触。有了这样的感触，使我基本理解了尘世间当今与远古的同与异。”

大鸿说：“能有这样的理解实在太重要了！你在与牛公沟通交流的时候，有没有体现当今与远古的'同与异'呢？”

雷公说：“当然是有的。比如牛公一直强调'通百家'的重要性，但由于时代的变迁，他本人其实也没有实现通百家的理想和愿望，更不要说学界的其他人了。正如他自己所说的那样，由于社会的动荡和天地的变化，从小学开始他就没有机会学习了，到了高中的时候正常教育才开始恢复，进入大学的时候认真学习的机会才真正到来，但只能以专业为核心而无法以百家为基础了。在这种情况下，通百家只能是梦想了。比如牛公曾经认真学习了英语，但当他认真学习了国学和国医后，英语基本上都忘记了。原因就是缺少了通百家的能力和水平。这当然不是他自己无知无识，而是那个时代无欲无望。”

常先问道：“牛公不是很认真、很努力吗？怎么连这样的梦想都不能实现呢？他自己既然不是‘无知无识’，怎么可能‘无欲无望’呢？”

雷公说：“原因很简单。‘潜龙勿用’本来是在乾卦‘初九’这一爻，但在他童年、少年和青年时期，‘初九’这一爻居然被人为地颠覆到了‘九三’，而‘九三’这一爻中‘终日乾乾’的警告居然有意被下拨到了‘初九’这一爻。瞧瞧，按照‘初九’为‘终日乾乾’和‘九三’为‘潜龙勿用’这一奇特的变异，‘九四’怎么可能‘或跃在渊’呢？怎么可能‘无咎’呢？怎么可能从不同领域进入‘九五’呢？怎么可能体现出‘飞龙在天’的精神风貌呢？”

力牧说：“雷公将牛公的人生与乾卦的六个爻结合起来，太有意义了！这样的性和命应该不仅仅是牛公个人的，而是尘世间所有国民的。”

雷公说：“确实是这样的。如果有了这样的认识，尘世间本末的倒置、江河的倒流就不难理解了。”

陆吾说：“雷公说得对啊！此前臣兄们之所以感到困惑，就是因为没有这样的认识，所以就不知道尘世间的本末已经倒置了，更不知道尘世间的江河已经倒流了。为了真正地了解尘世间的过去、现在和未来,与时俱退是需要的,与时俱进更是必要的。”

雷公说:“陆吾说得也对啊!”

警报六十七:动与不动乃真动

雷公说:“远古时期的尘人非常淳朴,所以天师在向黄帝汇报远古华夏民族的生长壮老已时,将其称为‘朴民’。‘朴民’当时对人生的体验也很淳朴。‘动与不动乃真动’,这就是他们曾经的感受。各位臣兄还记得吗?”

英招说:“‘动与不动乃真动’,很有意思。但到底是什么意思,我想不起来了。当时在尘世间的时候,我好像听说过这样的话,但自从攀登到九霄云天之后,尘世就远离了我的心胸,从此就忘记了这样一些淳朴的感验了。”

陆吾说:“我的感受也是这样,其他臣兄的感受也应该如此。刚才查看投诉牛公的材料时,看到一人说他胡乱引用名人的名言,其中就有‘是与不是乃真是’这样的一句话。看到这句话时,我心中忽然一动,似乎在哪里听说过这句话。想了一会,却想不起来。听了雷公说的‘动与不动乃真动’,我一下心明眼亮了。当时我的心中之所以忽然一动,很可能就是潜意识中想起了当年朴民所说的这句话,却没能明确地牢记起来。”

雷公说:“二位说得很对。当年各位臣兄都曾经在尘世间,都是臣民,更是朴民。‘动与不动乃真动’的感受可谓人人有之。但毕竟远离尘世五千多年了,天天与日月共享,与风云同眠,记不起作为朴民时的感受和体会也很自然。但各位内心深处对朴民的感受还是共存的,陆吾当时看到‘是与不是乃真是’时之所以心中忽然一动,就是因为其内心深处还有‘动与不动乃真动’的意念。我当时奔赴下界寻找译人的时候,这样的感受可谓时时皆有,处处可鉴。”

英招问道："雷公幸福啊！能受黄帝之命而奔赴下界，实在是无比光荣啊！刚到下界，你的感受如何？熟悉还是陌生？在尘世间寻访的时候，你对'动与不动乃真动'的感受又是怎样的呢？"

雷公说："刚到下界，我的感受自然是陌生的，几乎一点熟悉的感觉都没有。当年我与各位臣兄在下界努力普及和落实黄帝关于华夏民族文明和文化的发展时，几乎走遍了神州大地的山山水水，九州各地的风情物种和村庄茅屋都深深地铭刻在我的心中。但当我奔赴到了下界，踏上了神州大地，却好像完全来到了一个陌生的地方，就像今天的国人到了外国一样。我记忆中的风情物种无处可寻了，我记忆中的村庄住宅无影无踪了，我记忆中的人情世故烟消云散了。华夏民族所居住的整个国土不仅真正地成了大地，而且也完全成了神州。"

英招问道："华夏民族所拥有的国土本来就是神州大地，为什么说当今才真正成了大地，成了神州呢？"

雷公说："我们当年所开拓的国土，几乎只是如今国土中的一个小镇而已，所以说今日的国土才是真正的大地。我们当年所努力构建的村庄，人数基本上是三三两两，如今却是千千万万。我们当年所建设的住宅都是茅屋，如今的住宅则是高楼大厦，几乎都高如云天了。所以说如今的国土才真正是神州啊！"

力牧说："是的，确实如此。我们虽然一直在九霄云天，没有奔赴下界考察，但下界的风云变幻还是能够有所觉察的。今日查看投诉牛公的材料时，也从中了解到了下界如今的现状和风貌，确实与我们当年在下界的状况迥然不同。这种不同其实也是自然而然的，毕竟民族一直在努力地发展和成长。这就像当年黄帝时期的国土和国貌与伏羲时期的国土与国貌一样，也是迥然不同。"

大鸿说："明白了！"

伶伦问道："明白什么了？是明白国土的变化和国貌的变迁还是明白了国人的变化和国文的变异？"

大鸿说："这些变化、变迁和变异虽然还不是太明白，但只要明白了'动与不动乃真动'，一切就不难明白了。"

常先问道："这么说你是明白了'动与不动乃真动'的意思了？说说吧。"

大鸿说："我似乎是明白了，但要说清楚还真不容易。想想当年我们推进民族文明和文化的发展过程中，并不是所有的国人都完全理解和支持我们的努力。虽然当时我们也对此感到困惑，但从后来的发展来看，可以说正是由于'动与不动'，整个民族的发展'乃真动'了。就是当年仓颉创造国字的时候，也有'动与不动'的感受呢。"

伶伦问道："仓颉造字的'动与不动'是什么呢？这应该有具体的表现吧。"

大鸿说："是的，确实有具体的表现。在仓颉造字之前，历朝历代的国人都是以绳记事或以物记事。由于当时的国人平时的所作所为都很简朴，以绳记事或以物记事都基本能将大家的想法和做法记录下来。这种简朴的记录方式大家慢慢地都掌握了，这就像孩子出生一年左右都会说话一样，根本不需要将其作为一个专业费神费力地努力学习。为了更好地推进民族文明和文化的发展，仓颉等在此基础上开始造字。造字就意味着构建了文字学，就意味着创建了专业，需要大家认真努力地学习和掌握。所以当时虽然大多数国人都支持和感谢仓颉造字，但也有一些人坚决反对，甚至痛斥他给大家惹了麻烦。支持和感谢他的人显然是'动'的，而反对和痛斥他的人当然是'不动'的。这里的'动'就是现在国人所说的'正能量'，'不动'就是现在国人所说的'负能量'。"

陆吾问道："反对他的人、痛斥他的人对他的影响怎样？当年的国人只强调'正能量'而不提'负能量'，说明'负能量'是有害的。"

力牧说："所谓的'正能量'当然是积极的，但积极的不一定就没有副作用。所谓的'负能量'自然是消极的，甚至是消杀的，但不一定就没有反作用。所谓'孤阴不生，孤阳不长'，就有这样的含义。"

大鸿说："力牧说得很好啊！'动'虽然是'正能量'，但如果'动而不止'或'动而不思'，其'正能量'必然将转变为'负能量'。'不动'虽然是'负能量'，但如果'不动而牵动'或'不动而制动'，则必然有'反作用'，而这样的'反作用'在一定程度上就体现出了'正能量'的作用。"

英招说："请举例说明吧。"

大鸿说："'动而不止'、'动而不思'的'动'，大家应该都能理解的。如果一个人下定决心要做一件事，当然是必要的，也是有意义的。但如果他只集中精力和时间考虑这一件事而不考虑任何与其相关的人和事，其结果会怎么样呢？他会得到别人的支持和帮助吗？他会因此而一往直前吗？在其发展的过程中自然会遇到很多的问题和挑战。而要解决这些问题和挑战，光依靠自己显然是有气无力的，想依靠别人当然是入地无门的，因为他没有关心别人，怎么可能得到别人的关心呢。可见，'动'中也确实存在着'不动'。"

英招说："确实有道理啊！这样的现状和现实应该是无处不有啊！"

大鸿说："对的。'不动而牵动'、'不动而制动'，大家也是能理解的。所谓'不动而牵动'，就是不愿意做某件事的人的言谈举止而牵动了某件事的发展。在国语中，'牵动'就是'触动'和'引动'的意思。比如，当今尘世间教师在讲课的时候，总有学生在课堂上叽叽喳喳地与同学私聊闲谈。真正有教育意识的教师一定会认真地思考为什么他讲课时学生不认真地听讲，这肯定是与他讲课的内容、方式和风采有关系。而学生在学习中的'不动'必然会牵动老师对自己教学内容和方式的思考和改进，必然会更好地提高教师教学的能力和水平。这就是'不动而牵动'的最好实例。"

常先说："这个例子太实在了！由此可见，'不动'确实能'牵动'啊！但在现实生活中，这样的牵动却是罕见的。牛公在自己的教学总结中，就经常会提到这个问题，不知他是否有'不动而牵动'的意识。"

大鸿说："这个例子确实是实在的，但也确实是罕见的。所谓的罕见，只是如今而已，在民族以往的教育中，这样的例子其实并不罕见。牛公是否有这样的意思，我不能肯定，但在他的杂文集中，这样的分析和总结还是有的。比如，他的杂文《风》就有这样的含义。各位臣兄，看看他的这篇杂文吧。看了这篇杂文，再看看尘世间的风风雨雨，'不动而牵动'、'不动而制动'的含义就不辩自明了。"

雷公说："大鸿的这一分析很有道理，尤其是对当今尘世间风云变幻的观察、分析和思考。将这一理念与我们将要讨论的问题结合起来，很多令人迷惑不解的事件和困惑难解的变化都会一目了然了。"

警报第六十八：理想与现实

伶伦说："'动与不动乃真动'，确实有道理，也非常符合尘世间的历史和现实。"

常先说："对的。当年仓颉等人在造字的时候，黄帝非常重视，我们非常支持，民众非常期待，但也有人表示怀疑，还有人感到困惑，更有人觉得无用。当时怀疑和困惑的人都觉得所造之字繁杂烦琐，难以记好，难以掌握。觉得无用的人则认为以绳记事是民族的传统，完全可以满足大家的日常需要，根本不必另外造字，给大家惹麻烦。"

雷公问道："仓颉当年是怎样面对这样一些怀疑、困惑和反对的呢？这些'不动'又是怎样'牵动'和'制动'的呢？"

力牧说："雷公问得好！当年仓颉造字的时候所面对怀疑、困惑和反对与当今尘世间的怀疑、困惑和反对有相同之处，也有不同之处。不同之处就是当时的国人都很淳朴，所提出的问题和表达的不解都很自然，没有任何的私意，更没有任何的肆意。所以他们的怀疑、困惑和反对不仅没有打压和破坏仓颉的造字，反而有力地推进和加速了仓颉的造字，进一步地改进和完善了仓颉的造字。”

雷公问道：“为什么他们的怀疑、困惑和反对反而推进和加速了仓颉的造字，甚至改进和完善了仓颉的造字呢？”

力牧说：“他们之所以怀疑、困惑和反对，就是因为他们觉得仓颉所造的字有些烦琐和繁杂，有些影响大家的学习、记忆和使用。这样的怀疑、困惑和反对从某种意义上说实际上是给仓颉提出的意见和建议，所以仓颉在他们所提意见和建议的基础上对所造之字不断地进行修改、补充和完善，每天都到各地去将所造的字写在田间地头，征求大家的意见。为了便于大家易于学习和掌握国字，仓颉按照大家的意见和建议，采用了很多形象的方法造字。看看这几个例子吧。

人　牛　水　日　上　下　明　射

这几个例子多形象啊，多容易为当时的国人所理解和掌握啊！之所以会有如此的形象性和创新性，就是因为怀疑者、困惑者和反对者的影响啊！如果没有任何人怀疑、困惑和反对，仓颉完全可以按照自己的构思和设想去造字，虽然一定会努力地便于大家理解和掌握，但也根本不会想到怀疑者、困惑者和反对者的想法和看法。正是因为不同人士的不同意见和看法，才使仓颉造字时考虑得更全面，设计得更形象，制造得更简朴。”

雷公说：“力牧说得好啊！但仓颉所造之字也并不完全简朴啊，有些字还挺烦琐，历朝历代之所以都在简化字，大概都是因为大家觉得仓颉造的字太烦琐了吧。”

力牧说：“雷公问得好啊！历朝历代都在传承和发展国字。没有国字,华夏文明不可能千秋万代而不绝。没有国字,华夏民族更不可能亡国不灭种。国字的意义可谓非凡。我实在太热爱国字了,说着说着就有些激动了。历朝历代之所以在简化国字,一方面是对国字的完善,毕竟仓颉是首次造字,自然有继续改进和完善的地方。另一个方面是仓颉之后国字另有发展。仓颉造字的时候,华夏的文明和文化还在初创之中,各个地域和领域的发展还比较有限。三皇五帝之后,华夏的文明和文化的发展更加快速、更加辉煌,所涉及的领域和范畴更加广泛和深入,所需要的国字也越来越多。仓颉当年所造之字基本上只有一万左右,而清朝问世的《康熙字典》就收录有四万七千零三十五个字,可见当今的国字中起码四分之三不是仓颉所造,而为后人所补充和完善的。"

雷公说:"这么说,历朝历代简化国字的做法不一定与仓颉造字的做法有关吧。"

力牧说:"是的。任何事情,首创者都比较简朴,继承和发扬者都将其不断予以拓展和深化。拓展和深化后的任何事情都不可能像初创时那么简朴、那么自然了。仓颉所造之字,经过历朝历代的努力和发扬,都有了很大的变化。看看我刚才举的这几个例子,仓颉初创的字和历朝历代的改进变化多大呀!变化虽然大,其根本来源依然是仓颉的创造。历朝历代之所以如此敬仰仓颉,甚至将仓颉视为神仙,原因就在于此。"

雷公说:"力牧说得很对啊!仓颉所造之字是华夏文明和文化传承了千秋万代而不绝的根本原因。后人无论如何传承国字、创造国字和简化国字,其渊源依然是仓颉所造的国字。以'动与不动乃真动'对仓颉造字进行分析和总结,很有意义啊!"

英招说:"雷公说得更对啊!'动与不动乃真动'是华夏民族文明和文化发展过程中逐步形成的创新理念,有了这种理念的人才能真正地完善自我,才能真正地实现创新。没有这样理念的人只能有自我僵硬心态、自我封闭眼神,根本无法实现人生的理想和梦想。这样的人历朝历代可谓无处不有啊!"

陆吾说："历朝历代确实无处不有。但更值得大家关注的，还是有'动与不动乃真动'的范例吧。唐朝时期的大诗人白居易就是这样的范例。他的诗歌题材广泛，形式多样，语言平易通俗，有'诗魔'和'诗王'之称。他的诗歌语言虽然平易通俗，但影响却非常深远，为国人所普遍理解和接受。之所以如此，就是因为他非常重视国人对诗词歌赋的不同认识和看法，尤其是普通民众对诗词歌赋的期待和要求。一般诗人写诗的时候特别注重字词的雅致，而一般民众阅读诗词歌赋的时候都希望字词简朴易解。白居易理解一般国人的希望和要求，诗词写好后不是拿去给大官和大师看，而是给普通百姓看，听取大家的意见逐一进行修改，直至大家完全理解和接受。他的这一理念和做法非常值得今日的国人深思和借鉴。这就是他对'动与不动乃真动'的充分发挥和践行啊！"

大鸿说："白居易确实是'动与不动乃真动'的范例。先秦之前的这种范例更多，更值得今人学习。不过，由于民族文化的淡化，如今的国人已经很难理解'动与不动乃真动'的理念了，更难懂得历朝历代尤其是远古时期的范例了。佛道界的个别人士与他交谈的时候，提到过'动与不动乃真动'这一远古的理念，也向他提到过历朝历代的一些范例，对他的影响很大。牛公如今之所以生活得更自然、学习得更深入，原因可能与榭兰金一直对他的侮辱和谩骂有一定的关系。"

常先说："大鸿的分析有一定的道理。但需要说明的是，在变异了的时代里，与仓颉造字时的'动与不动乃真动'和白居易写诗时的'动与不动乃真动'完全不同。当年仓颉造字的时候，对此怀疑的、疑惑的，甚至反对的，会是出于恶毒的考虑吗？会是为了实现自己罪恶的目的吗？显然不是的！”

雷公说：“常先的提醒很对啊！‘动与不动乃真动’是远古时期国人的理念，历朝历代都在发挥。但对于今人来说，这样的理念似乎就是‘封建主义’了，很难发挥。更主要的是，今天‘不动’的行为与远古时期‘不动’的行为，其原因和目的完全不同，意义更加别异。毕竟时代变化了，毕竟世界变异了。但为了传承和发扬民族的语言、文化和文明，这样的淳朴理念还是应该逐步为国人所理解和接受的，这就像西方曾经开展的文艺复兴一样，带来一段科学与艺术的革命时期，揭开了近代欧洲历史的序幕。只有民族的文化真正的复兴了，只有民族的意识真正孵化了，只有民族的精神真正发扬了，民族发展中所遭遇的各种问题和挑战才能逐步得以解决，民族发展中的交融和汇通才能逐步得以推进，民族发展中的理想和愿望才能逐步得以实现。”

伶伦说：“雷公说得对啊！臣兄们一定按此精神，努力熟悉和了解尘世间的现状和走势，努力帮助尘世间的国人知古知今、知内知外，从而实现‘合璧东西、贯通古今’的远大理想。”

雷公说：“这正是黄帝的指示！这也是天师的希望！”

警报第六十九:天上人间

大鸿说:“前几天的讨论令我激动,也令我振奋。从尘世间投诉牛公的现象来看,一切的一切都有一切,只要我们从一切的一切来看,一点的一点都有一点。从这个视野去观察,任何角度的明与暗、清与混都会一一再现。”

陆吾说:“大鸿所说的无非是从所谓客观的角度看问题吧。作为九霄云天的天工,我们看尘世间的一切都还是比较客观的,我们分析思考尘世间所投诉的一切问题,也是自然的。牛公经常用‘客观实际’这个词来表达他的理想和愿望,经常令出版社的编辑们感到他在不断地重复,其实他是有希望的。他的这个希望对于我们来说应该是自然而然的。”

常先说:“大鸿说得有道理。不过这个道理应该给尘世间的国人讲,作为天工的我们当然是明白的。这其实也是牛公的希望。牛公在发表文章和著作的时候经常会写一些令编辑们感到不解的字词文句。编辑们常常以为他写错了,便不经他的同意而随意更改了,令牛公颇感失望。”

伶伦问道:“尘世间还有这样的问题啊?太有意思。牛公经常写的字词文句是什么呢?为什么连编辑们都搞不懂呢?”

英招说:“伶伦呀,常先说的这个问题你居然还不了解?你太浪漫了,好好关心关心尘世间吧。我看了牛公写的一些尘世感想,其中就谈到了这方面的问题。据牛公说,有一次一家杂志社邀请他写一篇文章,他在文章中表示,如果他不同意写这篇文章,那一定是‘虚谦’。文章发表后他发现编辑将‘虚谦’改为‘谦虚’了,令他特别窘迫。因为在这篇文章中,‘虚谦’是雅致的、客观的,而‘谦虚’则是庸俗的、自傲的。还有一次,他在自己撰写的一部书的前言中谈到了历朝历代的贤士,用了‘老辈子’这个词,书出版后发现编辑居然未经他的同意而将其改为‘老前辈’,一下子将杂文改成了宣文。明白了吧?”

伶伦说:“抱歉,抱歉,明白了。我总是关心风云变幻和乾坤转化,确实对尘世间的鸡毛蒜皮的啰唆事关注不够。不过作为九霄云天的天工,如果时时刻刻都像尘世间的俗民一样,关注吃喝拉撒,关心鸡鸣狗跳,天不就成了地了吗?”

雷公说:“大家今天讨论的开幕词很有意思!毕竟尘世间的雾霾已经逼近了苍天的云霄,更重要的是,我们虽然在九霄云天,但毕竟是来自尘世民间,毕竟来自神州大地。所以,关注尘世是必要的,关心神州更是必需的。这就是我们急需讨论这些问题的根本,希望大家牢记在心,不可忽视。”

力牧说:“雷公说得对啊!我们虽然在九霄云天,但我们依然是尘世间的前人,更是神州里的前辈。对于神州大地目前的发展,我感到非常温馨,我一直以来的希望已经逐步得以实现了,尤其是尘民们的衣食住行。在历朝历代的岁岁年年中,经常都有很多尘民挨饿,甚至都有一些尘民因饿而死。现在,这一延续了千万年的现状终于被彻底消灭了。如今的神州大地再也不会有人挨饿,更不会因饿而死了。这是我特别感到温馨和振奋的。但在发展过程中,毕竟还存在着这样那样的问题,尤其是经济发展到了很高的程度,就该认真考虑考虑如何解决这些问题了。事实上如今的神州朝野已经在认真地分析研究这些问题了,已经在制定光复民族文化的国家政策了。”

英招说:“力牧说得好啊!尘世间的现实确实如此。我们离开尘世间的时候,神州大地虽然郁郁葱葱,但尘民生活的环境和条件还是非常欠缺的,用今天尘世间的话来说,就是很落后。历朝历代虽然都在发展,但这种落后的现状却没有得到完全的解决。只有到了尘世间所谓的 20 世纪末和 21 世纪初,这些千秋万代都没有完全解决的问题才终于彻底解决了,这就是我最为敬慕如今神州朝野的原因。”

常先说:“是啊!英招说的这个情况实际上是尘世间,尤其是神州大地最为重要的发展。如果这个问题还没有解决，今天我们要讨论的任何重要问题实际上都不是问题了，毕竟衣食住行是尘民最为关心的问题，更是尘世间最为重要的发展。谈到这一问题时，牛公经常讲到一个实例，很有意思。牛公所讲的实例就是农耕设施。夏商周三代之前，农业的发展完全依靠所谓的刀耕火种，经过三代的认真努力和发明，春秋战国时期已经基本完善了当时的农耕所必需的工具，如锄、犁、耙等。有意思的是，春秋战国时期发明的这样一些农耕工具，尘民一直沿用到尘世间的20世纪末，甚至现在还在使用。之所以如此沿用不绝，就是因为自春秋战国以来，历朝历代都缺乏今天所谓的'科研'意识和创新能力，没有将几千年前的发明予以补充和完善，从而导致了尘民衣食住行这些最为基本的问题始终没有能够得到解决。"

雷公说："常先提到了'科研'的意识和创新的能力，很重要啊！这也是如今神州朝野非常关心的问题，所谓的'科学观'就是对这个问题的强调啊！正因为自20世纪70年代以来对这个问题的重视，神州大地的尘民们期待了千秋万代的问题终于解决了！作为天工，这也是我们最为关心和期待的问题。如今，这一最为重大的问题终于解决了，神州大地尘民们的生活就已经发生了天翻地覆的变化。我十多年前奔赴神州寻找译人的时候，对此的感受更为深刻。向黄帝汇报后，黄帝非常高兴。黄帝说，再过三十年，神州就一定会成为尘世间万国万族的神州了！"

大鸿说："雷公说得好啊！黄帝对神州大地的期望一定能实现！现在的神州在一定程度上已经成为尘世间的神州了。前几天我看了西方的一些报道，尽管对神州大地有这样那样的一些偏颇的看法，但对现实中的一些客观事实还是比较重视的。比如，现在神州大地的高铁已经成为全球最为发达、最为普及的了。比如，神州大地的经济实力已经超越了欧美亚很多发达的国家，在全球排名第二，远远超乎了很多欧美发达国家的想象。再比如，神州大地的航天工程的发展甚至比其经济的发展更辉煌、更发达，很快就将成为全球首位了。这可真是值得我们这些天工们关注的啊！"

英招说："好啊！好啊！感谢雷公的引导啊！此前的讨论总是

令我感到郁闷，总是对尘世间的正反两面感到失望。今天在雷公的引导下，我们首先从民族的历史发展考察，对尘世间很多曾经令我们无法理解的问题就有了一定的认识。这些问题的背景和前景就不辩自明了。正如牛公讲《易经》所强调的那样，所谓的‘革命派’和‘反革命派’、所谓的‘爱国者’和‘叛国者’都源自于伏羲八卦。要懂得这样的道理，就必须认真学习《易经》。而要懂得尘世间，尤其是神州间，如此怪异和变异的现状，就必须得从历史的发展和民族的期待考虑，不然就一定会出现认识的偏颇和思考的僵化。”

力牧说：“英招说得有道理。投诉牛公的尘人与所谓的‘革命派’和‘反革命派’、‘爱国者’和‘叛国者’的来源是一样的。毕竟尘世间有光明也有黑暗，有酷热也有严寒，有良善也有残忍。但黑暗毕竟要被光明所消除，残忍毕竟要被良善所取代。在此，我也想特别告慰牛公，要有天上人间的意识啊！”

陆吾说：“力牧啊，千万别提天上人间了！太可笑了！”

力牧问道：“怎么了？为什么不能提天上人间了呢？天上人间自古以来就是神州大地的一个颇为温馨的成语啊！为何不能提呢？”

伶伦哈哈一笑说：“陆吾说得对啊！力牧啊，你是‘牧’啊，可千万别成了‘木’了。对尘世间，尤其是神州大地，你还是要认真考察考察啊！毕竟今不如昔了，所谓的天上人间也是这样。具体情况我就不说了，你去查查看吧。查看了，你也会哈哈大笑的。”

力牧摸摸额头，不知所措。

雷公说：“伶伦说得是有道理的，力牧需要认真了解。其实各位臣兄也需要了解尘世间和神州间各方面的情况，不要再出现连天上人间的变化都不懂的现象了。”

众臣一并举手而拜道：“遵守雷公的指导！”

警报第七十：三十年河东，三十年河西

伶伦说：“牛公一直说神州大地风云变幻。这也是有人投诉他的一个原因。这个说法似乎是很有道理的，但也很自然。三十年河东，三十年河西，自古以来就是这样。既然如此，风云怎么可能不变幻呢？”

陆吾说：“哎呀，伶伦终于有思想了。长期以来你一直都像尘世间现在所谓的‘美女’一样，只关注自己的风采和风貌，如今终于关注时代的风采和风貌了，不易呀。所谓‘三十年河东，三十年河西’，确实就是古人的经验总结，很有道理。起码一年都有个四季呢。但可别忘记了‘易’的含义啊，不仅是简易和变易，更重要的是不易啊。风云变幻很自然，但民族的意识突然变异了，就太不自然了吧。”

英招说：“风云变幻确实是自然的。所谓大自然中的风和云怎么可能不变幻呢？各位臣兄看看九霄之下的风和云吧，变幻得多快啊。这就如同尘世间的尘人和尘物一样，其实时时刻刻都在变幻呀，不仅变幻，更重要的是在变化。人老树苍，不就是这样的吗？”

大鸿说：“哎，哎，哎！三位臣兄，你们在说什么呢？怎么也尘世化了？怎么也政治化了？为什么要务虚不务实呢？是在发扬尘世间所谓的时代精神吗？还是实话实说吧，不然的话牛公更迷茫了。牛公所强调的风云变幻，当然是关于民族的文化、思想和精神的，并不是像英招刚才所说的九霄之下的风和云。如果牛公仅仅说的是九霄之下的风和云，怎么可能有人去投诉他呢？”

雷公说:“大鸿问得好！我一开始以为伶伦要认真地谈谈‘三十年河东,三十年河西’了。我觉得这是一个非常重要的话题,如果从这个角度旁观尘世、俯查神州,对现状就可能有一些新的认识了。想想看,当年面对诸侯国相互掠夺、相互争战的时候,孔子将当时的时代风采概括为‘礼崩乐坏’,蛮凄惨的。在牛公的视野里,现在时代的风采基本也是如此。可是,从春秋战国到秦汉,从汉唐到宋元,从宋元到明清,虽然这样那样的问题不仅一直存在,而且还在不断增加,但民族的文化、思想和精神还在传承、还在发展,不然怎么可能出现华夏文明千秋万代而不绝的这一独有的历史风采呢？回头再看看孔子所说的‘礼崩乐坏’,虽然确实存在,但不可能始终不变呀。如果真的始终不变了,民族的文化、思想和精神怎么可能传承千秋万代而不绝呢?”

大鸿说:“感谢雷公的指导！臣兄们确实要注意‘三十年河东,三十年河西’这一历史事实。这个事实一直影响着尘民们。每次看到尘世间的变幻时,尘民都会自然而然地想到‘三十年河东,三十年河西’这句话。虽然有时候听起来似乎有一定的困惑感,但毕竟还是有一定的感受和体会吧。一般来说,思想比较僵化的尘人对这个问题缺少一些认识。牛公也许就是这样,所以对神州大地目前的风云变幻,他一直将其视为不可思议的变化。他甚至都不太用‘变幻’和‘变化’这两个词,特意用‘变异’这个词。这也是很多人投诉他的一个原因吧,认为他有侮辱国人之嫌。”

力牧说:“今天的讨论原来是反思啊！有意思！大鸿刚才不仅在批评牛公,更是在批评我们。道理当然是有的,但反思也更应该有。当年孔子所提出的‘礼崩乐坏’当然是对当时社会状况的客观总结,并非完全是认识的偏颇,更非是对某些人的谩骂。所以他的这一总结引起了历朝历代国人的重视,这就是民族的发展总是能从严寒逐步转变到春暖的主要原因吧。牛公对目前神州大地文化的变化、思想的变异的看法,正如孔子当年对战国时期尘世间变化的认识一样,当然是客观的。这一客观的认识如果能引起国人今后的反思,自然就会使民族的发展从严寒转变为春暖了。这一点,特别提请臣兄们关注。”

雷公说:“力牧的提醒当然是有道理的。毕竟对于任何问题的观察和思考,都可以从不同的角度和层面来进行。正因为有不同角度和层面的观察和思考,其认识可能是相同或相近的,也可能是相差或相反的。尘世间所谓的不同思想、不同观念、不同派别就是这样形成的。正因为有了这么多不同的思想、观念和流派,一个民族和国家才能正常存在、才能正常发展。如果一个民族和国家的主人只坚持一个思想、一个观念和一个派别,那么这个民族和国家大约只能存在一个时期吧。对任何事情的观察和分析,只有从不同的角度和层间来进行,才能完整,才能全面,才能真正形成正确的应对策略和方法。所以,对于尘民来说,尤其是对于尘世间的主人和名人来说,对于任何不同的思想和观念,都应有容纳之心,都应有理解之意,都应有应用之势,不然是不可能实现‘天下为公’的民族理想和抱负的。”

英招说:“雷公分析得深入啊!我看到牛公强调的一句话,‘同与不同乃真同’。一开始我也不太理解。投诉他的人认为他说这句话完全是胡说八道,完全是按照‘动与不动乃真动’之说的照猫画虎。其实,这一说法就像五行配五方、五行配五色、五行配五脏一样,就是对一种思想和观念的求实和发挥而已。如果当时的某些政界和学界的人士也有这样的认识,怎么可能最终导致了牛公的迁徙呢?不管怎么说,牛公提出的‘同与不同乃真同’还是很有道理的,与雷公所强调的基本一致。也许正因为如此,他的人生才发生了根本的变化,才从严寒转变到了春温。很有意义啊!”

雷公说："哎，哎！我居然被你们引导了！我本来是想说从不同的角度和层面观察和分析任何情况的意义和作用，逐渐改变你们现在讨论尘世间问题时比较激动的情绪和心态。没想到居然被你们引到了同样的轨道上，看了我的尘民意识还是有的啊！"

常先说："雷公啊，这很正常呀。我们虽然现在是天工了，但毕竟来自尘世间，尘世间的感受和意识怎么可能完全消失呢？神州大地曾经是我们的家园，如今依然是我们的故地，关心尘世，关怀神州，自然而然。今天我们在讨论尘世间的问题时，尤其是分析神州大地的现状时有情绪、有心情，自然啊！如果没有情绪，没有心情，我们就成了岩石。即便是岩石，在一定的时候还会蹦出猴王这一现象呢。理解我们啊，雷公。我们尊重你，但你可不能有主子的意识啊。"

雷公说："常先提醒得对！主子的意识我其实是没有的，只有组织的意识。如今，连黄帝都没有主子的意识了，更何况我呢？我只是希望大家在讨论的时候更客观一些。虽然我们还有民族的意识，还有神州的热望，但毕竟我们已经是天工了，要从苍天的角度看问题，不能再从尘人的角度看问题了。作为尘人，自私自利的意识是客观的，也是自然的。但作为天工，自进自退的意识才是客观的，才是自然的。所以，看到降冬的时候，应该有'冬天来了，春天就要到了'的春暖意识。看到硕果累累的秋收时，应该有'天寒地冻'的冬寒意识。"

大鸿说："谢谢雷公的提醒！讨论刚开始的时候，我也是非常激动的，甚至都泪流满面了。因为大家的讨论激起了我对尘世间的回忆、对神州大地的向往、对民族发展的期待。但通过翻阅和查看民族数千年来的发展历史和现状，尤其是目前面临的问题与挑战，激发了我深深地思考。尤其是看到如今民族的衣食住行远远超越了历朝历代的梦想和追求，令我极为感动，在一定程度上逐步改变了我对尘世间的看法，尤其是对于神州大地不可思议的各种变化的认识。所以在接下来的讨论中我总是想方设法地期望大家能逐步地改变我们的理念，将现实与历史、国内与国外、苍天和大地能结合起来。如果能做到这一点，我想我们一定能从问题中看到希望，从挑战中看到理想，甚至从黑暗中看到光明。不知大家是否能理解我的这些想法和看法？”

力牧说：“大鸿的这些想法和看法当然是有道理的，但好像还是庸俗的。当年佛教的创始人释迦牟尼说过这样一句话，‘法本法无法，无法法亦法’，听说过吗？凡是拼命追求‘法’的，其实是无法获得‘法’的，只有并不追求‘法’的人才能真正地得到‘法’。尘世间一直在拼命立法，但这些‘法’究竟‘法’不‘法’呢？如果真是‘法’了，怎么还有那么多的立法之人在犯法？更不要说尘民了。”

雷公说：“好了，好了。情绪是要有的，但不能太激动。心情更要有的，但也不能太激烈。毕竟我们是天工了，要讨论的是下界面临的问题，而不是我们自己面临的问题。我们今天要做的，就是要‘为尘民服务’。要真正地为尘民服好务，就必须要有高于尘民的视野、阔于尘民的胸怀，不然我们就无法真正地服务尘民了。明白吗？”

众臣一一点头道：“明白了！”

警报第七十一：昨日、今日和明日

大鸿说：“明代钱鹤滩有一首《明日歌》，很有意思。开首道：‘明日复明日，明日何其多，我生待明日，万事成蹉跎。’明日确实无限啊，对于尘人来说尤其如此。各位臣兄，今天我们就不谈明日了吧，还是谈谈今日吧。从尘世间历朝历代的发展来看，今日看明日，今日必然虚；今日看昨日，今日必然实。”

陆吾问道：“今日为何不能看明日呢？今日看明日，今日为何就虚呢？今日看昨日，今日为何就实呢？有何道理呢？说说看。”

大鸿说：“今日就是现实，明日就是理想。理所当然必须有，但只能作为推进今日发展的气魄，而不能成为否定今日的依据。就像今日看到阴天了，就断言明天将黑暗。明日的天气很可能更阴，但绝对不可能是黑暗。而明日复明日的明日，更不可能都是阴的，完全可能是晴的。没有这样的认识,就很可能将今日之阴天视为明日之黑暗,从而形成极为偏颇的认识观。牛公就因为太过关注明日了,从而导致了很多今日之人的反抗。一些人之所以投诉就是因为不了解牛公,另一些人之所以投诉就是为了想秀一秀自己。当然还有个别人之所以投诉牛公,很有可能就是为了引导他。投诉者中还有个别学生,就很值得思考了。"

陆吾说:"这么说来,今日看明日,确实有些虚了。孔子曾经说过:'后生可畏。焉知来者之不如今也。'某种意义上也似乎说明了同样的问题。不过孔子又说:'四十、五十而无闻焉,斯亦不足畏也已。'某种意义上也是对今日的警告、对明日的期待,更有意义。"

大鸿说:"是的,是的。任何问题都需要从不同的角度和层面来观察和分析,这一点各位臣兄都很清楚。我之所以强调了今日看明日的负面作用,就是为了提请大家多关注今日,毕竟今日是现实、明日是理想。如今的尘世间更愿意将理想称为梦,就更有道理了。各位臣兄当年在尘世间的时候,夜夜都有梦吧,梦里都有幻吧。可是,这梦与现实却始终都保持着不可逾越的距离。所以牛公经常提醒自己的弟子,'梦是可以有的,但绝不能做!'说明牛公看到了梦与现实之间不可逾越的距离。从某种意义上说,明日是理想,也是梦想,可以有,但还是不可以做。"

陆吾说:"大鸿已经成为思想家了!解释得不错。这说明牛公还是有值得大家借鉴的长而又长的长处,不一定完全都是短而又短的短处。"

大鸿说:"我不一定是思想家,但思想还是有的。牛公的长处,臣兄们都很清楚,我也很清楚。我之所以谈到了牛公今日看明日的问题,也是从现实出发考虑的。如今在尘世间的现实中,很多人天天都在抽烟。抽烟对身体的影响,人人都有所了解。但如果有人一再强调今日抽大烟明日就得亡,当然会引起抽烟者的反感,甚至愤怒。这一点臣兄们一定能理解吧。"

陆吾说:"理解,理解,当然理解。说说为何今日看昨日,今日就务实呢?"

大鸿说："昨日毕竟是大家所亲自经历过的，感受是深刻的，体验是多面的。从昨日到今日，昨日的体验和感受就自然成为观察和评析今日的依据。如果昨天吃不饱，今天吃得好，昨天的不足自然就成为肯定今日的明证了。如果昨天吃得好今日吃不饱，昨日的优势当然就成为否定今日的实证了。"

力牧说："有意思！大鸿所说的昨日可能不完全是昨天那简单的一天吧。大鸿所说的今日也可能不完全是今日这短暂的一天吧，应该是个比喻吧。"

大鸿说："算是比喻吧。钱鹤滩的《明日歌》本身就是一种比喻，并非只是强调明日这简单的一天。我想用昨日说明华夏民族的发展历史，当然不是指昨日这简单的一天，实际上指的是历朝历代的发展历程。我想用今日说明尘世间当今的这个时代，当然不是指今日这短暂的一天，而是指华夏民族近几十年来的发展状况，特别是神州大地近40年的改革开放。要想真正地了解华夏民族的今日究竟是正还是反、是虚还是实，不仅要从展望明日来考虑，更需要从回顾昨日来评判。就像我刚才说的那样，如果昨日吃得好，今日反而吃不饱，今日当然不如昨日。如果昨日吃不饱，今日倒吃得好，今日当然超越了昨日。如果通过这样一个表面上很简单的方式去评估今日，不是很自然、很明确的吗？"

常先说："大鸿说得确实很有道理。这几天大鸿与臣兄们讨论一些问题时一直显得比较平和，不像我和臣兄们那样激动。我一开始有点不太理解，以为大鸿的脑子也受尘人的影响了。原来大鸿的视野比我开阔多了，大鸿的思维比我清晰多了。如果大家从昨日观察今日，从今日回顾昨日，视野、眼界和思维就会有实质性的改变。这太重要了。"

伶伦说:"各位臣兄是否注意到,牛公现在也有了这样的观念,也不再像以前那样完全从明日考察今日、从昨日评析今日。牛公思维的这一改变可能与他长期以来不断自我反省、不断学习实践有一定的关系吧。我此前翻看了他近期写给友人的信件,其中就强调了毛泽东'古为今用,洋为中用'的思想。他所强调的'古为今用',其中就有以古代的正反两个方面来观察今日的尘世,与大鸿所说的比较一致。他曾经对友人说,古代的长处可能就是文化、忠孝和淳朴,古代的短处可能就是经济、科学和军事。如果以此来观察今日,确实有'长其长而短其短'的目标和任务。"

力牧说:"听大鸿这么一说,我觉得牛公也有了这样的意识。当然,我自己现在也有了这样的意识,心情就平静了一些,情绪就稳定了一些。接下来的讨论就自然了,偏颇的倾向就会得到调整了。"

雷公说:"大鸿发挥了《明日歌》的作用,很好!这对于大家接下来的讨论很有指导意义啊!"

警报第七十二:人生何以生,人世何以成

伶伦说:"'今日看明日,今日必然虚;今日看昨日,今日必然实'。大鸿的这一说法还是从尘世间时下的现实出发考虑问题的,大家都认可了,不错。那咱们现在就从今日看昨日吧,看看今日和昨日的异和同,就能对尘世间如今的变化和变异有了比较客观的评价和分析。大家觉得如何呢?"

英招说:“没问题呀,这也是各位臣兄们的期待呀。此前听了大鸿关于昨日、今日和明日的分析和说明,特别是对牛公思维观念改变的说明,对于我们大家的感触可谓至深至明了。大家听了力牧对此的认识,感触大概更深了吧。力牧此前对尘世间目前状况的看法和分析都比较激烈一些,很有牛公此前提出的现代抗战的表现。但现在心情终于平静了,情绪也终于稳定了。接下来的讨论就一定会自然而然了,不会令雷公和天师太失望了。”

雷公说:“只要走向了自然之道,目标当然都是望而明之的,方向自然是望而知之的。作为尘人,首先要能活下去。能活下去,才能有追求。如果连活都坚持不下去,怎么可能有任何远大的理想和追求呢?”

常先问道:“作为尘人,当然首先要活下去。但怎么可能连活都坚持不下去呢?是对自己的人生失望了还是对民族的发展绝望了?在时下的尘世间,经常都会有一些尘人因对自己的人生失望了而自残,也有的尘人因遭受某些贪官污吏的打压和欺诈而自杀。这样的情况其实历朝历代都有。”

大鸿说:“雷公所说的活下去很自然、很平常,与社会和政治没有任何关系。尘人虽然自称为高级动物,但毕竟还是动物呀。作为动物,要生存下去,首先必须要有饭吃、要有衣穿、要有屋住。如果没有这三个最基本的条件,怎么可能活下去呢?尤其是吃饭。尘世间至今还流传着这样一句来自远古的话,‘人是铁,饭是钢,一顿不吃饿得慌。’各位臣兄在尘世的时候对此的体会应该最为深刻吧。那时候农业还在初创之中,最为辉煌的农业也仅仅是所谓的刀耕火种。而那时的刀可不是夏商周时期的青铜刀及后来的钢铁刀,而是旧石器时代用树枝劈成的刀和新时期时代用石头造成的刀,其作用和效果与如今精锐的刀无可比拟啊!在那个时期,作为尘人的我们,要活下去,首先得千方百计到山野和原野中寻找各种各样的果子和种子吃。当时能找到的只有在夏季和秋季,春季和冬季就很难找到,几乎天天都挨饿,很多尘人因此而饿倒、病倒,最终失去了生命。”

常先说：“由此可见，作为尘人要活下去，最重要的基础就是饮食。用今天的话来说，就是经济。如果经济得不到发展，甚至得不到维持，就可能直接影响尘人的生存。五十多年前的神州大地就曾经遭遇了经济发展的挑战，导致了很多尘人从尘世间消失了。如果查查历朝历代的史料，都可能找到类似的问题。这实际上是华夏民族自远古以来一直面临的挑战，也是任何仁人志士一生都在努力解决的问题。”

陆吾说：“是啊！这确实是历朝历代所始终面临的问题和挑战，虽然每一个朝代都在一定程度上解决了一些问题，但却没能从根本上彻底解决这些问题。在任何一个朝代，总有一些非常贫穷落后的地域，这也是导致尘世间的所谓‘民众起义’的一个主要原因，甚至是神州大地始终保持改朝换代这一发展历程的基本原因。如果经济问题真正解决了，民众出现的生存问题就自然不是问题了。可惜的是，自远古以来，历朝历代虽然出现了那么多的仁人志士，却始终没能彻底解决涉及尘民生存的经济问题。所谓‘吃不饱穿不暖’好像成了华夏民族千秋万代都没能彻底解决的问题，就是牛公从出生到成家也都面临着这样的困难。唐朝曾经是华夏民族最为辉煌的时期，但杜甫在一首诗中却写道：‘朱门酒肉臭，路有冻死骨。’由此可见，就是所谓辉煌的时代，依然有尘民饿死冻死。究其原因，当然还是经济问题啊。”

大鸿说：“各位说得很对啊！经济问题确实是尘人生存的最为基本的问题。这个问题自远古以来就始终存在着，有时甚至还显得更为严重了。牛公在一本书中写道：

> 自我记事以来，饥饿就像太阳和月亮一样，白天照耀着我，夜晚照亮着我，把我照得骨瘦如柴、心力交瘁。记得有一

天晚上，我想起夜，刚从炕上爬起来，便一头栽倒在地上了。饿晕了啊！这件事令妈妈伤心至极，让我一直记忆到如今，想忘也忘不了。我是1980年考取大学的。在我上大学之前，我家，以及所有的父老乡亲，每年大概有半年都是缺粮少食的，要靠忍饥挨饿度过艰难的每一日。

瞧瞧，牛公生活在所谓的现代时期，还挨饿到了这种程度。可见经济问题确实是尘人生存的核心问题啊！”

大鸿说：“各位臣兄现在如果俯察神州，所能看到的都非常好，就是华夏民族历朝历代始终面临的经济问题终于彻底解决了。在今天的神州大地，无论你走到哪里，都很难遇到衣衫褴褛的人或饥饿难耐的人，更遇不到因饥饿而病倒或离世的人。虽然华夏文化和文明传承了千秋万代，但以前这个经济问题始终难以解决。现在，这个问题终于彻底解决了！”

常先说：“彻底解决了这个千秋万代都无法解决的问题，可真的是伟大、光荣、正确啊！其对民族贡献的巨大可谓不言而喻。牛公现在逐步改变了自己的思维，一定是因为他也意识到了这个问题的重要性吧。应该颂扬！”

众臣齐声道：“颂扬！颂扬！应该颂扬！”

卷 九

警报第七十三：似是而非，似非而是

大鸿说："神州大地在明末清初之前一直是尘世间最为辉煌的地域。按照尘世间此前的说法，应该是全球几千年来唯一的一个超级大国。其经济最为发达，科技最为先进，文化最为优秀，军事最为强大，国家最为统一，影响最为深远。据说，当时神州大地的生产总值超过了全球的总和，厉害吧！"

常先说："厉害！确实厉害！我此前也看到了这样一些文献资料，感到非常骄傲。这也是黄帝当年所提出的民族发展的历程和远景。虽然历朝历代都遭遇了这样那样的危机和挑战，但民族发展的历程和远景还深深地铭刻在国人的脑海中。正是有了这样的意志和愿望，才使民族的发展无往而不胜。孔子当年教育弟子时所说的'三军可夺帅也，匹夫不可夺志也'，调的就是这样的意志和愿望。"

力牧说："厉害是厉害，但为什么清朝期间及其之后神州大地一下子由环球的超级大国下降为全球的低级弱国了呢？为何神州大地的一百五十万平方公里的土地都让俄罗斯给掠夺了呢？为什么当时的朝野居然同意外蒙从国土中分离出去了呢？"

大鸿说："这确实是国人自己曾经一直在深思的问题。这也是我一直不可理解的问题。此前在讨论中，我看了牛公撰写的一些文章，也看了投诉牛公的人斥责他所重视的一些问题，其中都涉及力牧所提出的这些问题。从民族的意识来说，如今的国人还是不应忘记这些问题的。虽然由于时代的变迁俄罗斯掠夺国土的一百五十万平方公里的土地无法追回了，脱离国土的外蒙也无法迎回了，但这些悲惨的历史遭遇还是应该牢记的，还是应该不断深思的。可惜的是，如今的国人基本上没有这样的意识了。”

雷公说：“力牧提出的问题确实是值得国人和臣兄们思考的问题。我此前奔赴下界考察的时候，与牛公有所接触，也谈到了这样一些令人扼腕的问题，牛公对此不仅有想法，更有与众不同的见解。”

常先说：“是的，牛公确实有不同寻常的见解。不久前他与西方汉学家接触的时候，谈到民族文化、历史和现状。西方的一些汉学家对中华民族的历史和文化是敬佩的，但对明末清初以来民族文化、经济和科学的突然堕落感到困惑。欧洲一位专门研究中华民族古代科技史的学者李约瑟曾经提出一个问题：‘尽管中国古代对人类科技发展做出了很多重要贡献，但为什么科学和工业革命没有在近代的中国发生？’在与牛公交流的时候，几位汉学家特别强调了李约瑟的疑问。”

伶伦问道：“牛公对此的见解是什么呢？他是如何应对西方汉学家的质疑呢？”

常先说：“我查看了牛公一些杂文，其中有一篇谈到了他与西方汉学家就此问题的交流。他对汉学家说，华夏民族之所以在明末清初之后逐步落后，特别是遭遇了西方列强的打压，甚至还出现了民族内部的争斗，就是西方人所说的上帝、中国人所说的苍天特意的安排。”

伶伦惊讶地问道：“怎么是西方人所说的上帝、中国人所说的苍天的安排呢？原因何在？难道说华夏民族真的变成了西方人所说的拽根（dragon）并因此而遭受了上帝和苍天的惩罚了吗？”

常先说：“伶伦呀，别激动，先好好听听。牛公这样说不是斥责自己的民族，而是赞美自己的民族，特别是提醒西方人举目仰望华夏民族，认真学习和了解华夏民族。”

伶伦说："好的，好的。不激动了，不激动了，快点说吧。我真不理解为何这样说反而是对自己民族的尊重和敬仰。"

常先说："好，听我说。牛公告诉汉学家，明末清初时期的华夏民族逐步落后并很快遭遇西方列强的攻击，其实就像一千五百年前的犹太民族一样，并非是因为遭受异族的打压而败亡，而是因为受到了上帝和苍天的有意安排。"

陆吾问道："什么意思呢？我也不明白。明末清初的逐步落后与上帝或苍天到底有什么关系呢？与犹太人一千五百年前的亡国究竟有何关系呢？这个说法有点怕人呢！"

常先说："哎呀，我还没有说清楚呀，急什么呀！好，好，我就先说犹太人吧。一千五百年前，犹太民族当时文化、经济和科学都非常发达，但其周围的其他民族还处在极其落后的时期，甚至还处在野蛮的时期。如果说尘世间的人类是由所谓的上帝或苍天创造的，那么人类的爸爸妈妈就是上帝或苍天，上帝或苍天看到自己的孩子这样优秀、这样落后，他们会怎么想呢？"

伶伦说："怎么想？当然是表扬优秀的、批评落后的呀。"

常先说："真正的父母未必会这样对待自己聪明的孩子和愚笨的孩子。臣兄们在尘世间的时候都有自己的孩子，而且绝对不会像现在国人那样一对夫妻只有一个孩子，而有几个孩子，甚至几十个孩子，孩子越多越幸福。臣兄们，你们当时是如何对待优秀的孩子和愚笨的孩子呢？"

伶伦说："你这么一问，我们当然都明白了。当时我们在尘世间的时候更关心的、更呵护的，当然都是自己家比较笨一点的孩子。为了呵护智力差的孩子,为了协调好孩子们之间的交流,我们当然要刻意地限制聪明的孩子,想方设法地帮助智力差一点的孩子,以便使他们能生活得好一些、能慢慢地有所发展。虽然聪明的孩子对我们的这些做法很有想法,但当他们做了父母的时候就完全明白了。这样的想法和做法也是民族的历史传统啊!”

常先说:“对呀! 人间的父母是这样,天堂的父母也是这样。如果人类是由上帝或苍天创造的,上帝或苍天当然也像人间的父母一样,最关心的、最呵护的当然是人间比较落后的民族和地区。想方设法控制的、克制的、限制的当然是比较先进、比较发达的民族和地区了。这就是牛公对尘世间不同民族、不同地区在其发展过程中出现的种种问题的分析和思考。正是依据这样的分析和思考,牛公向西方汉学家们讲述了犹太民族亡国的原因和华夏民族衰弱的因由。他的这一说法很令汉学家惊讶,也令汉学家们深思。”

力牧说:“这样的分析和思考确实是有意义的。对于西方汉学家来说,惊讶应该是自然的,深思也应该是正常的。至少不会以为这是牛公在攻击西方吧。”

常先说:“是的。牛公的一些说法确实是令西方人士深思的。记得几年前他到美国肯塔基大学讲学期间,美国有些学者和他座谈的时候就神州大地的现状和发展提出了很多质疑。听了他们的质疑,牛公微微一笑,指出神州大地目前出现的种种问题都是欧美输送给华夏民族的,根本不是华夏民族自己在发展中出现了偏颇和失误。美国学者听了不仅惊讶,而且愤怒,质问他为何将这些问题都归咎于欧美。牛公又微微一笑,然后轻描淡写地告诉他们,华夏民族在发展过程中之所以出现这样那样偏离自然的问题,就是因为完全放弃了自己民族的思想和观念，彻底接受了欧美所赠送的颇具创新型的思想和观念。而这些颇具创新性的思想和观念，欧美自己早就抛弃了，但却完完整整地输送给了华夏。听了牛公所陈述的这一事实，美国的学者颇感惊讶，更感惭愧，愤怒的情绪一扫而光，人人都举起大拇指向牛公点赞。各位臣兄，明白牛公所陈述的问题了吗？”

众臣齐声道：“明白，明白，当然明白。”

常先说：“明白就好，毕竟我们都是华夏民族的一员。虽然我们离开人间已经五千多年了，但我们的心和神却一直都凝聚在神州大地呀，怎么可能不清楚自己故居的风云变幻呢？哎，哎，哎！一谈到这个问题，我的情绪就激动了，休息一会再继续向大家介绍牛公关于犹太人的亡国和华夏民族的衰弱的因由吧。”

众臣道：“好啊，好啊！大家都有些激动了，静静吧，静静吧。”

警报第七十四：淳朴的过去，荒谬的现在

力牧问道：“刚才所谈到的问题确实是问题，但也确实不是问题。对于这个是问题但又不是问题的问题，牛公具体是怎么解说的呢？”

常先说：“牛公的解释很有意义，已经说服了汉学家们了，但不一定能说服国人。牛公认为，犹太人当年之所以亡国，就是因为该民族太过强盛，对周围依然在茹毛饮血的落后民族造成了极大的威胁。为了保证四周落后的民族能有机会慢慢地发展起来，避免被强盛的犹太民族灭绝，上帝或上天就有意采取一些措施压制犹太民族，使其突然亡国。国亡了，犹太人就没有家园了，只能像如今所谓的农民工一样，奔走于五湖四海，为自己的生存而奔波。从而为四周落后民族的发展提供了良好的机会。”

大鸿说：“犹太人一千五百多年前的亡国原来是这个原因啊！很有意思。但值得其他民族深思和学习的也是犹太人的亡国啊！”

英招问道：“亡国了，还有什么值得其他民族学习的呢？只能

将其作为反面的镜子时时提醒自己，千万别一不小心而将自己的国也给亡了。”

大鸿说：“英招这样的提醒当然也是有意义的，但我所说的深思和学习更有意义。古代因为被打压而亡国了的民族基本上都自行消失了，就像宋代抗击汉人的西夏民族和党项民族一样，后来不幸亡国了，自己的民族也随之消失了。之所以消失，并不是因为遭受了宋朝的灭绝，而是亡国后奔波外地的人将自己民族的文化、语言和文字都渐渐地忘记了。犹太人却不是这样，虽然亡国了一千五百多年了，无论他们奔波到东方还是西方、欧美还是亚非，他们一定都在努力地传承和发扬自己民族的文化和思想，一定牢记自己的民族，坚定自己的信念，从而为最终光复自己的民族、光复自己的国家奠定了最为重要的基础。这就是任何民族和国家都应该认真思考、认真学习的。”

常先说：“大鸿说得对啊！这也是牛公一直敬慕犹太人的原因。也正是出于这样的考虑，他才将明末清初华夏民族逐步的落后与犹太人的亡国结合起来进行分析和总结。他告诉汉学家们，犹太人之所以亡国，就是因为其在比较落后的时代表现得太过强盛了，所以才遭受了上帝或上天的压制而亡国。华夏民族也是这样。自远古以来，特别是伏羲创建民族文明和黄帝创建民族文化以来，华夏民族一直在认真努力地继承和发扬自己民族的文明和文化。不但继承和发扬，也在创新和创造，从而使华夏文明和文化传承千秋万代而不绝。这在全球都是唯一的。”

陆吾说：“是的，是的。但为什么上帝或上天没有打压华夏民族呢？为什么华夏民族没有像犹太民族那样不慎而亡国了呢？”

常先说：“原因就是华夏民族的文明和文化是人文的，而不是所谓科学的。就像孔子当年所总结的那样，‘仁义礼智信’，再加上人际关系的三原则，即‘忠孝悌’。这就是古人所说的‘八端’。在这‘八端’的引领下，华夏民族和其他民族在交往的时候，总是以帮助其发展为目标，而不是以掠夺其土地和财富为目标，所以牛公在谈到任何问题的时候都以‘国学’和‘人学’为基础。比如谈医学的时候，他的题目就是‘国学·人学·医学’，谈文学的时候，他的题目就是‘国学·人学·文学’，谈哲学的时候，他的题目就是‘国学·人学·哲学’，谈译学的时候，他的题目就是‘国学·人学·译学’。有意义吧？”

伶伦说：“太有意义了！就是因为华夏民族的文明和文化始终充满了人文和仁义的思想，才与其他民族的文明和文化形成了大融合。美国的一位学者在谈到华夏民族近年来崛起的时候，提到了一个令他颇感疑惑的问题：中国如今有十三亿人，其中居然有十二亿多的中国人都是汉族。他觉得一个民族不可能有这么多的人。其实这个问题很简单，今天的汉族人其实都是远古以来民族大融合而发展起来的。也就是说汉族的人有统一的文化基因，但却不一定有统一的生理基因。这就是民族大融合的结果，更是民族大融合的象征。”

大鸿说：“伶伦说得对啊！正因为华夏民族的文明和文化充满了人文和仁义，才使得不同的民族逐步地融合在一起。‘龙’就是在这样的背景下逐步形成的。此前大家在讨论中谈到了‘龙’的象征，尤其是牛公关于‘龙’无处不在的总结，特别值得尘人睁开双眼认真看看、闭上双眼认真想想。今天学界的国人热衷于谈所谓的‘跨文化交流’，这实际上是西方人的观念，意义当然是有的，但现实却更值得深思。正如牛公所提出的那样，如今对于国人而言，所谓的‘跨文化’实际上是‘陷文化’，即陷入了西方文化，抛弃了自己民族的文化。当年钱钟书听了国人高唱凯歌谈中西语言和文化的比较时说：‘戈培尔说过，有人和我谈文化，我就拔出手枪来。现在要是有人和我谈中西文化比较，如果我有手枪的话，我也一定要拔出来！’钱钟书所难以接受的与牛公所强调的完全一样。”

力牧说：“我看到了神州的很多所谓‘跨文化交际’的论文和论著，觉得这方面的问题确实值得研究和分析，但更值得深思的，则是华夏民族自古以来关于这个问题的认识。牛公在多次讲座中提到了华夏民族自古以来有关文化交际的理念。各位臣兄，这个理念大家一定都知道吧。”

大鸿说："这个理念应该就是'修其教，不易其俗；齐其政，不易其宜'。这是《礼记》中所强调的，意思是：向其他的民族传播自己民族的文化，其目的是帮助人家推进自己民族的教育，但绝不能改变人家的风俗习惯；帮助人家完善自己民族的管理和制度，但绝不能改变适合人家民族发展的体制和传统。这是多么有人文、有仁道的思想观念啊！牛公将这句话定位为华夏民族自古以来形成的'跨文化交流'的基本原则。正是由于有了这个充满了人文和仁道的观念，才使得华夏文明和文化在向其他民族传播的时候显得如此自然和温馨，才最终实现了民族大融合的伟大理想。而这一伟大的理念，在如今的尘世间，哪里还有？哪个民族和国家还可能以此充满人文和仁道的思想和观念来传播自己的民族文化呢？欧美这些最发达的民族和国家能有这样的理念吗？显然是没有的。"

英招说："是的，是的，事实确实如此。可惜的是，如今的国人，居然忘记了自己民族千万年来所形成的这一传播和传扬自己民族文明和文化的基本理念，以西洋人文化传播的观念作为自己学习、研究和实践所谓'跨文化交际'的原则。难怪钱钟书会说出这样一段看似偏激却很淳朴的话来。"

雷公说："各位臣兄说得很好！这个问题确实值得如今国人认真反思啊！神州大地如今的风云变幻实在太多了，所以臣兄们讨论一个问题实在难以就事论事，总是一牵二、二牵三、三牵万事啊！可以理解，可以理解。"

常先说："抱歉，抱歉，说了这半天了，还没有把牛公将华夏民族的衰落与犹太人的亡国结合在一起的原因和背景给大家说清楚。稍休片刻，我继续向大家介绍。"

警报第七十五:天地与人类,民族与家庭

大鸿问道:"常先将犹太人亡国与华夏民族的衰落结合起来,可能有一定的关联性。但这个关联性是什么呢?我似乎明白了一些,但还没有完全明白。"

陆吾说:"我也不完全明白。常先说,犹太人太聪明了,发展的太迅速了,所以所谓的上帝就将其压制到亡国的程度。华夏民族确实也非常聪明,经济、文化和社会的发展也非常迅速。但华夏民族却非常仁慈,正如此前大家所提到的'修其教,不易其俗;齐其政,不易其宜',怎么可能严重影响茹毛饮血和刀耕火种的异族呢?"

雷公说:"臣兄们在讨论的时候一直关注的是华夏民族历史的前前后后和文化的深深浅浅。还没有给常先留下足够的机会将这个问题谈清楚。我在下界寻访译人的时候有机会与牛工接触,谈到民族发展的历史和现状时,牛工也提到了犹太人的亡国与华夏民族的衰落。当时我也感到很震惊,觉得这两个民族似乎没有什么关联性。但听了牛工的分析,我觉得还是很有道理的。我就代表常先给臣兄们谈谈吧。"

常先说:"太好了!由雷公给大家介绍,说的一定更清楚、更明确。我自己由于对下界缺乏接触,很多情况还不是太了解。虽然看了牛公与西方汉学家们的这番谈话颇有感触,但思路还不是很清晰,一直没有给臣兄们说清楚。"

英招说:"按照牛公的说法,华夏民族与西方民族的直接接触是在明朝时期。这个时期华夏民族依然是全球文化、经济、社会和科技发展最为辉煌的民族,而西方才处在文艺复兴的时期,各方面的发展都才刚刚起步。当时的上帝,尤其是重视西

方的耶和华,可能与一直重视华夏民族的上帝玉皇大帝取得了联系吧,将西方民族的历史和现状告诉了玉帝,希望能给西方民族一个发展的机会。当时的华夏民族比现在的'超级大国'美国还要超级千倍万倍,耶和华担心西方民族永远无法赶上华夏民族,所以就请求玉帝关心西方民族,将华夏民族永恒不息的发展稍微停一停。"

陆吾说:"英招有些胡说八道了。玉帝怎么能完全接受耶和华的建议呢?他毕竟是华夏民族的圣帝呀,怎么可能阻止自己民族的发展呢?"

伶伦说:"玉帝和耶和华毕竟都是天堂上的兄弟。耶和华可能私心比较多,而玉帝的私心则可能比较少。"

常先说:"好了,好了,别自我想象了。请雷公说吧。"

雷公说:"其实正如牛工所说的那样,无论哪个民族,无论哪个国家,都是人类团队的组建。既然都是人,显然应该只有一个来源,而不是多个来源。虽然各个民族都有自己的宗教信仰,都有自己关于人类的来源,但事实上只有一个,那就是苍天和大地。苍天和大地将人类创建之后,就将其安置在大地的各个地域,从此成为大地的保护者。这就像后来的父母安置自己的子女一样,将自己所拥有的土地、房屋和经济资源等予以分享。所谓的分家,就是对子女的安置。人类之所以处在大地的不同地域,其实就是苍天和大地创建人类之后予以分家的结果。"

伶伦说:"哎呀,这样的分析太有意义了!"

雷公说:"不同地域的民族不同的发展与一个家庭的子女们不同的人生是一样的。虽然一个家庭的子女都是一个父母所生,但其智力和能力还是有所差异的,所以其人生的发展就逐步发生了变化,其经济实力、文化水平和社会影响就完全不同了。全球各个地域的民族的发展情况也是这样,所以就有了各自不同的文化观念、宗教信仰、社会习俗和政治体制。为了帮助智力和能力比较低的孩子有机会自我发展,父母当然特别关心这些可怜的孩子,自然想方设法地限制智力和能力比较好的孩子。当年犹太民族被赶出了自己的国土,大概就是人类的父母——即天地——为了帮助自己愚笨的孩子而采取的断然措施吧。”

力牧说：“这个说法似乎还是比较自然的，人类与天地的关系确实如孩子与父母的关系一样，不同民族的关系也确实如同一个家族的不同子女的关系一样。”

雷公说：“是的。西方曾经处在黑暗的时期，显然引起了天地的关注。当他们终于有了民族文化的意识，开始复兴自己的民族文化时，显然令天地非常开心，想方设法地帮助他们好好地自我发展。这就是为什么天地开始想方设法地限制华夏民族的自我发展，以便能为西方民族的发展提供更多的时间和机会。在天地的限制下，华夏民族的发展思路就有些混乱了，很快就出现了这样那样的问题和挑战，从而就使自己民族的经济发展、文化传播和社会现状发生了急剧的变化，就像进入了深秋一样，很快就和寒冬结合在一起了。”

陆吾说：“牛工在为学生讲解自己的民族文化的时候特别强调民族的三大优势。第一是中华文化传承千秋万代而不绝，第二是中华民族亡国不灭种，第三是只有中华民族才知道自己的祖宗是谁。既然华夏民族有这么重要的三大优势，怎么会遭受如此可悲的打击呢？怎么可能一下子落后到如此凄惨的境地呢？”

雷公说：“陆吾啊，千万别难过。虽然为了推动西方的发展，天地在一定程度上限制了华夏民族的发展，但毕竟与当年对犹太民族的限制完全不同，某种意义上还是比较温馨的限制。正如《礼记》所说的‘修其教，不易其俗；齐其政，不易其宜’那样，华夏民族自来到尘世间以来，一直重视‘仁义礼智信’，从来没有危害和消灭其他民族的想法和做法。这就是为什么华夏民族会有这么三大优势。作为天地的子女，华夏民族之所以能使自己的民族文化传承文化千秋万代而不绝、能亡国而不灭种，一方面是自己的认真努力，另一方面也是天地的关怀。为了促进西方的发展，天地将注意力转向了西方，从而就使得华夏民族的发展出现了混乱，毕竟缺少了天地的指导。”

伶伦说：“明白了。从某种意义上说，天地还是关怀华夏民族的，并没有打击华夏民族。虽然想方设法地推进西方的发展，但并没有像当年对待犹太民族那样，让华夏民族亡国。当年犹太民族不但亡国了，而且还被赶出了自己的家园。在元朝和清朝的时候，某种意义上华夏民族确实存在亡国的现象，但并没有被赶出自己的国土。而且占领了自己国土的蒙古族和满族人并不否定华夏民族文化，不但没有否定，而且还在努力地推进其发展。比如在元朝时期，元武帝将孔子的封号上升为‘大成至圣先师文宣王’，并且将孔子评价为‘先孔子而圣者，非孔子无以明；后孔子而圣者，非孔子无以法’。而在清朝的时候，满族完全与华夏民族融为一体，完全继承和发扬了华夏民族的语言和文化。由此可见，华夏民族的衰落与犹太民族的衰亡完全不同。”

雷公说：“伶伦的分析也很有道理。天地当时虽然重视西方的发展，但并没有刻意地对华夏民族的发展予以严控。只是华夏民族缺少了天地的指导，思路有些混乱了，发展就受到了影响，文化、经济和社会的发展就逐步落后了。而华夏民族的落后从某种意义上说就是对西方发展的贡献。这就像四十多年前一样，为了帮助朝鲜、阿尔巴尼亚等国的发展，神州大地将自己仅有的资源都奉献给了这些当时急于发展的落后国家，从而使自己国家的民众生活受到了影响。”

力牧说：“太可惜了！太仁慈了！”

雷公说：“不管怎么说，总是天地引导的结果吧。经过天地的关怀和促进，西方很快就崛起了。崛起之后的西方与此前辉煌无限的华夏民族完全不同。华夏民族曾经派大臣下西洋多次，目的

有二：一是传播自己的民族文化，二是帮助其他民族发展，却从来没有将别的民族领地占为己有。西方崛起之后却完全相反，立刻奔向世界各地去占据其他民族的领地，同时也有意将一些其他民族灭亡了。玛雅文明的灭亡就是典型的例子。"

常先说："所以华夏民族虽然自清末民初发展有些停滞了，但并没有像当年的犹太民族那样凄惨悲凉地亡国、亡土、亡家园。西方复兴之后，天地立刻就开始关怀华夏民族，所以华夏民族很快就启动了改革开放的大业，经过四十年的努力，立刻就远远超越了历朝历代的发展，很快就从所谓的'东亚病夫'发展为'全球大夫'。比如，三十年前华夏民族在经济方面几乎处于全球的最低地位，但现在已经是全球的第二经济大国了，而且很快就要超越美国，成为全球的高端、高原、高峰民族了！"

雷公说："常先说得对啊！在未来的岁月里，华夏民族一定会发展到至善至美的境界！"

众臣举手而赞道："好啊！好啊！这正是我们的远大理想和抱负啊！"

警报第七十六：天工离尘，尘而尘之

雷公走进众臣团聚的宫殿里，高兴地说："奔赴下界考察的七位臣兄们回来了！"

众臣兴奋地站起来一边拍手，一边高呼："欢迎各位臣兄返回九霄云天！"

应龙、风伯、雨师、天女、仓颉、风后、鬼臾区激动地走进宫殿，向大家拱手致谢："感谢各位臣兄的关怀！非常想念臣兄们啊！"

众臣快步迎上前来，请七位下界考察归来的臣子入座。刚刚热烈交谈片刻，力牧便直直地盯着六位臣子，双眼左晃晃右晃晃，表情显得有些夸张。

鬼臾区奇怪地问道："力牧啊，大家这么高兴地相聚，你怎么突然郁闷起来了？好像不是郁闷，而是有些奇思怪想了吧。你在想什么呢？想起尘世间的奇异变化了吗？"

力牧说："没有，没有，一点奇思怪想都没有，但还是有些奇异的感觉。各位臣兄，请仔细看看七位刚刚归来的臣兄们，离开了我们才一天，有没有什么变化呢？"

鬼臾区说："离开各位臣兄一年了，哪是一天呀！"

力牧惊讶地说："哎呀，还在梦中吧！明明离开了一天，怎么说是一年呢？怎么可能让你们到下界去整整地待上一年呢？"

鬼臾区说："各位臣兄离开尘世时间太久了，居然忘记了天地之间的差异了。黄帝一直提醒我们牢记一点，即天上的一天是地上的一年啊！怎么又忘记了呢？"

力牧用力怕了一下自己的脑门："哎，哎，哎！我真的没有脑子啊！居然忘记了黄帝当年对我们的提醒啊！天上的一天确实是地上的一年啊！真是这样啊！可惜呀，我一直没有机会奔赴下界，自然就感受不到天上的一天居然就是地上的一年啊！当年我还以为黄帝在提醒我们要关注尘世间的风云变幻呢？没想到事实确实如此啊！"

雷公说："鬼臾区说得对啊！当年我到下界待了半年就返回九霄了，在大家的印象中我好像在天宫中休息了半天。我忘记了当时是否告诉过大家我到下界去了半年。如果像力牧的印象那样，各位臣兄离开九霄一年，那就等于在尘世间呆了三百六十五年了，起码呆过几朝几代了！"

力牧问道:“如果我们在尘世间呆了三百六十五年,那收获该有多大呀!”

雨师说:“不可能啊!我们在尘世间待上一天或半天是很自然的,不会偏离了九霄云天的神气。但如果我们在尘世间待了三五天,就逐步背离了九霄云天的神韵,就逐步地世俗化了,就完全地成了尘人了,怎么可能长生不老呢?”

雷公说:“雨师说得对呀!所以黄帝和天师安排大家奔赴下界的时候基本上都是一天或半大。这一天或半天在尘世间就长达一年或半年。我当年受命奔赴下界寻找译人的时候,黄帝特意提醒我下去半天就赶快返回,因为当时的尘世间正在发生巨大的变化,担心会改变了我的观念。天师当时也提醒我,一定要牢记‘天上一天地上一年’这一事实。所以当时在尘世间呆了一百八十二天后,第二天上午就返回了天宫。当时就有臣兄问我,是否在天宫中休息了半天,因为半天都没有见到我。我冲大家笑了笑,没有说明。当时如果说明了,大家就不会忘记了黄帝曾经的提醒啊!各位臣兄,一定要有这样的观念啊,不然就要尘世化了。黄帝如果知道了,大家一定很惭愧了。”

众臣一一点头道:“一定牢记,一定牢记。”

力牧说:“由于我自己没有了‘天上一天地上一年’这一观念,所以看到从下界归来的臣兄时,我就觉得有些奇怪,离开天宫才一天,怎么就发生了这么大的变化呢?”

其他臣子认真地看看七位刚刚归来的臣子,都有些惊讶了:“天哪,力牧还是认真啊!我们只热烈地欢迎各位臣兄的归来,但并没有仔细看看各位的面容和神态啊!确实与昨日的风貌完全不同了。”

伶伦左看看右看看,不禁哈哈大笑起来:“才离开天宫一天,怎么变化就这么大呢?”

风伯相互望望:“变化?什么变化呢?我怎么没有看出来呢?我们七位好像与昨日没有什么变化呀!”

雷公说:“虽然离开天宫只有这一天,可在尘世间却整整一年了。在这一年中,你们一直聚在一起,一起在逐步地变化,当然都没有意识到了。”

风后问道：“我们究竟有些什么变化呢？哇，我明白了，原来你们都消瘦了，所以感到我们有些肥胖了吧。”

雷公说：“其实我们一点变化都没有，风貌一如既往。而你们呢，确实发生了天翻地覆的变化。瞧瞧，你们胖的简直像浮云一样了。你们怎么会变胖了呢？我在下界的半年间，可一点变化都没有呀。如果我上午不在天宫，下午才出现，而且非常胖，一定会惊坏了你们的。”

仓颉说：“实在抱歉。我其实在尘世间的时候就已经注意到了这一问题，一直想恢复原样，但非常困难，无法实现。”

天女揉揉自己的面容，不好意思地说：“我和仓颉的感觉一样。奔赴下界十几天的时间，我就发现自己走起路来有点费劲，坐下来感到呼吸有点窘迫。我知道吃得实在太多了。”

应龙说：“没办法，每天要吃的东西实在太多了，不吃感到有点对不起招待我们的国人。尘世间一直流传着这么一句话：‘不吃白不吃，吃了也白吃’。也许我们也是受此影响而白吃了太多吧。”

鬼臾区说：“可别这么说。我们在尘世间的这一年中确实吃得很多很多，但绝不是因为有‘不吃白不吃，吃了也白吃’的这一自私自利的想法。告诉各位臣兄，咱们当年在尘世间的时候，虽然神州大地的国人们在黄帝的指导下，人人都在拼命地为国家的发展和民族的振兴而努力，但由于当时科技的落后，经济等方面的发展还是非常有限的，大部分尘民每天基本上忍饥挨饿。从那时一直到三十年前，对于神州大地的尘民们而言，一生所奋斗的最大理想和抱负就是每天能吃饱穿暖。”

雷公说：“尘世间的三十年前，我受黄帝之命而奔赴下界，当时的神州大地正在改革开放之际，虽然全国上下一起在努力推进国家的发展，但经济方面还是比较欠缺的，尘民们天天能吃饱穿暖依然还是梦想。我在尘世间的半年中虽然得到了佛道界很多人士的帮助，每天能吃饱，也能穿暖，但也仅仅是吃饱穿暖而已，没有多少额外的饮食可供使用。吃饭的时候感到吃得很饱，但到下一次吃饭的五六个小时期间一点额外的补充食物都没有。所以每次离用餐三四个小时后，我都感到很饿了。每次用餐之前，我都有点心急火燎的。这大概就是我在尘世间半年一点都没有发胖的原因吧。”

应龙说：“一定是这样的。我们到下界后天天都兴奋、处处都震惊、时时都感动。我们以前在尘世间的时候要吃饱饭可真不容易呀。就是黄帝都经常吃糠咽菜。没想到尘世间如今居然真的发生了天翻地覆的变化，就是乞丐都成了大富大贵的特殊人种了。我们的那个时期能有个茅草屋就非常不易了。但改革开放三十年后，华夏民族几千年一直面临的问题和困难都消失了，几千年来一直满怀的梦想和追求都实现了。不仅实现了，而且还天翻地覆地提高了。整个神州大地，物质处处丰富，财源到处滚滚。所以每天各界人士提供给我们吃的都是大餐、喝的都是美酒、穿的都是精装、坐的都是机车、住的都是大厦。不仅吃得好、喝得好、穿得好、住得好，连外出都不用步行，或者坐汽车，或者坐高铁，或者坐飞机。正因为吃得好、穿得好、住得好，又不费任何力气徒步行走，所以精力都深深地留滞在身体中，从而使我们的身体一直在肥胖。”

大鸿说：“天哪，太令我震惊了！我们当年的理想不仅完全实现了，而且还大大地提升了！神州可真的成了神州了，大地可真的成了大地了！”

应龙说：“是的，是的！这也正是我们想向臣兄们汇报的，更想通过天师向黄帝请示的。”

英招说：“向黄帝请示什么呢？”

应龙说：“向黄帝请示，安排各位臣兄也奔赴神州考察考察，也好好地发胖！”

众臣哈哈大笑说：“谢谢！谢谢！非常感谢！这也是我们的梦想啊！”

警报第七十七：天工相聚，神而奇之

英招说："各位臣兄，你们有机会奔赴下界，实在太幸福了，每个人的体重都大大增加了。体重的增加就是对神州大地发展的体现，很有意义啊！但各位奔赴下界毕竟是去考察的，去了解尘世间的变异，而不是去享受的。所以，还是请各位谈谈在尘世间的考察吧。"

力牧说："是啊，尤其是对牛公投诉情况的了解。到尘世间后，见到牛公了吗？牛公现在的状况如何？"

鬼臾区说："我们到了下界，虽然吃得好、穿得好、住得好、游得好，但这毕竟只是尘人对我们的关怀，也是我们在形式上对尘世的享受。到了神州之后，我们就像雷公当年奔赴下界一样，以学界人士的名誉直接与佛道界一些比较有影响的人士联系，并得到了他们的热情招待和帮助。我们带着上次讨论所关注的一些问题，与他们沟通交流，一一予以了解。毕竟在尘世间他们是一个特殊的领域，虽然会引起尘人的关注，但却不会引起尘人的怀疑。"

大鸿问道："你们先去见投诉牛公的人还是先去见牛公呢？"

应龙说："我们当然先去拜见了投诉牛公的人。十万八千个投诉者在尘世间实在太多太多了，很难一一拜访。通过对投诉材料的查看和分析，我们大致将投诉者分为三个类型，先后去了几个地方，尽量拜访了三类投诉者中的主要人员。"

伶伦问道："主要是哪三类呢？"

应龙说："第一类是关心国家发展的学者，第二类是重视国际合作的学者，第三类是努力与时俱进的学者。"

常先说："哎呀，将十万八千个投诉者总结为关心国家发展、重视国际合作、努力与时俱进的学者，这意义也太重大了吧！对于有这么重大意义的学者，作为天工的我们，当然只能颂扬，只能点赞呀，怎么能严肃讨论、深入分析呢？哎呀，臣兄们啊，作为天工的我们蔑视意义重大的学者，实在是罪不可赦呀！我的天哪！”

陆吾说：“是啊，在严肃讨论、深入分析的时候，我也时常激愤。这实在是蔑视关心国家发展、重视国际合作、努力与时俱进的学者啊！如此卑劣之举，罪不可赦倒在其次，死无葬身倒是必然的呀！”

雷公连忙举手应道：“常先，陆吾，两位臣兄，千万别激动。从二位的用词来看，可以说你们简直已经成为牛公的代言人了！实在不可思议呀！其他几位虽然没有来得及说，但从表情和神情我已经看出来了，虽然各有各的见解，但基本上都有同样的质疑。以后如果有机会到下界去考察，你们一定会赞同应龙刚才对三类投诉者的总结。臣兄们想想，当年我们在下界的时候，在努力推进民族发展的时候，我们所关心的第一个问题是什么呢？当然是吃饱穿暖了，也就是现在所谓的经济呀。所谓关心国家发展，就是重视经济发展。我们当年关心的第二个问题就是民族大融合啊。正是民族大融合的发展，才使华夏民族从最初的一家发展成了千家和万家。今天所谓的汉族就是华夏民族的主要代表。在当今的尘世间，任何一个国家的任何一个民族都有非常明确、非常精准的生理基因。只有具有同样的生理基因，才是同样的民族。但汉族却根本没有明确的生理基因，所谓精准的生理基因根本就谈不上。为什么呢？在远古时期，神州大地不同的种族和华夏民族一直面临着各种各样的挑战和争斗，但在华夏文明和华夏文化的感召和推动下，不同种族和华夏民族逐步地开始交流和融合，最终实现了大融合。‘龙’就是民族大融合的体现，就是几十个民族图腾的凝聚。用牛公的话来说，不同民族的图腾就是不同的动物，如牛、熊、蛇、鱼、鸟等。‘龙’实际上就是借用了几十个动物皮毛和肢体而创制的。所以牛公在与西方汉学家交谈的时候一直说，‘龙’不是想象中的动物，而是实实在在的动物，任何地方都可以见到。汉学家们一开始觉得牛公的说法完全是想象的，根本不符合实际。经过牛公的分析说明，他们终于理解了。‘龙’就是民族大融合的体现。今天所谓的国际交流与远古时期的民族大融合有一定的相近性。”

鬼臾区说：“雷公分析得很好啊！关心国家经济，关心国家与其他国家的交流合作，确实非常重要啊！对此，牛公也是完全赞同的。”

大鸿问道：“既然牛公也是完全赞同的，但为什么还遭遇了投诉的呢？”

鬼臾区说：“原因很自然。牛公赞同加快国家的经济发展，赞同推进国际交流合作，但更关注的是在发展经济的同时也要发扬民族文化，在推进国际交流合作的同时也要推进民族文化的传播。这一点正是目前神州大地所落实的重大任务。今年政府提出了‘全面恢复中华文化’的战略决策。牛公在谈到‘全面恢复中华文化’的时候，有一点比较偏颇的说法，就是‘中华文化全面没有了’。中华文化之所以全面没有了，就是因为现在大家太重视经济发展，太重视国际交流合作，而不重视民族文化的传承和传播了。这正是我们就投诉牛公的事件进行分析讨论的原因。如果神州大地各界在发展经济的同时也在发扬民族文化，在推进国际交流合作的同时也在推进民族文化的传承和传播，牛公怎么会与大家产生完全不同的理念呢？大家怎么会对牛公难以理解、难以忍受呢？”

伶伦说：“道理好像有了。华夏民族问世以来，历经朝朝代代，虽然时时有风风雨雨之袭、处处有打打闹闹之祸，但民族不仅不灭，而且总是在‘更上一层楼’。之所以如此，就是因为各界都在努力地传承和发扬民族文化。就是所谓的土匪，其民族意识也是非常明确的。历朝历代虽然都有土匪，但哪个土匪歧视民族文化呢？哪个土匪想灭绝民族圣祖呢？哪个土匪想叛国卖国呢？所以，当年我们虽然关心经济，但也关心文化呀。当年不同的民族之所以能大融合，就是因为我们在不断地发展和发扬民族文化呀！今日的神州大地各行各业能做到这一点吗？”

应龙说：“国家提出的‘全面恢复中华文化’的战略决策就是为了落实这一重大任务、推进这一重大工程。我们在与这三类学者交谈的时候，总的感觉是，在国家战略决策的感召下，他们的思维和观念在逐步改变。不少人提出，经济发展很重要，国际合作更重要。如果没有国际合作，经济就不可能发展。有人说，三十年前所谓的改革开放就是为了推进国际交流与合作。有人说，三十年后的经济之所以发展辉煌，就是因为国际交流的路径宽阔，国际合作的平台广阔。有人说，国家之所以提出了'全面恢复中华文化'的战略决策，就是因为国家的经济发展到了最为辉煌的时刻。有人说，如果没有发展好经济，如果没有开展好国际合作，民族文化的发展只能是说说而已，完全难以实现。更有人说，吃不饱穿不暖的人怎么可能重视民族文化呢？思想僵化的人，怎么能与其他国家交流合作呢？"

伶伦问道："应龙啊，你们似乎很赞同他们的观点啊！"

应龙说："赞同倒在其次，理解倒是自然。"

英招说："我也好像理解了。如果有机会到下界考察，经过切身的体会，大概就更能理解了。此前应龙那么激烈，现在这么顺应，可见考察的感受是多么不可思议。"

雷公说："思议是'可'的。所谓'不可'，就是因为不'思'。"

应龙说："照此说来，我就没有'思'啊！"

鬼臾区说："很有可能呀。思路没有拓展，眼界没有豁达，虽然'思'了，其实还是没有'思'，因为所'思'的可能根本不需要'思'，而应该'思'的却完全没有'思'。"

英招说："哎呀，鬼臾区大概受现代尘世的影响太大了，我真的无法'思'你所说的这些'思'啊！"

雷公说："好了，好了，该'思'的还是应该'思'的。所谓的'与时俱进'，强调的就是这个意思。"

英招说："好就好了，我想想再'思'吧。可能到下界考察之后才能真正地'思'，现在就暂时不'思'了。再问一个问题吧。你们拜见了投诉者，对他们基本上已经理解了。这也算是你们考察的一大成果吧。除此之外，你们还拜见牛公了吗？"

应龙说："当然要拜见牛公的。"

英招问道："你们拜见牛公的目的是什么呢？"

应龙说："想先看看他的生活状况。我们担心遭受这么多尘人的投诉，会不会影响他的心情和健康。由于牛公民族意识太强，常常引起学术界的质疑和排斥，对他的人生还是颇有影响的。我们以学界人士的名誉去拜见他，得到了他的热烈欢迎。和他交谈的时候，我们特别注意他的健康状况，发现他的身体确实有些超越年龄的变化。像他这样五十多岁的人，一般还都比较壮实。牛公却显得比较苍老，满脸皱纹，记忆力严重弱化，除了牢记伏羲、黄帝、孔子、老子这些圣祖和圣贤之外，其他的人名、地名和植物名他都忘记了。谈话的时候，他常常显得有些结结巴巴，就因为记忆力虚弱了。"

伶伦说："可惜呀，可惜呀！牛公怎么连记忆力都没有了呢？难道就是因为遭遇了这多尘人的投诉而打击了他吗？他的健康情况怎么样了？"

风伯说："牛公虽然显得有些苍老了，记忆力确实有些虚弱了，但他的精气神还是很足的。毕竟他曾经是农民工，从幼年到少年，从青年到中年，大量的时间和精力都花在了求生的艰难困苦之中啊，所以表面上就显得比同龄人苍老一些，但身体并不虚弱，精神依然卓硕，仍然一如既往地传承民族文化、发扬民族精神。民族文化的传承和发扬实际上就是他卓硕精神的体现。他的记忆力之所以弱化了，很有可能就是他一直关注的是民族文化的传承和发扬。毕竟他是尘人啊，尘人的思路和境界总是有限的，不可能是无限的。虽然传承和发扬民族文化的效果和程度还是非常有限的，但他的志向和信心却没有任何的变化。"

伶伦说："实在不易啊！对于尘人来说，如果理想和追求难以实现，就会逐步改变，甚至立刻改变。比如，为学难以成功，就去行政；行政难以成功，就去经商；经商难以成功，就去炒股；炒股难以成功，就去偷窃。像牛公这样虽然难以成功但却坚持不懈的尘人实在少之又少啊。所以在其他尘人的眼里，牛公这样的人实在是难以理喻。投诉他的很多人都用了'难以理喻'这个词来表达自己的不满。"

天女说："伶伦比喻得真好啊！虽然牛公令很多尘人'难以理

喻’,但还是非常令我们这些天工们自然理喻的。”

风后说:“是的。虽然我们是天工,但到尘世间与牛公交谈的时候,虽然觉得他的一些用词有些激烈,但我们的感受还是非常深刻的。他做的一切、他说的一切、他想的一切都是为了自己民族文化的传承和发展,就此一点,就非常令我们敬慕。”

力牧说:“奇怪呀!此前为了保卫牛公,不是已经特意下降了疾风和寒气了吗?牛公不是已经呆滞了吗?怎么可能热情欢迎你们呢?怎么可能与你们交谈呢?”

伶伦吃惊地说:“对啊!怎么一激动居然将这件事给忘记了!你们是不是没有说实话呀?呆滞的牛公怎么可能接待你们呢?”

风后说:“抱歉,抱歉,激动我们也忘记告诉臣兄们了。我们到下界的时候,注意到一家单位和一家医院在精心地护理和治疗牛公。医界以为牛公已经老年痴呆了,根本无法治好了。他们之所以还在精心地护理和治疗,完全是出于对他的关心和爱护。我们也注意到他的家人、朋友和学子的痛苦和伤感。以前我们完全从他的安全考虑而及时降下了疾风和寒气,没有考虑到他的家人、朋友和学子。到下界后我们感触到了这件事对很多人的伤害,于是连忙将不断冲着牛公的大脑和心胸下降的疾风和寒气停止了。疾风和寒气一停止,牛公就苏醒了。他的苏醒使家人、朋友和学子兴奋不已,使医界震惊不已。”

力牧说:“太好了!以前我们只注意到他的呆滞,并没有注意到家人、朋友和学子的痛苦。看来,作为天工的我们,视野还是要开拓的。”

伶伦说:“是啊!我们的视野确实要开拓。医界为什么震惊呢?”

风后说:“医界震惊的原因就是牛公的突然复苏。他们以前以为他已经老年痴呆了,不可能恢复了。现在他突然复苏了,所以令他们震惊。现在他们还在认真研究这一问题。”

伶伦说:“你们又挑战医界了。为什么不将原因告诉他们呢?”

力牧说:“当然无法告诉了。毕竟我们是天工呀,怎么能随意地与尘世间胡言乱语呢?”

伶伦说："力牧说得对，我只是一时激动。如果我在下界，也不可能将原因告诉医界的。这也是留给医界的一个重大课题。通过对这一问题的深入研究，也许他们就能明白我们不该告诉他们的原因了。"

雷公说："受黄帝的委托，天师已经采取了一些措施，已经利用天地交合之气在调整尘人。经过潜移默化的努力，任何尘人都会逐渐朴化的。我曾看到牛公写的一首诗，其中也表达了同样的道理。这首诗的名称为《半生叹》：

不惑有五人生半，学海沉浮梅雨天。
半清半明半昏然，半俗半尘半逍闲。
半酸半辛半咸淡，半爽半涩半苦甘。
人生百年意如何，一半一半又一半。

虽然谈的是'半'，实际上强调的是'全'。"

力牧说："从'半'到'全'，境界完满，太重要了！而从'放下屠刀'到'立地成佛'，更是从'非'到'全'，境界更完善，太有意义了。我的眼界太低下了，甚至连牛公都不如。以后一定好好学习黄帝的思想，发扬黄帝的精神，提高自己的眼界，拓展自己的胸怀，真正达到天工的境界。"

众臣同声道："对的！我们也一定努力达到天工应该达到的境界。"

警报第七十八:天工再议,思而论之

雷公说:“七位臣兄在下界考察一年,别的不谈,单从大家身体的强健和面容的丰润就可以看出,如今的神州大地的确发展到了历朝历代最为理想的境界。这是众臣感到最为温馨、最为幸福的。当然,任何地域,任何境界,有其长则必有其短,有其短也必有其长。只有从不同的角度对同一事物有全面的观察,才能明确其长,也才能意识其短。我当年在下界的时候,神州大地正处在全面发展的初创时期,希望是有限的,但困难却是无限的。”

应龙说:“雷公说得对啊!任何时候,任何地域,任何人的希望都是有限的,毕竟生命是有限的呀。正如庄子所说的那样,‘吾生也有涯,而知也无涯,以有涯随无涯,殆已!已而为知者,殆而已矣!’”

鬼臾区说:“庄子说的这段话非常有意义,也非常符合尘世间的现实。但在如今的神州大地,对此比较了解的还是颇为稀少的。但对‘吾生也有涯,而知也无涯’的引用还是多而多之的。很多人之所以引用庄子的这半句话,是将其作为所谓的励志之言,鼓励年轻人要努力地学习无限的知识。对年轻人来说,这半句话确实有激励的作用,但这却不是庄子的实际意思。牛公在给学生讲课中,经常引用庄子的这段话,既是鼓励学生,也是向学生说明庄子的实际意义。”

力牧说:“牛公的解释不仅有道理,而且有意义。以有限的生命去追求无限的知识,怎么可能?如果不懂得这个道理,人生怎么能成功?牛公经常告诉学生,庄子的本意是这样的:‘我的生命是有限的,但知识却是无限的。用有限的生命去追求无限的知识,完全是自我找死。明白了这样的道理,依然还要用有限的生命去追求无限的知识，必将死无葬身之地。’牛公的解释虽然庸俗，但一定会对学生产生影响，一定会使学生有所谓专业发展的意识，而不是无处不去处处去。”

鬼臾区说：“这样的比喻很好！所以在下界考察的时候，举目所望，可谓处处阳光灿烂。即便是在夜晚，光明也是无限的。这就是神州大地辉煌发展的一个重要标志。”

雷公说：“这个标志太重要了！我在下界的时候，白天当然是阳光灿烂的，即便是阴雨天，明亮还是自然的。但在夜晚，只能看到一些星星点点的光亮，因为当时的电力还非常有限。有时晚上演电影的时候，突然没电了，电影就只好停止了。神州大地当时的城镇和山村处处都缺电，不但缺电，而且也缺水。一般早上有水，下午可能就没有了。晚上七点左右有电，八点左右就没有了。虽然那时举国上下在大力推进国家的发展，但国人的生活还是非常艰辛的。”

常先说：“神州是我们的故园，如今的发展比历朝历代的理想还要高远，这确实是尘世间最为伟大、光荣、正确的体现。正如雷公刚才所说的那样，有其长则必有其短，有其短也自然有其长。就像参天大树一样，高大自然是毫无疑问的。可一旦遭遇了疾风暴雨，甚至电闪雷劈，就可能被折断了、被摧毁了。这就是有其长则必有短的体现。小草虽然小而薄、矮而脆，甚至都有点弱不禁风的样子。若真正发生了疾风暴雨或电闪雷劈，参天大树会被摧毁，但小草却几乎安然无恙。这就是短而有长的体现。请七位臣兄给我们谈谈神州大地的长中之短吧。点赞是重要的，深思其实是更重要的。”

应龙说：“常先说得对啊！在尘世间的一年中，我们几乎天天都在点赞。不仅是点赞，而且是高唱凯歌颂扬民族的伟大发展。点赞之余，高歌之后，我们还是有很多深思的。最令我们深思的，就是民族文化的传承和发展，还有民族意识的延续和提高。这也是牛公一生中所努力实现的理想和抱负。阳光灿烂是神州大地的风采，但这灿烂的阳光基本上都是洋气。当然，如今的国人是不愿意看到土气的。但如果没有土气，怎么可能有洋气呢？恐怕只有氧气了。这就是我在下界考察时所感到的困惑。这也是牛公一直以来的焦虑。”

风后说:“是的。在某种意义上,这也是我的困惑和焦虑。在下界参加各种活动的时候,大家接到的通知中都有这么一句话:‘请穿正装’。我们所得到的各方提供的所谓‘正装’其实就是‘西装’。为什么一定要将‘西装’称作‘正装’呢?正如为何要将Bible叫作‘圣经’、将Christmas称作‘圣诞’一样,实在不可思议。所谓的时代风采,大概就是这样的表现吧。牛公的冷眼观之、激言论之、怒声呵之虽然遭遇了各种各样的投诉,但还是颇值深思的啊!鬼臾区,你一直在点赞,能不能有所思考呢?”

鬼臾区说:“点赞是必需的!当然,思考也是必要的。但我觉得对于任何问题和现象的思考都不必像牛公那样太深、太锐、太常。有长则必有短,有短则必有长,这是常理啊!我此前对于神州大地的变异不可理解,但这次到了下界之后,我不仅认真地考察了华夏民族的发展历史、现状和趋势,我也观察了其他一些国家和民族的发展情况,可以说彼此都有长、都有短。这就像尘世间的白天和夜晚一样,如果只有白天而没有夜晚,或者只有夜晚而没有白天,尘人该如何生存呢?这就像阴阳一样,人们常将‘阳’视为所谓的‘明气’或‘正能量’,将‘阴’视为‘暗气’或‘负能量’。但黄帝曾经说过:‘孤阴不生,孤阳不长’。这是尘世间的常理,亦是云天间的常规啊。所以我觉得不能将‘负面’的现象完全视为‘负能量’,也不能将‘正面’现象完全视为‘正能量’。尘世间人人都重视‘正能量’,但‘负能量’也很重要呀。这正如数学中的‘正数’和‘负数’以及物理学上的‘正电荷’和‘负电荷’一样,缺一不可,少一必乱。”

应龙说:“鬼臾区真有些鬼怪了。说得虽然很有道理,但显然是有些偏颇了。‘正数’和‘负数’、‘正电荷’和‘负电荷’毕竟是数学和物理学上的概念,与尘人的思想文化概念不一定完全相同啊。尘世间和尘人中出现的问题,尤其是害人害己的问题,当然是负面的,但却不是数学上的‘负数’及物理学上的‘负电荷’。如果完全是数学上的‘负数’及物理学上的‘负电荷’,那就不仅不能取消,而且还必须保持。如果这样,那杀人、偷盗以及叛国、卖国的所作所为不就得作为尘世间的‘负数’和‘负电荷’而必须坚持不懈了吗?如果是这样,那尘世间为什么要设立公安局和安全局呢?为什么必须将杀人犯、盗窃犯、叛国者和卖国贼都一一抓捕,甚至要立刻判处死刑、立即予以枪决呢?”

鬼臾区尴尬地说:“哎哈,应龙的分析很有分析呀。”

应龙紧紧地盯着鬼臾区说:“怎么啦?为何结结巴巴呢?我说得不对吗?扰乱了你的思路了吗?在尘世间的这一年中,我注意到鬼臾区与一些学术界的大人物接触了一拨一拨又一拨,谈了一次又一次,大概深受这些从心到神早已彻头彻尾西化了的学界大佬的深刻影响吧。影响也没关系,我也深受影响,但我们此次考察的目的和责任是什么呢?还牢记着吗?”

风伯说:“牢记,牢记,当然牢记。鬼臾区是我们考察队的队长,感受比我们更全面一些,思考可能更深入一些,想法大概也可能与时俱进一些。这其实也很自然。仓颉虽然什么也没说。但我在神州大地期间,就注意到仓颉无比兴奋的心情。虽然此前有很多人反对国字,企图消灭国字,但毕竟有这一意识的国人现在基本上没有了。所有的国人基本都非常热爱自己的国字,不仅热爱,而且还赋予了特别的新意。这种新意很令仓颉感动。仓颉呀,我说得对吧?说说呀,别总一声不吭啊。”

仓颉说:“风伯说得对。我到下界之后,所关注的就是国字的简化和应用情况。我觉得简化国字既是非常自然的,也是非常重要的,更是非常创新的。古体国字确实比较繁杂,不易于国人学习和掌握。之所以比较繁杂,是因为当时造字的人总是想方设法将能想到的和能意识到的问题都千方百计地纳入其中,从而使一个国字的构造相当繁杂。历朝历代之所以想方设法地简化一些国字,就是为了便于国人学习和应用。大家看看这两个字:

第一个是国字中结构最为复杂的一个字,如果不简化,国人写起来多费劲啊!要记在脑子里也很不容易呀!第二个字基本上也是这样。所以简化国字不仅是必要的,而且是必需的。牛公曾经说过,‘复杂的事情简单化是创新,简单的事情复杂话是混乱’。说得很有道理啊!以此来论证简化国字的意义,可谓不同凡响。”

大鸿说:“是的,是的,这样繁杂的国字的确应该简化。如果不简化,国人怎么能学好用好呢?风伯刚才说啦,现在的国人赋予了国字一些新意,很令仓颉感动。赋予的是什么新意呢?请说说吧。”

仓颉说:“现在的国人确实赋予了国字很多的新意,很有意义。我曾经看到一些现代的国人从现代的角度对国字进行了释义,虽然不一定与国字最初创造时的意思一致,但对于今天的国人而言,还是有非常重要的指导意义。我举几个例子给大家看看吧。比如说‘王’是由‘天地人’这三才构成,特别涉及乾卦的结构‘☰’和中间的那‘一竖’,说明‘王’的意思是顶天立地,为人担当。

比如说，‘停’是由‘人’和‘亭’字组成，意思是让人们停下休息一会，补充好体力，将后面的路走得更轻松，更快捷一些。

比如说，‘劣’是由‘少’和‘力’所组成，意思是比其他人‘少’出了‘力’。

比如说，‘路’是由‘足’和‘各’构成，意思是解释是人生之路就在“各”自的“足”下。觉得“千里之行，始于足下”说的就是这个道理。

比如说，‘聪’是由‘耳’、代表眼的‘丷’、‘口’和‘心’构成，意思是说只有耳听、眼看、口念、心想，才能聪明。

比如说，‘舒’是由‘舍’和‘予’构成，其意思就是将自己喜爱的东西舍得给予别人自己才会感到舒畅。

比如说，‘患’是由‘串’和‘心’构成，意思是如果做任何事情

都三心二意，都心思太多，就一定会失败。

患

比如说，‘夸’由‘大’和‘亏’构成，意思是自我夸大的人最终要吃亏。

夸

比如说，‘海’是由三滴水‘氵’和‘每’构成，意思是说汪洋大海是由一滴水又一滴水汇聚而成。一个人只要能从‘一滴水’又‘一滴水’的小事认真做起，才能成就自己的人生。

海

比如说，‘怕’是由‘心’和‘白’构成，意思是说如果一个人心中一片空白，自然会因空虚而恐惧。

怕

比如说，‘忙’是由‘心’和‘亡’构成，意思是说整天匆匆忙忙的人肯定是无心之人。

忙

比如说，‘教’是由‘孝’和‘文’构成，意思是说教育必须以指导学生孝敬父母且有深厚的文化为目标。

教

如此这样的释义还有很多，我给大家举这十个例子，想借此请大家思考思考，看看有没有一定的道理，特别是对今日的国人来说有没有指导意义。”

伶伦说：“确实有意义！肯定是对如今国人的一种教育和鼓励。虽然与最初造字的用意不尽相同，但毕竟时代在发展、思维在转变。一个民族怎么可能永永远远都是一样的境界和思维呢？如果是这样，怎么可能传承千秋万代而不绝呢？黄帝当年指导我们建立国医理论体系的时候，我们将‘命门’定义为‘命门者，目也。’而扁鹊在《难经》中则将‘命门’定义为‘肾两者，非皆肾也，其左者为肾，右者为命门。’与黄帝当年指导我们的定义完全不同，但绝不是对黄帝思想的背叛，而是既传承又发展，意义更重大。”

英招说：“是啊，伶伦说得很对啊！”

岐伯说：“上界与下界，九霄与山川，人间与鸟兽，各有其所，皆有同异。这就如同五脏六腑一样，一方属阴，一方属阳。但却各有阴阳，一一相应。所以彼此之间不仅紧密结合，而且还合二为一，从而保证了人体生理的完善、生命的延续、健康的发展、思维的拓展和思想的提高。在尘世间的岁月，根据易经、阴阳、五行的思想构建国医的理论和实践体系的时候，在黄帝的指导下，大家对此进行了深入的讨论，感悟不断，感受深刻，从而为继承和发扬黄帝所建立的华夏文化奠定了基础。”

众臣举手而拜道：“非常感谢天师的指导！”

警报第七十九：古文古意，白文白用

力牧说："有机会奔赴下界，犹如当今的国人有机会奔赴异国他乡考察一样，机会实在难得！到了下界，大家对神州大地的了解和感触一定至为深刻吧。听说现在全部国人都在声势浩大地开展有关教育思想的大讨论，不知讨论的结果如何，今后的教育思想、理念和目标又当如何？"

风后说："这也是我奔赴下界时颇为关注的问题。我也积极参加了几次大讨论，旁听了几十位专家、领导和学者的演讲。在旁听的过程中，我特意走访了牛公，想听听他的意见和建议。牛公也在办公室认真地倾听着这些专家、领导和学者的演讲视频，也写了一些文章表达自己对于教育的思考和构想。"

力牧问道："牛公写了些什么文章呢？能给我看看吗？"

风后说："别的以后再说，有一篇很小的文章，倒是值得看看的。这篇文章的题目是《学论》，就是告知学生应该怎样学习。我读给各位臣兄认真听听吧。

'学然后知不足'，'学不可以已'，'学而时习之'，此乃圣贤之教、为学之道！

感乎以神，动乎以心，心神交互，学在其中矣。感者，耳目口心共济，日月不辍。如此则由感而动，由动而悟，由悟而慧。慧者，聪而明，知而识，文而化。由此更进一步，则超凡脱俗，斯为圣矣。

行知一体，而行为之先。行而有感，感而能悟，悟而能得，斯为知也。《小窗幽记》曰：'花看水影，竹看日影，美人看帘影。'仿此一说论习学，则'晨听书声，午听笔声，夜听心声。'三声具，则滴水石穿；三声息，则鬼神无计。学问之道，犹日月之行，虽有不彰之时，却无停滞之理，一日不习，一日不进。明人陈继儒曰：‘多读一句书，少说一句话。’此言可谓实然。

古人云，勤苦从来动天。孟浩然欲语惊人，苦吟落眉；裴佑伏案奋读，深思穿袖。其诗赋之工，岂云偶得？读书向需宁心凝力，岂有长风当歌之洒脱？‘不是一番寒彻骨，怎得梅花扑鼻香’。此言于学犹然。

孟子曰：‘梓匠轮舆能与人规矩，不能使人巧’。读书亦然。师所授者，惟规矩而已矣。而操行之力，却非为师者所能手传心授，皆在习学者勤苦精练。所谓明理而精业者，非教之力，实习之功。

明人吴从先云：‘赏花须结豪友，登山须结逸友，泛水须结旷友，对月须结冷友，待雪须结艳友，饮酒须结韵友。’读书亦须结友。何友可结？学而用心者、习而用功者、博而多才者、勤而好问者、尊师明道者、志高目远者，皆可结之友。汤之《盘铭》曰：‘苟日新，日日新，又日新。’此乃行修之道、习学大法，悉心循之，方为正轨。

海市蜃楼，奇观总属乌有；高谈阔论，大言多为虚说。为学者，倘能记取，必有所悟。读书者须知，闭户即是溪山，何须远涉苦求？学问皆在手下，奈何怨天尤人？但凡有心，天门自然洞开；倘能行习，天涯即在足下。

大家听明白了吧？”

力牧说：“奇怪呀，牛公生活在现代化的时代里，怎么用古文写文章呢？如今的尘人能看懂他写的这篇小小的文章吗？显然是看不懂的。难道说牛公现在成了务虚的学人了吗？真是奇怪呀！”

风后说：“看似奇怪，其实一点也不奇怪。他发表的文章都是白话文，但也经常用古文写一些文章。用古文写的文章显然是无法独立发表的，但有时候他将其作为某些书的前言和后语予以发表。他之所以有时用古文写文章，原因就是用白话文写了别人恐怕无法接受。这次他用古文谈教育，也是出于这样的考虑。”

力牧说：“为何用白话文写了别人就无法接受呢？是因为牛公的白话文基础比较薄弱，表达不够清楚吗？他为何倾向于用古文写呢？难道说用古文写了别人就能接受吗？”

风后说：“力牧啊，你问得也太深入了吧！我简单地说说吧。现在的神州大地已经完全现代化了，所谓现代化了，一个重要的标志就是古文没了，铺天盖地都是白话文。所以国人只认识白话文，不认识古文。由于牛公的思想背离了现实，如果用白话文写，别人当然看得懂的，自然无法接受牛公的想法和看法的。为了保持自己的理念，为了表达自己的观点，牛公只能用古文写了。”

力牧说：“明白了。牛公为什么不好好发挥发挥白话文的作用和影响呢？完全靠古文来自我表述，这不就是务虚了吗？”

风伯说：“我替风后说说吧。力牧的问题也激起了我的兴趣。牛公生活在当今的尘世间，怎么可能自我封闭起来呢？他经常应邀到各地去演讲，实际上就是和现实努力地结合在一起。他演讲的时候当然用的是白话文，演讲用的讲稿和幻灯片也都是白话文。很多人听了他的白话演讲和白话文章，也是很受感染的。这说明，牛公对白话文还是有所掌控的，更有所发挥的。比如，他写的杂文都是对白话文作用的充分发挥。其中一篇杂文非常简单、非常直白，但却挑战了所有的中外译者，不知如何将其翻译成外文。”

伶伦说：“哎呀，牛公还有这么与众不同的文章啊！说说看，是一篇什么样的文章呢？为何中外译者都无法翻译呢？”

天女说：“这篇杂文我在下界时认真地读了无数遍，现在还倒背如流呢。我背给大家听听。这篇杂文的题目是《猪的哲学》。

猪的哲学，哼哼而已。

行也哼哼，卧也哼哼，不行不卧仍哼哼。

喜也哼哼，悲也哼哼，不喜不悲还哼哼。

总之，哼哼复哼哼，哼哼何其多，一生在哼哼，万事皆哼通。

所以，这哼哼学，其实很不简单呢。不亲自领教一番，不晓其透顶厉害！

倘若以为这哼哼学哼得不很中听，于是断喝一声：不许哼哼！

那么

哼！

哼哼！

哼哼哼！

你可小心着！

简单吧？全文只有124个字，但内涵之深邃，意境之博大，用意之深刻，各位臣兄应该都有所感触吧。”

英招说：“天哪！这确实是一篇不同凡响的杂文啊！要翻译成外文，可真不易啊！这说明牛公对白话文的掌握和运用还是非同一般的啊！”

天女说：“是的，牛公对白话文的掌控和运用确实非同一般。刚才风后提到了他用古文写的一篇有关教育的文章。这篇文章他人确实是无法看懂的，如果只这样写，确实是务虚的，根本没有真正地指导学生学习。所以他同时还用白话文写了一篇谈论教育的文章，依然有一定的内涵和意境。这篇文章很多人看了，也还能够理解和接受。”

雨师说：“请介绍介绍牛公写的这篇白话文吧，让我们了解了解牛公的教育思想和理念，看看他是如何指导自己的弟子‘好好学习，天天向上’的。”

天女说：“好吧。这篇文章的题目依然叫《学论》，全文是这样的，大家听听。

钱学森病重的时候，曾问看望他的温家宝，我们为何培养不出杰出人才。这就是所谓的钱学森之问，问得学人面红耳赤，问得国人心惊肉跳。

何谓杰出人才？

苏洵在《项籍》一文中说：'项籍有取天下之才，而无取天下之虑；曹操有取天下之虑，而无取天下之量；刘备有取天下之量，而无取天下之才。故三人者，终其身无成焉'。

才、虑、量，这就是杰出人才所必须具备的为学之三宝、为人之三要。所谓'才'者，即才能是也。所谓'虑'者，即思想是也。所谓'量'者，即胸襟是也。

项羽'力拔山兮气盖世'，可谓霸气冲天，但最终却自刎于乌江。何也？'虑'之不够也，即没有思想。有知识，有才能，不一定就有思想。项羽就是最为经典的实例。

曹操者，奸雄也，智谋超群，思虑超众，但却在周瑜、孔明的'谈笑间'，落得个'樯橹灰飞烟灭'。何也，'量'之不足也。'宁可我负天下人，休叫天下人负我'，即其明证是也。

刘备者，玄德也。玄德者，恩深德厚也。《老子》所谓的'生而不有，为而不恃，长而不宰'说的就是这个意思，即生长万物却不据为己有，施泽万物却不自恃己功，养育万物却不为其主宰。这就是'玄德'者坦荡的胸襟、载物的厚德。自誉为'玄德'的刘备最后却凄凄然命丧于白帝城。何也，'才'不高也。

如何才能获得才、虑、量这为学之三宝、为人之三要呢？其经典秘籍犹若日月星辰，可谓人人皆知。所谓'天行健，君子以自强不息'，即炼'才'的指南。所谓'地势坤，君子以厚德载物'，即蕴'量'的基石。所谓'定而后能静，静而后能安，安而后能虑，虑而后能得'，即致'虑'的达道。

毛泽东曾寄语学子，'好好学习，天天向上'。这就是对炼

‘才’、致‘虑’、蕴‘量’最为简明扼要的阐释。对于莘莘学子而言，只要懂得‘学不可以已’，自然就会‘好好学习’；只要能够‘学而时习之’，自然就会‘天天向上’。

这篇文章怎么样？与刚才风后提到的那篇古文理念相同吗？”

雨师说：“这也是一篇不错的白话文，与那篇古文的理念基本一致。生活在现代化了的尘世间，既能认真学习古文，又能充分发挥白话文，可真不易啊！”

天女说：“雨师说得对呀！国人只有达到了这样的境界，才能真正地实现全面恢复中华文化的理想。”

警报第八十：教育思想，大讨大论

大鸿说：“听了各位臣兄奔赴下界的体会，感触至深！特别是教育思想的大讨论，我觉得意义更为重大，毕竟民族文明和文化的传承、传播和传扬所依靠的就是教育。只有教育真正地做好了，民族的文明和文化不仅得以传承和传播，更得以发扬和光大。”

英招说：“是呀。事实也确实如此啊。我也非常关注教育的大讨论，臣兄们肯定也很关注教育的大讨论。不知讨论进展得如何，效果又如何，共识更如何？”

天女说：“这也是我在下界最为关注的问题，我参加了很多研讨会，也到牛公的办公室聆听了很多领导、专家和学者通过视频所发表的讲话，颇有感触。我也想方设法与牛公进行了交流和讨论，听取他的意见和建议。牛公认为，教育最重要的就是对民族文明和文化的传承和发扬，无论文科还是理科的教育，都应该如此。牛公还将华夏民族历朝历代的教育都进行了深入的总结，为现代的教育提供了很多值得借鉴的政策和策略。”

力牧问道：“牛公的意见和建议得到了学界和政界的理解和接受了吗？”

天女说：“这个，我呀，还真不知该如何向各位臣兄汇报呢。”

风后说:“好了,好了,臣兄们一定理解,不必汇报。在下界的时候,大家一定注意到神州大地政界和学界对于民族教育的观点和理念。当然大家更了解牛公关于民族教育的想法和看法。牛公给自己的定位是‘封建主义’,含义当然是更明确的。很多人投诉他,其中比较一致的原因就是他的‘封建意识’和‘封建行为’。”

伶伦奇怪地问道:“牛公为什么是‘封建主义’呢?‘封建主义’为什么不为民族所接受呢?难道‘封建主义’就是所谓的迷信主义吗?在春秋战国时期,‘封建’毕竟是最先进、最具创新的社会发展啊!‘封建’可不是封闭起来搞建设呀!这一点难道尘民们都不理解吗?如果不理解,还是尘民吗?完全就成了尘土了。”

力牧说:“如果尘民就像尘土一样,其意义就深不可比、高不可攀了。当年国人们颂扬黄帝的时候,就以‘土瑞之德’来表达自己对黄帝的无限敬仰,来展示黄帝对民族的巨大贡献。如今的尘世将尘土视为垃圾,这当然是可耻之举。臣兄们作为天工可千万不能有这样愚蠢的认识啊!”

天女说:“力牧说得不仅很对,而且很好!对土的认识,今人和古人相差可谓甚远。虽然在所谓的科技方面,古人与今人无有任何可比之处。但就对土的认识而言,今人与国人更无任何可比之处。黄帝的美德被当时的国人赞美为‘土瑞之德’,更客观,更淳朴,更实际。今日的尘人赞美某个人时则常常使用所谓的‘杰出’、‘优秀’等词语来表达,听起来很温馨,实际上很虚无。”

英招说:“天女说得对啊!如今的尘世间,高校在制定所谓校训的时候,还雅致地使用所谓的‘厚德载物’,借以体现自己很有文化水平,很有人文气息。但谁还知道所谓的‘厚德载物’就指的是大地的功用呢?谁还愿意将自己定位为尘土呢?显然是不会的。”

伶伦说:“是的,是的。现在的尘世间,将‘土’就定位为落后和肮脏了。比如,国人如今常用的所谓成语,‘土里土气”、‘灰头

土脸’、‘面如灰土’等，都是否定‘土’的，都是鄙视‘土’的。而对所谓的‘洋’却敬慕得很呢。‘洋’本来是指湖和海的。由于西方人到神州，都是从海洋上漂泊过来的，所以国人将其称为‘洋人’。从此之后，‘洋’就与西方发生了直接的关系，完全代表西方了。所以，西方在如今的国人那里就称为‘西洋’，西方的人就称为‘洋人’。而在如今的国人那里，所谓的‘喜气洋洋’、‘得意扬扬’、‘洋洋洒洒’就成了最为温馨、最负有所谓正能量的成语了。而这些成语如今当然都与‘西洋人’有关系了。换句话来说，只有‘洋’才有所谓的正能量，而‘土’则只有负能量。”

风后说：“天哪！伶伦所说的‘土’和‘洋’实在令我不可思议啊！即便是将‘洋’视为天，将‘土’视为地，天和地都是宇宙中最重要的两仪呀，怎么可能一个高一个矮、一个重一个轻、一个明一个暗呢？特别对尘世间的尘人而言，‘土’可真的更重要了。如果没有‘土’，尘人何以生、何以存呢？”

雷公说：“好了，好了，不要无限地发挥了。虽然尘人们将‘土’视为落后，将‘洋’视为先进，某种程度上还是有一定意义的。毕竟现代科技的发展起源于西方，如果没有西方发展起来的现代科技，尘世间各地怎么可能由千山万水的距离发展为地球村呢？尘世间的人怎么可能也乘坐飞机而攀登到苍天之上呢？”

鬼臾区说：“是的，是的。不要完全否定如今的国人对‘土’和‘洋’的认识。实际上，如今的国人还是很爱‘土’的。比如，大家在下界考察的时候，注意到各地都在拼命地建设楼房，几乎人人都在拼命地购买楼房。楼房就是‘土’现代化的体现啊，各位臣兄，我说得对不对呀？”

天女说：“鬼臾区说得是有道理的。牛公在谈到如今神州大地的发展时也特别强调了现代化对民族发展的重要影响。在开展教育的时候，强调科技当然是必需的、当然是重要的。但传承和发扬民族的文化更是必要的、更是重要的。这也是牛公特别强调的、特别重视的。”

力牧问道：“那么，现在尘世间在集体讨论教育的思想时那该怎么讨论呢？经过讨论之后的理念、策略和目标又是什么呢？能给我们说说吗？”

天女说：“这个，我，真不知道该怎么说给各位臣兄们听，因为我还不是太了解，甚至跟牛公谈的时候也听不懂，不知他出于什么目的总是看东说西、望南说北。有一次我特别咨询他，他支支吾吾了片刻，给了我一份材料，是台湾一位姓高的校长在大陆讲话的材料。我将这份材料给臣兄们看看，大家可能就更明白了一切吧。”

力牧问道：“台湾的校长在大陆讲话？讲的什么呀？与大陆的观点一致吗？大陆能接受台湾人的想法和看法吗？”

风后说：“高校长能到大陆演讲，说明大陆是能够接受他的想法和看法的。大陆能够接受，说明他的观点与大陆是比较一致的。所以，看了他的演讲稿，大家就一定能理解神州大地教育大讨论的背景、现状和期望了。这比我们自己说的什么都更有意义。”

雷公说：“有道理，那就将台湾校长讲话的文稿给大家看看吧。”

风后说：“只有一件文稿，还是念给大家听听吧。他是在大陆一所学校给学生讲的，当然所有的老师也在台下听。我选几段念念吧，大家好好听听，好好想想。一开始，他说：

同学们，你们说‘天下兴亡’的下一句是什么呢？

台下有学生说：‘匹夫有责’。高校长听了连忙说：

不，是‘我的责任’。如果今年高考每个人都额外加10分，那不等于没加吗？‘天下兴亡，匹夫有责’等于大家无责。‘匹夫有责’要改成‘我的责任’，我是这样教我的学生的。所以说，现在我们大陆教育办得不好，是我高震东的责任，只因为这样，我才回祖国专门举办道德方面演讲。‘以天下兴亡为己任’是孟子思想。

在座的师生们听了，掌声热烈，完全同意高校长的观点。”

力牧说：“高先生说得对啊！‘匹夫有责’确实有些泛泛而言，而‘我的责任’则是有担当的意识和义务。大陆的师生为他鼓掌，说明完全认同他的观念，真不易啊！他居然说大陆教育办得不好是他的责任。怎么可能呢？他毕竟工作和生活在台湾呀，根本不在大陆教学，根本不在大陆担当任何责任呀！”

风后说：“可能不可能，完全在自身。如果我是大陆的学者或校长，听了高校长的这番话，一定感到惭愧，而不会质疑其有何责任。高校长自己是教授英语的，在大陆有部分人认为教英语的老师是传播西洋文化和思想的洋奴，但高校长却完全不是这样的。”

力牧问道：“何以证明呢？”

风后说：“高校长是台湾一位优秀的英语教师，主编了不少英语教材。在他主编的英语教材扉页上，他写了这样一段话：

> 中国人学英文是我们的国耻行为，学英文是中国最可悲的行为，但我们不能不学，因为别人超过了我们，‘敌人’枪炮、科学压过了我们。今天我们必须学习他们的科学，然后才能打倒他们！超过他们！我们要以夷制夷！非把英文学好不可，所以要咬牙切齿学英文！

这段话可不是出版之后特意手写的，而是公开刊印在扉页上的，目的是提醒所有的学生和教师，而不是自己私下说说而已。”

常先说：“哎呀，这段话太值得大陆的学者和学生深思了啊！”

英招说：“牛公对此的深思早就有了。有人投诉牛公，就是出于这个原因。”

常先问道：“牛公是怎么深思的呢？”

英招说："牛公发表的一篇文章，就是对这个问题的深思。我读给大家听听，题目是《外语尚方宝剑》，全文是这样的：

什么是外语？

答案很清楚，外国人的语言就是外语。

但外语怎么就成了尚方宝剑呢？

答案不很清楚。但事实是，在中国，一个人如果没有学习外语，或者不参加外语考试，或者参加外语考试而没有达到一定的成绩要求，那么他就没有资格完成小学教育，更不要说升入中学和大学了。

一个人大学毕业之后，是否就能摆脱外语的魔掌呢？

答案是绝对不可能。

事实是，一个人即便大学毕业了，但若没有学好外语，或没有参加必需的外语考试，或参加了必需的外语考试而没有达到必要的水准，那么他就自然而然地失去了诸如就业、考研等机会。也就是说，他就被剥夺了谋生的权利。

中国人为什么变的这样数典忘祖，居然对别国的语言痴迷到了顶礼膜拜的地步呢？

答案么，似乎很不清楚。但事实是，自从炎黄立国以来，华夏民族从来就不是这样的。

汉唐时期，华夏学子需要学习外语吗？

如果觉得这个问题太历史，不好回答，那么，换一个现实点的吧：美国人学习外语吗？

回答当然是肯定的，但同时又是否定的。

肯定的理由是，的确有些美国人学习外语；否定的理由是，确实没有哪个美国人因为没有学习外语而被剥夺了教育、科研和就业的权利。

是谁给予了外语在中国这样生杀予夺的大权？是谁将外语变成了高悬在中国人民头上的一把尚方宝剑？

不好回答。

事实是，在这个世界上，除了中国之外，恐怕没有哪个国家赋予外语如此这般尚方宝剑似的权力和地位。

想想看，这是不是对此问题的深思呀？”

常先说：“是的，是的，完全是的啊！”

鬼臾区说：“其实，深思不仅要如此，而且还要彼此。只有彼此了，才能贯通了。”

英招问道：“彼此？这是什么意思呢？难道是彼此彼此吗？”

雷公说：“臣兄们呀，看来各位也要现代化呢！思想不现代化，思维始终停止在远古时期，怎么可能理解当今的尘世呢？怎么可能真正地服务好尘民呢？牛公当初就有点像各位臣兄一样，思维比较僵化，但很快他就明白了传统与现实的实际关系了，很快就以传统作为意识，以现实作为平台，以合璧东西作为目标，以贯通古今作为重任，还是很符合实际的呢。”

天女说：“雷公说得对呀，既然要务实，就必须与现实结合起来呀，不能完全凭想象来面对现实呀！”

警报第八十一：黄帝指示，感天动地

雷公说：“各位臣兄，我们的讨论今天就要告一段落了。经过几天的讨论，特别是七位臣兄在下界经过一年的考察，我们对尘世间的变迁、对神州的变化已经有了比较深刻的了解和认识。尽管在讨论的过程中臣兄们也有各自不同的意见和见解，但毕竟是从不同的角度、从不同的层面对同样一个问题和同样一种现象的分析和说明，自然是有意义的。”

鬼臾区说：“将不同的意见和建议融合在一起，我们就能比较深刻地理解了一个问题和现象的背景、现状和结果。我们是一个天工的组织，我们是一个民族的团队。此前我受黄帝之命，特意向大家介绍了尘世间对牛公的投诉。表面上看，这十万八千个投诉都是针对牛公的，实际上却是对尘世间时代变迁的反应。所以我们对投诉的讨论，并不完全是为了牛公，而是为了了解和掌握尘世间的现状和趋势，更是为了通过我们的天命和天责，以润物无声的策略和风云变幻的渠道协调尘世、引领神州。”

大鸿说：“理解，理解，完全理解。经过几天的讨论和分析，大家确实已经逐步形成了共识。昨天讨论之后，我们与七位返回云天的臣兄们又谈了很多，共识完全达成。”

雷公说：“昨天讨论结束之后，天师带着我和鬼臾区去向黄帝做了汇报。黄帝听了我们的汇报后，作了很多重要的指示。今天请大家再次聚集在一起，就是为了请天师将黄帝的指示传达给大家。听了黄帝的指示，大家的眼界和胸怀一定会豁然洞开的。”

众臣一起拱手而拜道：“非常感谢黄帝的指导！请天师传达。”

岐伯说：“作为华夏民族文明的始祖，黄帝虽然非常关心神州大地的发展，但也很关心尘世间不同地域、不同民族、不同人群的发展。听取了我们的汇报后，黄帝既对我们的意见和建议表示理解，也给予了我们一些重要的指导。黄帝说，神州大地天翻地覆的变化是重要的，实现了华夏民族自远古以来的梦想和追求。”

大鸿说：“黄帝英明啊！神州大地的发展不仅实现了历朝历代的梦想和追求，更实现了我们当年在黄帝的领导下所确定的理想和抱负。吃饱穿暖曾经是我们的理想，衣食无忧曾经是我们的抱负。虽然努力奋斗了近百年，但在我们离开尘世的时候，我们的理想和抱负并没有实现。登上九霄云天之后，每次俯察尘世的时候，我们都深感惭愧，因为我们当年的理想和抱负在嗣后的历朝历代都没有能够实现。有一次我向黄帝汇报自己作为天工的职责和义务时禁不住又谈到了这一无法实现的理想和抱负。黄帝请我记住西方人说过的一句话：‘冬天来了，春天还会远吗？’”

风后说:“黄帝英明啊！我们一直关心华夏民族的信仰和信念。黄帝不仅关心华夏民族的信仰和信念,也很关心西方人的信仰和信念！伟大啊！听了黄帝的指示,我查看了西方的一些文献,发现‘冬天来了,春天还会远吗’这句话出自西方学者雪莱的《西风颂》,意思是:冬天来了,春天马上就会到来。告诉尘人,只要熬过了艰辛与艰难,就将迎来美好的春天。也提醒尘人,无论遇到什么困难都要积极向上,永不放弃。如今的神州大地之所以不仅实现了历朝历代的梦想和追求,而且还大大地提高了我们的理想和抱负。这一点确实是毫无疑问的、值得充分肯定的。”

岐伯说:“黄帝说,华夏民族应该向西方民族学习。这一点特别提请各位天工注意,华夏民族有自己的优秀文化,西方民族也有自己的优秀文化。华夏民族有自己的长,也有自己的短,西方民族也是这样。华夏民族只有向西方人学习了,才能真正地实现‘长其长而短其短’的理想。”

雨师说:“黄帝英明啊！华夏民族的确应该向西方民族学习。事实上,自清末民初以来,特别是自改革开放以来,华夏民族完全将西方民族视为‘天行健’的榜样,完全把学习西方民族视为实现‘自强不息’的康庄大道。正是努力学习了西方的科学技术,华夏民族历朝历代都无法实现的理想和抱负才最终得以实现了。”

力牧嗯嗯了片刻说:“也许正因为如此,华夏民族才彻底放弃了对自己民族思想文化的重视,才放弃了张之洞所提出的‘中学为体,西学为用’的治国方略,甚至都放弃了毛泽东制定的‘古为今用,洋为中用’的治国政策。”

雷公说:“力牧又想不通了。这种现实的确存在,但也很自然。正如一个挨饿了好几天人,突然看到了美食佳肴,那种饥不择食的心情、那种狼吞虎咽的举止、那种庸俗不堪的做法,都是可以理解的呀。就像当年政界、学界和商界的很多大人物一样,一开始自己很贫穷、很落魄,甚至很不受人待见,所以就有这样那样偷偷窃窃的行为和剽剽窃窃的做法。但最终有机会成功成名后,便开始刻意地、拼命地体现自己服务民众、帮助他人、大公无私的精神。这大概就是为什么有人一旦成名成功之后,就有人将其以前的偷窃行为和剽窃做法予以公布或投诉的原因吧。没有成功成名的人，尽管很多人都知道他一直在偷偷窃窃、剽剽窃窃，却没有任何人去投诉他。因为尘人都知道，投诉没名没位的人是没有任何意义的。理解吧？"

力牧说："这个比喻很好！理解了。"

雷公说："理解就好。如果华夏民族不将西方民族视为榜样，怎么可能改革开放呢？作为榜样的人，自然有很多值得学习的，也有很多值得深思的。正如孔子所说的那样，'择其善者而从之，其不善者而改之'。"

力牧说："但是，现在的华夏民族在向西方人学习的时候确实是'择其善者而从之'，但对其'不善者'似乎并没有'改之'，不但没有'改之'，甚至还在'从之'呢。这是我的感觉，不知道下界考察的各位臣兄是否也有同感。"

天女说："同感当然是有的，但时间还是要考虑的。毕竟华夏民族改革开放才四十年呀。古人说过：'三十年河东，三十年河西'。华夏民族三十年前已经意识到了西方民族的'长'，所以才以其为榜样进行改革开放，并且大获成功。但要真正地认识到西方民族的'短'，起码也得到三十年之后吧。怎么能一下子就对华夏民族提出至善至美的要求呢？事实上，《大学》所提出的'止于至善'是一个远大的理想和抱负，而不是一个简单的政策和策略。看看华夏民族，远古以来就将'吃饱穿暖'、'衣食无忧'作为自己的理想和抱负。这一理想和抱负居然一直到五千年后的今天才得以实现。作为天工的我们，怎么能对华夏民族提出如此之高的要求呢？”

力牧说：“天女说得确有道理。”

岐伯说：“黄帝说，华夏民族只有尊重自己才能尊重他人。这是非常自然的道理。如果一个人连自己都不尊重，怎么可能尊重别人？民族也是这样。只有自尊才能他尊。”

鬼臾区说：“黄帝英明啊！只有自尊才能他尊，这是自然而然的道理。光尊重自己而不尊重别人，显然是自私自利的表现。只尊重别人而不尊重自己，当然是自侮自辱的表现。在下界考察的时候，我多次与学界人士交流。为了提醒他们应该有这样的理念和意识，我一再强调自尊方能自利、自信方能自立、自重方能自正。但能理解我说这番话的学人还是比较有限的，甚至还有人笑着对我说：‘求真才能务实，务实才能求真啊’。”

陆吾说：“他说这话是什么意思呢？是表达自己有‘求真务实’的理念还是提醒你自己要‘求真务实’呢？”

鬼臾区说：“当然是对我温柔的批评了，以为我说的是虚言而不是实话。实际上我说的是实话而不是虚言，只是不便批评他们缺乏民族自尊、自信、自重的意识，因为他们对我们还是非常尊重的。每次安排与我们相聚的活动时，总是选择最豪华的酒店。请我们用餐时，总是选择最昂贵的饭店。请我们参观时，总是请我们乘坐最精美的汽车。非常令我们感动。我们在尘世间的时候，哪有这么豪华的住所、昂贵的饭菜和精美的车子呢？即便黄帝外出，也都是乘坐木轮车子。那时的木轮车子一般都要靠人推行或靠牛马拉动。由于行路不畅，车子走起路来总是颠颠簸簸、摇摇晃晃的。但现在的尘世间，即便是一般般的汽车，运动起来都非常快速、非常顺畅，更不用说精美的轿车了。面对这样的待遇，真的不好意思说人家这不对那不对。”

力牧说：“哎呀，怎么光看中人家给你的待遇呢？怎么一点都不考虑热情待遇你的尘人所存在的问题呢？既然他们连民族需要自尊、自信、自重的意识都没有，你还和他们聚什么呢？纯粹是为了吃喝拉撒，完全成了驴友了啊！”

风后说：“力牧呀，别这么说呀。鬼臾区所说的也是我们所感受的。你没有到下界去体验，当然不知道我们为什么没有直接斥责热情招待我们的人了。我们不斥责他们，原因大概有三吧。一者，我们是去考察的，不是去协调的。既然是考察，主要任务就是通过各种途径去查看各种各样的情况和问题，等于是搜集材料吧。二者，我们是首次去下界，所看到的一切都发生了天翻地覆的变化，要准确地了解和把握这些变化的背景、现实和走势，还需要深入观察和分析，哪能一看就下结论呢？三者，尘世间的国人无论理念如何，待人还是友好的，为人还是慈善的，工作还是积极的，爱国还是明确的，非常值得肯定。”

雨师：“风后说得很客观，我们大家的感受基本就是如此。我们考察的时候觉得国人首先值得我们尊重，更值得我们敬慕。没有他们的认真努力，怎么可能将民族千万年的梦想和追求都实现了呢？不仅实现了，而且还远远地超越了历朝历代的理想和追求。仅此一点，就非常值得我们仰慕。当然，现实中确实存在着这样那样的问题，毕竟民族还在发展，国家还在建设，国人还在努力。在如今的尘世间，无论多么发达的国家，包括当年的两个超级大国，实际上也存在着这样那样的问题。确实不能因为看到了现实中存在的问题，就一口否定国人的一切努力和发展呀！”

应龙说：“是的，我完全理解风后和雨师的意见。”

岐伯说：“黄帝说，华夏民族发展中出现的任何问题都是自然的。各位刚才的分析和说明非常符合黄帝的指示。黄帝注意到神州大地发展中出现的各种各样的问题，也注意到不同领域、不同地域、不同层次的国人对此所提出的不同意见和建议。黄帝当然理解那些颇为激烈的言行，但特别强调要客观地关注这些问题，要自然地解决这些问题，而不要将其政治化和绝对化。在大家的讨论中，我很少说话，就是在考虑如何面对这些现实中的问题。得到黄帝的指示后，我的心头立刻就敞亮了，我的思路立刻就清晰了。”

天女说：“黄帝英明啊！只要我们懂得尘世间的任何问题都是自然的，就不难看出其出现的原因和结果了。就像牛公所说的那样，‘寒热温良时气，升降沉浮常因’，尘世间的任何问题，包括两次世界大战和多次国与国之间的对抗和战争，实际上就是尘世间寒热的表现和升降的体现。春天是温暖的，但很快就炎热了；夏天是炎热的，但很快就清凉了；秋天是清凉的，但很快就寒冷了；冬天是寒冷的，但很快就温暖了。这些情况的出现既是问题，更是自然的发展。沉浮升降也是这样。如果我们能将尘世间的一切问题都与自然界的寒热温凉和升降沉浮结合起来，不就能很明确地洞穿了其出现的背景、其存在的理据吗？”

常先说：“这是天女下凡考察的感受吧。仔细想想，还是有道理的。我们懂得了这个道理是重要的，国人懂得这样的道理则更重要。”

雷公说：“是的。在黄帝的指导下，我们当然会懂的。但要让国人懂得，还需要我们认真努力，尽快找到机会将这样的自然理念传递给他们。当年的佛教和道教其实是懂得这个道理的。但现在的佛教和道教却不一定懂得了，也需要我们潜移默化地引导。”

应龙说:“是的。我们离开下界之前也一起讨论过这些问题。我相信,黄帝会继续给我们指示的。只要有黄帝的指示,我们一定能帮助国人解决好问题的问题。”

岐伯说:“黄帝说,华夏民族之间的任何矛盾都是自发的。黄帝的意见是最为客观的。尘世间人与人之间有这样那样的矛盾,非常正常。但有时候矛盾会因各种各样的原因而升级,甚至升级到你死我活的程度。无论任何矛盾,无论从任何的角度来观察和分析,都会发现其并非一人之所为,一定与彼此之间有着直接和间接的关系。”

雷公说:“黄帝英明啊!天师的说明更正确啊!在尘世间考察的时候,我发现,即便是非常仁慈和淳朴的人,由于种种原因也会导致某些人的不满,甚至愤怒。不满仁慈的人、愤怒淳朴的人当然是不正常的,更是不应该的。但仔细考察便会发现,如果一位既仁慈又淳朴的人该说话的时候却没有说,就一定会使得一位思维比较偏、私心比较重的人觉得,他在蔑视自己,于是心理上便与其形成了严重的矛盾。可惜的是,这位既仁慈又淳朴的人并没有意识到这个问题。直到遭遇了对方严重危害的时候,才知道彼此之间存在着无法消解的矛盾,但却始终不知道这个矛盾究竟是由什么引起的。仁慈而淳朴之人的可悲主要就体现在这一方面。”

应龙说:“牛公被投诉,难道也是这个原因吗?难道也怪牛公自己吗?”

鬼臾区说:“肯定是啊!牛公这个人,大家都清楚。虽然是个好人，但也有不少的问题。比如，与人交流的时候，自己不感兴趣的事，基本不予关注。别人跟他说了半天，他其实什么也没有听进去。在向学生讲课的时候，学生随意进进出出的现象令他非常愤怒，当着全体同学的面严厉地批评某个学生。这种批评当然是客观的，但当着同学的面批评一位学生，肯定令该生非常不满，内心深处从此就恨起他来了。在作学术讲座的时候，在座的领导、学者和学子肯定有自己的思想观念，但牛公却很少关注，完全从自己传承和光复民族文化的角度对时下学术界的行为举止予以严厉的批判。这样激烈的言论怎么能不令在座的领导、学者和学子愤怒呢？"

应龙说："牛公虽然话说得有些激烈了，但事实还是胜于雄辩啊！我到下界考察的时候发现，一些人在学界虽然名气大、影响大，但民族意识还是相当薄弱的。把祭奠黄帝陵视为违背宪法、搞鬼文化、侮辱其他民族，斥责这样的人难道说是不应该的吗？如今的国人，可谓人人都知道基督的生日，人人都庆祝基督的生日，但谁还知道自己民族圣祖、圣贤和圣人的生日呢？谁还会庆祝自己民族圣祖、圣贤和圣人的诞辰呢？显然是没有的。即便有，也是形式主义的表现。就此一点，难道说就不能理解牛公的怒火万丈吗？如果各位臣兄如今还是尘世间的尘人，谁能接受如此卑劣的做法？谁能容忍如此不孝之举呢？"

力牧说："是呀！鬼臾区，黄帝的指示是英明的，但你的分析还是有限的。你这么指责牛公，也太不符合客观实际了吧！古人的理念'天不变，道亦不变'确实是真理。如今天的确没有变，但如今的地呢，却早已发生变化了。当年我们创建农业的时候，只是将大地的田野进行耕耘而已，并没有损害大地的结构和内涵。可如今的大地呢？你们奔赴下界考察的时候一定有所了解吧。"

天女说："确实有所了解，神州大地有些地方由于将地下的煤全挖空了，导致多处塌陷，严重影响了当地百姓的生活，确实蛮危险的呀。"

雷公说："各位臣兄，言谈举止怎么又有些偏颇了呢？鬼臾区只是就黄帝的指示略微举例说明而已。他并没有指责牛公，只是将他的个性和言行做了一点说明而已。他的说明还是比较符合实际的。牛公本人现在对此也有了同样的认识。不久前我看了佛道界提供的一些资料，进一步了解了时代变迁中的人情世故，觉得牛公已经摆脱了以往比较僵硬的思维，对以前比较偏激的言行举止也有了一些反思，对国人一些无法理解和接受的思想和信念也有了一些比较客观的分析。"

应龙说："我们在下界考察的时候，与牛公有过多次交谈，也注意到他的这些变化。但这种变化只是他对时代的适应而已，并没有改变自己的观念和信念呀。"

雷公说："对于尘人来说，适应是最重要的，不然怎么能自存于尘世呢？好了，我们就漫聊到这里吧，请天师给我们继续传达黄帝的指示。"

岐伯说："黄帝说，华夏民族今天的理念不一定就是明天的理念。各位臣子，刚才听了你们的谈论，我也有一些深思。但无论怎么深思，只要牢记黄帝的指示，只要将黄帝的思想作为我们观察一切、思考一切、分析一切的路径，我们怎么会出现这样那样的偏激之举和激烈之言呢？尘世间所说的'求真务实'首先必须务实。只有务实才能求真。但要务实，就必须与现实结合起来。现实就是实，如果不接受现实、不理解现实，怎么能务到实呢？就像春天寒冷了一样，如果没有倒春寒的意识和思维，怎么能理解春寒？一味地指责春寒，一味地批判春寒，就能将春寒消灭了吗？显然是不可能的。"

雷公说："黄帝英明啊！黄帝的指示伟大啊！今日的理念不一定是明天的理念，确实是这样的啊！伏羲时代的理念是'群龙无首，吉'。但伏羲之后的理念则是'群龙无首，危'。所谓的'国不可一日无主'，体现的就是'群龙无首，危'这样的理念呀。三十年前国人的理念是'新三年，旧三年，缝缝补补又三年'，但三十年后的理念则是'新三天，旧三天，随意穿穿又三天'。三十年前，能使民众吃饱穿暖就是创新，但如今呢，能穿烂衣服，就是创新。"

风后说："尘世间今日一切变迁都是自然的，但却不一定能延续到明天。这个观念太重要了。只要懂得了这个道理，就不难理解尘世间任何不可思议的变异了，更不难理解诅咒民族圣祖和圣贤的尘人了。”

雷公说：“风后呀，你前一句话说得很对呀，但后一句话却有些别意了。”

风伯哈哈一笑说：“风后今日的别意不一定就能延续到明天了，这是自然规律。所以，雷公啊，我觉得你也不必质疑了。如果质疑，可就违背了黄帝的思想了。”

雷公说：“奥，我想想，你说的似乎也有道理呀。”

岐伯说：“黄帝说，华夏民族昨天的理念不一定符合今天的现实。这个道理大家应该都明白吧。昨天的理念是理想的，甚至是梦想的。但今天的现实则是客观的，不是空想的，更不是梦想的。毕竟理想和现实有较大的距离，而梦想和现实的距离则更大。这方面的体验可谓人人有之，道理人人也应该懂之。”

鬼臾区说：“黄帝英明啊！对这个问题的总结完全是真理啊！昨天的理想不一定符合今天的现实，这是非常客观的，也是民族历史发展的体现。所以今天我们在讨论的时候有这样那样的想法和看法，但这些想法和看法却不一定就是我们明天的想法和看法，这就像今日的风云与明日的风云一样，并非完全相同啊。”

雷公说：“是啊！有了这样的理念，就不会不客观地面对今日的现实，就不会完全将今日的理想视为明日的现实。但这并不是说不要有理想，甚至不要有梦想。理想和梦想是必须有的，因为这是人体三宝精气神开阔胸怀、拓展境界的表现，这也是提高人的思辨能力和分析能力的体现。”

应龙说:“应该是这样的。尘世间所说理论与实践也是对理想和现实的概括。理论虽然与实践有一定的距离,但缺乏理论指导的实践毕竟是随意的、有限的。”

岐伯说:“黄帝说,华夏民族不仅要牢记自己的前辈,更要保障自己的后辈。牢记前辈,就是对民族文明和文化的传承、发扬和光大,就是对民族圣祖、圣贤和圣人的崇敬、纪念和怀念。正如毛泽东所说,‘忘记过去就意味着背叛’。保障后辈,就是将民族的文明和文化完整准确地传授给下一辈。只要有了民族文明和文化的基础,只要有了民族的意识和基因,下一辈的任何人都会成为民族的优秀人才,都会成为真正的国人。所以,忘记过去,忽略未来,不仅意味着背叛,更意味着灭族。”

众臣昂首跪拜道:“黄帝英明啊! 黄帝伟大啊! 黄帝正确啊!”

后　记

讨论结束后，十二位臣工离开，鬼臾区亦告辞。

雷公说："天师，您向大家谈了黄帝的八项指示，至为重要！我们一定要通过各种途径将黄帝的指示传递给神州大地。"

岐伯说："是的。"

雷公说："天师，臣兄们离开的时候，似乎还有些问题想问呢。"

岐伯说："我也注意到了。他们虽然没有问，但想问的问题我基本明白了。大概有三个问题吧。"

雷公问道："哪三个呢？"

岐伯说："第一个就是投诉牛公的事。"

雷公说："对呀！这次讨论本来就是因为投诉牛公而进行的，最后总得有个说明吧。"

岐伯说："说明其实早已有了。虽然投诉的是牛公，但实际上是对民族文化、语言和传统的投诉。大家已经分析了民族的文化、语言和传统，当然就已经对此投诉做了说明。牛公思维偏颇，言行激烈，举止失常，令人愤恨，遭人谩骂，让人投诉，毫不奇怪。"

雷公说："天师分析得好啊！我理解了。第二个问题是什么呢？"

岐伯说："第二个问题，大概就是西化吧。"

雷公说："天师如何看待西化的呢？"

岐伯说："西化是正常的。从尘世间的现状来看，这不仅仅是西化，而且是国际化和全球化。此前大家都提到了'长其长而短其短'。环球任何一个民族和地域，都有自己的长处，都有自己的短处。神州大地要想真正地发展好，就必须认真地向世界各地取经，就必须努力地借鉴人家的长处、修正自己的短处。神州大地之所以实现了‘吃饱穿暖’、‘衣食无忧’这一民族自远古以来的理想和追求，就是因为三十多年来一直努力向西方学习，一直认真借鉴西方的科学技术。这就像华夏民族在汉朝开始向当时胡人学习穿裤一样，从而完善了自己的民族服装。由此可见，神州大地向全球各地学习是必要的。所谓的西化，更是必须的。”

雷公说：“是的。只是在西化的同时，还必须要保持民族的文化和传统吧。”

岐伯说：“这是自然的。这也是他们想问的第二个问题。”

雷公说：“是的。我和他们一样，最担心的就是民族文化和传统能否保持下去。”

岐伯说：“不久前政府已制定了‘全面恢复中华文化’的战略，三年前国务院委托教育部启动了‘中华思想文化术语传播工程’。这说明国家已经在全力推进民族文化的传承、传播和传扬。民族的文化和传统一定会保持，不必担心。”

雷公：“天师说得好啊！”